ETUDES GRECQUES

SUR

VIRGILE,

OU

RECUEIL DE TOUS LES PASSAGES DES POETES GRECS

IMITÉS DANS LES BUCOLIQUES, LES GÉORGIQUES ET L'ÉNÉIDE,

AVEC LE TEXTE LATIN

ET DES RAPPROCHEMENS LITTÉRAIRES;

PAR

F. G. EICHHOFF,

PROFESSEUR DE BELLES-LETTRES, RÉPÉTITEUR A L'INSTITUTION MASSIN.

A PARIS,

Chez { A. DELALAIN, Imprimeur-Libraire, rue des Mathurins St.-Jacques, N°. 5.
TREUTTEL et WURTZ, Libraires, rue de Bourbon, N°. 17.

1825.

ETUDES GRECQUES

SUR

VIRGILE.

DE L'IMPRIMERIE D'AUG. DELALAIN,
RUE DES MATHURINS-St.-JACQUES, n°. 5.

ENEIDE.

DE LA POÉSIE ÉPIQUE.

I.

Origine de l'Épopée.

Le plus noble genre de poésie est en même temps un des plus anciens. L'Epopée n'a été précédée que par la poésie lyrique, qui, consacrée comme elle à chanter les héros et les dieux, avoit produit dès les premiers siècles de la Grèce les hymnes de Linus, d'Orphée et de Musée. Mais lorsque le perfectionnement graduel de la langue, la succession des grands événements, et surtout les célèbres expéditions des Argonautes, de Thèbes et de Troie, eurent donné à l'esprit humain une impulsion nouvelle, les poëtes, proportionnant leurs plans à l'étendue de leurs sujets, consacrèrent dans leurs vers les annales de la Grèce; et suppléant par le secours du merveilleux à l'insuffisance de l'histoire, ils formèrent une foule d'ouvrages détachés, que l'on pouvoit considérer comme autant de chants de triomphe. Telle fut l'origine de l'Epopée, bornée d'abord à de simples improvisations que les rhapsodes chantoient de ville en ville, dans la joie bruyante des festins ou dans la pompe des sacrifices. Mais l'idée de rassembler en un seul tableau une multitude de personnages divers, de donner à leurs discours la forme dramatique, et surtout de les grouper tous autour d'un seul héros sur qui repose l'intérêt principal, cette idée sublime, qui constitue l'essence du poëme épique, a été créée par Homère. Aussi ses ouvrages ont-ils fait oublier tous ceux de ses devanciers, dont l'existence même s'est perdue dans mille traditions fabuleuses.

~~~~~

II.

HOMÈRE.

Ce poëte illustre naquit à Smyrne, selon l'opinion la plus vraisemblable. Il fleurit environ neuf siècles avant l'ère vulgaire, trois cents ans après la ruine de Troie, à l'époque où les colonies ioniennes, chassées du Péloponèse par les Héraclides, venoient de s'établir sur les côtes de l'Asie Mineure. On ne sait rien de certain sur sa vie; on peut seulement conjecturer, d'après quelques passages de ses poëmes, qu'il voyagea beaucoup, qu'il vécut pauvre, et qu'il devint aveugle dans sa vieillesse. Ce fut pendant ses longues excursions dans les pays les plus civilisés du globe, dans l'Egypte, la Phénicie et la Crète, qu'il recueillit successivement cette foule de connoissances variées, répandues dans le cours de ses ouvrages. Abandonnant la trace des premiers rhapsodes qui racontoient dans leurs chants toute la vie d'un héros, il ne choisit dans l'histoire du siége de Troie que deux circonstances épisodiques: *la Colère d'Achille* et *le Retour d'Ulysse*. Ce sont ces incidents, si peu importants en apparence, qui, fécondés par son génie, rattachés aux antiques souvenirs de la Grèce, et développés dans le rhythme harmonieux de la plus belle des langues, ont produit l'*Iliade* et l'*Odyssée*, ces monuments impérissables, qui sont encore, après vingt-six siècles, l'objet de l'admiration des peuples et le modèle le plus parfait de l'art. Nous allons en donner l'analyse.

ILIADE.

La colère d'Achille outragé par Agamemnon, la vengeance que Jupiter exerce sur les Grecs, la mort de Patrocle suivie de celle d'Hector ; tel est le plan succinct de ce beau poëme. Mais par combien de ressorts ingénieux Homère ne sait-il pas en prolonger l'action, la varier, l'enrichir sans cesse, faire succéder tour-à-tour dans l'âme des spectateurs l'admiration, la pitié, le plaisir et l'effroi ! Avec quelle majesté ce vaste tableau ne se déroule-t-il pas à nos regards !

Les Grecs rassemblés depuis neuf ans sous les murs de Troie, pour rendre Hélène à Ménélas et pour venger l'honneur de leur patrie, n'ont pu encore faire tomber sous leurs coups cette reine puissante de l'Asie. Elle résiste à tous leurs efforts, défendue par le nombre de ses troupes, par la bravoure de ses auxiliaires, et surtout par l'héroïsme d'Hector, la gloire et le soutien de l'empire de Priam.

1. Au premier chant, un pontife vénérable se présente dans le camp des Grecs pour redemander sa fille, captive d'Agamemnon. L'orgueilleux fils d'Atrée la refuse, et bientôt le courroux d'Apollon répand sur son armée une contagion mortelle. Achille, éclairé par Calchas, ose seul interpeller le roi des rois ; la discorde éclate entre les deux chefs, malgré les représentations de Nestor ; Agamemnon fait enlever Briséis, et Achille, couché sur le bord de la mer, invoque contre son ennemi l'assistance de Thétis. Jupiter, sensible à sa douleur, lui prépare une vengeance éclatante, et

tandis qu'Ulysse, abordant à Chrysa, offre un sacrifice à Apollon, le maître des dieux, sourd aux plaintes de Junon, médite la destruction des Grecs.

2. Abusé par un songe trompeur, Agamemnon prend la résolution de livrer un assaut général. Pour éprouver le courage de ses troupes, il leur propose de retourner en Grèce. Elles sont prêtes à céder, quand Ulysse les arrête, et, par un discours plein d'une noble éloquence, les enflamme d'une nouvelle ardeur. C'est alors qu'on voit se déployer toutes les phalanges de l'armée grecque. Chaque nation, caractérisée par les villes qu'elle habite, par ses usages, par le nombre de ses vaisseaux, marche à la suite des chefs qui la commande, et se range en bataille sur les rives du Scamandre. Les Troyens, sous les ordres d'Hector, sortent également en foule des murs de Troie, suivis de leurs nombreux alliés, et se dessinent sur le tableau du poëte dans leur attitude étrangère et sauvage.

3. Les deux armées sont en présence : on n'attend plus que le signal. Tout à coup la scène change : Pâris et Ménélas s'avancent seuls dans la plaine, et se défient à un combat singulier. Tout s'intéresse à cet événement mémorable dont l'issue doit réconcilier l'Europe avec l'Asie. L'antique Ilion s'ouvre à nos regards; nous y voyons Hélène sur la tour de Pergame, nommant à Priam les chefs de l'armée grecque. Bientôt le traité est juré ; les deux rivaux combattent; Pâris est vaincu ; mais sauvé de la mort par l'intervention de Vénus, il rentre dans cette ville dont il est le fléau, et la divinité qui le protège ramène auprès de lui la malheureuse Hélène.

4. Cependant l'Olympe attentif délibère sur le sort des deux peuples. La perte de Troie est résolue; mais le sang des Grecs doit inonder ses murs pour satisfaire le ressentiment d'Achille. Une flèche partie des rangs troyens va frapper Ménélas; le traité est rompu; la guerre est déclarée. Agamemnon, ivre de vengeance, parcourt les rangs, anime ses troupes. Les principaux chefs de son armée, les deux Ajax, Idomé-

…ée, Nestor, Ulysse, Diomède, s'avancent successivement sous ses yeux, Antiloque lance le premier trait, et la bataille est engagée.

5. Diomède, animé par Minerve, se précipite comme un lion dans la plaine. C'est à lui qu'est réservée la gloire de cette journée. Tout plie devant lui : Pandarus, le violateur du traité, est une de ses premières victimes, Enée est prêt à périr sous ses coups; Vénus le sauve, et la déesse elle-même voit couler son sang immortel sous le fer du fils de Tydée. Cependant Mars soutient Hector, et se met à la tête des Troyens; mais Diomède, conduit par la puissante Minerve, frappe de sa lance le dieu des combats, qui remonte en frémissant vers l'Olympe où il exhale sa rage aux pieds de Jupiter.

6. Les Troyens se replient vers la ville. Hector, suivant le conseil de son frère Hélénus, rentre seul dans les murs pour ordonner un sacrifice. Sur ces entrefaites, Diomède et Glaucus, unis par les liens de l'hospitalité, se reconnaissent au milieu de la mêlée, et font de leurs armes un échange fraternel. Les dames troyennes conduites par Hécube, adressent à l'implacable Minerve des vœux inutiles pour le salut d'Ilion. Hector se rend chez Pâris, et prêt à sortir de la ville il rencontre aux portes Scées, Andromaque et son fils. La scène touchante de leurs adieux, interrompt un instant le carnage.

7. Hector de retour à son armée, défie le plus brave des Grecs. Excités par les reproches de Nestor, neuf chefs se présentent pour le combattre, et le sort désigne Ajax, fils de Télamon. L'issue de la lutte est douteuse et la nuit sépare les deux guerriers. Après une assemblée générale tenue dans le palais de Priam, on conclut une trêve pour la sépulture des morts, et les Grecs, profitant de cet intervalle, entourent leur camp d'une vaste muraille. Cependant des présages sinistres leur annoncent le courroux de Jupiter.

8. La trêve est expirée : les Grecs et les Troyens se pré-

parent à une seconde bataille. Jupiter assemble tous les dieux, et leur défend avec les plus terribles menaces de secourir l'un ou l'autre parti. Lui-même, descendant de l'Ida, pèse dans ses balances d'or le destin des deux armées. Celle des Grecs est dévouée à la mort; Jupiter lance sa foudre, l'épouvante, la disperse. Diomède lui-même fuit devant Hector; Teucer tente une vaine résistance; les Grecs se replient en désordre. Junon et Minerve volent à leur secours; mais elles sont arrêtées par Iris. Enfin, à l'entrée de la nuit, les Grecs se renferment dans le camp, et les légions troyennes, debout sous les armes, couvrent de leurs feux toute la plaine d'Ilion.

9. Agamemnon, découragé par sa défaite, propose la fuite à son armée. Diomède et Nestor s'y opposent, et l'on choisit trois ambassadeurs pour fléchir le fils de Thétis. Ulysse, Ajax et Phénix se rendent à la tente d'Achille qui les reçoit avec bienveillance. Après une conférence mémorable, qui contient les modèles de tous les genres d'éloquence, Phénix reste auprès du héros, et les deux autres viennent rapporter au conseil la nouvelle affligeante de son refus.

10. Veillant seuls dans le silence de la nuit, Agamemnon et Ménélas appellent auprès d'eux les chefs de l'armée. On délibère; Nestor propose d'envoyer reconnaître le camp troyen. Diomède et Ulysse se chargent de cette périlleuse entreprise; ils surprennent Dolon, espion envoyé par Hector, pénètrent, sur son indice, dans le quartier des Thraces, tuent Rhésus leur roi, et enlèvent ses coursiers.

11. Au lever de l'aurore, Agamemnon et Hector préparent leurs troupes à une troisième bataille, plus longue et plus meurtrière que les deux précédentes. Tout cède d'abord au roi de Mycènes, dont la valeur enfonce les phalanges troyennes; mais enfin blessé par Coon, il est obligé d'abandonner la plaine. Hector à son tour s'élance sur les Grecs; en vain Diomède, Ulysse, Machaon, Eurypyle font des efforts héroïques pour

rétablir le combat; ils sont successivement frappés par les flèches de Pâris. Ajax lui-même ne peut plus résister; il recule lentement devant l'armée troyenne dont il soutient seul toute l'impétuosité. Sur ces entrefaites Patrocle, envoyé par Achille, arrive à la tente de Nestor, où il est témoin de la détresse des Grecs.

12. Hector poursuit le cours de ses exploits : les Grecs se renferment dans leurs murailles, et les Troyens se préparent à les forcer. Selon l'avis de Polydamas, ils se partagent en cinq colonnes commandées chacune par trois chefs. Asius attaque vainement l'une des portes défendue par les géants Polypète et Léontée. Hector, malgré un présage sinistre, fond sur celle que défendent les Ajax. Cependant Sarpédon et Glaucus escaladent, à la tête des Lyciens, la tour de Mnesthée, qui appelle à son secours le grand Ajax. Hector, profitant de son absence, fait voler sur la porte un éclat de rocher, la brise et s'élance dans le camp.

13. Dans cette affreuse extrémité, un dieu seul peut sauver l'armée grecque, et c'est Neptune qui embrasse sa défense. Des Egades, il arrive en trois pas sur les bords du Scamandre, et, caché sous les traits de Calchas, il excite au combat les deux Ajax, Teucer, Mérion, Idoménée. Ce dernier chef surtout se signale par des prodiges de valeur; il repousse Enée, Déïphobe, Hélénus; les Troyens sont prêts à prendre la fuite lorsqu'Hector les rallie au pied des retranchements et les appelle de nouveau à la charge.

14. Quoique blessés, Agamemnon, Ulysse et Diomède s'avancent avec Nestor pour sauver leur armée. Agamemnon propose encore la fuite; Ulysse et Diomède s'en indignent, et Neptune soutient leur ardeur. Cependant Junon, tremblant pour les Grecs, emprunte la ceinture de Vénus, et secondée par le dieu du sommeil, elle endort Jupiter sur le sommet de l'Ida. Neptune, profitant de cet instant, se met aussitôt à la tête des troupes grecques : les Troyens sont

repoussés, Hector blessé par Ajax reste étendu sans force dans la plaine, et ses guerriers succombent de tous côtés.

15. Dans cet instant Jupiter se réveille : il voit les Grecs vainqueurs, les Troyens dispersés. Il reconnoît la ruse de Junon, et bientôt sa voix toute-puissante a éloigné Neptune et ranimé Hector. Le héros troyen, précédé d'Apollon qui fait briller sa redoutable égide, franchit de nouveau les retranchements et pénètre jusqu'aux vaisseaux. Déjà la flamme vengeresse est prête à brûler celui de Protésilas, qu'Ajax armé d'un pieu énorme défend seul contre tous les Troyens.

16. C'était le terme fatal fixé par Jupiter; Patrocle obtient les armes d'Achille qui, en se séparant de son ami, le recommande à la protection des dieux. Au moment où le vaisseau s'embrase, Patrocle s'élance à la tête des Thessaliens, met les Troyens en fuite, les poursuit au-delà des fossés, et en fait un affreux carnage. Sarpédon seul lui résiste : il périt sous ses coups, malgré les regrets de Jupiter, qui, cédant à la loi du destin, fait transporter ses restes en Lycie. Patrocle, enivré de sa victoire et dévoué à la mort, oublie les ordres d'Achille, et s'avance jusqu'aux murs de Troie. Hector et Glaucus marchent à sa rencontre, Apollon lui-même détache son armure; Euphorbe lui porte le premier coup, et le javelot d'Hector achève le sacrifice.

17. Ménélas, pénétré de douleur, s'avance pour défendre les restes de Patrocle; il tue Euphorbe, mais il est repoussé par Hector qui se revêt de l'armure d'Achille. Ajax soutient les efforts des Troyens; Hector recule; mais excité par Glaucus il revient à la charge, et la lutte la plus acharnée s'engage autour du corps de Patrocle. Les coursiers immortels, inconsolables de sa mort, sont ramenés au combat par Automédon, et échappent par leur vitesse aux poursuites des Troyens. Cependant les Grecs plient; Ménélas et Mérion soulèvent le corps, et, protégés par les deux Ajax qui re-

poussent Hector et Enée, ils le rapportent lentement vers le camp.

18. Antiloque arrive auprès d'Achille et lui annonce la funeste nouvelle. Le désespoir du héros retentit jusqu'au fond de l'Océan, et Thétis suivie de ses Néréides en sort pour consoler son fils. Ne pouvant arrêter sa vengeance qui doit l'entraîner lui-même à la mort, elle lui promet une armure céleste. Les Troyens, redoublant leurs efforts, sont près d'enlever les restes de Patrocle; Achille, averti par Iris, s'élance sans armes sur les remparts, et son seul aspect fait fuir les troupes d'Hector. Ce dernier, résistant aux avis de Polydamas, passe la nuit campé dans la plaine. Le corps de Patrocle est transporté dans la tente d'Achille. Cependant Thétis arrive au palais de Vulcain, qui forge, à sa prière, l'immortel bouclier dont la description couronne la fin de ce chant.

19. Achille reçoit ses armes des mains de Thétis, et se réconcilie avec Agamemnon. Il veut sur-le-champ voler au combat; Ulysse modère son ardeur impétueuse. Briséis lui est rendue, sa tente est remplie de dons précieux, mais rien ne peut charmer sa douleur; il gémit sur les restes de son ami, refuse toute nourriture, et attend impatiemment le signal. Bientôt une céleste ambroisie vient ranimer les forces du héros, ses Thessaliens se forment en phalanges; il se revêt de l'armure de Vulcain, et sourd à la voix prophétique de ses chevaux, il s'élance furieux au combat.

20. Le retour d'Achille retentit dans l'Olympe; les dieux, d'après l'ordre de Jupiter, descendent dans la plaine de Troie pour soutenir les deux armées. Apollon oppose Enée à Achille; les deux guerriers se provoquent, fondent l'un sur l'autre; Enée allait périr, mais destiné à régner un jour sur les débris de la nation troyenne, il est secouru par Neptune. Achille tue Polydore; Hector, qui veut venger son frère, est enlevé par Apollon, et le héros grec, ne pouvant atteindre son ennemi, assouvit sa rage sur la foule des Troyens.

21. Ils fuient tous sur les bords du Xanthe; les uns se dirigent vers la ville; les autres se précipitent dans le fleuve. Achille les y poursuit, immole le foible Lycaon et l'intrépide Astéropée, et combat enfin contre le fleuve lui-même qui soulève ses ondes pour l'engloutir. Le héros le traverse à la nage; le Xanthe redouble ses efforts, et n'est enfin dompté que par les flammes de Vulcain. Au même instant la discorde éclate entre les autres divinités : Minerve est opposée à Mars, Neptune à Apollon, Junon à Diane, Mercure à Latone. Tous remontent vers l'Olympe; Apollon seul rentre dans Troie, et trompant Achille sous les traits d'Agénor, parvient à sauver une partie de l'armée.

22. Les portes se referment, et Hector reste au pied des murs. En vain Priam et Hécube lui adressent les plus touchantes prières : il attend son implacable ennemi. Bientôt Achille s'avance, et une terreur involontaire glace les sens du défenseur de Troie. Il fuit, Achille vole à sa poursuite; mais enfin trompé par Minerve, il se prépare à son dernier combat. Jupiter pèse ses destinées, il expire sous le fer d'Achille, et son corps est traîné dans la poussière. A cette vue, un cri d'horreur retentit sur les murs; Priam et Hécube expriment leur désespoir, et les plaintes déchirantes d'Andromaque viennent dignement terminer le tableau.

23. La nuit vient, et l'ombre de Patrocle apparoît au fils de Thétis. Le lendemain un vaste bûcher s'élève au milieu du camp, une foule de victimes tombent en sacrifice; Achille suit en gémissant les restes de son ami, et les dépose dans l'urne destinée à ses cendres. Il fait ensuite célébrer des jeux funéraires avec la plus grande magnificence. Il propose successivement huit prix : ceux de la course des chars, du pugilat, de la lutte, de la course à pied, du combat singulier, du disque, de l'arc et du javelot. Les vainqueurs dans ces jeux sont Diomède, Epéus, Ajax, Ulysse, Polypète, Teucer et Agamemnon.

24. Les jours suivants, Achille inconsolable sévit contre le corps d'Hector, et le traîne ignominieusement autour du tombeau de Patrocle. L'Olympe s'en indigne, et par l'ordre de Jupiter, Thétis dispose son fils à recevoir Priam. Le vieux roi, encouragé par Iris et guidé par Mercure, pénètre dans le camp des Grecs, se jette aux pieds d'Achille, et arrose de larmes ses mains meurtrières. Le corps d'Hector lui est rendu; il obtient une trêve de douze jours, retourne à Troie, et célèbre les funérailles du héros, à qui Hécube, Hélène et Andromaque adressent un éternel adieu.

Tel est le plan de ce poëme admirable, dont rien n'altère le majestueux ensemble, dont toutes les parties liées entre elles par un enchaînement irrésistible, se suivent, se correspondent, se soutiennent mutuellement; dont l'intérêt est sans cesse animé, et la marche sans cesse diversifiée. La savante ordonnance de l'Iliade suffiroit seule pour exciter l'étonnement, si les beautés de détail qui étincèlent à chaque page, n'assuroient encore à Homère une gloire plus solide et plus incontestable. Quelles immenses ressources n'a-t-il pas dû tirer de son propre fonds, pour donner à son sujet tant de force et d'étendue! Quelle richesse dans ses descriptions, quelle énergie dans ses images, quelle vérité dans ses caractères! Sa lyre se monte sur tous les tons; il sait donner à chaque sentiment le langage qui lui est propre : à-la-fois philosophe, orateur, géographe, historien et poëte inspiré, il peuple le ciel et la terre d'une foule de créations nouvelles qui viennent chacune occuper leur place dans le cadre même fixé par la nature. Ses défauts, que l'éloignement des temps et la grande différence des mœurs nous font beaucoup exagérer, tiennent pour la plupart à l'excès même de son imagination, à l'abondance de son idiome, et surtout à l'enfance de l'art, qu'il a su, par l'ascendant de son génie, porter tout-à-coup au point de maturité. L'Iliade n'a pas été surpassée; le plus ancien des poëtes a dicté des lois à tous ses successeurs, et ses vérités et ses erreurs ont fixé irrévocablement les bases de la littérature.

ODYSSÉE.

L'Odyssée est moins vaste, moins brillante que l'Iliade : ici l'astre d'Homère, après avoir fourni avec éclat la moitié de son cours, repose agréablement la vue par une lumière plus douce et plus bienfaisante; il nous découvre les contrées lointaines qu'il a parcourues, il éclaire à nos yeux le berceau du genre humain, et nous montre, au milieu des fables et des allégories, la trace respectable des usages primitifs, et les préceptes de la sagesse, gravés dès l'origine dans le cœur des mortels. Aussi le poëte a-t-il choisi pour son héros le plus sage des guerriers de la Grèce; il nous peint son âme inébranlable aux prises avec l'adversité, et triomphant enfin de tous les obstacles par le secours mérité des dieux. Le retour d'Ulysse dans sa patrie et la punition de ses ennemis, tel est l'intéressant sujet de cette seconde production de sa muse.

Troie est détruite, ses défenseurs ne sont plus; les chefs grecs échappés au carnage sont de retour dans leurs foyers : Ulysse seul, en proie au courroux de Neptune qui venge sur lui son fils Polyphème, erre depuis dix ans loin de sa chère Ithaque, porté par la tempête de rivage en rivage, et renfermé enfin dans l'île de Calypso.

1. L'Odyssée s'ouvre par le conseil des dieux. Minerve, ayant disposé Jupiter en faveur d'Ulysse, apparoît à Té

lémaque sous la figure du roi des Taphiens, et l'exhorte à chercher son père. Cependant les nombreux prétendants de Pénélope, ayant à leur tête Antinoüs et Eurymaque, remplissent le palais de leurs bruyants festins, et le chantre Phémius célèbre au milieu d'eux le retour des Grecs dans leur patrie. Pénélope paroît alors dans tout l'éclat de sa beauté modeste, et supplie ses persécuteurs de lui épargner ce douloureux souvenir.

2. Le lendemain Télémaque convoque une assemblée du peuple; il somme les prétendants de quitter le palais, et n'essuie de leur part que de sanglantes railleries. Enfin il demande un vaisseau pour se rendre à Pylos et à Sparte; il adresse ses vœux à Minerve, et ne mettant dans sa confidence que la seule Euryclée, il s'embarque à l'entrée de la nuit, accompagné de la déesse elle-même cachée sous les traits de Mentor.

3. Nestor, occupé sur le rivage de Pylos à offrir un sacrifice à Neptune, reçoit Télémaque avec bonté. Il lui raconte les principaux événements qui ont suivi la ruine de Troie, et l'engage à se rendre auprès de Ménélas. Bientôt il reconnoît son céleste guide, à qui il offre des libations. Minerve disparoît, et Pisistrate, fils de Nestor, prend avec Télémaque le chemin de Lacédémone.

4. Les deux princes arrivent au moment où Ménélas célébroit les noces d'Hermione et celles de Mégapenthe. Ils contemplent avec admiration la magnificence de ce palais et les traits enchanteurs d'Hélène. Télémaque n'ose d'abord se faire connoître; mais bientôt au nom d'Ulysse, prononcé par Ménélas, ses larmes coulent en abondance, et décèlent son illustre origine. Le roi lui rapporte tout ce qu'il a appris du devin Protée sur le sort du second Ajax, d'Agamemnon et d'Ulysse lui-même, retenu au milieu de l'Océan dans l'île de la nymphe Calypso. Cependant les prétendants de Pénélope tramtent à Ithaque la perte de son fils. Avertie par le héraut Médon, elle s'abandonne au désespoir, et ne

trouve de consolation que dans un songe que lui envoie Minerve.

5. L'Olympe s'assemble une seconde fois. Minerve demande la délivrance d'Ulysse, et Mercure, par l'ordre de Jupiter, vient ordonner à la nymphe Calypso de renvoyer le héros dans sa patrie. Ulysse construit lui-même un radeau avec lequel il vogue sur l'Océan ; mais le dix-huitième jour Neptune brise son frêle bâtiment. Précipité au milieu des flots, il n'échappe à la mort que par le secours d'Ino ; et, après avoir lutté deux jours contre la tempête, il est enfin jeté dans l'île des Phéaciens.

6. Nausicaa, fille du roi de cette île, avertie en songe par Minerve, va laver avec ses compagnes sur le bord de la mer. A l'aspect d'Ulysse, elles prennent toutes la fuite, à l'exception de la princesse qui l'accueille avec bonté, lui fait donner des vêtemens, et le guide elle-même vers la ville.

7. Ulysse arrive sous la conduite de Minerve au palais et aux jardins d'Alcinoüs. Il pénètre dans la salle du festin, se jette aux pieds de la reine Arété, et en est favorablement accueilli. Il fait à ses hôtes le récit de son naufrage, et demande un vaisseau pour retourner à Ithaque.

8. Alcinoüs, ayant assemblé le conseil des Phéaciens, promet un vaisseau à Ulysse. Il donne un grand repas, après lequel on célèbre des jeux. Le héros, contraint d'entrer en lice, fait preuve de sa force et de son adresse. Les fils du roi dansent en sa présence ; et Alcinoüs, flatté de ses éloges, lui fait offrir de riches présents. Le poëte Démodocus saisit ensuite sa lyre, et chante les amours de Mars et de Vénus, puis le stratagème du cheval de bois, qui réveille la douleur d'Ulysse.

9. — Le héros, à la prière des Phéaciens, commence le récit de toutes ses aventures depuis le moment de la prise de Troie. Il parle de son combat contre les Ciconiens, du fruit trompeur des Lotophages, et des dangers inouïs auxquels il s'exposa dans l'antre du cyclope Polyphême.

10. — Dans la suite du récit d'Ulysse, Éole lui confie l'outre des vents, que ses compagnons ont l'imprudence d'ouvrir. Il est poussé chez les Lestrygons, où il perd onze de ses vaisseaux. Avec le seul qui lui reste il aborde dans l'île de Circé. Cette magicienne change ses compagnons en pourceaux, et veut lui faire subir le même sort ; mais, préservé par la protection de Mercure, il triomphe de ses enchantemens ; ses compagnons reprennent leur première forme, et sont reçus dans le palais de Circé.

11. — Ulysse se rend à l'entrée des enfers pour y consulter l'ombre de Tirésias. Il y voit successivement Elpénor, Tirésias, sa mère Anticlée, et une foule d'héroïnes des premiers siècles dont il raconte brièvement l'histoire. Pressé ensuite par Alcinoüs de continuer sa narration, il rapporte son entretien avec les ombres d'Agamemnon, d'Achille et du grand Ajax ; et finit par décrire les tourmens infligés aux plus fameux coupables.

12. — Le héros retourne auprès de Circé qui lui donne d'utiles conseils pour la suite de sa navigation. Il passe devant l'île des Sirènes, qui cherchent en vain à le séduire par les sons ravissans de leurs voix. Il franchit les écueils de Charybde et de Scylla, et aborde à l'île du Soleil dont ses compagnons tuent les troupeaux sacrés. C'est dans ces parages qu'une affreuse tempête assaillit le vaisseau qui s'abîme dans la mer. Ulysse termine son récit par son arrivée dans l'île de Calypso.

13. Alcinoüs et les Phéaciens, pénétrés d'admiration pour Ulysse, redoublent leurs présents et leurs marques d'affection. Il s'embarque, et un doux sommeil s'appesantit sur ses paupières. On le dépose endormi sur le rivage d'Ithaque, et Neptune change en rocher le vaisseau qui l'a transporté. Le héros à son réveil ne reconnoît plus sa patrie ; mais Minerve lui apparoît, l'instruit et le dirige, cache ses richesses dans une grotte voisine, et le métamorphose en vieillard.

14. Ulysse se rend à la maison d'Eumée, intendant de ses

troupeaux. Ce fidèle serviteur, croyant voir en lui un étranger malheureux, lui fait l'accueil de l'hospitalité. Ulysse lui raconte des aventures supposées, mais en lui faisant cependant entrevoir le retour prochain de son maître. Eumée offre un sacrifice aux dieux, donne son manteau à Ulysse qui met sa générosité à l'épreuve, et se rend au milieu des champs pour veiller pendant la nuit à la garde des troupeaux.

15. Cependant Télémaque, averti par Minerve, se dispose à quitter la cour de Ménélas. Comblé de présents par ses hôtes, il monte sur son char avec le fils de Nestor, et un augure favorable signale l'instant de leur départ. Pisistrate le quitte pour retourner à Pylos; et Télémaque, parvenu au rivage et sur le point de s'embarquer, reçoit dans son vaisseau le devin Théoclymène qui implore son assistance. Il vogue heureusement vers Ithaque, évite les embûches des prétendants, et, renvoyant ses compagnons à la ville, il se rend aussitôt chez Eumée.

16. Eumée est député vers Pénélope pour lui annoncer le retour de son fils. C'est pendant son absence que s'opère la reconnoissance d'Ulysse et de Télémaque. Ils concertent la mort des prétendants, qui, de leur côté, assemblés dans le palais, méditent la perte de Télémaque. Pénélope indignée descend au milieu d'eux, et leur reproche vivement leur audace et leur ingratitude.

17. Au retour d'Eumée, Télémaque lui ordonne de conduire Ulysse à la ville pour y mendier son pain. Lui-même se rend promptement chez sa mère, et lui présente Théoclymène. Ulysse et Eumée sont insultés en route par le berger Mélanthe : le héros n'est reconnu que de son chien, qui meurt de joie en le revoyant. Enfin il entre dans la salle du festin sous l'habit d'un indigent, et s'expose volontairement aux railleries des princes assemblés.

18. Il lutte contre le mendiant Irus qui vouloit le chasser du palais, et reçoit le prix de sa victoire. Pénélope, embellie par

Minerve, paroît au milieu des prétendants, qui lui offrent une parure magnifique. Dès qu'elle s'est retirée, ils continuent leur scandaleux festin, et accablent Ulysse d'invectives. La nuit vient mettre un terme à ces désordres ; ils offrent des libations et se retirent.

19. Ulysse, aidé de Télémaque, profite de leur absence pour enlever toutes les armes. Il obtient un entretien de Pénélope, et lui fait espérer le retour de son époux, qu'il dit avoir accueilli en Crète. Sa nourrice Euryclée, chargée de lui laver les pieds, le reconnoît à une ancienne blessure. Ulysse lui recommande le secret, et converse de nouveau avec la reine, qui lui fait part d'un songe extraordinaire, et de son projet de mariage.

20. Couché dans le vestibule du palais, il entend les plaintes de Pénélope, et reçoit de Jupiter un augure favorable. Cependant le festin se prépare ; les bergers Eumée, Philète et Mélanthe amènent des victimes pour le sacrifice, et les prétendants se rendent au palais. Ulysse est encore exposé à leurs outrages, malgré les efforts de Télémaque qui est bientôt lui-même insulté. Pendant le repas, d'affreux prodiges expliqués par Théoclymène annoncent leur punition prochaine.

21. Pénélope, par l'inspiration de Minerve, propose aux jeunes princes de tendre l'arc d'Ulysse, et promet sa main à celui qui y réussira. Tous échouent dans cette entreprise ; Télémaque l'essaye à son tour, et est sur le point de réussir lorsqu'il est arrêté par un regard d'Ulysse. Celui-ci, après s'être fait connoître à Eumée et à Philète, demande aussi à entrer en lice. Il bande l'arc avec facilité, et sa flèche va frapper le but, tandis que Télémaque, armé à ses côtés, attend le signal du combat.

22. Ulysse immole d'abord Antinoüs et Eurymaque, se nomme, et fond sur les autres qui se préparent à une vigou-

reuse défense. Télémaque donne des armes à son père et aux deux bergers, tandis que le traître Mélanthe en apporte aux prétendants. Minerve elle-même encourage le roi d'Ithaque, qui se signale par des exploits terribles. Tous les prétendants sont tués, à l'exception de Phémius et de Médon. Le supplice de Mélanthe et des femmes du palais vient terminer cette scène de vengeance.

23. Euryclée annonce à Pénélope le retour d'Ulysse et la mort de ses ennemis. Elle refuse d'y ajouter foi, et ne reconnoît point son époux. Insensible à la vue du héros, aux remontrances de Télémaque, elle n'est convaincue que par la description du lit nuptial, qui fait enfin disparoître tous ses doutes. Ulysse lui raconte succinctement ce qu'il a souffert dans ses vingt ans d'exil. Au point du jour il part avec Télémaque et les deux bergers pour se présenter à son père.

24. Mercure conduit les âmes des prétendants aux enfers, où Achille et Agamemnon apprennent d'eux leur triste sort. Ulysse arrive chez Laërte, se fait connoître à lui, et arme ses serviteurs. Le peuple d'Ithaque, malgré l'avis des vieillards, s'avance pour l'attaquer dans sa retraite, sous les ordres d'Eupithès, père d'Antinoüs. Laërte tue Eupithès; Ulysse disperse les autres; et Minerve, sous la figure de Mentor, vient enfin cimenter la paix.

Les beautés de l'Odyssée sont d'un ordre inférieur à celles de l'Iliade : elles disparoissent dans une simple analyse; mais elles n'en sont pas moins parfaitement adaptées au sujet que le poëte vouloit traiter. L'une est une épopée guerrière, l'autre une épopée domestique, destinée à retracer les mœurs patriarchales, et le gouvernement intérieur des familles, que le chantre d'Ulysse nous montre dans ses moindres détails, sans jamais déroger à la dignité du style épique. Partout il relève ses fictions par des préceptes utiles, par de grandes vérités, et quand l'occasion se présente de célébrer des actions héroïques ou de grandes révolutions de la nature, il sait encore emboucher cette trompette éclatante qui retentit dans tous les chants de l'Iliade. Mais ce qui est surtout remarquable dans cet ouvrage, c'est la savante distribution de ses parties. L'action de l'Iliade ne dure que vingt jours, et pouvoit être rapportée dans l'ordre historique ; celle de l'Odyssée embrasse plus de huit ans, et auroit fatigué par sa monotonie si le poëte eût suivi la même marche. Mais, inspiré par son génie, il a partagé le sujet par le milieu, et présentant au début même les faits voisins du dénoûment, il a mis dans la bouche de son héros le récit des faits antérieurs. Ce mécanisme ingénieux suffiroit seul pour réfuter les doutes qu'on a voulu élever de notre temps sur l'unité des poëmes d'Homère, si l'opinion d'Aristote, de Virgile, d'Horace, juges bien plus compétents que nous dans cette matière, ne formoit déjà à cet égard un témoignage irrécusable. Quant aux aventures incroyables qu'il raconte, elles sont la suite naturelle de toutes ces traditions obscures, produites à la naissance de la civilisation, et grossies par la crédulité. Homère en a tiré parti pour s'égarer en liberté dans le champ des fictions ; mais il ne perd jamais de vue son but réel, qui est d'instruire les hommes, et de les unir par l'attrait de la vertu. L'Odyssée est une allégorie politique et morale ; elle expose les intérêts des familles et des sociétés, elle apprend à les gouverner, et à assurer leur félicité. Si l'Iliade est la leçon des peuples, l'Odyssée est la leçon des rois.

Outre ces deux chefs-d'œuvre qui lui ont assuré le sceptre du Parnasse, Homère avoit composé plusieurs pièces de vers dont nous devons regretter la perte. On cite surtout de lui les *Cercopes* et le *Margitès*, premiers modèles de la satyre et de la comédie, dirigés, l'un contre des brigands redoutés de son temps, l'autre contre un personnage d'une simplicité ridicule. Ses *Epigrammes* ne nous sont point parvenues intactes : quant aux *Hymnes* et à la *Batrachomyomachie*, placés communément à la suite de ses œuvres, il est prouvé qu'ils ne sont point de lui. La Batrachomyomachie, poëme-héroï-comique, que l'on peut considérer comme une Iliade travestie, est de *Pigrès* de Carie, frère de la reine Artémise, et contemporain de Xerxès. Les trente-deux Hymnes en l'honneur des dieux, sont l'ouvrage du rhapsode *Cynæthus*, qui vivoit à Athènes au commencement de la guerre du Péloponèse, et qui a su si bien imiter le style du grand poëte, que plusieurs critiques habiles n'ont point reconnu l'imposture. Du reste, le chantre d'Achille et d'Ulysse a jeté un si vif éclat dès les premiers siècles de la littérature, qu'on a mis sous son nom les productions de presque tous les anciens rhapsodes, dont nous parlerons dans le chapitre suivant.

III.

Poëtes Cycliques.

On a désigné sous ce nom les contemporains et les successeurs d'Homère, qui, originaires comme lui des côtes de l'Asie Mineure, célébrèrent dans le même dialecte et dans le même mode de versification les hauts faits des premiers guerriers. Les poëtes étoient alors les seuls historiens : animés par le récit des grands événements dont la Grèce venoit d'être le théâtre, ils les consacrèrent dans leurs chants, fruits spontanés d'une langue riche et sonore, et d'une imagination aussi riante que leur climat. Hérauts indifférents de la vérité et de l'erreur, ils adoptèrent avec la même facilité les fictions de la Thrace, de la Phrygie, de l'Egypte, pour en orner l'austérité de l'histoire. Leurs poëmes se transmirent sans altération jusqu'au siècle de Périclès, dans lequel le grammairien Polémon les rassembla en un seul corps d'ouvrage, sous le titre de *Cycle Epique* ou *Répertoire de l'Epopée*. On y trouvoit toute la mythologie des siècles primitifs depuis l'union du ciel et de la terre, jusqu'à la mort d'Ulysse ou la fin des temps héroïques. Cette collection curieuse se perdit peu à peu par la négligence et l'impéritie des copistes, et par la réputation toujours croissante d'Homère, qui finit par l'absorber entièrement. Nous n'avons plus aujourd'hui que les noms des poëtes cycliques et les titres de leurs ouvrages, dont nous allons donner ici la liste :

STASINUS, *de Chypre*, composa la *Cypriade*, poëme sur les aventures de Pâris et d'Hélène.

ARCTINUS, *de Milet*. — La *Prise de Troie*.

LESCHÈS, *de Lesbos*. — La *Petite Iliade*.

EUMÈLE, *de Corinthe*. — L'*Histoire de Corinthe*, renfermant l'Expédition des Argonautes.

ARÉTÉAS, *de Proconnèse*. — La *Guerre des Arimaspes*.

PISANDRE. — Les *Amours des Héroïnes*, contenant un épisode sur la Prise de Troie. On lui attribue aussi une *Héracléide*.

Panyasis et Antimaque, qui fleurirent à une époque plus récente, vers le commencement du siècle de Périclès, surpassèrent tous les devanciers par la perfection de leurs ouvrages. L'*Héracléide* de Panyasis, et surtout la *Thébaïde* d'Antimaque, étoient regardées comme les meilleures épopées grecques, après l'Iliade et l'Odyssée.

Le Cycle Epique, tel qu'il existoit dans sa totalité, a fourni aux poëtes tragiques la plupart de leurs compositions. C'est là qu'Eschyle, Sophocle et Euripide ont puisé cette foule de traditions qui ne se trouvent pas dans Homère, et que leur muse a popularisées. C'est là que l'école d'Alexandrie, et plus tard l'école romaine, ont rassemblé tous les détails de ce vaste système de mythologie, qui, donnant l'ascendant de la verité aux rêves de l'imagination, exerce encore aujourd'hui son empire sur toutes les productions modernes.

De toutes les épopées qui ont paru entre Homère et Virgile, deux seulement nous ont été conservées, encore la première ne mérite-t-elle guère ce nom. C'est un petit poëme historique sur l'*Expédition des Argonautes*, qu'on a publié sous le nom d'Orphée, mais qui est évidemment indigne du chantre mélodieux de la Thrace. On l'attribue à *Onomacrite*, poëte athénien, qui vivoit sous les Pisistratides, et qui a aussi composé des hymnes sous le même nom; mais peut-être est-il d'une époque encore postérieure, et ne remonte-t-il pas au-delà du temps d'Alexandre. On n'y trouve aucun ornement, mais il est précieux sous le rapport géographique. L'autre, qui traite de la même Expédition, et qui lui est infiniment supérieur, est l'ouvrage d'Apollonius de Rhodes.

~~~~~~

IV.

APOLLONIUS.

Argonautiques.

Ce poëte vivoit sous Ptolémée Philadelphe, et faisoit partie de la fameuse pléïade qui illustra l'école d'Alexandrie, et qui se composoit avec lui de Callimaque, Théocrite, Aratus, Nicandre, Lycophron et Homère le jeune. Voulant raconter dans tous ses détails la Conquête de la Toison d'Or, si brillamment esquissée dans la quatrième Pythique de Pindare, et déjà traitée avant lui par Eumèle et Epiménide, il en a formé une narration régulière, divisée en quatre chants, et imitant scrupuleusement l'exactitude de l'ordre historique. Il a pris pour modèle le poëme attribué à Orphée, mais il a orné son fonds stérile des fleurs de l'imagination, il a développé tous les passages susceptibles d'embellissements, et les a enrichis de scènes intéressantes et de descriptions pittoresques. Cependant il faut avouer que ses caractères sont généralement froids, excepté celui de sa Médée, qui a contribué, avec l'Ariane de Catulle, à former la peinture de Didon. L'intérêt de son sujet est partagé, et par conséquent extrêmement affoibli ; ses discours sont trop longs, mais son style est pur et élégant, et ses tableaux sont tracés de main de maître. Ils n'ont pas été inutiles à Virgile, qui, outre le caractère de

Didon, lui doit encore une foule de comparaisons originales. Ces emprunts font assez l'éloge d'Apollonius. Nous allons donner une idée de la distribution de son poëme.

Phryxus, fils d'Athamas, roi de Thèbes, s'étant enfui en Colchide sur le bélier d'or que son père avait reçu de Neptune, l'immola aux dieux libérateurs, et donna sa toison au roi Eétès, dont il épousa la fille Chalciope. Après la mort de Phryxus, Pélias, roi de Thessalie, chargea son neveu Jason de reconquérir la toison d'or. Cinquante guerriers de la Grèce se joignirent à lui pour cette grande entreprise, et s'embarquèrent ensemble sur le navire Argo.

1 Le poëme commence par le dénombrement des Argonautes. Jason fait ses adieux à sa mère Alcimède; les héros s'assemblent et l'élisent pour leur chef. On offre à Apollon un sacrifice présidé par Orphée; le vaisseau est lancé, et on met à la voile. Jason est accueilli à Lemnos, par Hypsipyle, et chez les Dolions, par le roi Cyzique, dont il expie le meurtre involontaire en célébrant sur l'Ida le culte de Cybèle. Il aborde ensuite chez les Mysiens où il est abandonné par Hercule, inconsolable de la perte d'Hylas.

2. Les héros arrivent chez Amycus, roi des Bebryces, que Pollux tue au combat du ceste. Ils délivrent Phinée, roi de Bithynie, des Harpies qui infestaient son palais, et reçoivent de lui d'importantes instructions. Ils franchissent les roches Cyanées, côtoyent l'île de Thynias où ils aperçoivent Apollon, et sont reçus par Lycus, dans le pays des Mariandyniens. Ils y perdent Idmon et Typhis, et continuant leur navigation, pénètrent dans l'île de Mars où ils rencontrent les quatre fils de Phryxus qui leur promettent leur assistance, et guident leur vaisseau vers Colchos.

3. Junon et Minerve implorent le secours de Vénus en faveur de Jason. Il se rend à l'audience d'Eétès; l'Amour blesse

le cœur de Médée. Après avoir vainement combattu sa passion, elle promet à sa sœur de sauver le héros, et lui remet un charme magique qui doit le rendre invulnérable. Après un sacrifice offert aux dieux infernaux, Jason se prépare au combat, dompte les taureaux furieux, et achève la moisson du champ de Mars.

4. Médée livre à Jason la toison d'or, et s'enfuit avec lui. Arrivés aux bouches de l'Ister, les Argonautes sont atteints par Apsyrte fils d'Eétès, que Médée fait mettre à mort. Le vaisseau suit le cours de l'Ister, traverse l'Eridan et aborde dans l'île de Circé. Il franchit ensuite Charybde et Scylla, et parvient dans l'île des Phéaciens, où Alcinoüs accueille les fugitifs. De là Jason est poussé dans le syrtes d'Afrique, pénètre jusqu'au jardin des Hespérides où il perd deux de ses compagnons, Canthus et Mopsus, et revenu à la hauteur de l'île de Crète, il aborde enfin à Iolchos.

Après ce poëme historique, la littérature grecque n'a plus produit de grand ouvrage en vers pendant l'espace de plus de six siècles. Elle dégénéra par degrés sur le sol étranger de l'Egypte, et fit place à la littérature latine, qui enfanta à son tour des chefs-d'œuvre, dignes de rivaliser avec ceux de la Grèce.

V.

VIRGILE.

Énéide.

L'EXEMPLE d'Homère, des poëtes cycliques et des poëtes d'Alexandrie, excita enfin l'émulation des chantres de l'Italie, lorsque Rome victorieuse de Carthage eut agrandi la sphère de ses lumières avec celle de sa domination, et que la langue latine, polie par un long usage, fut devenue susceptible de seconder l'essor du génie. *Ennius*, contemporain du grand Scipion, fut le premier qui emboucha la trompette héroïque, et qui chanta dans son style sauvage, mais énergique, les annales de la gloire romaine et l'agrandissement de sa patrie. Plusieurs poëtes dramatiques le suivirent, perfectionnèrent les lois de la cadence, et fixèrent les règles de la langue qui déploya bientôt toutes ses ressources. *Catulle* et *Lucrèce* l'épurèrent, la revêtirent d'un nouvel éclat, et, l'animant de leurs heureuses inspirations, préparèrent par leurs poëmes le beau siècle d'Auguste.

Enfin Virgile parut pour être l'honneur de ce siècle, et le modèle le plus parfait d'élégance que présente la littérature de tous les âges. Après s'être essayé sur la flûte pastorale, et avoir orné la muse didactique des fleurs de l'imagination, égal à Théocrite et supérieur à Hésiode, il voulut se mesurer avec Homère, et éclipser, ou du moins partager la renommée de ce puissant génie. Il choisit un sujet national, propre à intéresser tous ses contemporains, l'*Etablissement d'Enée en Italie*. Il le puisa dans l'auteur grec lui-même, et dessina le caractère de son héros d'après celui qu'il déploye dans l'Iliade. Il joignit à ses qualités guerrières et à son respect inviolable pour les dieux, la prudence et les vertus civiles qui pouvoient le plus l'assimiler à Auguste, dont il devoit retracer l'image. La tradition, qui faisoit remonter à Enée la fondation de l'empire romain et l'origine de la famille des Jules, étoit assez accréditée de son temps pour servir de base à son majestueux édifice. Sans parler de Lycophron, qui, dès le siècle des Ptolémées, en a fait une des prédictions du dithyrambe de Cassandre, l'historien Denys d'Halicarnasse rapporte cet événement avec le plus grand détail, et s'accorde avec Virgile sur l'itinéraire d'Enée. A cette idée pleine de noblesse et susceptible des plus beaux développements, le poëte a rattaché la rivalité de Rome et de Carthage, et l'accroissement successif de ce vaste empire qui devoit embrasser toute la terre. Pour faire mouvoir ces nombreux ressorts il a employé, comme Homère, l'intervention des divinités, et a su relever, par les riantes fictions de la Grèce, les traditions obscures de l'ancienne Italie. Telle est l'esquisse générale de l'Enéide, que nous allons examiner plus particulièrement, en suivant les sommaires de chaque livre :

1. Troie est en cendres; la postérité de Dardanus est anéantie sur les côtes de l'Asie; Enée, fils de Vénus et d'Anchise, seul rejeton de ce sang illustre, erre depuis sept ans de rivage en rivage à la tête des Troyens fugitifs. Poursuivi par la haine de Junon, il cherche en vain les champs de l'Italie, dont les destins lui ont promis l'empire. Enfin il est près d'y aborder: Junon le voit, et, avide de vengeance, elle a volé au palais d'Éole. Soudain les vents sont déchaînés; une affreuse tempête fond sur la flotte d'Énée, qui ne doit son salut qu'à la protection de Neptune. Les Troyens dispersés abordent près de Carthage; et Jupiter, abaissant sur eux ses regards, console Vénus en lui dévoilant leur gloire. Bientôt la déesse elle-même apparoît à son fils, et lui apprend l'histoire de Didon. Énée, environné d'un nuage impénétrable, traverse Carthage et parvient jusqu'au temple de Junon, où il voit en tableaux les événements du siége de Troie. La reine s'avance suivie d'une foule de Troyens à qui elle accorde l'hospitalité. A cette vue, Enée se montre, et reçoit d'elle un accueil

favorable. Cependant Vénus, inquiète sur l'avenir, envoie l'Amour sous les traits d'Ascagne pour enflammer le cœur de Didon, tandis que le héros, dans la pompe d'un festin, commence le récit de ses longues infortunes.

2. — Énée remonte à l'époque où les Grecs, fatigués d'un siége de dix ans, construisirent le cheval monstrueux qui devoit consommer la ruine de Troie. Il raconte l'artifice de Sinon, la mort cruelle de Laocoon, et l'entrée du cheval dans la ville. Au moment où le carnage commence, l'ombre d'Hector lui apparoît en songe, et l'avertit du danger de la patrie. Énée s'élance à la tête d'une troupe de Troyens, et combat quelque temps avec succès. Enfin, vaincu par le nombre, il se retire dans le palais de Priam qu'il veut défendre par un dernier effort; mais il est bientôt témoin de sa chute et de la fin déplorable du vieux roi. Prêt à assouvir sa vengeance sur Hélène, il est retenu par Vénus, qui l'exhorte à sauver sa famille. Anchise refuse d'abord de le suivre. Déterminé ensuite par un prodige céleste présageant les destinées d'Ascagne, il se laisse entraîner par Énée, qui emmène Créüse et son fils. Créüse s'égare dans sa fuite; son ombre seule apparoît à son époux, qui, inconsolable de sa perte, se retire sur le mont Ida.

3. — Le héros passe à la seconde partie de son récit, celle de sa navigation. Il équipe une flotte de vingt vaisseaux, et se dirige d'abord vers la Thrace; mais la voix gémissante de Polydore l'éloigne bientôt de cette terre criminelle. Il aborde à Délos, et consulte l'oracle d'Apollon qui lui ordonne de retourner dans sa mère-patrie. Sur une fausse interprétation de l'oracle, il fait voile vers l'île de Crête, qu'une maladie contagieuse et l'avertissement de ses dieux pénates le déterminent à quitter encore pour se diriger vers l'Italie. Dans sa route une tempête le pousse aux îles Strophades infestées par les Harpies. De là il mouille au promontoire d'Actium, et arrive

dans la Chaonie, où il retrouve Andromaque et Hélénus. Eclairé par les conseils de ses hôtes, il côtoie la rive orientale de l'Italie, et aborde en Sicile, au pied du mont Etna, où il accueille le Grec Achéménide, qui lui donne des détails sur le séjour d'Ulysse dans l'antre du cyclope Polyphème. De là il double les caps de la Sicile, arrive à Drépane où il perd Anchise, et revient ainsi au récit de son dernier naufrage.

4. Cependant la reine brûle pour Énée, et les conseils de sa sœur fortifient son amour. Tandis qu'elle offre aux dieux un pompeux sacrifice, Junon et Vénus concertent les moyens de l'unir au héros troyen. Une chasse sert d'occasion à ce funeste hymen. Dès-lors Didon ne cache plus sa foiblesse, et l'agile Renommée en répand la nouvelle dans toute l'étendue de l'Afrique. Iarbas, roi de Gétulie, indigné de la préférence accordée à Énée, en demande vengeance à Jupiter, et bientôt Mercure donne ordre au prince troyen de s'éloigner de Carthage et de poursuivre ses destinées. Énée s'y prépare à regret; mais il ne peut tromper les yeux de son amante, qui emploie en vain dans une dernière entrevue le langage persuasif de la plus vive passion. Énée reste inébranlable; et la malheureuse Didon, effrayée par mille prodiges sinistres, prend la résolution de se donner la mort. Seule, dans le silence de la nuit, elle prépare à cet effet un sacrifice magique, pendant qu'une seconde apparition de Mercure détermine le départ d'Énée. Au point du jour, Didon aperçoit ses vaisseaux s'éloignant des rives de Carthage; alors, exhalant contre lui toutes les imprécations du désespoir, elle monte sur le bûcher fatal, se perce de l'épée que lui a laissée l'infidèle, et expire dans les bras de sa sœur.

5. Énée est forcé par une tempête de relâcher en Sicile, sur la côte de Drépane, gouvernée par le Troyen Aceste. Là, il offre un sacrifice anniversaire sur le tombeau de son père

Anchise, dont un prodige lui annonce l'apothéose. Neuf jours après, il célèbre des jeux funéraires, et propose successivement les prix de la joûte navale, de la course, du ceste et de l'arc. Ascagne, à la tête d'un jeune escadron, vient terminer le spectacle par un exercice équestre. Dans cet instant les femmes troyennes mettent, à l'instigation d'Iris, le feu à leurs vaisseaux, qui ne sont sauvés que par la protection de Jupiter. Les conseils de Nautès et l'apparition d'Anchise déterminent Énée à laisser en Sicile les femmes et les vieillards de l'équipage; il fonde pour eux la ville de Ségeste, et fait voile vers l'Italie. Neptune promet à Vénus de protéger sa navigation; il se montre lui-même sur les flots qui s'aplanissent à son aspect. Les dieux ne demandent qu'une seule victime; et le Sommeil, chargé de leur vengeance, endort le pilote Palinure qui tombe et périt dans la mer.

6. La flotte d'Énée aborde à Cumes, sur la côte occidentale de l'Italie. Le héros se rend au temple d'Apollon pour y consulter la Sibylle, qui, dans son enthousiasme prophétique, lui prédit la guerre du Latium. Énée, guidé par ses avis, cueille le rameau d'or qui doit lui ouvrir l'entrée des enfers, tandis que ses compagnons célèbrent les funérailles de Misène. Le soir, il offre un sacrifice magique, et, accompagné de la prêtresse, il se plonge dans la demeure des ombres. Il aperçoit d'abord les ministres de la Mort, arrive bientôt à la barque de Caron, et trouve près de là son pilote Palinure. Traversant ensuite l'Achéron, il entre dans le champ des larmes, et y voit l'ombre de Didon et celle du Troyen Déiphobe. Il parvient ensuite au palais de Pluton; aperçoit d'un côté le Tartare, dont la Sibylle lui décrit les supplices, et de l'autre les Champs-Élysées, où il doit retrouver Anchise. Celui-ci, après avoir développé à son fils les principes de la métempsycose, fait passer successivement sous ses yeux la race glorieuse de ses descendants depuis Ascagne jusqu'à Auguste. Il termine cette énumération par de touchants regrets sur le jeune Marcellus; et Énée, revenant à la lumière, continue sa navigation.

7. Les Troyens mouillent au port de Gaëte, côtoyent l'île de Circé, et arrivent enfin à l'embouchure du Tibre, au terme de leur pénible voyage. Latinus régnoit sur ces rivages : une seule fille, nommée Lavinie, étoit héritière de sa puissance. Les oracles lui destinoient un époux étranger ; mais Amate, sa mère, l'avoit promise à Turnus, roi de Rutules. Énée envoie une ambassade à Latinus qui l'accueille favorablement. Alors Junon, implacable dans sa haine, appelle des enfers la furie Alecton, et lui ordonne d'allumer la guerre. Alecton verse d'abord ses poisons sur Amate, et la porte à cacher sa fille au milieu des forêts. Elle apparoît ensuite à Turnus, et lui inspire la soif de la vengeance. Enfin elle expose aux flèches d'Ascagne un jeune cerf chéri des bergers, et sonne elle-même le signal des combats. Le sang coule : Turnus vole à Laurente. Latinus refuse de déclarer la guerre ; mais Junon ouvre elle-même le temple de Janus, et tous les peuples du Latium, classés dans un brillant dénombrement, se réunissent pour repousser Énée.

8. Vénulus est député vers Diomède pour solliciter son alliance en faveur de Turnus. Le Tibre apparoît à Énée, et lui promet le secours d'Evandre, chef arcadien établi sur ses bords. Le héros suit le cours du fleuve, trouve Evandre occupé à un sacrifice, et apprend de lui la victoire d'Hercule sur Cacus. On chante les louanges du demi-dieu, et le vieux roi conduit Énée à travers la campagne de Rome, vers sa modeste demeure située sur le mont Palatin. Le lendemain, Vénus demande à Vulcain une armure céleste pour son fils : tandis que, par le conseil de son hôte, il se prépare à rejoindre l'armée toscane, qui, poursuivant le tyran Mézence réfugié auprès de Turnus, n'attend qu'un chef pour la mener au combat. Après de touchants adieux, Énée part avec Pallas, fils d'Evandre, et arrive à la vue des Toscans. Dans ce moment Vénus lui apporte l'immortel bouclier, sur lequel Vulcain avoit gravé les fastes

de la grandeur romaine, et surtout la victoire d'Actium et l'établissement de la puissance d'Auguste.

9. Turnus, averti par Iris, rassemble toutes ses troupes pendant l'absence d'Énée, et marche contre les Troyens campés à l'embouchure du Tibre. Ceux-ci se renferment dans leurs retranchements, et Turnus, furieux, porte le feu à la flotte; mais elle est sauvée par Cybèle, qui change tous les vaisseaux en nymphes. Turnus fait investir le camp pendant la nuit : les Troyens n'ont plus de ressource, quand Nisus et Euryale, deux jeunes guerriers unis de la plus tendre amitié, se présentent aux chefs assemblés et offrent d'avertir Énée. Comblés par Ascagne d'éloges et de promesses, ils partent, pénètrent dans le camp des Rutules, et le traversent en le remplissant de carnage. Cependant des cavaliers latins les aperçoivent à la lueur de leurs armes. Ils prennent la fuite : Nisus échappe; mais Euryale est pris par les ennemis. Nisus revient; son ami expire sous le fer de Volscens, chef des Latins. A cette vue, Nisus s'élance, venge Euryale, et meurt auprès de lui. Leurs têtes, portées sur des piques, frappent les yeux de la mère d'Euryale. Bientôt le désespoir de cette infortunée fait place à l'horreur des combats. On sonne la charge; Turnus embrase une tour destinée à protéger le camp. Cependant Ascagne rend le courage à ses troupes, en tuant du haut des murs l'audacieux Numanus. Animés par ce succès, Pandarus et Bitias, deux Troyens d'une taille prodigieuse, ouvrent eux-mêmes les portes, et fondent sur les ennemis. Mais bientôt Turnus les repousse, pénètre seul au milieu du camp, y fait un horrible massacre, et, environné de toutes parts, il rejoint son armée en traversant le Tibre à la nage.

10. Le conseil des dieux s'assemble; et Jupiter, après avoir vainement tenté d'accorder Vénus et Junon, abandonne au destin le succès de la guerre. Les Troyens tentent une dernière défense, pendant que les vaisseaux changés en nymphes voguent

à la rencontre d'Énée, et l'avertissent du danger qui le menace. Le héros s'avance à la tête de l'armée toscane, réunie sous les ordres de Tarchon, et formant une flotte de trente voiles, dont le poëte caractérise les chefs. Énée, Tarchon et Pallas débarquent à la vue de l'armée ennemie. Pallas, après avoir fait des prodiges de valeur, périt de la main de Turnus. Énée brûle de le venger; et Junon, tremblant pour le roi des Rutules, obtient de Jupiter de le soustraire au combat. Elle trompe le fougueux guerrier par l'apparition d'un fantôme, l'entraîne dans un de ses vaisseaux, et le fait aborder à Ardée. Cependant Mézence se met à la tête des troupes, repousse les Troyens, et s'avance contre Énée. Blessé et sur le point de périr, il est sauvé par son fils Lausus, qui meurt victime de son amour filial. Mézence, furieux et déchiré de remords, retourne au combat, attaque de nouveau son ennemi, et périt enfin sous ses coups.

11. Le lendemain, Énée fait un trophée des armes de Mézence, harangue ses troupes, et prépare avec magnificence le cortége funèbre de Pallas. Il accorde aux députés de Latinus une trêve pour la sépulture des morts, et propose un défi à Turnus. Tandis qu'Évandre, accablé de douleur, exhale ses plaintes sur les restes de son fils, les Troyens et les Latins couvrent la plaine de bûchers funéraires. Vénulus rapporte le refus de Diomède ; Latinus propose alors au conseil d'offrir à Énée des conditions de paix. Drancès, orateur populaire, appuie fortement sa demande, et accable Turnus d'invectives. Le guerrier lui répond avec dignité, et cherche à ranimer l'espoir de Latinus. Dans ce moment la cavalerie toscane se déploie dans la plaine en ordre de bataille, tandis qu'Énée, à la tête des Troyens, dirige sa marche du côté des montagnes. Le conseil est rompu ; Turnus rassemble ses troupes; il donne à Camille, reine des Volsques, le commandement de la cavalerie, et va lui-même préparer une embuscade à Énée. Diane, voyant Camille dévouée à la mort, charge la nymphe Opis du soin de sa vengeance, et lui raconte l'histoire de l'amazone. Le signal

est donné : le combat de cavalerie s'engage ; Camille porte partout l'épouvante ; enfin Tarchon ranime l'ardeur de ses soldats, et Aruus lance un trait à Camille. Elle expire ; Opis venge sa mort ; mais la cavalerie latine s'enfuit en désordre vers la ville, où elle est poursuivie par les Toscans, qui en font un affreux carnage. Turnus, averti de ce désastre, quitte aussitôt les défilés, qu'Énée franchit un instant après ; et tous deux, avides de combattre, arrivent le soir aux portes de Laurente.

12. Turnus, voyant les Latins découragés par deux défaites, accepte le défi proposé par Enée. Sourd aux avis de Latinus, aux prières et aux plaintes d'Amate, il s'arme pour ce combat fatal, dont les deux armées doivent être spectatrices. Cependant Junon tentant un dernier effort, avertit la nymphe Juturne du sort réservé à son frère. Le traité juré par les trois rois est bientôt rompu à l'instigation de Juturne, qui promet la victoire aux Latins, et les trompe par un faux présage. L'augure Tolumnius lance le premier trait ; les autels sont renversés, Enée invoque vainement la majesté des dieux ; il est blessé par une main inconnue. Dans ce moment Turnus monte sur son char, fond sur les Troyens et les met en déroute. Enée, confié aux soins d'Iapis, est guéri miraculeusement par l'intervention de Vénus. Il s'arrache aux embrassements d'Ascagne, revole au combat, et presse vivement les Latins, tandis que Turnus, conduit par sa sœur de l'autre côté de la plaine, s'égare à la poursuite des Troyens fugitifs. Énée se décide alors à livrer l'assaut à la ville ; la flamme s'élève de toutes parts ; et Amate, persuadée que Turnus n'est plus, se donne la mort de désespoir. A cette funeste nouvelle, le prince Rutule quitte son char, et se précipite à la rencontre d'Énée. Les deux rivaux sont en présence ; leurs armées s'arrêtent dans la plaine. Le combat décisif s'engage ; l'épée de Turnus est brisée ; il fuit, mais bientôt il revient sur ses pas. Dans cet instant, Jupiter prend ses balances d'or, et rappelle à Junon l'arrêt irrévocable. Elle consent enfin à s'y soumettre, pourvu que les Troyens

adoptent en Italie le nom et les coutumes des Latins. Jupiter envoie alors une Furie pour éloigner Juturne du combat. Turnus tente une vaine résistance, il est blessé, et implore son vainqueur qui est prêt à lui laisser la vie. Mais à l'aspect du baudrier de Pallas, Énée lui porte enfin le coup mortel, et s'assure par cette victoire la main de Lavinie et l'empire du Latium.

En rapprochant de ces douze arguments ceux des quarante-huit chants d'Homère, on trouvera qu'ils se correspondent dans l'ordre suivant :

Enéide Ier. livre : Odyssée, chants 5 et 7.
    III.   Odyssée. . . . . 9 et 12.
    V.   Iliade. . . . . . 23.
    VI.   Odyssée. . . . . 11.
    IX.   Iliade. . . . . . 10 et 12.
    X.   Iliade. . . . . . 16.
    XI.   Iliade. . . . . . 7.
    XII.   Iliade. . . . . . 3 et 22.

Les livres II, IV, VII et VIII offrent moins de rapport avec le plan d'Homère, et font d'autant plus d'honneur à Virgile, qu'ils passent pour les plus beaux de son poëme. La marche et la distribution de l'Enéide sont tracés, comme on peut le voir, sur celles de l'Odyssée : l'action est coupée par le milieu, l'exposition touche presque au dénoûment, et les faits antérieurs sont placés en récit. Du reste, ce n'est pas à ces rapports généraux que se borne la ressemblance des deux poëtes. Les tableaux, les comparaisons, les allégories, les épisodes d'Homère, ont tous passé dans le texte de son imitateur, ornés pour la plupart d'une grâce et d'une fraîcheur nouvelles, mais perdant quelque chose de cette mâle énergie qui caractérise le chantre des héros. Sa touche est plus large et plus fière, celle de Virgile est plus délicate ; ses caractères sont plus prononcés, mais encore empreints de la rudesse des premiers âges. Son imagination est plus hardie, plus vive, plus impétueuse ; mais elle l'entraîne quelquefois dans des écueils qu'a toujours évitées le goût exquis de Virgile. Il a su abréger ses longueurs, achever ses ébauches imparfaites, reproduire avec fidélité ses grandes conceptions, et alliant à toutes ces richesses étrangères les inspirations de son propre génie, laisser la palme indécise entre le modèle et l'imitation.

V I.

Poëtes Epiques, Latins et Grecs, postérieurs à Virgile.

Virgile a eu le sort d'Homère, il a fait oublier tous ceux de ses contemporains qui se sont exercés dans le même genre que lui ; l'extrême popularité de ses ouvrages a fait négliger leurs manuscrits, qui, bornés à un petit nombre de copies, n'ont pu parvenir à la postérité. Il paroît cependant que plusieurs de ces écrivains, tels que Furius, Cinna, Varius, sans s'immortaliser par un monument aussi vaste que l'Enéïde, ont joui de leur vivant d'une réputation méritée. Varius, qu'Horace nomme toujours à côté du grand poëte, dont il étoit à-la-fois l'émule et l'ami, avoit composé un ouvrage sur la *Guerre Civile*, et un autre sur la *Mort*, dont il nous reste quelques fragments. La force et l'élégance de ses vers font vivement regretter la perte de ses écrits, qui tiendroient sans doute un rang distingué à la suite des chefs-d'œuvre de Virgile.

Cet honneur étoit réservé à OVIDE, qui parut à la fin du même siècle. Quoique son poëme des *Métamorphoses* appartienne proprement au genre didactique, il offre tant de ressemblance avec le style de l'épopée, qu'il a placé son auteur, dans l'opinion générale, à la tête des imitateurs de Virgile. Le poëte de Sulmone ne pèche que par la trop grande richesse de son imagination ; du reste, on trouve réuni en lui tout ce qui peut exciter et nourrir l'intérêt. Quel art dans l'ingénieux tissu de ses fables, dont il ne perd jamais le fil imperceptible ! Quelle variété de couleurs, quelle diversité de situations, quelle mobilité d'images ! Quelle innombrable profusion d'anecdotes, de transformations, de combats, de descriptions gracieuses, de peintures fortes et effrayantes ! Son style est aussi flexible que sa pensée ; il s'élève, s'abaisse, s'embellit, se simplifie avec les êtres imaginaires qu'il représente. La surabondance qu'on lui reproche naît en quelque sorte de sa matière, qui offre une heureuse analogie avec le caractère de son talent. Ovide est bien loin de Virgile, mais il est le premier après lui ; et ce n'est qu'après avoir mûrement évalué la perfection sublime du chantre de l'Enéide, qu'on remarque les brillants défauts de l'auteur des Métamorphoses.

LUCAIN se fraya une autre route. Partisan ardent de la liberté sous le règne tyrannique de Néron, son esprit avoit contracté une habitude d'austérité et de tristesse qui détermina le choix de son sujet. Dédaignant les rêves enchanteurs de la mythologie et les scènes riantes de la nature, il entreprit de peindre les passions des hommes, les combats, l'horreur des guerres civiles. Il retraça dans sa *Pharsale* la funeste rivalité de César et de Pompée, et plaida avec chaleur la cause de la patrie. Ses caractères sont grands, ses discours éloquents, ses descriptions énergiques; mais il tombe souvent dans l'excès : son éloquence dégénère alors en enflure, son enthousiasme en déclamation, et sa poésie, dépourvue d'ornements, se charge d'un inutile amas d'hyperboles qui effraient l'esprit sans le remplir, et s'évaporent bientôt en fumée. Cependant, malgré ses nombreux défauts, la *Pharsale* renferme des traits sublimes qui la feront toujours admirer, et qui lui assignent le premier rang parmi les épopées du second ordre.

Silius Italicus, contemporain de Lucain, ne peut pas soutenir avec lui de parallèle. Il n'a aucune de ses beautés, et il a un défaut insoutenable, celui d'être extrêmement ennuyeux. Son poëme de la *Seconde Guerre Punique* n'est qu'une longue histoire versifiée, sans force, sans couleur, sans grâce et sans variété. Toutes les fleurs qu'il emprunte à Virgile se décolorent et se fannent dans ses mains. Son seul mérite est celui de l'exactitude, qui en est un bien foible pour un poëte, quoiqu'il puisse présenter quelque attrait au lecteur avide de s'instruire. Il décrit avec assez de détail les principaux sites de l'Italie, les marches, les exploits d'Annibal et de Scipion; mais c'est-là tout le fonds de son ouvrage, et on préfère lire ces mêmes événements dans la prose éloquente de Tite-Live.

Stace, en évitant cette froide monotonie, est tombé dans l'excès contraire. Son poëme de la *Thébaïde* est le comble de l'exagération et de l'enflure; cependant, du milieu de ce chaos, il sort de temps en temps quelques étincelles qui montrent que cet auteur avoit de la verve ; mais elle n'est jamais réglée par le bon goût. D'ailleurs, son sujet est aride, et trop au-dessus de ses forces ; un grand génie pouvoit seul en tirer quelque parti. Stace a été plus heureux dans son petit poëme de l'*Achilléide*, qu'il n'a pas eu le temps d'achever, mais dont le commencement n'est pas dépourvu de grâce et de sensibilité. On a encore de lui un recueil de pièces fugitives, réunies sous le nom de *Sylves*, dont plusieurs sont d'un style assez pur, et contiennent des descriptions riantes. Mais son principal ouvrage a terni pour toujours sa réputation littéraire.

VALÉRIUS FLACCUS, auteur du même siècle, nous a laissé huit chants d'un poëme non achevé, sur l'*Expédition des Argonautes*. Cette composition n'est pas sans mérite ; elle ne brille pas du côté de l'invention, mais elle se distingue par la pureté du style, par la justesse des comparaisons, par la sage économie des détails qui n'y sont pas prodigués jusqu'à satiété, comme dans les trois épopées que nous venons de citer. Du reste, ce qui le placera toujours au-dessous de Lucain, c'est qu'il n'a créé aucune conception nouvelle, et qu'il a modelé tout son ouvrage sur les Argonautiques d'Apollonius de Rhodes, dont il n'est presque que le traducteur.

Après ces quatre poëtes du siècle des Césars, la littérature latine présente une grande lacune, qui s'étend jusqu'au règne des deux fils de Théodose. C'est alors qu'on vit paroître CLAUDIEN, auteur estimable pour le temps où il a vécu, supérieur à tous ses contemporains et à plusieurs de ses prédécesseurs. On a de lui un poëme en trois chants, sur l'*Enlèvement de Proserpine*; deux poëmes contre *Rufin* et *Eutrope*, ministres d'Arcadius, et d'autres morceaux d'une moindre étendue. On remarque dans tous ces ouvrages de la force, de la chaleur, et souvent de la dignité. Il est vrai qu'elle se change quelquefois en enflure, et que la surabondance d'ornements charge son style sans l'enrichir, que la coupe régulière de ses vers, d'ailleurs bien faits, produit trop de monotonie; mais on doit lui savoir gré d'avoir au moins pu s'élever si haut dans un siècle de décadence ; et malgré leurs défauts, ses écrits se distinguent toujours par quelques passages remarquables qui réveillent l'attention et satisfont le goût.

Après la division de la puissance romaine et la chute de l'empire d'Occident, on vit renaître les lettres grecques à la cour de Constantinople, et il s'éleva une école de poëtes héroïques, qui, quoiqu'infiniment inférieurs aux anciens, nous ont été conservés par les commentateurs. Ils paroissent tous avoir fleuri au commencement du sixième siècle, à une époque peu éloignée du règne de Justinien.

QUINTUS *de Smyrne*, le premier de ces auteurs, a laissé un poëme épique en quatorze chants, intitulé les *Paralipomènes*, ou les *Suppléments d'Homère*. Il a repris l'histoire du siége de Troie au point où s'arrête l'Iliade, et l'a continuée jusqu'à la ruine de cette ville et au retour des Grecs dans leur patrie. Cet ouvrage a de la pompe et de l'élévation ; mais son principal défaut est d'être dépourvu de plan, et de trop diviser l'intérêt. Ce manque d'unité dans l'action prouveroit seul qu'il n'est pas d'Homère, contre l'opinion de certains savants, si la couleur générale du style et une foule de comparaisons modernes ne plaidoient assez contre son ancienneté. Il est probable que Quintus a emprunté beaucoup de détails aux poëtes cycliques, et surtout à Leschès et à Arctinus. Sa composition supplée, en partie, à leur perte, et se lit encore avec plaisir après les chefs-d'œuvre de l'épopée grecque.

Nonnus, *de Panople*, contemporain de Quintus, a composé un long et laborieux poëme en quarante-huit chants, intitulé les *Dionysiaques*, ou *l'Expédition de Bacchus dans les Indes*. C'est le Silius Italicus des Grecs; il est froid, languissant, monotone; encore n'a-t-il pas, comme l'auteur latin, le mérite de la pureté du style. Il a tous les défauts de son siècle, sans la moindre étincelle de génie. Aussi son volumineux ouvrage est-il pour toujours condamné à l'oubli, dont l'amour de l'érudition a vainement tenté de le retirer.

Tryphiodore, *de Lycopolis*, a composé à la même époque un petit poëme sur la *Ruine de Troie*, dont le style, sans être aussi glacial, est généralement lourd et surchargé d'ornements. D'ailleurs, cette foible production, copie décolorée de quelque poëte cyclique, ne peut attirer à son auteur ni de grandes critiques, ni de grands éloges. Ce sujet a été traité par des plumes trop habiles pour pouvoir inspirer quelque intérêt dans un abrégé si médiocre.

Coluthus, son compatriote, a laissé un poëme sur *l'Enlèvement d'Hélène*, qui a acquis beaucoup de réputation en faveur de son titre, quoiqu'il n'en méritât guère par la foiblesse de l'exécution. La diction de Coluthus est dure et embarrassée, ses images sont froides, l'espèce de luxe que présentent ses descriptions cache presque toujours une stérilité réelle. Cependant quelques détails agréables compensent une partie de ces défauts, et satisfont jusqu'à un certain point la curiosité que son sujet fait naître.

Après ces trois productions médiocres, il nous reste à parler d'un petit ouvrage que l'on place communément à la même époque, quoiqu'il appartienne peut-être au siècle précédent. C'est le poëme de *Héro et Léandre*, attribué au grammairien Musée, qu'il ne faut pas confondre avec l'ancien chantre de la Grèce, mais qui n'est pas indigne de ce nom célèbre, par la grâce et l'élégance de sa composition, remplie d'images riantes et de sentiments pathétiques. Cependant on y reconnoît déjà des traces de décadence, par les fréquentes répétitions et l'espèce de recherche qui y règne. C'est lui qui termine la liste des poëtes épiques du second ordre, qui servirent pour ainsi dire d'intermédiaires entre les grands génies anciens et modernes.

VII.

Poëtes Épiques modernes.

Après les ténèbres du moyen âge, une nouvelle aurore éclaira l'Italie. Le Dante ouvrit la carrière dans un temps où la langue étoit à peine formée ; sa *Divine Comédie*, divisée en trois grands tableaux, l'Enfer, le Purgatoire et le Paradis, est le premier ouvrage régulier qu'ait produit la littérature moderne. Le cadre bizarre adopté par l'auteur pour y placer les noms de ses ennemis, ses allusions obscures et presque inexplicables, l'empêcheront toujours de devenir populaire ; mais la sombre horreur de son Ugolin, et le charme mélancolique de sa Françoise de Rimini ne seront jamais égalés. Ces peintures originales assurent au Dante l'immortalité, qu'il mérite à double titre, pour avoir frayé à ses compatriotes et à l'Europe entière une route inconnue à l'antiquité.

Après plusieurs poëtes héroïques et chevaleresques, doués d'imagination, mais dépourvus de goût, parut l'Arioste, qui les éclipsa tous. Cet étonnant génie a épuisé dans son *Roland furieux* toutes les ressources de l'invention humaine. Véritable Protée, il se revêt de toutes les formes, il affronte heureusement tous les écueils. Tour-à-tour plaisant ou sévère, sombre ou riant, moral ou voluptueux, il relève tout ce qu'il dit par l'éclat de son style enchanteur. Les contes les plus ridicules deviennent sous sa plume des fictions charmantes. Prenant l'idée de son poëme dans l'Odyssée et les Métamorphoses, il a balancé et surpassé ses modèles, et créé un nouveau genre d'épopée. Echappant à toute espèce d'analyse par l'ingénieuse mobilité de ses images, il amuse, il attendrit, et toujours il intéresse. Les succès et les revers de Charlemagne et d'Agramant, les exploits de Roland, de Renaud, de Roger, les inépuisables aventures d'une multitude de personnages secondaires, diversifient le plaisir et alimentent la curiosité. Les vers coulent de sa plume sans effort, tout se groupe dans ses cadres aériens de la manière la plus pittoresque. Il nous conduit comme des enfants avec les grelots de la folie ; heureux s'il eût toujours respecté les convenances, et si le mépris des mœurs, le monstrueux assemblage du profane et du sacré ne déparoit pas trop souvent ses admirables tableaux.

Le Tasse, son sage et majestueux rival, a déployé un autre genre de beautés. Choisissant un sujet plus grave, il a tracé sa *Jérusalem délivrée* sur la marche imposante de l'Iliade et de l'Enéide. Tout se suit, tout s'enchaîne avec grâce dans son poëme : des caractères parfaitement soutenus, une diction pure et élégante, un heureux mélange de sensibilité et de noblesse le placent à côté d'Homère et de Virgile. Renaud est une magnifique copie d'Achille ; Armide surpasse Circé et approche de Didon; Argant et Clorinde égalent Mézence et Camille, et Godefroi est supérieur à Enée. Mais ce n'est qu'à l'aide des anciens que le Tasse s'est élevé si haut: quand il ose abandonner leurs traces il tombe souvent dans l'affectation ; quand il s'attache, au contraire, à reproduire leurs images, elles se réfléchissent dans son poëme sans rien perdre de leur éclat, et y acquièrent même une grâce et une mollesse qui leur donne tout le mérite de l'originalité. L'Italie est partagée entre lui et l'Arioste. Si ce dernier est le poëte de l'imagination, l'autre est le poëte de l'intelligence; si l'un récrée, enchante et subjugue, l'autre instruit, touche et élève. Le Tasse a moins de défauts que son rival; mais il a aussi moins de génie, et chacun règle la prééminence de ces deux grands hommes selon son propre caractère.

Pendant cette brillante période de la littérature italienne, LE CAMOENS, noble Portugais, donnait à sa patrie la gloire d'un poëme épique. Dédaignant les routes connues, il s'ouvrit une nouvelle carrière, et chanta dans sa *Lusiade* la grande entreprise de Vasco de Gama, et l'Inde conquise par la navigation. Il y entremêla l'histoire du Portugal, et l'orna d'intéressants épisodes qui l'ont sauvée de l'oubli, malgré les disparates qui s'y trouvent. La mort d'Inès de Castro, la prosopopée du Génie des tempêtes, et quelques morceaux de ce genre, rachètent aux yeux du lecteur le ridicule mélange du christianisme et de la mythologie, et le défaut d'ordre et de régularité qui règne dans tout le cours de l'ouvrage. Le Camoëns s'affranchit très-souvent des règles du goût; quelquefois même il blesse les convenances, mais il a toujours pour lui l'ascendant irrésistible d'une puissante inspiration.

MILTON parut dans le siècle suivant, et agrandit la sphère de l'épopée; il peignit dans son *Paradis perdu* l'alliance mystérieuse du ciel et de la terre, les dispensations de l'éternelle sagesse, le néant et la grandeur de l'homme. Un esprit aussi profond pouvait seul sonder ces vérités ineffables, revêtir les idées métaphysiques de formes corporelles et visibles, et donner à l'Angleterre le poëme le plus extraordinaire et l'un des plus parfaits qui existent. Des conceptions sublimes, des peintures tantôt sombres et épouvantables, tantôt célestes et ravissantes, le contraste perpétuel du vice et de la vertu, de l'éloquence fougueuse des passions avec le calme de l'innocence, des blasphêmes de l'enfer avec la mélodie des anges, donnent à son ouvrage un degré d'intérêt que ses défauts partiels n'ont jamais pu détruire. Milton dort quelquefois, mais c'est le sommeil de Jupiter; il se réveille en lançant la foudre. Le front cicatrisé de Lucifer, tendant encore à s'élever aux cieux, l'allégorie de la Mort et du Péché, la peinture de l'Eden, le portrait des premiers humains, font oublier ce qu'ont de fastidieux quelques détails bizarres et quelques discussions déplacées. Nourri des beautés des anciens, il les proportionne à l'immensité de son génie; la majesté de ses formes fait disparoître ses irrégularités, et l'admiration qu'il fait naître désarme la sévérité de la critique.

La continuation du même sujet, porté au plus haut degré de spiritualité, a fourni à KLOPSTOCK l'idée de sa *Messiade*. Encore plus hardi que Milton, il a rejété tout ornement étranger, et a fondé son poëme épique sur la simplicité primitive de l'Evangile. Son plan est le plus grand que l'on puisse concevoir, mais cette grandeur même nuit à l'exécution. Elle jette souvent l'auteur dans le vague et dans le vaporeux, et l'entraîne au-delà de toute portée humaine. Le poëte anglais peint toujours aux yeux, lors même qu'il sort des proportions connues, il revêt toujours ses créations des traits et des couleurs de la matière; le poëte allemand enfante des conceptions que nul pinceau ne peut rendre, que nulle représentation ne peut réaliser. Il est sublime toutes les fois qu'il se borne au texte de l'histoire sacrée; il peint avec une rare perfection l'inaltérable éclat de la nature divine soumise aux émotions et aux souffrances de l'humanité. Rien de plus majestueux que l'agonie du Christ, la douleur de Marie, la contemplation d'Eloa, le repentir de l'Ange rebelle. Mais il n'a pu fournir sa longue carrière, beaucoup trop étendue pour l'unité du sujet, sans se jeter dans des spéculations obscures, dans des digressions inutiles qui déparent son bel ouvrage, et qui l'entourent d'un voile de mystère dont on a souvent peine à dérouler les replis.

Il nous reste à parler d'un poëme d'un autre genre, dont la France s'honore à juste titre, quoiqu'on ne puisse pas le placer au même rang que la plupart des chefs-d'œuvre que nous venons de nommer. Notre littérature, supérieure aux autres sous tant d'autres rapports, n'avait pas encore produit d'épopée digne d'être transmise à la postérité, quand VOLTAIRE composa sa *Henriade*. En choisissant un sujet national et peu éloigné de son temps, il excita, en faveur de son ouvrage, l'attention et la curiosité générales; mais il se priva d'un autre côté d'une infinité de ressources que l'éloignement des lieux, l'incertitude des traditions et la crédulité des peuples, fournirent en abondance aux autres poëtes épiques. Le style de la Henriade est noble et élégant; il respire souvent une heureuse audace : la St.-Barthélemi, la Vision de Henri IV, la Bataille d'Ivri, la Famine, sont des morceaux d'une grande énergie; mais la composition entière manque de richesse et de variété, on y cherche en vain la vérité des mœurs, la fidélité des peintures locales. Voltaire a imité l'Énéide; mais il s'est trop attaché à cette imitation, il n'a pas su s'abandonner à son talent, et prendre cette touche large et fière qui distingue les poëtes inspirés. On retrouveroit plutôt ce caractère dans l'autre monument de notre muse épique, dans le *Télémaque* de Fénélon, où l'on voit la simplicité de la prose égaler souvent la plus belle poésie.

Tels sont les auteurs que nous avons cru devoir nommer à la suite des modèles de l'antiquité. Nous avons passé sous silence une foule d'ouvrages du second ordre, qui ne présentent que des traits isolés. Nous avons choisi les génies européens, les dignes dépositaires de la gloire d'Homère et de Virgile avec lesquels ils nous fourniront de nombreux rapprochements.

ÉNÉIDE.

LIVRE PREMIER.

SOMMAIRE.

Arrivée d'Énée à Carthage.

I. Exposition.
II. Junon chez Éole.
III. Tempête.
IV. Débarquement d'Énée.
V. Entretien de Jupiter et de Vénus.
VI. Apparition de Vénus.
VII. Temple de Junon.
VIII. Réception d'Énée.
IX. Festin de Didon.

Virgile a réuni dans ce livre les chants 5, 6, 7 et 8 de l'Odyssée.

ÉNÉIDE.
LIVRE PREMIER.

I.

Ille ego, qui quondam gracili modulatus avenâ
Carmen, et, egressus silvis, vicina coëgi
Ut quamvis avido parerent arva colono,
Gratum opus agricolis : at nunc horrentia Martis
    Arma, virumque cano, Trojæ qui primus ab oris
Italiam, fato profugus, Lavinia venit
Littora : multùm ille et terris jactatus et alto,
Vi superûm, sævæ memorem Junonis ob iram ;
Multa quoque et bello passus, dùm conderet urbem,
10 Inferretque deos Latio : genus undè Latinum
    Albanique patres, atque altæ mœnia Romæ.

L'authenticité des quatre premiers vers, destinés à rappeler les autres ouvrages de Virgile, a été contestée par plusieurs critiques, et paroît en effet douteuse. Quant au véritable début du poëme, il est imité de celui de l'Odyssée, donné en exemple par Horace.

Ἄνδρα μοι ἔννεπε, Μοῦσα, πολύτροπον, ὃς μάλα πολλὰ
πλάγχθη, ἐπεὶ Τροίης ἱερὸν πτολίεθρον ἔπερσε·
πολλῶν δ' ἀνθρώπων ἴδεν ἄστεα, καὶ νόον ἔγνω·
πολλὰ δ' ὅγ' ἐν πόντῳ πάθεν ἄλγεα, ὃν κατὰ θυμὸν,
ἀρνύμενος ἥν τε ψυχὴν καὶ νόστον ἑταίρων.
                            Od. I v. 1.

Dic mihi, Musa, virum, captæ post tempora Trojæ,
Qui mores hominum multorum vidit et urbes.

Art poétique, v. 141.

Le Tasse, le Camoëns et Voltaire ont débuté de la même manière; Milton et Klopstock ont suivi l'invocation de l'Iliade.

★

Musa, mihi causas memora : quo numine læso,
Quidve dolens regina deûm tot volvere casus
Insignem pietate virum, tot adire labores,
Impulerit. Tantæne animis cœlestibus iræ !
Urbs antiqua fuit, Tyrii tenuêre coloni,
Carthago, Italiam contrà Tiberinaque longè
Ostia, dives opum, studiisque asperrima belli.
Quam Juno fertur terris magis omnibus unam
20 Posthabitâ coluisse Samo; hîc illius arma,
Hîc currus fuit : hoc regnum dea gentibus esse,
Si quà fata sinant, jàm tùm tenditque fovetque.
Progeniem sed enim Trojano à sanguine duci
Audierat, Tyrias olim quæ verteret arces;
Hinc populum latè regem, belloque superbum,
Venturum excidio Libyæ : sic volvere Parcas.
Id metuens, veterisque memor Saturnia belli,
Prima quod ad Trojam pro caris gesserat Argis :
Necdum etiam causæ irarum sævique dolores
30 Exciderant animo; manet altâ mente repostum
Judicium Paridis, spretæque injuria formæ,
Et genus invisum, et rapti Ganymedis honores :
His accensa super, jactatos æquore toto
Troas, relliquias Danaum atque immitis Achillei,
Arcebat longè Latio, multosque per annos
Errabant acti fatis maria omnia circùm.
Tantæ molis erat Romanam condere gentem !

La colère de Junon, la source de tous les maux d'Énée, est exposée par le poëte, avec toutes les circonstances propres à en motiver les funestes excès. Outre l'enlèvement de Ganymède et le jugement de Pâris, événements indiqués dans l'Iliade (*ch. XX*, v. 234, *et ch. XXIV*, v. 25), il lui assigne une troisième cause, liée plus étroitement à son sujet : l'abaissement futur de Carthage. Il dessine à grands traits cette fière rivale de Rome, où son héros aborde après sept ans d'erreurs, comme Ulysse, au 5me chant de l'Odyssée, est jeté sur la terre des Phéaciens huit ans après la prise de Troie. Ici commence un parallèle qui se prolonge jusqu'à la fin de ce premier livre. Les chants V, VI, VII et VIII de l'Odyssée y sont successivement imités, avec les modifications et les retranchements qu'exigeoient les circonstances locales, mais avec une analogie parfaite dans la marche et dans les résultats. Virgile place, comme Homère, son début près du dénoûment, en rejetant au milieu du poëme les événements antérieurs. Il montre son héros sur le point de parvenir au terme de ses efforts, repoussé par le courroux d'une divinité ennemie, et replongé dans de nouveaux malheurs. La tempête excitée par Junon, le naufrage d'Énée, son arrivée à Carthage, sa réception chez Didon, offrent la ressemblance la plus frappante avec les vagues déchaînées par Neptune, le naufrage d'Ulysse, et sa réception chez Alcinoüs. C'est au développement de ces différents points que nous consacrerons les notes de ce livre.

II.

Vix è conspectu Siculæ telluris in altum
Vela dabant læti, et spumas salis ære ruebant;
Cùm Juno, æternum servans sub pectore vulnus,
Hæc secum : « Mene incepto desistere victam!

Nec posse Italiâ Teucrorum avertere regem?
Quippè vetor fatis! Pallasne exurere classem
Argivûm, atque ipsos potuit submergere ponto,
Unius ob noxam et furias Ajacis Oïlei?
Ipsa, Jovis rapidum jaculata è nubibus ignem,
Disjecitque rates, evertitque æquora ventis;
Illum, exspirantem transfixo pectore flammas,
Turbine corripuit, scopuloque infixit acuto :
50 Ast ego, quæ divûm incedo regina, Jovisque
Et soror et conjux, unâ cum gente tot annos
Bella gero! Et quisquam numen Junonis adoret
Prætereà, aut supplex aris imponat honorem? »

Énée, à la tête d'une flotte de vingt vaisseaux, quitte le rivage de la Sicile, et approche enfin de l'Italie dont les destins lui ont promis l'empire; Junon le voit, et enflammée de courroux, elle exhale sa haine implacable. Dans l'Odyssée, Ulysse, sur un frêle esquif, s'éloigne seul de l'île de Calypso, et vogue vers la terre des Phéaciens; Neptune le voit, et prépare sa vengeance. On saisit dès le premier coup-d'œil l'analogie de ces deux situations, dont le fond est exactement le même. Le début du récit de Virgile est calqué sur celui d'Homère :

Τὸν δ' ἐξ Αἰθιόπων ἀνιὼν κρείων Ἐνοσίχθων,
τηλόθεν ἐκ Σολύμων ὀρέων ἴδεν· εἴσατο γάρ οἱ
πόντον ἐπιπλώων· ὁ δ' ἐχώσατο κηρόθι μᾶλλον·
κινήσας δὲ κάρη προτὶ ὃν μυθήσατο θυμόν·
« Ὢ πόποι, ἦ μάλα δὴ μετεβούλευσαν θεοὶ ἄλλως
ἀμφ' Ὀδυσῆϊ, ἐμεῖο μετ' Αἰθιόπεσσιν ἐόντος·
καὶ δὴ Φαιήκων γαίης σχεδὸν, ἔνθα οἱ αἶσα
ἐκφυγέειν μέγα πεῖρας ὀϊζύος, ἥ μιν ἱκάνει·
ἀλλ' ἔτι μέν μίν φημι ἄδην ἐλάαν κακότητος. »

OD. V. v. 282.

Virgile a substitué au foible discours de Neptune un chef-d'œuvre d'éloquence, qui élève cette partie de son imitation bien au-dessus de l'original. La mort d'Ajax est racontée différemment par Homère, qui l'attribue au courroux de Neptune (*Od. IV*, v. 499); mais le poëte latin s'accorde avec Euripide (*Troyennes*, v. 77). Les dernières paroles de la déesse, exaltant la hauteur de son rang, sont imitées du 18me chant de l'Iliade, où elle fait la même réponse à Jupiter :

Καὶ μὲν δή πού τις μέλλει βροτὸς ἀνδρὶ τελέσσαι,
ὅσπερ θνητός τ' ἐστὶ, καὶ οὐ τόσα μήδεα οἶδεν·
πῶς δὴ ἔγωγ', ἥ φημι θεάων ἔμμεν' ἀρίστη,
ἀμφότερον, γενεῇ τε, καὶ οὕνεκα σὴ παράκοιτις
κέκλημαι, σὺ δὲ πᾶσι μετ' ἀθανάτοισιν ἀνάσσεις,
οὐκ ὄφελον Τρώεσσι κοτεσσαμένη κακὰ ῥάψαι;

Il. XVIII, v. 362.

★

Talia flammato secum dea corde volutans,
Nimborum in patriam, loca fœta furentibus austris,
Æoliam venit. Hîc vasto rex Æolus antro
Luctantes ventos tempestatesque sonoras
Imperio premit, ac vinclis et carcere frenat.
Illi indignantes magno cum murmure montis
60 Circùm claustra fremunt. Celsâ sedet Æolus arce,
Sceptra tenens, mollitque animos, et temperat iras
Ni faciat, maria ac terras cœlumque profundum
Quippè ferant rapidi secum, verrantque per auras.
Sed pater omnipotens speluncis abdidit atris,
Hoc metuens : molemque et montes insuper altos
Imposuit; regemque dedit, qui fœdere certo
Et premere, et laxas sciret dare jussus habenas.

Dans Homère, la menace de Neptune est aussitôt suivie de la vengeance; dans Virgile, la fierté de Junon est d'abord forcée de s'humilier devant Éole pour assurer l'accomplissement de ses projets. Le poëte grec fait mention d'Éole en décrivant les voyages d'Ulysse, et Virgile a placé quelques traits de son récit dans la peinture de l'antre des vents :

Αἰολίην δ' ἐς νῆσον ἀφικόμεθ'· ἔνθα δ' ἔναιεν
Αἴολος Ἱπποτάδης, φίλος ἀθανάτοισι θεοῖσι,
πλωτῇ ἐνὶ νήσῳ· πᾶσαν δέ τέ μιν πέρι τεῖχος
χάλκεον, ἄρρηκτον· λισσὴ δ' ἀναδέδρομε πέτρη.
. . . .
κεῖνον γὰρ ταμίην ἀνέμων ποίησε Κρονίων,
ἠμὲν παυέμεναι, ἠδ' ὀρνύμεν, ὅν κ' ἐθέλῃσι.

OD. X, v. 1 et 21.

Dans le poëme des Argonautes (*ch. IV. v.* 764), Junon envoie également un message à Éole, pour le disposer en leur faveur; mais l'épisode de Virgile paroît surtout imité de l'entrevue de Junon et du Sommeil au 14me chant de l'Iljade, comme on le verra par la suite des rapprochements.

★

Ad quem tùm Juno supplex his vocibus usa est :
« Æole, namque tibi divûm pater atque hominum rex
70 Et mulcere dedit fluctus et tollere vento,
Gens inimica mihi Tyrrhenum navigat æquor,
Ilium in Italiam portans, victosque Penates.
Incute vim ventis, submersasque obrue puppes,
Aut age diversas, et disjice corpora ponto.
Sunt mihi bis septem præstanti corpore nymphæ,
Quarum, quæ formâ pulcherrima, Deïopeiam
Connubio jungam stabili, propriamque dicabo;
Omnes ut tecum meritis pro talibus annos

Exigat, et pulchrâ faciat te prole parentem. »
80 Æolus hæc contrà : « Tuus, ô regina, quid optes
Explorare labor; mihi jussa capessere fas est,
Tu mihi quodcumque hoc regni, tu sceptra Jovemque
Concilias: tu das epulis accumbere divûm,
Nimborumque facis tempestatumque potentem. »

Junon fait exactement la même promesse au Sommeil, s'il consent à endormir Jupiter :

Ἀλλ' ἴθ', ἐγὼ δέ κέ τοι Χαρίτων μίαν ὁπλοτεράων
δώσω ὀπυιέμεναι, καὶ σὴν κεκλῆσθαι ἄκοιτιν,
Πασιθέην, ἧς αἰὲν ἐέλδεαι ἤματα πάντα.

Il. XIV, v. 267.

Le Sommeil exige un serment solennel (*Il. XIV, v.* 271); Éole, plus docile aux ordres de la déesse, déchaîne aussitôt les vents impétueux.

* * *

III.

Hæc ubi dicta, cavum conversâ cuspide montem
Impulit in latus; ac venti, velut agmine facto,
Quà data porta, ruunt, et terras turbine perflant.
Incubuêre mari, totumque à sedibus imis
Unà Eurusque Notusque ruunt, creberque procellis
90 Africus; et vastos volvunt ad littora fluctus.
Insequitur clamorque virûm, stridorque rudentûm.
Eripiunt subitò nubes cœlumque diemque
Teucrorum ex oculis : ponto nox incubat atra.
Intonuêre poli, et crebris micat ignibus æther;
Præsentemque viris intentant omnia mortem.

Toute cette tempête est calquée sur celle d'Homère, qu'il n'étoit pas donné au génie de surpasser.

Ὣς εἰπὼν, σύναγεν νεφέλας, ἐτάραξε δὲ πόντον,
χερσὶ τρίαιναν ἑλών· πάσας δ' ὀρόθυνεν ἀέλλας
παντοίων ἀνέμων· σὺν δὴ νεφέεσσι κάλυψε
γαῖαν ὁμοῦ καὶ πόντον· ὀρώρει δ' οὐρανόθεν νύξ.
σὺν δ' Εὖρός τε Νότος τ' ἔπεσε, Ζέφυρός τε δυσαὴς,
καὶ Βορέης αἰθρηγενέτης, μέγα κῦμα κυλίνδων.

Od. V, v. 291.

★

Extemplò Æneæ solvuntur frigore membra :
Ingemit, et duplices tendens ad sidera palmas,
Talia voce refert : «O terque quaterque beati,
Queis antè ora patrum, Trojæ sub manibus altis,
100 Contigit oppetere ! O Danaûm fortissime gentis
Tydide, mene Iliacis occumbere campis
Non potuisse, tuâque animam hanc effundere dextrâ,
Sævus ubi Æacidæ telo jacet Hector, ubi ingens
Sarpedon, ubi tot Simoïs correpta sub undis
Scuta virûm galeasque, et fortia corpora volvit ! »

Καὶ τότ' Ὀδυσσῆος λύτο γούνατα καὶ φίλον ἦτορ·
ὀχθήσας δ' ἄρα εἶπε πρὸς ὃν μεγαλήτορα θυμόν·
. . . .
« Τρὶς μάκαρες Δαναοὶ, καὶ τετράκις, οἳ τότ' ὄλοντο
Τροίῃ ἐν εὐρείῃ, χάριν Ἀτρείδῃσι φέροντες.
ὡς δὴ ἔγωγ' ὄφελον θανέειν καὶ πότμον ἐπισπεῖν
ἤματι τῷ, ὅτε μοι πλεῖστοι χαλκήρεα δοῦρα
Τρῶες ἐπέρριψαν περὶ Πηλείωνι θανόντι.
τῷ κ' ἔλαχον κτερέων, καὶ μευ κλέος ἦγον Ἀχαιοί·
νῦν δέ με λευγαλέῳ θανάτῳ εἵμαρτο ἁλῶναι. »

Od. V, v. 297 et 306.

Les trois derniers vers rappellent l'image du Simois (*Il. XII, v.* 22) et ces paroles de Nestor, sur les guerriers morts devant Troie :

Ενθα μὲν Αἴας κεῖται ἀρήϊος, ἔνθα δ' Ἀχιλλεὺς,
ἔνθα δὲ Πάτροκλος, θεόφιν μήστωρ ἀτάλαντος,
ἔνθ᾽ ἅ δ᾽ ἐμὸς φίλος υἱὸς, ἅμα κρατερὸς καὶ ἀμύμων.
Od. III, v. 109.

★

Talia jactanti stridens Aquilone procella
Velum adversa ferit, fluctusque ad sidera tollit.
Franguntur remi; tùm prora avertit, et undis
Dat latus; insequitur cumulo præruptus aquæ mons.
110 Hi summo in fluctu pendent, his unda dehiscens
Terram inter fluctus aperit; furit æstus arenis.
Tres Notus abreptas in saxa latentia torquet:
Saxa vocant Itali, mediis quæ in fluctibus, Aras,
Dorsum immane mari summo. Tres Eurus ab alto
In brevia et syrtes urget, miserabile visu;
Illiditque vadis, atque aggere cingit arenæ.
Unam, quæ Lycios fidumque vehebat Orontem,
Ipsius antè oculos ingens à vertice pontus
In puppim ferit. Excutitur, pronusque magister
120 Volvitur in caput; ast illam ter fluctus ibidem
Torquet agens circùm, et rapidus vorat æquore vortex.
Apparent rari nantes in gurgite vasto;
Arma virûm, tabulæque, et Troïa gaza per undas.
Jàm validam Ilionei navem, jàm fortis Achatæ,
Et quâ vectus Abas, et quâ grandævus Alethes,
Vicit hiems: laxis laterum compagibus omnes
Accipiunt inimicum imbrem, rimisque fatiscunt.

Ὡς ἄρα μιν εἰπόντ᾽ ἔλασεν μέγα κῦμα κατ᾽ ἄκρης,
δεινὸν ἐπεσσύμενον, περὶ δὲ σχεδίην ἐλέλιξεν.
τῆλε δ᾽ ἀπὸ σχεδίης αὐτὸς πέσε, πηδάλιον δὲ
ἐκ χειρῶν προέηκε· μέσον δέ οἱ ἱστὸν ἔαξε
δεινὴ μισγομένων ἀνέμων ἐλθοῦσα θύελλα.

OD. V, v. 313.

Homère achève ensuite ce tableau avec autant d'art que d'énergie. Il montre Ulysse précipité de son bâtiment, et voguant assis sur le mât; bientôt privé de cette dernière ressource, il s'entoure du voile magique d'Ino, et s'abandonne à la merci des vagues. Près d'aborder à l'île des Phéaciens, il est repoussé par les écueils, ses mains se déchirent comme les tendons d'un polype, et ce n'est qu'après les plus terribles efforts qu'il arrive enfin à l'embouchure d'un fleuve où il est jeté mourant sur le rivage. Ces détails, si bien appliqués à un héros luttant seul contre les rigueurs de la fortune, ne pouvoient convenir à Énée, chef de la flotte troyenne, et fondateur d'un grand empire. Tous ses vaisseaux devoient être sauvés, à l'exception de celui qui portoit les Lyciens, et ce récit du naufrage d'Oronte est encore emprunté d'un tableau du poëte grec, représentant la mort des compagnons d'Ulysse, sur les côtes de l'île du Soleil.

Ἱστοῦ δὲ προτόνους ἔῤῥηξ᾽ ἀνέμοιο θύελλα
ἀμφοτέρους· ἱστὸς δ᾽ ὀπίσω πέσεν, ὅπλα τε πάντα
εἰς ἄντλον κατέχυνθ᾽· ὁ δ᾽ ἄρα πρύμνῃ ἐνὶ νηῒ
πλῆξε κυβερνήτεω κεφαλήν, σὺν δ᾽ ὀστέ᾽ ἄραξε
πάντ᾽ ἄμυδις κεφαλῆς· ὁ δ᾽ ἄρ᾽ ἀρνευτῆρι ἐοικὼς
κάππεσ᾽ ἀπ᾽ ἰκριόφιν, λίπε δ᾽ ὀστέα θυμὸς ἀγήνωρ.
Ζεὺς δ᾽ ἄμυδις βρόντησε, καὶ ἔμβαλε νηῒ κεραυνόν·
ἡ δ᾽ ἐλελίχθη πᾶσα, Διὸς πληγεῖσα κεραυνῷ,
ἐν δὲ θεείου πλῆτο· πέσον δ᾽ ἐκ νηὸς ἑταῖροι.
οἱ δὲ κορώνῃσιν ἴκελοι περὶ νῆα μέλαιναν
κύμασιν ἐμφορέοντο· θεὸς δ᾽ ἀποαίνυτο νόστον.

OD. XII, v. 409.

Homère a encore tracé une brillante esquisse de ce genre dans une comparaison de l'Iliade (*ch. XV. v.* 624). On peut rapprocher des deux modèles que nous venons de transcrire, le naufrage de Céyx, par Ovide, (*Métamorphoses*, *ch. XI*, *v.* 474) et celui de César, par Lucain, (*Pharsale*, *ch. V*, *v.* 597). L'Arioste, Fénélon et Voltaire en ont également profité : (*Roland furieux*, *ch. XLI*, *stance* 8) (*Télémaque*, *livre VI*) (*Henriade*, *ch. I*, *v.* 16).

★

Intereà magno misceri murmure pontum,
Emissamque hiemem sensit Neptunus, et imis
130 Stagna refusa vadis : graviter commotus, et alto
Prospiciens, summâ placidum caput extulit undâ.
Disjectam Æneæ toto videt æquore classem,
Fluctibus oppressos Troas cœlique ruinâ.
Nec latuère doli fratrem Junonis et iræ.
Eurum ad se Zephyrumque vocat, dehinc talia fatur :
« Tantane vos generis tenuit fiducia vestri?
Jàm cœlum terramque, meo sine numine, venti,
Miscere, et tantas audetis tollere moles!
Quos ego...... Sed motos præstat componere fluctus.
140 Pòst mihi non simili pœnâ commissa luetis.
Maturate fugam, regique hæc dicite vestro :
Non illi imperium pelagi, sævumque tridentem,
Sed mihi sorte datum. Tenet ille immania saxa,
Vestras, Eure, domos : illà se jactet in aulâ
Æolus, et clauso ventorum carcere regnet. »

Cette apparition de Neptune, rendant le calme aux éléments, est imitée du réveil de Jupiter, au 15me chant de l'Iliade, lorsque, après avoir été trompé par Junon et le Sommeil, et s'être abandonné à un repos funeste, il voit tout-à-coup les Grecs triomphants, et d'un regard anéantit leur victoire :

Οἱ μὲν δὴ παρ' ὄχεσφιν ἐρητύοντο μένοντες,
χλωροὶ ὑπαὶ δείους, πεφοβημένοι· ἔγρετο δὲ Ζεὺς
Ἴδης ἐν κορυφῇσι παρὰ χρυσοθρόνου Ἥρης.
στῆ δ' ἄρ' ἀναΐξας, ἴδε δὲ Τρῶας καὶ Ἀχαιούς,
τοὺς μὲν ὀρινομένους, τοὺς δὲ κλονέοντας ὄπισθεν
Ἀργείους· μετὰ δέ σφι Ποσειδάωνα ἄνακτα.
. . . .
δεινὰ δ' ὑπόδρα ἰδὼν Ἥρην πρὸς μῦθον ἔειπεν.
Iᴌ. XV, v. 3 et 13.

Les menaces qu'il fait dans ce moment à Junon correspondent à celles de Neptune à Eurus. La fameuse réticence qui rend les vers latins si remarquables, et que Racine lui-même a tenté vainement de reproduire (*Athalie*, act. *V*, sc. 6), a fourni à Klopstock un de ses plus beaux passages, où il peint le blasphème expirant sur les lèvres de Satan (*Messiade*, ch. *XIII*, v. 481).

★

Sic ait, et dicto citiùs tumida æquora placat,
Collectasque fugat nubes, solemque reducit.
Cymothoë, simul et Triton adnixus, acuto
Detrudunt naves scopulo ; levat ipse tridenti,
150 Et vastas aperit syrtes, et temperat æquor ;
Atque rotis summas levibus perlabitur undas.
Ac veluti magno in populo cùm sæpè coorta est
Seditio, sævitque animis ignobile vulgus ;
Jàmque faces et saxa volant ; furor arma ministrat :
Tùm pietate gravem ac meritis si fortè virum quem
Conspexère, silent, arrectisque auribus adstant,
Ille regit dictis animos, et pectora mulcet :
Sic cunctus pelagi cecidit fragor, æquora postquam
Prospiciens genitor, cœloque invectus aperto,
160 Flectit equos, curruque volans dat lora secundo.

L'image des dieux marins, dégageant la flotte d'Énée, paroît avoir été fournie au poète par un passage des Argonautiques (*ch. IV, v.* 930), où Thétis, suivie de toutes ses nymphes, conduit elle-même le navire Argo à travers le gouffre de Charybde. La belle comparaison d'une révolte apaisée par la présence d'un sage, retrace l'assemblée tumultueuse de l'armée grecque contenue par l'éloquence d'Ulysse (*Il. II*, *v.* 107). Enfin la peinture de Neptune, traversant rapidement les flots, rappelle Neptune volant au secours des Grecs :

Βῆ δ' ἐλάαν ἐπὶ κύματ'· ἄταλλε δὲ κήτε' ὑπ' αὐτοῦ
πάντοθεν ἐκ κευθμῶν, οὐδ' ἠγνοίησεν ἄνακτα·
γηθοσύνῃ δὲ θάλασσα διίστατο· τοὶ δ' ἐπέτοντο
ῥίμφα μάλ', οὐδ' ὑπένερθε διαίνετο χάλκεος ἄξων.

Il. XIII, v. 27.

IV.

Defessi Æneadæ, quæ proxima littora, cursu
Contendunt petere, et Libyæ vertuntur ad oras.
Est in secessu longo locus : insula portum
Efficit objectu laterum, quibus omnis ab alto
Frangitur, inque sinus scindit sese unda reductos.
Hinc atque hinc vastæ rupes, geminique minantur
In cœlum scopuli, quorum sub vertice latè
Æquora tuta silent; tùm silvis scena coruscis
Desuper, horrentique atrum nemus imminet umbrâ.
170 Fronte sub adversâ scopulis pendentibus antrum;
Intùs aquæ dulces, vivoque sedilia saxo,
Nympharum domus : hic fessas non vincula naves
Ulla tenent, unco non alligat anchora morsu.

Virgile fait débarquer Enée sur les côtes d'Afrique, à peu de distance de Carthage, dans une baie formée par le cap Bon, en face des îles d'Egimure. La description qu'il en donne est calquée sur celle du port de Phorcys, à Ithaque, où Ulysse est transporté par le vaisseau d'Alcinoüs :

Φόρκυνος δέ τις ἐστὶ λιμὴν, ἁλίοιο γέροντος
ἐν δήμῳ Ἰθάκης· δύο δὲ προβλῆτες ἐν αὐτῷ
ἀκταὶ ἀπορρῶγες, λιμένος ποτιπεπτηυῖαι·
αἵτ' ἀνέμων σκεπόωσι δυσαήων μέγα κῦμα
ἔκτοθεν· ἔντοσθεν δὲ ἄνευ δεσμοῖο μέουσι
νῆες ἐΰσσελμοι, ὅτ' ἂν ὅρμου μέτρον ἵκωνται.
αὐτὰρ ἐπὶ κρατὸς λιμένος τανύφυλλος ἐλαίη·
ἀγχόθι δ' αὐτῆς, ἄντρον ἐπήρατον, ἠεροειδὲς,
ἱρὸν νυμφάων, αἳ Νηϊάδες καλέονται.
Od. XIII, v. 96.

Le Tasse a reproduit cette description dans l'île d'Armide (*Jérusalem délivrée*, ch. *XV.* stance 42).

★

Huc septem Æneas collectis navibus omni
Ex numero subit; ac magno telluris amore
Egressi, optatâ potiuntur Troës arenâ,
Et sale tabentes artus in littore ponunt.
Ac primùm silici scintillam excudit Achates,
Suscepitque ignem foliis, atque arida circùm
180 Nutrimenta dedit, rapuitque in fomite flammam.
Tùm cererem corruptam undis, cerealiaque arma
Expediunt fessi rerum; frugesque receptas
Et torrere parant flammis, et frangere saxo.

La joie des Troyens en revoyant la terre, rappelle celle d'Ulysse abordant chez les Phéaciens :

. . . . Ὁ δ' ἐκ ποταμοῖο λιασθεὶς
σχοίνῳ ὑπεκλίνθη, κύσε δὲ ζείδωρον ἄρουραν.

Od. V, v. 462.

Homère a peint avec plus de développement ce sentiment si vif des naufragés, dans la reconnoissance d'Ulysse et de Pénélope :

Ὡς δ' ὅτ' ἂν ἀσπάσιος γῆ νηχομένοισι φανείη,
ὧντε Ποσειδάων εὐεργέα νῆ' ἐνὶ πόντῳ
ῥαίσῃ, ἐπειγομένην ἀνέμῳ καὶ κύματι πηγῷ,
παῦροι δ' ἐξέφυγον πολιῆς ἁλὸς ἤπειρόνδε
νηχόμενοι, πολλὴ δὲ περὶ χροῒ τέτροφεν ἅλμη.

Od. XXIII, v. 233.

Les détails ingénieux qui suivent se rapportent à un passage de Sophocle (*Philoctète*, v. 296).

★

Æneas scopulum intereà conscendit, et omnem
Prospectum latè pelago petit, Anthea si quà
Jactatum vento videat, Phrygiasque biremes,
t Capyn, aut celsis in puppibus arma Caïci.
vem in conspectu nullam : tres littore cervos
Prospicit errantes ; hos tota armenta sequuntur
190 A tergo, et longum per valles pascitur agmen.
Constitit hîc, arcumque manu celeresque sagittas
Corripuit, fidus quæ tela gerebat Achates ;
Ductoresque ipsos primùm, capita alta ferentes
Cornibus arboreis, sternit ; tùm vulgus et omnem

Miscet agens telis nemora inter frondea turbam.
Nec prius absistit, quàm septem ingentia victor
Corpora fundat humi, et numerum cum navibus æquet.

Le tableau entier de cette chasse se retrouve, à quelques nuances près, au 10ᵉ chant de l'Odyssée où Ulysse raconte aux Phéaciens son arrivée dans l'île de Circé. On remarque encore une peinture semblable au 9ᵐᵉ chant (*v.* 154) où Ulysse aborde chez les Cyclopes. Mais l'analogie y est moins prononcée que dans ce premier morceau, que nous abrégerons d'après le texte de Virgile :

Καὶ τότ᾽ ἐγὼν ἐμὸν ἔγχος ἑλὼν καὶ φάσγανον ὀξὺ,
καρπαλίμως παρὰ νηὸς ἀνήϊον ἐς περιωπὴν,
εἴπως ἔργα ἴδοιμι βροτῶν, ἐνοπήν τε πυθοίμην.
ἔστην δὲ, σκοπιὴν ἐς παιπαλόεσσαν ἀνελθὼν,
καί μοι ἐείσατο καπνὸς ἀπὸ χθονὸς εὐρυοδείης,
Κίρκης ἐν μεγάροισι, διὰ δρυμὰ πυκνὰ καὶ ὕλην.
. . . .
ἀλλ᾽ ὅτε δὴ σχεδὸν ἦα κιὼν νεὸς ἀμφιελίσσης,
καὶ τότε τίς με θεῶν ὀλοφύρατο μοῦνον ἐόντα,
ὅς ῥά μοι ὑψίκερων ἔλαφον μέγαν εἰς ὁδὸν αὐτὴν
ἧκεν· ὁ μὲν ποταμόνδε κατήϊεν ἐκ νομοῦ ὕλης,
πιόμενος, δὴ γάρ μιν ἔχεν μένος ἠελίοιο·
τὸν δ᾽ ἐγὼ ἐκβαίνοντα κατ᾽ ἄκνηστιν μέσα νῶτα
πλῆξα· τὸ δ᾽ ἀντικρὺ δόρυ χάλκεον ἐξεπέρησε·
κὰδ δ᾽ ἔπεσ᾽ ἐν κονίῃσι μακὼν, ἀπὸ δ᾽ ἔπτατο θυμός.
Od. X, v. 145 et 156.

★

Hinc portum petit, et socios partitur in omnes.
Vina bonus quæ deindè cadis onerârat Acestes
200 Littore Trinacrio, dederatque abeuntibus heros,

Dividit, et dictis mœrentia pectora mulcet:
« O socii, neque enim ignari sumus antè malorum,
O passi graviora, dabit deus his quoque finem.
Vos et Scyllæam rabiem penitùsque sonantes
Accestis scopulos, vos et Cyclopea saxa
Experti; revocate animos, mœstumque timorem
Mittite : forsan et hæc olim meminisse juvabit.
Per varios casus, per tot discrimina rerum,
Tendimus in Latium, sedes ubi fata quietas
210 Ostendunt : illic fas regna resurgere Trojæ.
Durate, et vosmet rebus servate secundis. »
Talia voce refert, curisque ingentibus æger,
Spem vultu simulat, premit altum corde dolorem.

C'est ainsi qu'Ulysse continue son récit :

Βῆν δὲ καταλοφάδια φέρων ἐπὶ νῆα μέλαιναν,
ἔγχει ἐρειδόμενος, ἐπεὶ οὔπως ἦεν ἐπ' ὤμου
χειρὶ φέρειν ἑτέρῃ· μάλα γὰρ μέγα θηρίον ἦεν.
κὰδ δ' ἔβαλον προπάροιθε νεώς· ἀνέγειρα δ' ἑταίρους
μειλιχίοις ἐπέεσσι, παρασταδὸν ἄνδρα ἕκαστον·
« Ὦ φίλοι, οὐ γάρ πω καταδυσόμεθ', ἀχνύμενοί περ,
εἰς Ἀΐδαο δόμους, πρὶν μόρσιμον ἦμαρ ἐπέλθῃ.
ἀλλ' ἄγετ', ὄφρ' ἐν νηΐ θοῇ βρῶσίς τε, πόσις τε,
μνησόμεθα βρώμης, μηδὲ τρυχώμεθα λιμῷ. »

Od. X, v. 169.

Le discours que Virgile prête à Enée, a beaucoup plus de noblesse que celui du héros grec, mais ses principaux traits se retrouvent dans un autre endroit, où Ulysse rassure ses compagnons à l'aspect du gouffre de Charybde.

Ὦ φίλοι, οὐ γάρ πώ τι κακῶν ἀδαήμονες εἰμέν.
οὐ μὲν δὴ τόδε μεῖζον ἔπι κακόν, ἢ ὅτε Κύκλωψ
εἴλει ἐνὶ σπῆι γλαφυρῷ κρατερῆφι βίηφιν·

ἀλλὰ καὶ ἔνθεν ἐμῇ ἀρετῇ, βουλῇ τε, νόῳ τε,
ἐκφύγομεν· καί που τῶνδε μνήσεσθαι ὀΐω.

Od. XII, v. 208.

Cette idée si philosophique du charme qu'apporte avec elle l'idée des dangers passés, est exprimée encore plus particulièrement dans la conversation d'Ulysse et d'Eumée : (*Od. XV, v.* 398), et dans ces mots d'Euripide, cités par Cicéron : ὡς ἡδύ τοι, σωθέντα μεμνῆσθαι πόνων.

Horace a imité le discours d'Enée dans les paroles de Teucer à ses compagnons d'exil (*Livre I*, ode 6), et le Tasse dans celles de Godefroi à son armée (*Jérusalem*, ch. *V, st.* 90.)

*

Illi se prædæ accingunt dapibusque futuris;
Tergora diripiunt costis, et viscera nudant.
Pars in frusta secant, verubusque trementia figunt;
Littore ahena locant alii, flammasque ministrant.
Tum victu revocant vires, fusique per herbam
Implentur veteris bacchi, pinguisque ferinæ.
220 Postquam exempta fames epulis, mensæque remotæ,
Amissos longo socios sermone requirunt;
Spemque metumque inter dubii, seu vivere credant,
Sive extrema pati, nec jàm exaudire vocatos.
Præcipuè pius Æneas nunc acris Orontei,
Nunc Amyci casum gemit, et crudelia secum
Fata Lyci, fortemque Gyam, fortemque Cloanthum.

Les descriptions de repas sont fort multipliées dans Homère, qui les répète avec une scrupuleuse exactitude comme faisant partie des cérémonies sacrées. On en trouve une entre autres au 2.me chant de l'Iliade, dont Virgile a abrégé les détails :

Αὐτὰρ ἐπεί ῥ'εὔξαντο, καὶ οὐλοχύτας προβάλοντο,
αὐέρυσαν μὲν πρῶτα, καὶ ἔσφαξαν καὶ ἔδειραν,
μηρούς τ' ἐξέταμον, κατά τε κνίσσῃ ἐκάλυψαν,
δίπτυχα ποιήσαντες, ἐπ' αὐτῶν δ' ὠμοθέτησαν.
καὶ τὰ μὲν ἂρ σχίζῃσιν ἀφύλλοισιν κατέκαιον·
σπλάγχνα δ' ἄρ' ἀμπείραντες, ὑπείρεχον ἡφαίστοιο·
αὐτὰρ ἐπεὶ κατὰ μῆρ' ἐκάη, καὶ σπλάγχν' ἐπάσαντο,
μίστυλλόν τ' ἄρα τἆλλα, καὶ ἀμφ' ὀβελοῖσιν ἔπειραν,
ὤπτησάν τε περιφραδέως, ἐρύσαντό τε πάντα.
αὐτὰρ ἐπεὶ παύσαντο πόνου, τετύκοντό τε δαῖτα
δαίνυντ', οὐδέ τι θυμὸς ἐδεύετο δαιτὸς ἐΐσης.
Il. II, v. 421.

Les regrets des compagnons d'Enée, par lesquels Virgile termine son tableau, sont imités du 12.e chant de l'Odyssée.

Αὐτὰρ ἐπεὶ πόσιος καὶ ἐδητύος ἐξ ἔρον ἕντο,
μνησάμενοι δὴ ἔπειτα φίλους ἔκλαιον ἑταίρους,
οὓς ἔφαγε Σκύλλη, γλαφυρῆς ἐκ νηὸς ἑλοῦσα·
κλαιόντεσσι δὲ τοῖσιν ἐπήλυθε νήδυμος ὕπνος.
Od. XII, v. 308.

Le poëte nous transporte maintenant dans l'Olympe, et nous montre le maître des dieux et des hommes abaissant ses regards sur les côtes de Libye, et consolant la douleur de Vénus, en lui dévoilant la gloire future de Rome. Ce passage entier rappelle l'exposition de l'Odyssée, où Minerve plaide la cause d'Ulysse devant Jupiter et les dieux assemblés.

V.

Et jàm finis erat, cùm Jupiter æthere summo
Despiciens mare velivolum, terrasque jacentes,
Littoraque, et latos populos, sic vertice cœli
230 Constitit, et Libyæ defixit lumina regnis.
　Atque illum tales jactantem pectore curas
Tristior, et lacrymis oculos suffusa nitentes,
Alloquitur Venus : « O qui res hominumque deûmque
Æternis regis imperiis, et fulmine terres,
Quid meus Æneas in te committere tantum,
Quid Troës potuêre, quibus tot funera passis
Cunctus ob Italiam terrarum clauditur orbis?
Certè hinc Romanos olim volventibus annis,
Hinc fore ductores, revocato à sanguine Teucri,
240 Qui mare, qui terras omni ditione tenerent
Pollicitus : quæ te genitor sententia vertit?
Hoc equidem occasum Trojæ tristesque ruinas
Solabar, fatis contraria fata rependens.
Nunc eadem fortuna viros tot casibus actos
Insequitur; quem das finem, rex magne, laborum?
Antenor potuit, mediis elapsus Achivis,
Illyricos penetrare sinus, atque intima tutus
Regna Liburnorum, et fontem superare Timavi,
Undè per ora novem vasto cum murmure montis
250 It mare proruptum, et pelago premit arva sonanti.
Hìc tamen ille urbem Patavî sedesque locavit
Teucrorum, et genti nomen dedit, armaque fixit
Troïa; nunc placidâ compostus pace quiescit.
Nos, tua progenies, cœli quibus annuis arcem,

Navibus, infandum! amissis, unius ob iram
Prodimur, atque Italis longè disjungimur oris.
Hic pietatis honos? Sic nos in sceptra reponis? »

L'attitude majestueuse de Jupiter, et la grâce séduisante de Vénus, rappellent deux portraits analogues de l'Iliade; l'un au chant VIII (*v.* 51), où le dieu contemple du sommet de l'Ida la plaine de Troie et les vaisseaux des Grecs; l'autre au chant XXI (*v.* 506), où Diane tremblante se réfugie aux genoux de son père. Les plaintes de Vénus offrent beaucoup de rapport avec les prières de Thétis en faveur d'Achille (*Il. I. v.* 497), mais pour la marche générale du poëme, on doit plutôt les comparer ici au discours de Minerve dans l'Odyssée :

Ἀλλά μοι ἀμφ' Ὀδυσῆϊ δαΐφρονι δαίεται ἦτορ
δυσμόρῳ, ὃς δὴ δηθὰ φίλων ἄπο πήματα πάσχει,
νήσῳ ἐν ἀμφιρύτῃ, ὅθι τ' ὀμφαλός ἐστι θαλάσσης.
. . . .
ἱέμενος καὶ καπνὸν ἀποθρώσκοντα νοῆσαι
ἧς γαίης, θανέειν ἱμείρεται. οὐδέ νυ σοί περ
ἐντρέπεται φίλον ἦτορ, Ὀλύμπιε! οὔ νύ τ' Ὀδυσσεὺς
Ἀργείων παρὰ νηυσὶ χαρίζετο ἱερὰ ῥέζων
Τροίῃ ἐν εὐρείῃ; τί νύ οἱ τόσον ὠδύσαο, Ζεῦ;
Od. I, v. 48 et 58.

Virgile a saisi cette occasion de signaler l'établissement de la première colonie troyenne en Italie, la fondation de Padoue par Anténor, à la tête des Hénètes ancêtres des Vénitiens. Leur nom est cité dans l'Iliade (*ch. II. v* 852).

★

Olli subridens hominum sator atque deorum,
Vultu quo cœlum tempestatesque serenat,
260Oscula libavit natæ; dehinc talia fatur :
« Parce metu, Cytherea ; manent immota tuorum
Fata tibi; cernes urbem et promissa Lavinî
Mœnia, sublimemque feres ad sidera cœli
Magnanimum Æneam ; neque me sententia vertit,
Hic, tibi fabor enim, quandò hæc te cura remordet,
Longiùs et volvens fatorum arcana movebo,
Bellum ingens geret Italiâ, populosque feroces
Contundet, moresque viris et mœnia ponet :
Tertia dùm Latio regnantem viderit æstas,
270Ternaque transierint Rutulis hiberna subactis.
At puer Ascanius, cui nunc cognomen Iülo
Additur (Ilus erat, dùm res stetit Ilia regno)
Triginta magnos volvendis mensibus orbes
Imperio explebit, regnumque ab sede Lavinî
Transferet, et longam multâ vi muniet Albam.
Hîc jàm ter centum totos regnabitur annos
Gente sub Hectoreâ, donec regina sacerdos
Marte gravis, geminam partu dabit Ilia prolem.
Indè lupæ fulvo nutricis tegmine lætus
280Romulus excipiet gentem, et Mavortia condet
Mœnia, Romanosque suo de nomine dicet.
His ego nec metas rerum nec tempora pono :
Imperium sine fine dedi. Quin aspera Juno,
Quæ mare nunc, terrasque metu, cœlumque fatigat,
Consilia in melius referet; mecumque fovebit
Romanos rerum dominos, gentemque togatam.
Sic placitum. Veniet lustris labentibus ætas,
Cùm domus Assaraci Phthiam clarasque Mycenas

Servitio premet, ac victis dominabitur Argis.
290 Nascetur pulchrâ Trojanus origine Cæsar,
　Imperium Oceano, famam qui terminet astris,
　Julius, à magno demissum nomen Iülo.
　Hunc tu olim cœlo, spoliis Orientis onustum,
　Accipies secura : vocabitur hic quoque votis.
　Aspera tùm positis mitescent sæcula bellis,
　Cana Fides, et Vesta, Remo cum fratre Quirinus,
　Jura dabunt ; diræ ferro et compagibus arctis
　Claudentur belli portæ : Furor impius intùs
　Sæva sedens super arma, et centum vinctus ahenis
300 Post tergum nodis, fremet horridus ore cruento. »

Homère, dans l'épisode de Thétis, peint Jupiter imposant et terrible (*Il. I. v.* 528); Virgile lui donne le sourire, expression de la bonté céleste. Sa réponse est celle qu'il fait à Minerve dans le début de l'Odyssée.

Τέκνον ἐμὸν, ποῖόν σε ἔπος φύγεν ἕρκος ὀδόντων;
πῶς ἂν ἔπειτ' Ὀδυσῆος ἐγὼ θείοιο λαθοίμην,
ὃς πέρι μὲν νόον ἐστὶ βροτῶν, πέρι δ' ἱρὰ θεοῖσιν
ἀθανάτοισιν ἔδωκε τοὶ οὐρανὸν εὐρὺν ἔχουσιν;
　　　　　　　　　Od. I, v. 64.

Mais la belle prédiction qui suit ses premières paroles, et qui déroule dans toute leur splendeur les fastes de la grandeur romaine, est une création du génie de Virgile. Il est vrai que l'on trouve une ébauche de ce genre au 15ᵉ chant de l'Iliade (*v.* 49), où Jupiter prédit l'issue de la guerre de Troie, mais elle est dépourvue de tout ornement. Les vers latins, au contraire, ont toute la pompe des événements qu'ils annoncent; la grande image qui les termine, paroît être un développement de ces vers d'Homère représentant le dieu Mars enchaîné par Otus et Ephialte :

Τλῆ μὲν Ἄρης, ὅτε μιν Ὦτος, κρατερός τ' Ἐφιάλτης,
παῖδες Ἀλωῆος, δῆσαν κρατερῷ ἐνὶ δεσμῷ·
χαλκέῳ δ' ἐν κεράμῳ δέδετο τρισκαίδεκα μῆνας.

IL. V, v. 385.

*

Hæc ait : et Maiâ genitum demittit ab alto ;
Ut terræ, utque novæ pateant Carthaginis arces
Hospitio Teucris ; ne fati nescia Dido
Finibus arceret. Volat ille per aëra magnum
Remigio alarum, ac Libyæ citus adstitit oris.
Et jàm jussa facit, ponuntque ferocia Pœni
Corda, volente deo : in primis regina quietum
Accipit in Teucros animum mentemque benignam.

C'est ainsi qu'au 6me chant de l'Odyssée, Minerve vole au palais d'Alcinoüs pour disposer la fille de ce prince à accueillir Ulysse :

Ἀλκίνοος δὲ τότ' ἦρχε, θεῶν ἄπο μήδεα εἰδώς·
τοῦ μὲν ἔβη πρὸς δῶμα θεὰ γλαυκῶπις Ἀθήνη,
νόστον Ὀδυσσῆϊ μεγαλήτορι μητιόωσα.

OD. VI, v. 12.

Toutes les scènes qui se préparent maintenant dans la suite de ce livre : l'apparition de Vénus à Enée, l'entrée du héros à Carthage, sa réception chez Didon, sont fidèlement imitées des chants VI et VII de l'Odyssée, comme on le verra par la comparaison des deux textes.

VI.

At pius Æneas per noctem plurima volvens
310 Ut primùm lux alma data est, exire, locosque
Explorare novos; quas vento accesserit oras,
Qui teneant, nàm inculta videt, hominesne, feræne,
Quærere constituit, sociisque exacta referre.
Classem in convexo nemorum, sub rupe cavatâ,
Arboribus clausam circùm atque horrentibus umbris,
Occulit: ipse uno graditur comitatus Achate,
Bina manu lato crispans hastilia ferro.

Ulysse, réveillé par la voix de Nausicaa, prend également la résolution de se montrer aux Phéaciens:

Ἑζόμενος δ' ὤρμαινε κατὰ φρένα καὶ κατὰ θυμόν·
« Ὢ μοι ἐγώ, τέων αὖτε βροτῶν ἐς γαῖαν ἱκάνω;
ἦ ῥ' οἵγ' ὑβρισταί τε καὶ ἄγριοι, οὐδὲ δίκαιοι;
ἦὲ φιλόξεινοι, καί σφιν νόος ἐστὶ θεουδής;
. . . .
ἀλλ' ἄγ', ἐγὼν αὐτὸς πειρήσομαι, ἠδὲ ἴδωμαι. »

Od. VI, v. 118 et 126.

Achate, dont Virgile a fait le confident d'Enée, n'est mentionné nulle part dans Homère.

★

Cui mater mediâ sese tulit obvia silvâ,
Virginis os habitumque gerens, et virginis arma
320 Spartanæ; vel qualis equos Threïssa fatigat

Harpalyce, volucremque fugâ prævertitur Eurum.
Namque humeris de more habilem suspenderat arcum
Venatrix, dederatque comam diffundere ventis,
Nuda genu, nodoque sinus collecta fluentes.
Ac prior : « Heus, inquit, juvenes, monstrate mearum
Vidistis si quam hîc errantem fortè sororum,
Succinctam pharetrâ et maculosæ tegmine lyncis,
Aut spumantis apri cursum clamore prementem. »

Quand le héros grec est sur le point d'entrer dans la ville des Phéaciens, Minerve lui apparoît de même sous la forme d'une jeune fille :

Ἀλλ' ὅτε δὴ ἄρ' ἔμελλε πόλιν δύσεσθαι ἐραννήν,
ἔνθα οἱ ἀντεβόλησε θεὰ γλαυκῶπις Ἀθήνη
παρθενικῇ εἰκυῖα νεήνιδι, κάλπιν ἐχούσῃ·

Od. VII, v. 18.

Mais Virgile, embellissant cette fiction avec son goût ordinaire, a substitué à l'austère simplicité du poëte grec cette charmante peinture d'Amazone, modèle exquis de grâce et de fraîcheur. On en retrouve quelques traits dans un autre passage de l'Odyssée, où Minerve apparoît à Ulysse, sur le rivage d'Ithaque, sous la figure d'un jeune berger :

. . . . Σχεδόθεν δέ οἱ ἦλθεν Ἀθήνη,
ἀνδρὶ δέμας εἰκυῖα νέῳ, ἐπιβώτορι μήλων,
παναπάλῳ, οἷοί τε ἀνάκτων παῖδες ἔασιν,
δίπτυχον ἀμφ' ὤμοισιν ἔχουσ' εὐεργέα λώπην·
ποσσὶ δ' ὑπαὶ λιπαροῖσι πέδιλ' ἔχε, χειρὶ δ' ἄκοντα.

Od. XIII, v. 221.

*

Sic Venus; at Veneris contrà sic filius orsus :
330 « Nulla tuarum audita mihi neque visa sororum,

O, quam te memorem, virgo ? namque haud tibi vultus
Mortalis, nec vox hominem sonat; ô dea certè ;
An Phœbi soror ? an nympharum sanguinis una ?
Sis felix, nostrumque leves, quæcumque, laborem ;
Et quo sub cœlo tandem, quibus orbis in oris
Jactemur, doceas : ignari hominumque locorumque
Erramus, vento hùc et vastis fluctibus acti.
Multa tibi antè aras nostrâ cadet hostia dextrâ. »

Ces paroles, si pleines de convenance et de délicatesse, sont traduites presque littéralement de la prière d'Ulysse à Nausicaa :

Γουνοῦμαί σε, ἄνασσα· θεός νύ τις, ἢ βροτὸς ἐσσί·
εἰ μέν τις θεὸς ἐσσὶ, τοὶ οὐρανὸν εὐρὺν ἔχουσιν,
Ἀρτέμιδί σε ἔγωγε, Διὸς κούρῃ μεγάλοιο,
εἶδός τε, μέγεθός τε, φυὴν τ', ἄγχιστα ἐΐσκω·   .
. . . .
ἀλλὰ, ἄνασσ', ἐλέαιρε, σὲ γὰρ κακὰ πολλὰ μογήσας
ἐς πρώτην ἱκόμην· τῶν δ' ἄλλων οὔτινα οἶδα
ἀνθρώπων, οἳ τήνδε πόλιν καὶ γαῖαν ἔχουσιν.
ἄστυ δέ μοι δεῖξον, δὸς δὲ ῥάκος ἀμφιβαλέσθαι,
εἴ τι που εἴλυμα σπείρων ἔχες ἐνθάδ' ἰοῦσα.
σοὶ δὲ θεοὶ τόσα δοῖεν, ὅσα φρεσὶ σῇσι μενοινᾷς.
Od. VI, v. 149 et 175.

★

Tùm Venus : «Haud equidem tali me dignor honore ;
340 Virginibus Tyriis mos est gestare pharetram,
Purpureoque altè suras vincire cothurno.
Punica regna vides, Tyrios, et Agenoris urbem ;
Sed fines Libyci, genus intractabile bello.
Imperium Dido Tyriâ regit urbe profecta,

Germanum fugiens : longa est injuria, longæ
Ambages ; sed summa sequar fastigia rerum.
　　Huic conjux Sichæus erat, ditissimus agri
Phœnicum, et magno miseræ dilectus amore :
Cui pater intactam dederat, primisque jugârat
350 Ominibus ; sed regna Tyri germanus habebat
Pygmalion, scelere antè alios immanior omnes.
Quos inter medius venit furor : ille Sichæum
Impius antè aras, atque auri cæcus amore,
Clàm ferro incautum superat, securus amorum
Germanæ ; factumque diù celavit ; et ægram,
Multa malus simulans, vanâ spe lusit amantem.
Ipsa sed in somnis inhumati venit imago
Conjugis, ora modis attollens pallida miris,
Crudeles aras, trajectaque pectora ferro
360 Nudavit, cæcumque domûs scelus omne retexit.
　　Tum celerare fugam, patriâque excedere suadet,
Auxiliumque viæ veteres tellure recludit
Thesauros, ignotum argenti pondus et auri.
His commota, fugam Dido sociosque parabat.
Conveniunt, quibus aut odium crudele tyranni
Aut metus acer erat : naves, quæ fortè paratæ,
Corripiunt, onerantque auro ; portantur avari
Pygmalionis opes pelago : dux femina facti.
Devenêre locos, ubi nunc ingentia cernes
370 Mœnia, surgentemque novæ Carthaginis arcem,
Mercatique solum, facti de nomine Byrsam,
Taurino quantùm possent circumdare tergo.
Sed vos qui tandem, quibus aut venistis ab oris,
Quóve tenetis iter ? »

　　Virgile, par un anachronisme volontaire de trois cents ans, rapproche ici l'arrivée d'Enée en Afrique de la fondation de

Carthage par Didon. En racontant l'histoire de cette princesse, telle qu'elle est consignée dans les écrivains grecs, il développe d'avance son grand caractère, pour la faire ensuite paroître sur la scène entourée de sa gloire et de ses malheurs. C'est ainsi qu'au 7me chant de l'Odyssée (*v.* 48) Minerve fait connoître à Ulysse tous les détails de l'histoire d'Alcinoüs. La question que Vénus adresse à son fils à la fin de son récit: est traduite de cette formule souvent répétée dans Homère,

Ἀλλ' ἄγε μοι τόδε εἰπὲ καὶ ἀτρεκέως κατάλεξον·
τίς; πόθεν εἰς ἀνδρῶν; πόθι τοι πόλις ἠδὲ τοκῆες;
ὁπποίης δ' ἐπὶ νηὸς ἀφίκεο;

Od. I, v. 169.

★

. . . . Quærenti talibus ille
Suspirans, imoque trahens à pectore vocem :
« O dea, si primâ repetens ab origine pergam,
Et vacet annales nostrorum audire laborum,
Antè diem clauso componet vesper Olympo.
Nos Trojâ antiquâ, si vestras forte per aures
380 Trojæ nomen iit, diversa per æquora vectos
Forte suâ Libycis tempestas appulit oris.
Sum pius Æneas, raptos qui ex hoste Penates
Classe veho mecum, famâ super æthera notus.
Italiam quæro patriam, et genus ab Jove summo.
Bis denis Phrygium conscendi navibus æquor,
Matre deâ monstrante viam, data fata secutus :
Vix septem convulsæ undis Euroque supersunt.
Ipse ignotus, egens, Libyæ deserta peragro,
Europâ atque Asiâ pulsus. »

Cette réponse d'Enée à Vénus se compose de deux réminiscences de l'Odyssée. Ulysse dit à Alcinoüs :

Εἴμ' Ὀδυσεὺς Λαερτιάδης, ὃς πᾶσι δόλοισιν
ἀνθρώποισι μέλω, καί μευ κλέος οὐρανὸν ἵκει.

Od. IX, v. 19.

Il raconte son naufrage à Nausicaa :

Χθιζὸς ἐεικοστῷ φύγον ἤματι οἴνοπα πόντον·
τόφρα δέ μ' αἰεὶ κῦμα φόρει κραιπναί τε θύελλαι
νήσου ἀπ' Ὠγυγίης· νῦν δ' ἐνθάδε κάββαλε δαίμων,
ὄφρ' ἔτι που καὶ τῇδε πάθω κακόν· οὐ γὰρ ὀΐω
παύσεσθ'· ἀλλ' ἔτι πολλὰ θεοὶ τελέουσι πάροιθεν.

Od. VI, v. 170.

★

. . . . Nec plura querentem
390 Passa Venus ; medio sic interfata dolore est :
« Quisquis es, haud credo invisus cœlestibus auras
Vitales carpis, Tyriam qui adveneris urbem.
Perge modò, atque hinc te reginæ ad limina perfer.
Namque tibi reduces socios classemque relatam
Nuncio, et in tutum versis aquilonibus actam ;
Ni frustrà augurium vani docuêre parentes.
Aspice bis senos lætantes agmine cycnos,
Ætherea quos lapsa plagâ Jovis ales aperto
Turbabat cœlo : nunc terras ordine longo
400 Aut capere, aut captas jàm despectare videntur.
Ut reduces illi ludunt stridentibus alis,
Et cœtu cinxêre polum, cantusque dedêre ;
Haud aliter puppesque tuæ, pubesque tuorum,
Aut portum tenet, aut pleno subit ostia velo.
Perge modò, et quà te ducit via dirige gressum. »

C'est ainsi que Nausicaa rassure Ulysse, et l'engage à se rendre au palais de son père :

Νῦν δ', ἐπεὶ ἡμετέρην τε πόλιν καὶ γαῖαν ἱκάνεις,
οὔτ' οὖν ἐσθῆτός δευήσεαι, οὔτε τοῦ ἄλλου,
ὧν ἐπέοιχ' ἱκέτην ταλαπείριον ἀντιάσαντα.
ἄστυ δέ τοι δείξω, ἐρέω δέ τοι οὔνομα λαῶν.

Od. VI, v. 191.

Minerve l'encourage également lorsqu'il vient d'entrer dans la ville (*Od. VII, v.* 48). Quant au présage par lequel Vénus annonce le retour des douze vaisseaux d'Enée, il rappelle la célèbre prédiction de Calchas, sur les dix années du siége de Troie (*Il. II, v.* 301.)

*

   Dixit, et avertens roseâ cervice refulsit,
Ambrosiæque comæ divinum vertice odorem
Spiravêre ; pedes vestis defluxit ad imos,
Et vera incessu patuit dea. Ille ubi matrem
410 Agnovit, tali fugientem est voce secutus :
« Quid natum toties, crudelis tu quoque, falsis
Ludis imaginibus ? Cur dextræ jungere dextram
Non datur, ac veras audire et reddere voces ? »
Talibus incusat, gressumque ad mœnia tendit.
At Venus obscuro gradientes aëre sepsit,
Et multo nebulæ circùm dea fudit amictu ;
Cernere ne quis eos, neu quis contingere posset,
Molirive moram, aut veniendi poscere causas.
Ipsa Paphum sublimis abit, sedesque revisit
420 Læta suas, ubi templum illi, centumque Sabæo
Thure calent aræ, sertisque recentibus halant.

Etudes grecq. IIe *Partie.*

Vénus se manifeste ici, comme Minerve au 13me. chant de l'Odyssée, où elle quitte les traits d'un berger pour reprendre sa véritable forme :

Ὡς φάτο· μείδησεν δὲ θεὰ γλαυκῶπις Ἀθήνη,
χειρί τέ μιν κατέρεξε· δέμας δ᾽ ἤϊκτο γυναικὶ
καλῇ τε, μεγάλῃ τε, καὶ ἀγλαὰ ἔργ᾽ εἰδυίῃ.

Od. XIII, v. 287.

Cette première esquisse est bien pâle auprès du portrait gracieux de Virgile; mais on retrouve une partie de son éclat dans ces beaux vers par lesquels Homère peint Vénus reconnue par Hélène :

Ὡς φάτο· τῇ δ᾽ ἄρα θυμὸν ἐνὶ στήθεσσιν ὄρινεν·
καί ῥ᾽ ὡς οὖν ἐνόησε θεᾶς περικαλλέα δειρὴν
στήθεά θ᾽ ἱμερόεντα καὶ ὄμματα μαρμαίροντα,
θάμβησέν τ᾽ ἄρ᾽ ἔπειτα, ἔπος τ᾽ ἔφατ᾽, ἔκ τ᾽ ὀνόμαζεν·

Il. III, v. 395.

Et dans l'Hymne à Cérès, attribué au même poëte :

Ὡς εἰποῦσα, θεὰ μέγεθός τε καὶ εἶδος ἄμειψε,
γῆρας ἀπωσαμένη, περί τ᾽ ἀμφί τε κάλλος ἄητο·
ὀδμὴ δ᾽ ἱμερόεσσα θυηέντων ἀπὸ πέπλων
σκίδνατο, τῆλε δὲ φέγγος ἀπὸ χροὸς ἀθανάτοιο
λάμπε θεᾶς, ξανθαὶ δὲ κόμαι κατενήνοθεν ὤμους·
αὐγῆς δ᾽ ἐπλήσθη πυκινὸς δόμος, ἀστεροπῆς ὥς.

H. à Cérès, v. 275.

Les paroles que prononce Énée, sont celles qu'Ulysse adresse à sa mère :

Μῆτερ ἐμή, τί νύ μ᾽ οὐ μίμνεις ἐλέειν μεμαῶτα,
ὄφρα καὶ εἰν ἀΐδαο, φίλας περὶ χεῖρε βαλόντε,
ἀμφοτέρω κρυεροῖο τεταρπώμεσθα γόοιο;

Od. XI, v. 209.

Le nuage mystérieux qui entoure les deux héros, est celui dont Minerve couvre Ulysse à son entrée dans la ville des Phéaciens : circonstance imitée par Apollonius, dans l'arrivée de Jason à Colchos (*Argon. III*, *v*. 210.)

Καὶ τότ' Ὀδυσσεὺς ὦρτο πόλινδ' ἴμεν· ἀμφὶ δ' Ἀθήνη
πολλὴν ἠέρα χεῦε, φίλα φρονέουσ' Ὀδυσῆϊ,
μήτις Φαιήκων μεγαθύμων ἀντιβολήσας
κερτομέοι τ' ἐπέεσσι, καὶ ἐξερέοιθ', ὅτις εἴη.

Od. VII, v. 14.

Minerve, en quittant Ulysse, revole à Marathon et à Athènes (*Od. VII*, *v*. 78) mais le retour de Vénus à Paphos est pareillement tiré de l'Odyssée (*Episode de Mars et de Vénus*).

Ἡ δ' ἄρα Κύπρον ἵκανε φιλομμειδὴς Ἀφροδίτη,
ἐς Πάφον· ἔνθα δέ οἱ τέμενος βωμός τε θυήεις.
ἔνθα δέ μιν Χάριτες λοῦσαν, καὶ χρῖσαν ἐλαίῳ
ἀμβρότῳ, οἷα θεοὺς ἐπενήνοθεν αἰὲν ἐόντας·

Od. VIII, v. 362.

L'entrevue de Vénus et d'Énée a servi de modèle au Tasse dans l'apparition d'Ismen à Soliman, (*Jérusalem. ch. X, st.* 16), et à Fénélon dans les adieux de Minerve à Télémaque (*liv. XXIV.*)

VII.

Corripuēre viam intereà, quà semita monstrat.
Jámque ascendebant collem qui plurimus urbi
Imminet, adversasque aspectat desuper arces.
Miratur molem Æneas, magalia quondam ;
Miratur portas, strepitumque, et strata viarum.
Instant ardentes Tyrii : pars ducere muros,

Molirique arcem, et manibus subvolvere saxa;
Pars optare locum tecto, et concludere sulco.
430 Jura magistratusque legunt, sanctumque senatum.
Hic portus alii effodiunt; hic alta theatris
Fundamenta locant alii; immanesque columnas
Rupibus excidunt, scenis decora alta futuris.
Qualis apes æstate novâ per florea rura
Exercet sub sole labor, cùm gentis adultos
Educunt fœtus, aut cùm liquentia mella
Stipant, et dulci distendunt nectare cellas;
Aut onera accipiunt venientum, aut, agmine facto,
Ignavum fucos pecus à præsepibus arcent.
440 Fervet opus, redolentque thymo fragrantia mella.
« O fortunati quorum jàm mœnia surgunt! »
Æneas ait, et fastigia suspicit urbis.
Infert se septus nebulâ, mirabile dictu,
Per medios, miscetque viris, neque cernitur ulli.

La substance de ces vers se retrouve dans l'entrée d'Ulysse :

Ὡς ἄρα φωνήσας' ἡγήσατο Παλλὰς Ἀθήνη
καρπαλίμως· ὁ δ' ἔπειτα μετ' ἴχνια βαῖνε θεοῖο·
τὸν δ' ἄρα Φαίηκες ναυσίκλυτοὶ οὐκ ἐνόησαν
ἐρχόμενον κατὰ ἄστυ διὰ σφέας· οὐ γὰρ Ἀθήνη
εἴα ἐϋπλόκαμος, δεινὴ θεὸς, ἥ ῥά οἱ ἀχλὺν
θεσπεσίην κατέχευε, φίλα φρονέουσ' ἐνὶ θυμῷ.
Θαύμαζεν δ' Ὀδυσεὺς λιμένας καὶ νῆας ἐΐσας,
αὐτῶν θ' ἡρώων ἀγοράς, καὶ τείχεα μακρὰ,
ὑψηλὰ, σκολόπεσσιν ἀρηρότα, θαῦμα ἰδέσθαι.

Od. VII, v. 37.

Mais la description des pompes naissantes de Carthage, est un bel ornement ajouté par Virgile. Fénélon en a tiré parti au

9me. livre de Télémaque, dans la fondation de Salente, et Voltaire au 1er. chant de la Henriade (v. 290) dans l'arrivée d'Henri IV à Londres. Quant à la comparaison des abeilles, imitée par Milton (*Paradis. ch. I*, v. 768), elle a été employée par Homère et par Apollonius. (*Il. II*, v. 87.) (*Argon. I*, v. 879.)

★

Lucus in urbe fuit mediâ, lætissimus umbrâ,
Quo primùm jactati undis et turbine Pœni
Effodêre loco signum, quod regia Juno
Monstrârat, caput acris equi; sic nam fore bello
Egregiam, et facilem victu per sæcula gentem.
450 Hîc templum Junoni ingens Sidonia Dido
Condebat, donis opulentum et numine divæ :
Ærea cui gradibus surgebant limina, nexæque
Ære trabes, foribus cardo stridebat ahenis.
Hoc primùm in luco nova res oblata timorem
Leniit : hîc primùm Æneas sperare salutem
Ausus, et afflictis meliùs confidere rebus.
Namque, sub ingenti lustrat dùm singula templo,
Reginam opperiens; dùm, quæ fortuna sit urbi,
Artificumque manus inter se, operumque laborem
460 Miratur, videt Iliacas ex ordine pugnas,
Bellaque jàm famâ totum vulgata per orbem ;
Atridas, Priamumque, et sævum ambobus Achillem.
Constitit, et lacrymans : Quis jàm locus, inquit, Achate,
Quæ regio in terris nostri non plena laboris ?
En Priamus : sunt hîc etiam sua præmia laudi ;
Sunt lacrymæ rerum, et mentem mortalia tangunt.
Solve metus; feret hæc aliquam tibi fama salutem. »

C'est par la description de ce temple de Junon, monument tutélaire de Carthage, que Virgile a remplacé la peinture du palais d'Alcinoüs, qui ouvre d'une manière si brillante le 7me. chant de l'Odyssée. Il en a même emprunté quelques traits que l'on reconnoîtra dans ce passage :

Ἀλκινόου πρὸς δώματ' ἴε κλυτά· πολλὰ δέ οἱ κῆρ
ὥρμαιν' ἱσταμένῳ, πρὶν χάλκεον οὐδὸν ἱκέσθαι·
ὥστε γὰρ ἠελίου αἴγλη πέλεν, ἠὲ σελήνης,
δῶμα καθ' ὑψερεφὲς μεγαλήτορος Ἀλκινόοιο.
χάλκεοι μὲν γὰρ τοῖχοι ἐρηρέδατ' ἔνθα καὶ ἔνθα
ἐς μυχὸν ἐξ οὐδοῦ· περὶ δὲ θριγκὸς κυάνοιο·
χρύσειαι δὲ θύραι πυκινὸν δόμον ἐντὸς ἔεργον.

Od. VII, v. 82.

Ce morceau célèbre, dont nous ne citons ici que les premiers vers, a été imité par Apollonius, dans la description du palais d'Eétès (*Argon. III, v. 216*). Quant à Virgile, abandonnant ici son guide, il a substitué au luxe des ornements l'intérêt plus durable des souvenirs, et plaçant dans cette collection de tableaux, qui contient un résumé de l'Iliade, les grandes actions de son héros lui-même, il l'a fait arriver à Carthage précédé de sa renommée. Peut-être doit-il cette idée à Euripide, qui, dans sa tragédie d'Ion, a orné de peintures allégoriques le temple d'Apollon à Delphes : (*Ion, v. 193*).

★

Sic ait, atque animum picturâ pascit inani,
  Multa gemens, largoque humectat flumine vultum.
470 Namque videbat uti bellantes Pergama circùm
    Hàc fugerent Graii, premeret Trojana juventus;
    Hàc Phryges, instaret curru cristatus Achilles.
  Nec procùl hinc Rhesi niveis tentoria velis
  Agnoscit lacrymans, primo quæ prodita somno

Tydides multâ vastabat cæde cruentus ;
Ardentesque avertit equos in castra, priusquàm
Pabula gustâssent Trojæ, Xanthumque bibissent.
Parte aliâ fugiens amissis Troïlus armis,
Infelix puer, atque impar congressus Achilli,
480 Fertur equis, curruque hæret resupinus inani,
Lora tenens tamen : huic cervixque comæque trahuntur
Per terram, et versâ pulvis inscribitur hastâ.
Intereà ad templum non æquæ Palladis ibant
Crinibus Iliades passis, peplumque ferebant
Suppliciter tristes, et tunsæ pectora palmis ;
Diva solo fixos oculos aversa tenebat.
Ter circùm Iliacos raptaverat Hectora muros,
Exanimumque auro corpus vendebat Achilles.
Tùm verò ingentem gemitum dat pectore ab imo,
490 Ut spolia, ut currus, utque ipsum corpus amici,
Tendentemque manus Priamum conspexit inermes.
Se quôque principibus permixtum agnovit Achivis,
Eoasque acies, et nigri Memnonis arma.
Ducit Amazonidum lunatis agmina peltis
Penthesilea furens, mediisque in millibus ardet,
Aurea subnectens exsertæ cingula mammæ
Bellatrix, audetque viris concurrere virgo.

Nous allons examiner en détail les différents tableaux de cette galerie historique, dont tous les sujets sont fournis par Homère :

Les deux premiers représentant les victoires alternatives des Grecs et des Troyens, se rapportent à tout le cours de l'Iliade.

Le troisième retrace l'expédition de Diomède et d'Ulysse, qui occupe le 10me. chant.

Le quatrième est d'une grande beauté. Le poëte y peint le jeune Troïle, fils de Priam, entraîné par ses chevaux qui fuient devant Achille. Homère fait mention de Troïle, au 24º. chant de l'Iliade, (v. 257), mais les circonstances de sa mort sont tirées ici de l'accident d'Adraste :

.... Ἵππω γάρ οἱ ἀτυζομένω πεδίοιο
ὄζω ἔνι βλαφθέντε μυρικίνῳ, ἀγκύλον ἅρμα
ἄξαντ᾽ ἐν πρώτῳ ῥυμῷ, αὐτὼ μὲν ἐβήτην
πρὸς πόλιν ᾗπερ οἱ ἄλλοι ἀτυζόμενοι φοβέοντο·
αὐτὸς δ᾽ ἐκ δίφροιο παρὰ τροχὸν ἐξεκυλίσθη
πρηνὴς ἐν κονίῃσιν ἐπὶ στόμα·

IL. VI, v. 38.

Le cinquième, qui représente les dames troyennes implorant le secours de Minerve, est une copie littérale d'Homère :

Αἱ δ᾽ ὀλολυγῇ πᾶσαι Ἀθήνῃ χεῖρας ἀνέσχον.
ἡ δ᾽ ἄρα πέπλον ἑλοῦσα Θεανὼ καλλιπάρῃος,
θῆκεν Ἀθηναίης ἐπὶ γούνασιν ἠϋκόμοιο·
εὐχομένη δ᾽ ἠρᾶτο Διὸς κούρῃ μεγάλοιο·
. . . .
ὣς ἔφατ᾽ εὐχομένη· ἀνένευε δὲ Παλλὰς Ἀθήνη.

IL. VI, v. 301 et 311.

Les deux suivants, qui peignent Hector traîné autour des murs de Troie, et Priam aux pieds d'Achille, sont tirés du 24ᵐᵉ. chant :

Ἕκτορα δ᾽ ἕλκεσθαι δησάσκετο δίφρου ὄπισθεν·
τρὶς δ᾽ ἐρύσας περὶ σῆμα Μενοιτιάδαο θανόντος,
αὖτις ἐνὶ κλισίῃ παυέσκετο· τόνδε δ᾽ ἔασκεν,
ἐν κόνι ἐκταυύσας προπρηνεά.

IL. XXIV, v. 15.

LIVRE I.

Τοὺς δ' ἔλαθ' εἰσελθὼν Πρίαμος μέγας, ἄγχι δ' ἄρα στὰς
χερσὶν Ἀχιλλῆος λάϐε γούνατα, καὶ κύσε χεῖρας
δεινὰς, ἀνδροφόνους, αἵ οἱ πολέας κτάνον υἷας.

IL. XXIV, v. 477.

Enfin les derniers rappellent des événements postérieurs à la mort d'Hector : l'arrivée de Memnon, fils de l'Aurore, et de Penthésilée, reine des Amazones. Homère ne parle pas de cette héroïne, mais il cite le nom de Memnon dans l'Odyssée, en parlant d'Eurypyle tué par Pyrrhus (*Od. XI, v.* 521). Penthésilée, Memnon et Eurypyle, furent les derniers défenseurs de Troie.

VIII.

Hæc dùm Dardanio Æneæ miranda videntur,
Dùm stupet, obtutuque hæret defixus in uno :
500 Regina ad templum formâ pulcherrima Dido
Incessit, magnâ juvenum stipante catervâ.
Qualis in Eurotæ ripis, aut per juga Cynthi,
Exercet Diana choros ; quam mille secutæ
Hinc atque hinc glomerantur Oreades ; illa pharetram
Fert humero, gradiensque deas supereminet omnes ;
Latonæ tacitum pertentant gaudia pectus.
Talis erat Dido, talem se læta ferebat
Per medios, instans operi regnisque futuris.

Le portrait de Didon est tracé littéralement sur celui de Nausicaa :

Τῇσι δὲ Ναυσικάα λευκώλενος ἤρχετο μολπῆς·
οἵη δ' Ἄρτεμις εἶσι κατ' οὔρεος ἰοχέαιρα
ἢ κατὰ Τηΰγετον περιμήκετον, ἢ Ἐρύμανθον,

τερπομένη κάπροισι καὶ ὠκείης ἐλάφοισι,
τῇ δέ θ᾽ ἅμα νύμφαι, κοῦραι Διὸς αἰγιόχοιο,
ἀγρονόμοι παίζουσι· γέγηθε δέ τε φρένα Λητώ·
πασάων δ᾽ ὕπερ ἥγε κάρη ἔχει ἠδὲ μέτωπα,
ῥεῖα δ᾽ ἀριγνώτη πέλεται, καλαὶ δέ τε πᾶσαι·
ὣς ἥγ᾽ ἀμφιπόλοισι μετέπρεπε παρθένος ἀδμής.

OD. VI, v. 101.

Apollonius a reproduit la même comparaison dans la peinture de Médée se rendant au temple d'Hécate:

Οἵη δὲ λιαροῖσιν ἐφ᾽ ὕδασι Παρθενίοιο,
ἠὲ καὶ Ἀμνισοῖο λοεσσαμένη ποταμοῖο,
χρυσείοις Λητωῒς ἐφ᾽ ἅρμασιν ἑστηυῖα,
ὠκείαις κεμάδεσσι διεξελάσῃσι κολώνας,
τηλόθεν ἀντιόωσα πολυκνίσσου ἑκατόμβης·
τῇ δ᾽ ἅμα νύμφαι ἕπονται ἀμορβάδες, αἱ μὲν ἐπ᾽ αὐτῆς
ἀγρόμεναι πηγῆς Ἀμνισίδος, αἱ δὲ δὴ ἄλλαι
ἄλσεα καὶ σκοπιὰς πολυπίδακας· ἀμφὶ δὲ θῆρες
κνυζηθμῷ σαίνουσιν ὑποτρομέοντες ἰοῦσαν·
ὣς αἵ γ᾽ ἐσσεύοντο δι᾽ ἄστεος· ἀμφὶ δὲ λαοὶ
εἶχον, ἀλεύομενοι βασιληΐδος ὄμματα κούρης.

Argon. III, v. 876.

Ces vers se lisent encore avec plaisir après ceux d'Homère, dont l'imitation latine rend parfaitement l'éclat et l'harmonie. Cependant on a observé avec raison que la beauté virginale de Diane convenait mieux à Nausicaa, et même à Médée, qu'à la puissante reine de Carthage, déjà veuve d'un premier hymen.

*

Tum foribus divæ, mediâ testudine templi,
510 Septa armis, solioque altè subnixa, resedit.
Jura dabat legesque viris, operumque laborem

Partibus æquabat justis, aut sorte trahebat :
Cùm subitò Æneas concursu accedere magno
Anthea Sergestumque videt fortemque Cloanthum,
Teucrorumque alios, ater quos æquore turbo
Dispulerat, penitùsque alias avexerat oras.
Obstupuit simul ipse, simul percussus Achates
Lætitiâque metuque; avidi conjungere dextras
Ardebant; sed res animos incognita turbat.
520 Dissimulant, et nube cavâ speculantur amicti,
Quæ fortuna viris, classem quo littore linquant,
Quid veniant : cunctis nam lecti navibus ibant
Orantes veniam, et templum clamore petebant.
Postquam introgressi, et coràm data copia fandi,
Maximus Ilioneus placido sic pectore cœpit :
« O regina, novam cui condere Jupiter urbem,
Justitiâque dedit gentes frænare superbas,
Troës te miseri, ventis maria omnia vecti,
Oramus : prohibe infandos à navibus ignes,
530 Parce pio generi, et propiùs res aspice nostras.
Non nos aut ferro Libycos populare Penates
Venimus, aut raptas ad littora vertere prædas :
Non ea vis animo, nec tanta superbia victis.
Est locus, Hesperiam Graii cognomine dicunt,
Terra antiqua, potens armis atque ubere glebæ :
Œnotri coluêre viri; nunc fama minores
Italiam dixisse, ducis de nomine, gentem.
Hùc cursus fuit :
Cùm subitò assurgens fluctu nimbosus Orion
540 In vada cæca tulit, penitùsque procacibus austris,
Perque undas, superante salo, perque invia saxa,
Dispulit : hùc pauci vestris adnavimus oris. [morem
Quod genus hoc hominum, quæve hunc tam barbara

Permittit patria? hospitio prohibemur arenæ !
Bella cient, primâque vetant consistere terrâ !
Si genus humanum et mortalia temnitis arma,
At sperate deos memores fandi atque nefandi.
Rex erat Æneas nobis, quo justior alter
550 Nec pietate fuit, nec bello major et armis.
Quem si fata virum servant, si vescitur aurâ
Æthereâ, neque adhùc crudelibus occubat umbris,
Non metus, officio nec te certâsse priorem
Pœniteat. Sunt et Siculis regionibus urbes,
Arvaque, Trojanoque à sanguine clarus Acestes.
Quassatam ventis liceat subducere classem,
Et silvis aptare trabes, et stringere remos.
Si datur Italiam, sociis et rege recepto,
Tendere, ut Italiam læti Latiumque petamus :
Sin absumpta salus, et te, pater optime Teucrûm,
560 Pontus habet Libyæ, nec spes jàm restat Iüli,
At freta Sicaniæ saltem, sedesque paratas,
Undè hùc advecti, regemque petamus Acesten. »
Talibus Ilioneus : cuncti simul ore fremebant
Dardanidæ.

Tùm breviter Dido, vultum demissa, profatur :
« Solvite corde metum, Teucri, secludite curas.
Res dura et regni novitas me talia cogunt
Moliri, et latè fines custode tueri.
Quis genus Æneadûm, quis Trojæ nesciat urbem,
570 Virtutesque, virosque, aut tanti incendia belli?
Non obtusa adeò gestamus pectora Pœni ;
Nec tàm aversus equos Tyriâ sol jungit ab urbe.
Seu vos Hesperiam magnam, Saturniaque arva,
Sive Erycis fines, regemque optatis Acesten,
Auxilio tutos dimittam, opibusque juvabo.

LIVRE I.

Vultis et his mecum pariter considere regnis?
Urbem quam statuo, vestrà est : subducite naves :
Tros Tyriusque mihi nullo discrimine agetur.
   Atque utinàm rex ipse, Noto compulsus eodem,
580 Afforet Æneas! Equidem per littora certos
   Dimittam, et Libyæ lustrare extrema jubebo,
Si quibus ejectus silvis aut urbibus errat. »

Cette arrivée subite des Troyens échappés au naufrage, le discours d'Ilionée, et la réponse de Didon, préparent admirablement la réception d'Énée, qui ne devait pas être précaire comme celle d'Ulysse, mais noble, solennelle, et digne de la grandeur romaine. Les paroles d'Ilionée, malgré la différence des circonstances, rappellent celles d'Ulysse à Polyphème, au 9ᵐᵉ. chant de l'Odyssée.

Ἡμεῖς τοι Τροίηθεν ἀποπλαγχθέντες Ἀχαιοὶ
παντοίοις ἀνέμοισιν ὑπὲρ μέγα λαῖτμα θαλάσσης,
οἴκαδε ἱέμενοι, ἄλλην ὁδὸν, ἄλλα κέλευθα
ἤλθομεν· οὕτω που Ζεὺς ἤθελε μητίσασθαι.
λαοὶ δ' Ἀτρείδεω Ἀγαμέμνονος εὐχόμεθ' εἶναι,
τοῦ δὴ νῦν γε μέγιστον ὑπουράνιον κλέος ἐστί·
τόσσην γὰρ διέπερσε πόλιν, καὶ ἀπώλεσε λαοὺς
πολλούς· ἡμεῖς δ' αὖτε κιχανόμενοι τὰ σὰ γοῦνα
ἱκόμεθ', εἴ τι πόροις ξεινήϊον, ἠὲ καὶ ἄλλως
δώῃς δωτίνην, ἥτε ξείνων θέμις ἐστίν.
ἀλλ' αἰδεῖο, φέριστε, θεούς· ἱκέται δέ τοι εἰμέν.
Ζεὺς δ' ἐπιτιμήτωρ ἱκετάων τε, ξείνων τε,
ξείνιος, ὃς ξείνοισιν ἅμ' αἰδοίοισιν ὀπηδεῖ.
                                             OD. IX, v. 259.

On retrouve le même fonds d'idées dans les discours des *Suppliantes* d'Eschyle et d'Euripide. La réponse de Didon rappelle celles de Pelasgus et de Thésée dans les mêmes tragédies.

★

His animum arrecti dictis, et fortis Achates,
Et pater Æneas, jàm dudùm erumpere nubem
Ardebant. Prior Æneam compellat Achates :
« Nate deâ, quæ nunc animo sententia surgit ?
Omnia tuta vides, classem, sociosque receptos.
Unus abest, medio in fluctu quem vidimus ipsi
Submersum; dictis respondent cætera matris. »
590 Vix ea fatus erat, cùm circumfusa repentè
Scindit se nubes, et in æthera purgat apertum.
Restitit Æneas, claràque in luce refulsit,
Os humerosque deo similis : namque ipsa decoram
Cæsariem nato genitrix, lumenque juventæ
Purpureum, et lætos oculis afflârat honores.
Quale manus addunt ebori decus; aut ubi flavo
Argentum Pariusve lapis circumdatur auro.

Énée apparoît ici à Didon comme Ulysse à Nausicaa :

Τὸν μὲν Ἀθηναίη θῆκεν, Διὸς ἐκγεγαυῖα,
μείζονά τ' εἰσιδέειν καὶ πάσσονα· κὰδ δὲ κάρητος
οὔλας ἧκε κόμας, ὑακινθίνῳ ἄνθει ὁμοίας.
ὡς δ' ὅτε τις χρυσὸν περιχεύεται ἀργύρῳ ἀνὴρ
ἴδρις, ὃν Ἥφαιστος δέδαεν καὶ Παλλὰς Ἀθήνη
τέχνην παντοίην, χαρίεντα δὲ ἔργα τελείει·
ὡς ἄρα τῷ κατέχευε χάριν κεφαλῇ τε καὶ ὤμοις·
ἕζετ' ἔπειτ' ἀπάνευθε κιών, ἐπὶ θῖνα θαλάσσης,
κάλλεϊ καὶ χάρισι στίλβων · ϑηεῖτο δὲ κούρη.

OD. VI, v. 229.

Soliman, au 10ᵐᵉ. chant du Tasse (*st.* 49), sort également du nuage qui l'environne pour paroître au milieu du conseil d'Aladin. Milton et Klopstock ont imité la même fiction, (*Paradis perdu*, *ch. X*, *v.* 447); (*Messiade*, *ch. II*, *v.* 283).

*

Tùm sic reginam alloquitur, cunctisque repentè
Improvisus adest : « Coràm, quem quæritis, adsum
600 Troïus Æneas, Libycis ereptus ab undis.
O sola infandos Trojæ miserata labores,
Quæ nos, relliquias Danaûm, terræque marisque,
Omnibus exhaustos jàm casibus, omnium egenos,
Urbe, domo, socias! grates persolvere dignas
Non opis est nostræ, Dido, nec quidquid ubique est
Gentis Dardaniæ, magnum quæ sparsa per orbem.
Di tibi, si qua pios respectant numina, si quid
Usquam justitiæ est, et mens sibi conscia recti,
Præmia digna ferant. Quæ te tàm læta tulerunt
610 Sæcula? qui tanti talem genuêre parentes?
In freta dùm fluvii current, dùm montibus umbræ
Lustrabunt convexa, polus dùm sidera pascet,
Semper honos, nomenque tuum, laudesque manebunt,
Quæ me cumque vocant terræ. » Sic fatus, amicum
Ilionea petit dextrâ, lævâque Serestum;
Pòst, alios, fortemque Gyam, fortemque Cloanthum.
Obstupuit primò aspectu Sidonia Dido;
Casu deindè viri tanto; et sic ore locuta est :
« Quis te, nate deâ, per tanta pericula casus
620 Insequitur? quæ vis immanibus applicat oris?
Tune ille Æneas, quem Dardanio Anchisæ
Alma Venus Phrygii genuit Simoëntis ad undam?
Atque equidem Teucrum memini Sidona venire,
Finibus expulsum patriis, nova regna petentem
Auxilio Beli : genitor tùm Belus opimam
Vastabat Cyprum, et victor ditione tenebat.
Tempore jàm ex illo casus mihi cognitus urbis
Trojanæ, nomenque tuum, regesque Pelasgi.
Ipse hostis Teucros insigni laude ferebat,

ÉNÉIDE.

630 Seque ortum antiquâ Teucrorum à stirpe volebat.
Quare agite, ô tectis, juvenes, succedite nostris.
Me quoque per multos similis fortuna labores
Jactatam, hâc demùm voluit consistere terrâ;
Non ignara mali, miseris succurrere disco.»
Sic memorat: simul Æneam in regia ducit
Tecta; simul divûm templis indicit honorem.
Nec minùs intereà sociis ad littora mittit
Viginti tauros, magnorum horrentia centum
Terga suum, pingues centum cum matribus agnos,
640 Munera lætitiamque dei.
At domus interior regali splendida luxu
Instruitur, mediisque parant convivia tectis:
Arte laboratæ vestes, ostroque superbo;
Ingens argentum mensis, cælataque in auro
Fortia facta patrum, series longissima rerum,
Per tot ducta viros antiquâ ab origine gentis.

Nous avons déjà remarqué la différence totale que la réunion des circonstances devoit amener entre la réception d'Énée à la cour de Didon, et celle d'Ulysse au palais d'Alcinoüs. Le fils de Vénus, échappé miraculeusement aux flammes de Troie, voguant sur la foi des oracles à la recherche d'un nouvel empire d'où sortiront les conquérants du monde, doit paroître aux yeux de la reine de Carthage dans tout l'éclat de sa gloire immortelle. Ulysse, au contraire, condamné par le sort à souffrir les maux les plus affreux pour donner l'exemple d'une grande âme triomphant de l'adversité, exilé depuis vingt ans loin de sa chère Ithaque, vient se jeter en suppliant aux pieds du roi des Phéaciens, pour lui demander le pain de l'hospitalité, et le bonheur de revoir sa patrie. Ces deux situations ont chacune leur genre de beauté; mais si la pompeuse entrevue de Virgile flatte l'imagination par l'éclat des images, la scène antique et patriarchale du poëte grec fait sur le cœur une impression plus profonde. On en jugera par la comparaison des deux textes : Ulysse arrive au moment où les convives assemblés chez Alcinoüs, viennent de finir leurs libations :

Αὐτὰρ ὁ βῆ διὰ δῶμα πολύτλας δῖος Ὀδυσσεὺς,
πολλὴν ἠέρ᾽ ἔχων, ἥν οἱ περίχευεν Ἀθήνη,
ὄφρ᾽ ἵκετ᾽ Ἀρήτην τε καὶ Ἀλκίνοον βασιλῆα.
ἀμφὶ δ᾽ ἄρ᾽ Ἀρήτης βάλε γούνασι χεῖρας Ὀδυσσεὺς,
καὶ τότε δή ῥ᾽ αὐτοῖο πάλιν χύτο θέσφατος ἀήρ.
οἱ δ᾽ ἄνεῳ ἐγένοντο δόμον κατὰ φῶτα ἰδόντες·
θαύμαζον δ᾽ ὁρόωντες· ὁ δ᾽ ἐλλιτάνευεν Ὀδυσσεύς·
« Ἀρήτη, θύγατηρ Ῥηξήνορος ἀντιθέοιο,
σόν τε πόσιν, σά τε γούναθ᾽ ἱκάνω, πολλὰ μογήσας,
τούσδε τε δαιτυμόνας, τοῖσιν θεοὶ ὄλβια δοῖεν
ζωέμεναι, καὶ παισὶν ἐπιτρέψειεν ἕκαστος
κτήματ᾽ ἐνὶ μεγάροισι, γέρας θ᾽, ὅ τι δῆμος ἔδωκεν·
αὐτὰρ ἐμοὶ πομπὴν ὀτρύνετε πατρίδ᾽ ἱκέσθαι
θᾶσσον· ἐπειδὴ δηθὰ φίλων ἄπο πήματα πάσχω. »
Ὣς εἰπὼν κατ᾽ ἄρ᾽ ἕζετ᾽ ἐπ᾽ ἐσχάρῃ ἐν κονίῃσι
πὰρ πυρί· οἱ δ᾽ ἄρα πάντες ἀκὴν ἐγένοντο σιωπῇ.
ὀψὲ δὲ δὴ μετέειπε γέρων ἥρως Ἐχένηος,
ὃς δὴ Φαιήκων ἀνδρῶν προγενέστερος ἦεν,
καὶ μύθοισι κέκαστο, παλαιά τε πολλά τε εἰδώς.
ὅς σφιν ἐϋφρονέων ἀγορήσατο καὶ μετέειπεν·
« Ἀλκίνο᾽, οὐ μέν τοι τόδε κάλλιον, οὐδὲ ἔοικε,
ξεῖνον μὲν χαμαὶ ἧσθαι ἐπ᾽ ἐσχάρῃ ἐν κονίῃσιν·
οἵγε δὲ σὸν μῦθον ποτιδέγμενοι ἰσχανόωνται.
ἀλλ᾽ ἄγε δὴ ξεῖνον μὲν ἐπὶ θρόνου ἀργυροήλου
εἷσον ἀναστήσας· σὺ δὲ κηρύκεσσι κέλευσον
οἶνον ἐπικρῆσαι, ἵνα καὶ Διῒ τερπικεραύνῳ
σπείσομεν, ὅσθ᾽ ἱκέτῃσιν ἅμ᾽ αἰδοίοισιν ὀπηδεῖ·
δόρπον δὲ ξείνῳ ταμίη δότω ἔνδον ἐόντων. »
Αὐτὰρ ἐπεὶ τό γ᾽ ἄκουσ᾽ ἱερὸν μένος Ἀλκινόοιο,
χειρὸς ἑλὼν Ὀδυσῆα δαΐφρονα, ποικιλομήτην,

Etudes grecq. IIe Partie.

ὦρσεν ἀπ' ἐσχαρόφιν, καὶ ἐπὶ θρόνου εἶσε φαεινοῦ,
υἱὸν ἀναστήσας, ἀγαπήνορα Λαοδάμαντα,
ὅς οἱ πλησίον ἷζε, μάλιστα δέ μιν φιλέεσκε.
χέρνιβα δ' ἀμφίπολος προχόῳ ἐπέχευε φέρουσα,
καλῇ, χρυσείῃ, ὑπὲρ ἀργυρέοιο λέβητος,
νίψασθαι· παρὰ δὲ ξεστὴν ἐτάνυσσε τράπεζαν·
σῖτον δ' αἰδοίη ταμίη παρέθηκε φέρουσα,
εἴδατα πόλλ' ἐπιθεῖσα, χαριζομένη παρεόντων.

Od. VII, v. 139.

On reconnoît la même marche dans les compositions des deux poëtes : l'humble prière d'Ulysse répond aux éloquentes protestations d'Énée, l'accueil d'Alcinoüs au discours de Didon, les soins modestes de l'hospitalité à la magnificence carthaginoise. Virgile a joint à cette imitation générale quelques réminiscences partielles de l'Odyssée, entre autres le dernier vers du discours de Didon, qui rappelle les paroles de Ménélas (*Od. IV*, *v.* 33.) reproduites par Sophocle (*OEdipe à Colone*, *v.* 562). On trouve aussi dans Homère les détails du festin de réception :

Βάν ῥ' ἴμεν Ἀλκινόοιο δαΐφρονος ἐς μέγα δῶμα·
πλῆντο δ' ἄρ' αἴθουσαί τε, καὶ ἔρκεα, καὶ δόμοι ἀνδρῶν
ἀγρομένων· πολλοὶ δ' ἄρ ἔσαν νέοι, ἠδὲ παλαιοί.
τοῖσιν δ' Ἀλκίνοος δυοκαίδεκα μῆλ' ἱέρευσεν,
ὀκτὼ δ' ἀργιόδοντας ὗας, δύο δ' εἰλίποδας βοῦς·
τοὺς δέρον ἀμφί θ' ἕπον, τετύκοντο τε δαῖτ' ἐρατεινήν.

Od. VIII, v. 56.

C'est au milieu de cette nombreuse assemblée qu'Ulysse commence le récit de ses voyages. Mais avant d'imiter cette partie de la description d'Homère, le poëte latin a relevé la sienne par un épisode plein de grâce et de délicatesse, emprunté à Apollonius : l'arrivée de l'Amour à la cour de Didon.

IX.

Æneas (neque enim patrius consistere mentem
Passus amor) rapidum ad naves præmittit Achaten,
Ascanio ferat hæc, ipsumque ad mœnia ducat:
650 Omnis in Ascanio cari stat cura parentis.
Munera præterea, Iliacis erepta ruinis,
Ferre jubet: pallam signis auroque rigentem,
Et circumtextum croceo velamen acantho,
Ornatus Argivæ Helenæ, quos illa Mycenis,
Pergama cùm peteret inconcessosque hymenæos,
Extulerat, matris Ledæ mirabile donum.
Præterea sceptrum, Ilione quod gesserat olim,
Maxima natarum Priami, colloque monile
Baccatum, et duplicem gemmis auroque coronam.
660 Hæc celerans, iter ad naves tendebat Achates.
 At Cytherea novas artes, nova pectore versat
Consilia; ut faciem mutatus et ora Cupido
Pro dulci Ascanio veniat, donisque furentem
Incendat reginam, atque ossibus implicet ignem.
Quippè domum timet ambiguam, Tyriosque bilingues:
Urit atrox Juno, et sub noctem cura recursat.
Ergò his aligerum dictis affatur Amorem:
« Nate, meæ vires, mea magna potentia, solus,
Nate, patris summi qui tela Typhoïa temnis,
670 Ad te confugio, et supplex tua numina posco.
Frater ut Æneas pelago tuus omnia circùm
Littora jactetur odiis Junonis iniquæ
Nota tibi; et nostro doluisti sæpè dolore.
Hunc Phœnissa tenet Dido, blandisque moratur
Vocibus; et vereor quò se Junonia vertant

* 7

Hospitia : haud tanto cessabit cardine rerum.
Quocircà capere antè dolis, et cingere flammâ
Reginam meditor, ne quo se numine mutet,
Sed magno Æneæ mecum teneatur amore.
680 Quà facere id possis, nostram nunc accipe mentem.
Regius, accitu cari genitoris, ad urbem
Sidoniam puer ire parat, mea maxima cura,
Dona ferens, pelago et flammis restantia Trojæ.
Hunc ego sopitum somno super alta Cythera,
Aut super Idalium, sacratâ sede recondam ;
Ne quà scire dolos, mediusve occurrere possit.
Tu faciem illi, noctem non ampliùs unam,
Falle dolo, et notos pueri puer indue vultus ;
Ut, cùm te gremio accipiet lætissima Dido,
690 Regales inter mensas laticemque Lyæum,
Cùm dabit amplexus atque oscula dulcia figet,
Occultum inspires ignem, fallasque veneno.

Les ornements royaux que doit offrir Ascagne, et surtout la parure d'Hélène, monument funeste du voyage de Pâris, rappellent le voile d'Hécube au 6ᵐᵉ chant de l'Iliade :

Ενθ' ἔσαν οἱ πέπλοι παμποίκιλοι, ἔργα γυναικῶν
Σιδονίων, τὰς αὐτὸς Ἀλέξανδρος θεοειδὴς
ἤγαγε Σιδονίηθεν, ἐπιπλὼς εὐρέα πόντον,
τὴν ὁδόν, ἣν Ἑλένην περ ἀνήγαγεν εὐπατέρειαν.
τῶν ἕν' ἀειραμένη Ἑκάβη φέρε δῶρον Ἀθήνῃ
ὃς κάλλιστος ἔην ποικίλμασιν ἠδὲ μέγιστος,
ἀστὴρ δ' ὣς ἀπέλαμπεν· ἔκειτο δὲ νείατος ἄλλων.

Il. VI, v. 289.

Le discours de Vénus à l'Amour, dont on trouve le premier modèle dans le charmant épisode de la *Ceinture de Vénus* (*Il. XIV, v.* 187), est imité plus particulièrement ici du 3ᵐᵉ chant des Argonautiques, où cette déesse, à la prière de Junon et de Minerve, exhorte son fils à enflammer Médée. L'intrigue du poëte grec est conduite avec moins d'art; on n'y trouve pas l'ingénieuse métamorphose qui donne tant de prix à la composition de Virgile; mais l'espiéglerie enfantine du petit dieu n'est pas dépourvue de grâce et de naïveté. Apollonius le représente dans les jardins de Jupiter jouant aux osselets avec Ganymède; Vénus entre au moment où ce dernier se retire tout honteux de sa défaite et des railleries de l'Amour:

Βῆ κενεαῖς σὺν χερσὶν ἀμήχανος, οὐδ' ἐνόησε
Κύπριν ἐπιπλομένην. ἡ δ' ἀντίη ἵστατο παιδὸς
καί μιν ἄφαρ γναθμοῖο κατασχομένη προσέειπε·
« Τίπτ' ἐπιμειδιάας, ἄφατον κακόν; ἠέ μιν αὔτως
ἤπαφες, οὐδὲ δίκῃ περιέπλεο, νηῒν ἐόντα;
εἰ δ' ἄγε μοι πρόφρων τέλεσον χρέος, ὅττι κεν εἴπω·
καί κέν τοι ὀπάσαιμι Διὸς περικαλλὲς ἄθυρμα,
κεῖνο, τό οἱ ποίησε φίλη τροφὸς Ἀδρήστεια,
ἄντρῳ ἐν Ἰδαίῳ ἔτι νήπια κουρίζοντι,
σφαῖραν εὐτρόχαλον, τῆς οὐ σύ γε μείλιον ἄλλο
χειρῶν Ἡφαίστοιο κατακτεατίσσῃ ἄρειον.
χρύσεα μέν οἱ κύκλα τετεύχαται, ἀμφὶ δ' ἑκάστῳ
διπλόαι ἁψῖδες περιηγέες εἰλίσσονται·
κρυπταὶ δὲ ῥαφαί εἰσιν· ἕλιξ δ' ἐπιδέδρομε πάσαις
κυανέη. ἀτὰρ, εἴ μεν ἑαῖς ἐνὶ χερσὶ βάλοιο,
ἀστὴρ ὣς, φλεγέθοντα δ·' ἠέρος ὁλκὸν ἵησι.
τήν τοι ἐγὼν ὀπάσω· σὺ δὲ παρθένον Αἰήταο
θέλξον, οἰστεύσας ἐπ' Ἰήσονι· μηδέ τις ἔστω
ἀμβολίη· δὴ γάρ κεν ἀφαυροτέρη χάρις εἴη. »

Argon. III, v. 126.

*.

Paret Amor dictis caræ genitricis, et alas
Exuit, et gressu gaudens incedit Iüli.
At Venus Ascanio placidam per membra quietem
Irrigat, et fotum gremio dea tollit in altos
Idaliæ lucos, ubi mollis amaracus illum
Floribus et dulci aspirans complectitur umbrâ.
Jamque ibat, dicto parens, et dona Cupido
700 Regia portabat Tyriis, duce lætus Achate.
Cùm venit, aulæis jam se regina superbis
Aureâ composuit spondâ, mediamque locavit.
Jàm pater Æneas et jàm Trojana juventus
Conveniunt, stratoque super discumbitur ostro.
Dant famuli manibus lymphas, cereremque canistris
Expediunt, tonsisque ferunt mantilia villis.
Quinquaginta intùs famulæ, quibus ordine longo
Cura penum struere, et flammis adolere penates.
Centum aliæ, totidemque pares ætate ministri,
710 Qui dapibus mensas onerent et pocula ponant.
Nec non et Tyrii per limina læta frequentes
Convenêre, toris jussi discumbere pictis.
Mirantur dona Æneæ, mirantur Iülum,
Flagrantesque dei vultus, simulataque verba,
Pallamque, et pictum croceo velamen acantho.
Præcipuè infelix, pesti devota futuræ,
Expleri mentem nequit, ardescitque tuendo
Phœnissa; et puero pariter donisque movetur.
Ille ubi complexu Æneæ colloque pependit
720 Et magnum falsi implevit genitoris amorem,
Reginam petit. Hæc oculis, hæc pectore toto
Hæret, et interdùm gremio fovet, inscia Dido
Insidat quantus miseræ deus. At memor ille
Matris Acidaliæ, paulatim abolere Sichæum

Incipit, et vivo tentat præverlere amore
Jam pridem resides animos desuetaque corda.

Dans Apollonius, l'Amour quitte ses osselets pour s'armer de la flèche fatale :

Φῆ· ὁ δ' ἄρ' ἀστραγάλους συναμήσατο, καδδὲ φαεινῷ
μητρὸς ἑῆς, εὖ πάντας ἀριθμήσας, βάλε κόλπῳ.
αὐτίκα δ' ἰοδόκην χρυσέῃ περικάτθετο μίτρῃ,
πρέμνῳ κεκλιμένην· ἀνὰ δ' ἀγκύλον εἵλετο τόξον.
βῆ δὲ δι' ἐκ μεγάροιο Διὸς πάγκαρπον ἀλωήν.

Argon: III, v. 154.

Ce contraste de l'enjouement de l'enfance avec le pouvoir qui soumet l'univers, ne vaut pas cependant la peinture délicieuse d'Ascagne endormi dans les bosquets d'Idalie. Elle rappelle l'enlèvement du jeune Phaëton, fils de Céphale et l'Aurore, dans la Théogonie d'Hésiode :

Τόν ῥα νέον τέρεν ἄνθος ἔχοντ' ἐρικυδέος ἥβης
παῖδ' ἀπαλὰ φρονέοντα φιλομμειδὴς Ἀφροδίτη
ὦρτ' ἀνερειψαμένη, καί μιν ζαθέοις ἐνὶ νηοῖς,
νηοπόλον νύχιον ποιήσατο, δαίμονα δῖον.

Théogonie, v. 988.

La salle du repas, que Lucain a agrandie dans son brillant festin de Cléopâtre (*Pharsale, ch. X, v. 107*), se retrouve en entier dans le palais d'Alcinoüs :

Ἐν δὲ θρόνοι περὶ τοῖχον ἐρηρέδατ' ἔνθα καὶ ἔνθα,
ἐς μυχὸν ἐξ οὐδοῖο διαμπερές· ἔνθ' ἐνὶ πέπλοι
λεπτοὶ εὔνητοι βεβλήατο, ἔργα γυναικῶν.
ἔνθα δὲ Φαιήκων ἡγήτορες ἑδριόωντο,
πίνοντες καὶ ἔδοντες· ἐπηετανὸν γὰρ ἔχεσκον.
χρύσειοι δ' ἄρα κοῦροι ἐϋδμήτων ἐπὶ βωμῶν

ἕστασαν, αἰθομένας δαΐδας μετὰ χερσὶν ἔχοντες,
φαίνοντες νύκτας κατὰ δώματα δαιτυμόνεσσι·
πεντήκοντα δέ οἱ δμωαὶ κατὰ δῶμα γυναῖκες·
αἱ μὲν ἀλετρεύουσι μύλης ἔπι μήλοπα καρπὸν,
αἱ δ᾽ ἱστοὺς ὑφόωσι καὶ ἠλάκατα στρωφῶσιν
ἥμεναι, οἷά τε φύλλα μακεδνῆς αἰγείροιο.

Od. VII, v. 95.

Les vers d'Homère sont, comme on le voit, conservés mot pour mot dans le texte de Virgile ; mais ni Homère, ni Apollonius ne lui ont inspiré les détails qui suivent. La peinture de l'Amour sur les genoux de Didon, est à la fois une des plus gracieuses et des plus expressives qu'ait produites la poésie : on ne peut la comparer qu'à la troisième ode d'Anacréon. Apollonius, qui peint simplement le petit dieu lançant une de ses flèches à Médée, est ici bien au-dessous de Virgile, malgré la tournure agréable de ses vers :

Ὦκα δι᾽ ὑπὸ φλιὴν προδόμου ἐνὶ τόξα τανύσσας
ἰοδόκης ἀβλῆτα πολύστονον ἐξέλετ᾽ ἰόν·
ἐκ δ᾽ ὅγε καρπαλίμοισι λαθὼν ποσὶν οὐδὸν ἄμειψεν,
ὀξέα δενδίλλων· αὐτῷ δ᾽ ὑπὸ βαιὸς ἐλυσθεὶς
Αἰσονίδῃ, γλυφίδας μέσσῃ ἐνικάτθετο νευρῇ.
ἰθὺς δ᾽ ἀμφοτέρῃσι διασχόμενος παλάμῃσιν
ἧκ᾽ ἐπὶ Μηδείῃ· τὴν δ᾽ ἀμφασίη λάβε θυμόν.
αὐτὸς δ᾽ ὑψορόφοιο παλιμπετὲς ἐκ μεγάροιο
καγχαλόων ἤϊξε· βέλος δ᾽ ἐνεδαίετο κούρῃ
νέρθεν ὑπὸ κραδίῃ, φλογὶ εἴκελον· ἀντία δ᾽ αἰεὶ
βάλλεν ἐπ᾽ Αἰσονίδην ἀμαρύγματα, καί οἱ ἄηντο
στηθέων ἐκ πυκιναὶ καμάτῳ φρένες, οὐδέ τιν᾽ ἄλλην
μνῆστιν ἔχε, γλυκερῇ δὲ κατείβετο θυμὸν ἀνίῃ.

Argon. III, v. 278.

*

Postquam prima quies epulis, mensæque remotæ,
Crateras magnos statuunt, et vina coronant.
Fit strepitus tectis, vocemque per ampla volutant
730 Atria: dependent lychni laquearibus aureis
Incensi, et noctem flammis funalia vincunt.
Hic regina gravem gemmis auroque poposcit,
Implevitque mero pateram, quam Belus et omnes
A Belo soliti : tùm facta silentia tectis :
« Jnpiter, hospitibus nam te dare jura loquuntur,
Hunc lætum Tyriisque diem Trojâque profectis
Esse velis, nostrosque hujus meminisse minores.
Adsit lætitiæ Bacchus dator, et bona Juno ;
Et vos, ô cœtum, Tyrii, celebrate faventes. »
740 Dixit, et in mensam laticum libavit honorem ;
Primaque, libato, summo tenùs attigit ore.
Tùm Bitiæ dedit increpitans: ille impiger hausit
Spumantem pateram, et pleno se proluit auro :
Pòst, alii proceres. Cithârâ crinitus Iopas
Personat auratâ docuit quæ maximus Atlas.
Hic canit errantem lunam, solisque labores;
Undè hominum genus, et pecudes; undè imber et ignes;
Arcturum, pluviasque Hyadas, geminosque Triones;
Quid tantùm Oceano properent se tingere soles
750 Hiberni, vel quæ tardis mora noctibus obstet.
Ingeminant plausum Tyrii, Troësque sequuntur.
Nec non et vario noctem sermone trahebat
Infelix Dido, longumque bibebat amorem ;
Multa super Priamo rogitans, super Hectore multa:
Nunc, quibus Auroræ venisset filius armis ;
Nunc, quales Diomedis equi ; nunc, quantus Achilles.
« Imò age, et à primâ dic, hospes, origine nobis

Insidias, inquit, Danaûm, casusque tuorum,
Erroresque tuos; nam te jàm septima portat
760 Omnibus errantem terris et fluctibus æstas. »

Alcinoüs, en accueillant Ulysse, offre également des libations à Jupiter hospitalier :

Καὶ τότε κήρυκα προσέφη μένος Ἀλκινόοιο·
« Ποντόνοε, κρητῆρα κερασσάμενος μέθυ νεῖμον
πᾶσιν ἀνὰ μέγαρον, ἵνα καὶ Διὶ τερπικεραύνῳ
σπείσομεν, ὅσθ' ἱκέτῃσιν ἅμ' αἰδοίοισιν ὀπηδεῖ. »
ὣς φάτο· Ποντόνοος δὲ μελίφρονα οἶνον ἐκίρνα·
νώμησεν δ' ἄρα πᾶσιν ἐπαρξάμενος δεπάεσσιν.

OD. VII, v. 178.

Le chantre Démodocus, appelé au festin, ravit aussi les convives par les sons de sa lyre :

Κῆρυξ δ' ἐγγύθεν ἦλθεν, ἄγων ἐρίηρον ἀοιδὸν,
τὸν πέρι Μοῦσ' ἐφίλησε, δίδου δ' ἀγαθόν τε κακόν τε,
ὀφθαλμῶν μὲν ἄμερσε, δίδου δ' ἡδεῖαν ἀοιδήν.
τῷ δ' ἄρα Ποντόνοος θῆκε θρόνον ἀργυρόηλον
μέσσῳ δαιτυμόνων, πρὸς κίονα μακρὸν ἐρείσας·
κὰδ δ' ἐκ πασσαλόφιν κρέμασεν φόρμιγγα λίγειαν
αὐτοῦ ὑπὲρ κεφαλῆς, καὶ ἐπέφραδε χερσὶν ἑλέσθαι
κῆρυξ· πὰρ δ' ἐτίθει κάνεον, καλήν τε τράπεζαν,
πὰρ δὲ δέπας οἴνοιο, πιεῖν, ὅτε θυμὸς ἀνώγοι.
οἱ δ' ἐπ' ὀνείαθ' ἑτοῖμα προκείμενα χεῖρας ἴαλλον.
Αὐτὰρ ἐπεὶ πόσιος καὶ ἐδητύος ἐξ ἔρον ἔντο
Μοῦσ' ἄρ' ἀοιδὸν ἀνῆκεν ἀειδέμεναι κλέα ἀνδρῶν,
οἴμης, τῆς τότ' ἄρα κλέος οὐρανὸν εὐρὺν ἵκανε·
νεῖκος Ὀδυσσῆος καὶ Πηλείδεω Ἀχιλῆος,
ὥς ποτε δηρίσαντο, θεῶν ἐν δαιτὶ θαλείῃ,

ἐκπάγλοις ἐπέεσσιν· ἄναξ δ' ἀνδρῶν Ἀγαμέμνων
χαῖρε νόῳ, ὅτ' ἄριστοι Ἀχαιῶν δηριόωντο·
ὣς γάρ οἱ χρείων μυθήσατο Φοῖβος Ἀπόλλων
Πυθοῖ ἐν ἠγαθέῃ, ὅθ' ὑπέρβη λάϊνον οὐδὸν
χρησόμενος· τότε γάρ ῥα κυλίνδετο πήματος ἀρχὴ
Τρωσί τε καὶ Δαναοῖσι, Διὸς μεγάλου διὰ βουλάς.
  Ταῦτ' ἄρ' ἀοιδὸς ἄειδε περικλυτός· αὐτὰρ Ὀδυσσεὺς
πορφύρεον μέγα φᾶρος ἑλὼν χερσὶ στιβαρῇσι
κὰκ κεφαλῆς εἴρυσσε, κάλυψε δὲ καλὰ πρόσωπα·
αἴδετο γὰρ Φαίηκας, ὑπ' ὀφρύσι δάκρυα λείβων.
ἤτοι ὅτε λήξειεν ἀείδων θεῖος ἀοιδός,
δάκρυ' ὀμορξάμενος, κεφαλῆς ἀπὸ φᾶρος ἕλεσκε,
καί, δέπας ἀμφικύπελλον ἑλών, σπείσασκε θεοῖσιν·
αὐτὰρ ὅτ' ἂψ ἄρχοιτο, καὶ ὀτρύνειαν ἀείδειν
Φαιήκων οἱ ἄριστοι, ἐπεὶ τέρποντ' ἐπέεσσιν,
ἂψ Ὀδυσσεὺς κατὰ κρᾶτα καλυψάμενος γοάασκεν.
Od. VII, v. 62.

Alcinoüs voulant calmer la douleur de son hôte, fait célébrer des danses et des jeux. Démodocus reprend ensuite sa lyre, et chante les amours de Vénus et de Mars, et le stratagème du cheval de bois. Le roi voyant les larmes d'Ulysse redoubler à ce dernier récit, lui demande enfin l'histoire de ses malheurs :

Ἀλλ' ἄγε μοι τόδε εἰπέ, καὶ ἀτρεκέως κατάλεξον,
ὅππῃ ἀπεπλάγχθης τε, καὶ ἅς τινας ἵκεο χώρας
ἀνθρώπων, αὐτούς τε, πόλεις τ' εὖ ναιεταώσας.
ἠ μὲν ὅσοι χαλεποί τε, καὶ ἄγριοι, οὐδὲ δίκαιοι·
οἵτε φιλόξεινοι, καί σφιν νόος ἐστὶ θεουδής.
εἰπὲ δ', ὅ τι κλαίεις καὶ ὀδύρεαι ἔνδοθι θυμῷ,
Ἀργείων, Δαναῶν, ἠδ' Ἰλίου οἶτον ἀκούων.
τὸν δὲ θεοὶ μὲν τεῦξαν, ἐπεκλώσαντο δ' ὄλεθρον
ἀνθρώποις, ἵνα ᾖσι καὶ ἐσσομένοισιν ἀοιδή.
Od. VIII, v. 572.

C'est par cette heureuse transition, trop abrégée peut-être dans l'imitation latine, qu'Homère remonte aux faits antérieurs, et établit la division de l'Odyssée, adoptée après Virgile par Milton, Fénélon et Voltaire. De même qu'Ulysse et Énée retracent dans les livres suivants les conséquences funestes du siége de Troie, l'ange Raphaël révèle les événements qui précédèrent la création du monde (*Paradis Perdu, chants* 5, 6, 7 et 8), Télémaque fait le récit de ses voyages (*livres* 1, 2, 3, 4, 5 et 6), et Henri IV celui des troubles de la France (*Henriade, chants* 2 et 3).

ÉNÉIDE.

LIVRE DEUXIÈME.

SOMMAIRE.

Prise de Troie.

I. CONSTRUCTION DU CHEVAL.
II. EPISODE DE SINON.
III. MORT DE LAOCOON.
IV. APPARITION D'HECTOR.
V. COMBAT NOCTURNE.
VI. RUINE DU PALAIS.
VII. MORT DE PRIAM.
VIII. APPARITION DE VÉNUS.
IX. HÉSITATION D'ANCHISE.
X. DÉPART D'ÉNÉE.

Virgile ne doit le plan de ce livre à aucun des ouvrages grecs qui nous sont parvenus.

ÉNÉIDE.
LIVRE DEUXIÈME.

I.

Conticuere omnes, intentique ora tenebant.
Indè toro pater Æneas sic orsus ab alto :
« Infandum, regina, jubes renovare dolorem;
Trojanas ut opes et lamentabile regnum
Eruerint Danai ; quæque ipse miserrima vidi,
Et quorum pars magna fui. Quis, talia fando,
Myrmidonum, Dolopumve, aut duri miles Ulyssei,
Temperet à lacrymis ? Et jam nox humida cœlo
Præcipitat, suadentque cadentia sidera somnos :
10 Sed si tantus amor casus cognoscere nostros,
Et breviter Trojæ supremum audire laborem, [git,
Quamquam animus meminisse horret, luctuque refu-
Incipiam.

Cette introduction rappelle celle du récit d'Ulysse, qui commence après l'hymne de Démodocus :

Τὸν δ' ἀπαμειβόμενος προσέφη πολύμητις Ὀδυσσεύς·
« Ἀλκίνοε κρεῖον, πάντων ἀριδείκετε λαῶν,
ἤτοι μὲν τόδε καλὸν ἀκουέμεν ἐστὶν ἀοιδοῦ
τοιοῦδ', οἷος ὅδ' ἐστί, θεοῖς ἐναλίγκιος αὐδήν·
. . . .
σοὶ δ' ἐμὰ κήδεα θυμὸς ἐπετράπετο στονόεντα
εἴρεσθ', ὄφρ' ἔτι μᾶλλον ὀδυρόμενος στοναχίζω.

τί πρῶτον, τί δ' ἔπειτα, τί δ' ὑστάτιον καταλέξω;
κήδε' ἐπεί μοι πολλὰ δόσαν θεοὶ οὐρανίωνες. »

Od. IX, v. 1 et 12.

La narration du héros grec, qui occupe les chants IX, X, XI et XII de l'Odyssée, s'étend depuis son départ de Troie jusqu'à son arrivée dans l'île de Calypso. Le grand événement de la chute d'Ilion n'entroit pas dans le plan d'Homère; cette palme restoit à cueillir au plus illustre de ses successeurs. On prétend que l'*Hérogonie* de Pisandre, poëte cyclique contemporain de Solon, a été d'un grand secours à Virgile dans la composition de son admirable tableau, ainsi que la *Petite Iliade* de Leschès, et la *Prise de Troie* d'Arctinus. Ces ouvrages ne nous sont point parvenus : les seuls détails originaux qui nous restent, sont ceux qu'on rencontre dans les tragiques grecs et surtout dans Euripide, et ceux qu'Homère lui-même a consignés dans l'Odyssée.

L'introduction de Virgile a été imitée par Milton, au 5me chant du *Paradis Perdu* (*v.* 561), et par Voltaire, au 1er chant de *la Henriade* (*v.* 376).

★

.... Fracti bello, fatisque repulsi,
Ductores Danaûm, tot jàm labentibus annis,
Instar montis equum, divinâ Palladis arte,
Ædificant, sectâque intexunt abiete costas.
Votum pro reditu simulant : ea fama vagatur.
Hùc delecta virûm sortiti corpora furtim
Includunt cæco lateri, penitùsque cavernas
20 Ingentes, uterumque armato milite complent.
Est in conspectu Tenedos, notissima famâ
Insula, dives opûm Priami dùm regna manebant :

Nunc tantùm sinus, et statio malefida carinis.
Hùc se provecti deserto in littore condunt :
Nos abiisse rati, et vento petiisse Mycenas.
Ergò omnis longo solvit se Teucria luctu :
Panduntur portæ; juvat ire, et Dorica castra,
Desertosque videre locos, littusque relictum.
Hîc Dolopum manus; hîc sævus tendebat Achilles;
30 Classibus hîc locus; hîc acies certare solebant.
Pars stupet innuptæ donum exitiale Minervæ,
Et molem mirantur equi; primusque Thymœtes
Duci intrà muros hortatur, et arce locari;
Sive dolo, seu jàm Trojæ sic fata ferebant.
At Capys, et quorum melior sententia menti,
Aut pelago Danaûm insidias suspectaque dona
Præcipitare jubent, subjectisve urere flammis;
Aut terebrare cavas uteri, et tentare latebras.
Scinditur incertum studia in contraria vulgus.

Quoique la destruction de Troie ne fasse point partie du récit d'Ulysse, le fameux stratagème du cheval a trouvé place dans l'Odyssée, comme nous l'avons déjà remarqué. Virgile n'a ajouté au texte original que les noms des deux chefs Troyens, Capys et Thymète (ce dernier nommé par Homère parmi les conseillers de Priam, *Il. III*, *v.* 146); le reste n'est presque qu'une traduction :

Ὡς φάθ'· ὁ δ' ὁρμηθεὶς θεοῦ ἤρχετο, φαῖνε δ' ἀοιδὴν,
ἔνθεν ἑλὼν, ὡς οἱ μὲν ἐϋσσέλμων ἐπὶ νηῶν
βάντες ἀπέπλειον, πῦρ ἐν κλισίῃσι βαλόντες,
Ἀργεῖοι· τοὶ δ' ἤδη ἀγακλυτὸν ἀμφ' Ὀδυσῆα
εἴατ' ἐνὶ Τρώων ἀγορῇ, κεκαλυμμένοι ἵππῳ·
αὐτοὶ γάρ μιν Τρῶες ἐς ἀκρόπολιν ἐρύσαντο.
ὡς ὁ μὲν εἱστήκει· τοὶ δ' ἄκριτα πόλλ' ἀγόρευον

ἥμενοι ἀμφ' αὐτόν· τρίχα δέ σφισιν ἥνδανε βουλή,
ἠὲ διατμῆξαι κοῖλον δόρυ νηλέϊ χαλκῷ,
ἢ κατὰ πετράων βαλέειν ἐρύσαντες ἐπ' ἄκρας,
ἢ ἐάαν μέγ' ἄγαλμα θεῶν θελκτήριον εἶναι,
τῇ περ δὴ καὶ ἔπειτα τελευτήσεσθαι ἔμελλεν.
αἶσα γὰρ ἦν ἀπολέσθαι, ἐπὴν πόλις ἀμφικαλύψῃ
δουράτεον μέγαν ἵππον, ὅθ' εἴατο πάντες ἄριστοι
Ἀργείων, Τρώεσσι φόνον καὶ κῆρα φέροντες.

OD. VIII, v. 499.

Quintus de Smyrne, qui a consacré à la ruine d'Ilion les chants XII et XIII de ses *Paralipomènes*, donne, à l'exemple de Virgile, un récit détaillé de cet événement (*ch. XII, v. 348*). Tryphiodore, dans sa *Prise de Troie*, en rend un compte encore plus circonstancié, et traduit presqu'entièrement de celui de Virgile (*v.* 138 à 207).

*

40   Primus ibi antè omnes, magnâ comitante catervâ,
Laocoon ardens summâ decurrit ab arce;
Et procùl : « O miseri, quæ tanta insania, cives?
Creditis avectos hostes? aut ulla putatis
Dona carere dolis Danaûm? sic notus Ulysses?
Aut hoc inclusi ligno occultantur Achivi;
Aut hæc in nostros fabricata est machina muros,
Inspectura domos, venturaque desuper urbi;
Aut aliquis latet error : equo ne credite, Teucri.
Quidquid id est, timeo Danaos et dona ferentes. »
50 Sic fatus, validis ingentem viribus hastam
In latus inque feri curvam compagibus alvum
Contorsit: stetit illa tremens, uteroque recusso
Insonuère cavæ, gemitumque dedêre cavernæ.

Et si fata Deûm, si mens non læva fuisset,
Impulerat ferro Argolicas fœdare latebras :
Trojaque, nunc stares, Priamique arx alta, maneres.

Homère ne cite nulle part le nom de Laocoon ; mais son zèle et sa fin malheureuse ont été célébrés par les poëtes cycliques, et Sophocle en avait même fait le sujet d'une tragédie. Le vers qui termine son discours rappelle le mot d'Ajax : ἐχθρῶν ἄδωρα δῶρα. (*Ajax furieux*, v. 665). Quintus de Smyrne représente aussi Laocoon exhortant ses concitoyens à briser le cheval et à fermer l'oreille aux discours de Sinon. (*Paralip. XII*, v. 381.)

———————

II.

Ecce manus juvenem intereà post terga revinctum
Pastores magno ad regem clamore trahebant
Dardanidæ, qui se ignotum venientibus ultrò,
60 Hoc ipsum ut strueret, Trojamque aperiret Achivis,
Obtulerat, fidens animi, atque in utrumque paratus,
Seu versare dolos, seu certæ occumbere morti.
Undique visendi studio Trojana juventus
Circumfusa ruit, certantque illudere capto.
 Accipe nunc Danaûm insidias, et crimine ab uno
Disce omnes.
Namque ut conspectu in medio turbatus, inermis,
Constitit, atque oculis Phrygia agmina circumspexit :
« Heu ! quæ me tellus, inquit, quæ me æquora possunt
70 Accipere ? aut quid jam misero mihi denique restat ?
Cui neque apud Danaos usquam locus, insuper ipsi
Dardanidæ infensi pœnas cum sanguine poscunt ! »

Sinon n'est nommé ni par Homère ni par Euripide, mais il paroît que l'épisode entier de Virgile se trouvoit dans le poëme de Pisandre. La frayeur astucieuse du traître offre quelque ressemblance avec l'épouvante de Dolon, arrêté par Diomède et Ulysse.

. . . . . . Ὁ δ' ἄρ' ἔστη, τάρβησέν τε,
βαμβαίνων, ἄραβος δὲ διὰ στόμα γίγνετ' ὀδόντων,
χλωρὸς ὑπαὶ δείους. τὼ δ' ἀσθμαίνοντε κιχήτην,
χειρῶν δ' ἁψάσθην· ὁ δὲ δακρύσας ἔπος ηὔδα·
« Ζωγρεῖτ', αὐτὰρ ἐγὼν ἐμὲ λύσομαι.

IL. X, v. 374.

*

Quo gemitu conversi animi, compressus et omnis
Impetus : hortamur fari, quo sanguine cretus,
Quidve ferat, memoret, quæ sit fiducia capto.
Ille hæc, depositâ tandem formidine, fatur : [bor
« Cuncta equidem tibi, rex, fuerint quæcumque, fate-
Vera, inquit ; neque me Argolicâ de gente negabo :
Hoc primum ; nec, si miserum fortuna Sinonem
80 Finxit, vanum etiam mendacemque improba finget.
Fando aliquid si fortè tuas pervenit ad aures
Belidæ nomen Palamedis, et inclyta famâ
Gloria, quem falsâ sub proditione Pelasgi
Insontem, infando indicio, quia bella vetabat,
Demisêre neci ; nunc cassum lumine lugent :
Illi me comitem et consanguinitate propinquum,
Pauper in arma pater primis hûc misit ab annis.
Dùm stabat regno incolumis, regumque vigebat
Conciliis, et nos aliquod nomenque decusque
90 Gessimus. Invidiâ postquam pellacis Ulyssei
(Haud ignota loquor) superis concessit ab oris,
Afflictus vitam in tenebris luctuque trahebam,
Et casum insontis mecum indignabar amici.

Nec tacui demens ; et me, fors si qua tulisset,
Si patrios unquam remeassem victor ad Argos,
Promisi ultorem ; et verbis odia aspera movi.
Hinc mihi prima mali labes ; hinc semper Ulysses
Criminibus terrere novis ; hinc spargere voces
In vulgum ambiguas, et quærere conscius arma.
100 Nec requievit enim, donec Calchante ministro. . . .
Sed quid ego hæc autem nequicquam ingrata revolvo ?
Quidve moror ? Si omnes uno ordine habetis Achivos,
Idque audire sat est, jàm dudùm sumite pœnas,
Hoc Ithacus velit, et magno mercentur Atridæ. »

Le récit de Sinon est un modèle de vraisemblance et d'insinuation. Le meurtre de Palamède, sur lequel il a tissu sa fable, n'est mentionné nulle part dans Homère, quoiqu'il parle des principaux événements antérieurs au sujet de l'Iliade, tels que l'abandon de Philoctète dans l'île de Lemnos, et la mort de Protésilas en abordant à Troie. Peut-être a-t-il jeté le voile sur cette procédure inique pour ne pas rendre odieux le caractère d'Ulysse. Quoi qu'il en soit, cet événement, accrédité sans doute par quelque ancien rhapsode, étoit regardé en Grèce comme un fait avéré ; témoins l'*Apologie de Palamède* par le rhéteur Gorgias, et ce vers d'Euripide : Παλαμήδους σε τιμωρεῖ φόνος (*Oreste*, *v.* 427). Quant à l'admirable réticence qui interrompt le discours de Sinon, on en trouve une du même genre, quoique d'un effet moins frappant, au 11me. chant de l'Odyssée (*v.* 326), où Ulysse suspend tout-à-coup son récit dans l'endroit le plus intéressant, et ranime ainsi l'attention de ses auditeurs. Le dernier vers de Virgile est imité de cette exclamation de Nestor :

Ἦ κεν γηθήσαι Πρίαμος, Πριάμοιό τε παῖδες,
ἄλλοι τε Τρῶες μέγα κεν κεχαροίατο θυμῷ.
εἰ σφῶϊν τάδε πάντα πυθοίατο μαρναμένοιϊν.

Il. I, v. 255.

★

Tùm verò ardemus scitari et quærere causas
Ignari scelerum tantorum, artisque Pelasgæ.
Prosequitur pavitans, et ficto pectore fatur :
« Sæpè fugam Danai Trojâ cupiêre relictâ
Moliri, et longo fessi discedere bello.
110 Fecissentque utinam ! Sæpè illos aspera ponti
Interclusit hiems, et terruit Auster euntes.
Præcipuè, cùm jàm hic trabibus contextus acernis
Staret equus, toto sonuerunt æthere nimbi.
Suspensi Eurypylum scitatum oracula Phœbi
Mittimus, isque adytis hæc tristia dicta reportat :
Sanguine placastis ventos et virgine cæsâ,
Cùm primùm Iliacas, Danai, venistis ad oras ;
Sanguine quærendi reditus, animâque litandum
Argolicâ. Vulgi quæ vox ut venit ad aures,
120 Obstupuêre animi, gelidusque per ima cucurrit
Ossa tremor : cui fata parent, quem poscat Apollo.
Hîc Ithacus vatem magno Calchanta tumultu
Protrahit in medios ; quæ sint ea numina divûm
Flagitat : et mihi jàm multi crudele canebant
Artificis scelus, et taciti ventura videbant.
Bis quinos silet ille dies, tectusque recusat
Prodere voce suâ quemquam, aut opponere morti.
Vix tandem magnis Ithaci clamoribus actus,
Composito rumpit vocem, et me destinat aræ.
130 Assensêre omnes ; et quæ sibi quisque timebat
Unius in miseri exitium conversa tulêre.
Jamque dies infanda aderat : mihi sacra parari,
Et salsæ fruges, et circùm tempora vittæ.
Eripui, fateor, letho me, et vincula rupi ;
Limosoque lacu per noctem obscurus in ulvâ
Delitui, dùm vela, darent si fortè, dedissent.
Nec mihi jàm patriam antiquam spes ulla videndi,

Nec dulces natos exoptatumque parentem,
Quos illi fors ad pœnas ob nostra reposcent
140 Effugia, et culpam hanc miserorum morte piabunt.
Quod te, per superos et conscia numina veri,
Per, si qua est quæ restet adhùc mortalibus usquam
Intemerata fides, oro, miserere laborum
Tantorum, miserere animi non digna ferentis! »

Le sacrifice d'Iphigénie auquel Sinon assimile le sien, ce dévouement de l'innocence immortalisé par Euripide et après lui par tous les tragiques, est encore une fiction postérieure à Homère. Elle existoit si peu de son temps, qu'au 9me. chant de l'Iliade, Agamemnon offre Iphigénie en mariage à Achille :

Τρεῖς δέ μοί εἰσι θύγατρες ἐνὶ μεγάρῳ εὐπήκτῳ,
Χρυσόθεμις καὶ Λαοδίκη καὶ Ἰφιάνασσα·
τάων ἥν κ' ἐθέλῃσι, φίλην ἀνάεδνον ἀγέσθω.

IL. IX, v. 144.

Eurypyle, chargé de consulter l'oracle, étoit le chef des Thessaliens d'Ormène. (*Il. II, v. 734*). L'appel de Sinon à sa patrie et à ses enfants est imité de l'exclamation de Sarpédon blessé, implorant l'assistance d'Hector :

Πριαμίδη, μὴ δή με ἕλωρ Δαναοῖσιν ἐάσῃς
κεῖσθαι, ἀλλ' ἐπάμυνον! ἔπειτά με καὶ λίποι αἰὼν
ἐν πόλει ὑμετέρῃ· ἐπεὶ οὐκ ἄρ' ἔμελλον ἔγωγε
νοστήσας οἶκόνδε φίλην ἐς πατρίδα γαῖαν,
εὐφρανέειν ἄλοχόν τε φίλην καὶ νήπιον υἱόν.

IL. V, v. 684.

Ces vers ont été traduits par Lucrèce :

At jàm non domus accipiet te læta neque uxor
Optima, nec dulces occurrent oscula nati
Præripere, et tacitâ pectus dulcedine tangent.

Poëme de la Nature, liv. III.

★

His lacrymis vitam damus, et miserescimus ultrò.
Ipse viro primus manicas atque arcta levari
Vincla jubet Priamus; dictisque ità fatur amicis:
« Quisquis es, amissos hinc jam obliviscere Graios;
Noster eris; mihique hæc edissere vera roganti :
150 Quò molem hanc immanis equi statuêre? quis auctor?
Quidve petunt? quæ relligio? aut quæ machina belli? »
Dixerat. Ille dolis instructus et arte Pelasgâ,
Sustulit exutas vinclis ad sidera palmas.
« Vos æterni ignes, et non violabile vestrum
Testor numen, ait; vos aræ ensesque nefandi,
Quos fugi, vittæque deûm, quas hostia gessi :
Fas mihi Graiorum sacrata resolvere jura;
Fas odisse viros, atque omnia ferre sub auras,
Si qua tegunt; teneor patriæ nec legibus ullis.
160 Tu modò promissis maneas, servataque serves
Troja fidem, si vera feram, si magna rependam.

Les questions que Priam adresse à Sinon rappellent l'interrogatoire de Dolon par Ulysse :

Τὸν δ' ἀπαμειβόμενος προσέφη πολύμητις Ὀδυσσεύς·
Θάρσει, μηδέ τί τοι θάνατος καταθύμιος ἔστω·
ἀλλ' ἄγε μοι τόδε εἰπέ, καὶ ἀτρεκέως κατάλεξον·
πῇ δ' οὕτως ἐπὶ νῆας ἀπὸ στρατοῦ ἔρχεαι οἶος
νύκτα δι' ὀρφναίην, ὅτε θ' εὕδουσι βροτοὶ ἄλλοι;
ἤ τινα συλήσων νεκύων κατατεθνειώτων;
ἤ σ' Ἕκτωρ προέηκε διασκοπιᾶσθαι ἕκαστα
νῆας ἔπι γλαφυράς; ἦ σ' αὐτὸν θυμὸς ἀνῆκεν;

Il. X, v. 382.

Mais l'effrayante solennité que Sinon donne à son parjure n'a pas de modèle dans l'antiquité.

★

« Omnis spes Danaûm, et cœpti fiducia belli,
Palladis auxilio semper stetit. Impius ex quo
Tydides sed enim, scelerumque inventor Ulysses,
Fatale aggressi sacrato avellere templo
Palladium, cæsis summæ custodibus arcis,
Corripuêre sacram effigiem, manibusque cruentis
Virgineas ausi divæ contingere vittas :
Ex illo fluere ac retrò sublapsa referri
170 Spes Danaûm, fractæ vires, aversa deæ mens.
Nec dubiis ea signa dedit Tritonia monstris :
Vix positum castris simulacrum : arsêre coruscæ
Luminibus flammæ arrectis, salsusque per artus
Sudor iit, terque ipsa solo (mirabile dictu)
Emicuit, parmamque ferens, hastamque trementem.
Extemplò tentanda fugâ canit æquora Calchas ;
Nec posse Argolicis exscindi Pergama telis,
Omina ni repetant Argis, numenque reducant
Quod pelago et curvis secum advexêre carinis.
180 Et nunc, quòd patrias vento petiêre Mycenas,
Arma deosque parant comites, pelagoque remenso
Improvisi aderunt : ità digerit omnia Calchas.
Hanc pro Palladio moniti, pro numine læso,
Effigiem statuêre, nefas quæ triste piaret.
Hanc tamen immensam Calchas attollere molem
Roboribus textis, cœloque educere jussit,
Ne recipi portis aut duci in mœnia possit,
Neu populum antiquâ sub relligione tueri.
Nàm si vestra manus violasset dona Minervæ,
190 Tùm magnum exitium (quod dî priùs omen in ipsum
Convertant !) Priami imperio Phrygibusque futurum.
Sin manibus vestris vestram ascendisset in urbem,

Ultrò Asiam magno Pelopeia ad mœnia bello
Venturam, et nostros ea fata manere nepotes. »
　Talibus insidiis, perjurique arte Sinonis,
Credita res; captique dolis, lacrymisque coacti,
Quos neque Tydides, nec Larissæus Achilles,
Non anni domuêre decem, non mille carinæ.

L'enlèvement du Palladium par Ulysse et Diomède, motif apparent de la construction du cheval de bois, est un incident inconnu à Homère, qui n'auroit pas manqué de citer cet exploit de son héros, s'il eût fait partie de la tradition primitive. Euripide, au contraire, en donne un récit détaillé dans sa tragédie de *Rhésus*, et suppose même qu'Ulysse joua le rôle de Sinon pour pénétrer dans les murs de Troie :

Ὃς εἰς Ἀθηνᾶς σηκὸν ἔννυχος μολὼν,
κλέψας ἄγαλμα, ναῦς ἐπ᾽ Ἀργείων φέρει·
ἤδη δ᾽ ἀγύρτης, πτωχικὴν ἔχων στολὴν,
εἰσῆλθε πύργους· πολλὰ δ᾽ Ἀργείους κακὰ
ἠρᾶτο, πεμφθεὶς Ἰλίου κατάσκοπος.

　　　　　　　　　　Rhésus, v. 502.

La peinture de la statue de Minerve, vivifiée par l'indignation, rappelle une circonstance semblable dans l'*Iphigénie en Tauride* du même auteur :

Βρέτας τὸ τῆς θεοῦ πάλιν ἕδρας ἀπεστράφη,
αὐτόματον, ὄψιν δ᾽ ὀμμάτων ξυνήρμοσεν.

　　　　　　　　　　Iphig. en Taur. v. 1173.

L'épisode de Sinon a été reproduit par Quintus et Tryphiodore. Le premier l'a considérablement abrégé, et s'est contenté d'énoncer le fait sans aucun ornement poétique (*Paralip. XII, v.* 355); Tryphiodore s'est tenu plus près du poëte latin (*v.* 288), il a suivi le mouvement et la coupe de son discours, et a souvent emprunté jusqu'à ses propres expressions. Mais Quintus a repris sa supériorité dans l'épisode de Laocoon.

~~~~~

III.

Hic aliud majus miseris multòque tremendum
200 Objicitur magis, atque improvida pectora turbat.
Laocoon, ductus Neptuno sorte sacerdos,
Solemnes taurum ingentem mactabat ad aras.
Ecce autem gemini à Tenedo tranquilla per alta,
(Horresco referens) immensis orbibus angues
Incumbunt pelago, pariterque ad littora tendunt;
Pectora quorum inter fluctus arrecta, jubæque
Sanguineæ exsuperant undas; pars cætera pontum
Ponè legit, sinuatque immensa volumine terga.
Fit sonitus spumante salo: jàmque arva tenebant,
Ardentesque oculos suffecti sanguine et igni,
Sibila lambebant linguis vibrantibus ora.
Diffugimus visu exsangues: illi agmine certo
Laocoonta petunt; et primùm parva duorum
Corpora natorum serpens amplexus uterque
Implicat, et miseros morsu depascitur artus.
Pòst ipsum auxilio subeuntem ac tela ferentem,
Corripiunt, spirisque ligant ingentibus; et jàm
Bis medium amplexi, bis collo squamea circùm
Terga dati, superant capite et cervicibus altis.

Ille simul manibus tendit divellere nodos, 220
Perfusus sanie vittas atroque veneno;
Clamores simul horrendos ad sidera tollit:
Quales mugitus, fugit cùm saucius aram
Taurus, et incertam excussit cervice securim.
At gemini lapsu delubra ad summa dracones
Effugiunt, sævæque petunt Tritonidis arcem ;
Sub pedibusque deæ, clypeique sub orbe teguntur.

Ce chef-d'œuvre de poésie descriptive a été réalisé par un chef-d'œuvre des arts. Il respire à nos yeux dans le groupe de Laocoon, ouvrage de trois sculpteurs rhodiens qui vivoient à Rome sous le règne de Vespasien. Nous ignorons si Virgile a eu un modèle : Macrobe attribue au poëte Euphorion le premier récit de la mort de Laocoon ; mais parmi les morceaux de littérature grecque qui nous restent, celui qu'on peut lui comparer avec le plus de justice, est la belle peinture du monstre marin, au 5ᵐᵉ. acte de l'*Hippolyte* d'Euripide, imitée par Racine dans le récit de Théramène :

Ἀκτή τις ἐστὶ τοὐπέκεινα τῆςδε γῆς,
πρὸς πόντον ἤδη κειμένη Σαρωνικόν·
ἔνθεν τις ἠχὼ, χθόνιος ὡς βροντὴ Διὸς,
βαρὺν βρόμον μεθῆκε, φρικώδη κλύειν·
ὀρθόν τε κρᾶτ' ἔστησαν οὖς τ' εἰς οὐρανὸν
ἵπποι· παρ' ἡμῖν δ' ἦν φόβος νεανικός,
πόθεν ποτ' εἴη φθόγγος· εἰς δ' ἁλιρρόθους
ἀκτὰς ἀποβλέψαντες, ἱερὸν εἴδομεν
κῦμ' οὐρανῷ στηρίζον, ὥστ' ἀφῃρέθη
Σκείρωνος ἀκτὰς ὄμμα τοὐμὸν εἰσορᾶν·
ἔκρυπτε δ' Ἰσθμὸν, καὶ πέτραν Ἀσκληπιοῦ.
κᾄπειτ' ἀνοιδῆσέν τε, καὶ πέριξ ἀφρὸν
πολὺν καχλάζον ποντίῳ φυσήματι,
χωρεῖ πρὸς ἀκτὰς, οὗ τέθριππος ἦν ὄχος.

αὐτῷ δὲ σὺν κλύδωνι καὶ τρικυμίᾳ
κῦμ' ἐξέθηκε ταῦρον, ἄγριον τέρας·
οὗ πᾶσα μὲν χθὼν φθέγματος πληρουμένη
φρικῶδες ἀντεφθέγγετ'· εἰσορῶσι δὲ
κρεῖσσον θέαμα δεργμάτων ἐφαίνετο.
Hippolyte, v. 1213.

On peut voir, dans la tragédie même, la suite de cette description, l'une des plus pompeuses d'Euripide. Un autre morceau de poésie grecque, qui, pour la ressemblance des détails, se rapproche encore plus des vers de Virgile, quoiqu'il soit d'ailleurs moins énergique, est la peinture de deux serpents que Junon envoie contre Hercule et Iphiclès, dans la 24me. Idylle de Théocrite.

Τᾶμος ἄρ' αἰνὰ πέλωρα δύο πολυμήχανος Ἥρη
κυανέαις φρίσσοντας ὑπὸ σπείραισι δράκοντας,
ὦρσεν ἐπὶ πλατὺν οὐδὸν, ὅθι σταθμὰ κοῖλα θυράων
οἴκω, ἀπειλήσασα φαγεῖν βρέφος Ἡρακλῆα.
τὼ δ' ἐξειλυσθέντες ἐπὶ χθονὶ γαστέρας ἄμφω
αἱμοβόρως ἐκύλιον· ἀπ' ὀφθαλμῶν δὲ κακὸν πῦρ
ἐρχομένοις λάμπεσκε, βαρὺν δ' ἐξέπτυον ἰόν·
ἀλλ' ὅτε δὴ παίδων λιχμώμενοι ἐγγύθεν ἦνθον,
καὶ τότ' ἄρ' ἐξέγροντο, Διὸς νοέοντος ἅπαντα,
Ἀλκμήνας φίλα τέκνα· φάος δ' ἀνὰ οἶκον ἐτύχθη.
ἤτοι ὅγ' εὐθὺς ἄυσεν, ὅπως κατὰ θηρί' ἀνέγνω
κοίλῳ ὑπὲρ σάκεος, καὶ ἀναιδέας εἶδεν ὀδόντας
Ἰφικλέης· οὖλαν δὲ ποσὶν διελάκτισε χλαῖναν,
φευγέμεν ὁρμαίνων· ὁ δ' ἐναντίος εἵχετο χερσὶν
Ἡρακλέης, ἄμφω δὲ βαρεῖ ἐνεδήσατο δεσμῷ,
δραξάμενος φάρυγος, ὅθι φάρμακα λυγρὰ τέτυκται
οὐλομένοις ὀφίεσσι, τὰ καὶ θεοὶ ἐχθαίροντι,
τὼ δ' αὖτε σπείραισιν ἑλισσέσθην περὶ παῖδα
ὀψίγονον, γαλαθηνὸν, ὑπὸ τροφῷ αἰὲν ἄδακρυν·

ἄψ δὲ πάλιν διέλυον, ἐπεὶ μογέοιεν ἀκάνθας,
δεσμῷ ἀναγκαίῳ περώμενοι ἔκλυσιν εὑρῆν.
Théocrite, Id. XIV, v. 13.

La comparaison finale par laquelle Virgile exprime les cris de Laocoon, est empruntée d'un passage d'Homère représentant un guerrier mourant (*Il. XX*, *v.* 403). Son tableau entier a produit une foule d'imitations. Ovide en a transporté les traits les plus saillants dans la fable du serpent de Cadmus (*Métam. III*, *v.* 28), et dans celle de Persée et d'Andromède, (*Métam. IV*, *v.* 705); Quintus de Smyrne l'a reproduit avec tout le mérite de l'originalité (*Paralip. XII*, *v.* 436); enfin Racine a joint les vers de Virgile à son imitation d'Euripide (*Phèdre*, act. *V*, sc. 6), et Malfilâtre les a traduits dans le poëme de *Narcisse*.

*

Tùm verò tremefacta novus per pectora cunctis
Insinuat pavor; et scelus expendisse merentem
230 Laocoonta ferunt, sacrum qui cuspide robur
Læserit, et tergo sceleratam intorserit hastam.
Ducendum ad sedes simulacrum, orandaque divæ
Numina conclamant.
Dividimus muros, et mœnia pandimus urbis.
Accingunt omnes operi, pedibusque rotarum
Subjiciunt lapsus, et stuppea vincula collo
Intendunt: scandit fatalis machina muros,
Fœta armis: pueri circùm innuptæque puellæ
Sacra canunt, funemque manu contingere gaudent.
240 Illa subit, mediæque minans illabitur urbi.
O patria! o divûm domus Ilium! et inclyta bello
Mœnia Dardanidûm! quater ipso in limine portæ

Substitit, atque utero sonitum quater arma dedêre.
Instamus tamen immemores, cæcique furore,
Et monstrum infelix sacratâ sistimus arce.
Tunc etiam fatis aperit Cassandra futuris
Ora, dei jussu non unquam credita Teucris.
Nos delubra deûm miseri, quibus ultimus esset
Ille dies, festâ velamus fronde per urbem.

Ce majestueux tableau se retrouve presque en entier dans un chœur des *Troyennes* d'Euripide :

Ὅτ' ἔλιπον ἵππον, οὐράνια
βρέμοντα, χρυσεοφάλαρον, ἔνοπλον,
ἐν πύλαις Ἀχαιοί,
ἀνὰ δ' ἐβόασεν λεώς,
Τρῳάδος ἀπὸ πέτρας σταθείς·
ἴτ', ὦ πεπαυμένοι πόνων·
τόδ' ἱερὸν ἀγάγετε ξόανον
Ἰλιάδι διογενεῖ κόρᾳ.
τίς οὐκ ἔβα νεανίδων;
τίς οὐ γεραιὸς ἐκ δόμων;
κεχαρμένοι δ' ἀοιδαῖς,
δόλιαν ἔσχον ἄταν.
πᾶσα δὲ γέννα Φρυγῶν
πρὸς πύλας ὡρμάθη,
πεύκᾳ ἐν οὐρείᾳ
ξεστὸν λόχον Ἀργείων
καὶ Δαρδανίας ἄταν θεᾷ δώσων,
χάριν ἄζυγος ἀμβρότα πώλου.
κλωστοῦ δ' ἀμφιβόλοι-
σι λίνοισι, νεὼς ὡς
σκάφος κελαινὸν, εἰς ἕδρανα
λάϊνα, δάπεδά τε φόνια πατρίδι,
Παλλάδος θέσαν θεᾶς.

ἐπὶ δὲ πόνῳ καὶ χαρᾷ
νύχιον ἐπὶ κνέφας παρῆν·
Λίβυς τε λωτὸς ἐκτύπει,
Φρύγιά τε μέλεα· παρθένοι
δ' ἀέριον ἀνὰ κρότον ποδῶν,
βοάν τ' ἔμελπον εὔφρον'· ἐν
δόμοις δὲ παμφαὲς σέλας
πυρὸς μέλαιναν αἴγλαν
ἔδωκεν παρ' οἴνῳ.

Troyennes, v. 523.

Quintus de Smyrne et Tryphiodore ont reproduit les mêmes détails, et se sont surtout étendus sur la prédiction de Cassandre à Priam. (*Paralip. XII*, *v.* 516.) (*Prise de Troie*, *v.* 346.)

IV.

250 Vertitur intereà cœlum et ruit oceano nox,
Involvens umbrâ magnâ terramque polumque,
Myrmidonumque dolos : fusi per mœnia Teucri
Conticuêre ; sopor fessos complectitur artus.
Et jàm Argiva phalanx instructis navibus ibat
A Tenedo, tacitæ per amica silentia lunæ,
Littora nota petens, flammas cùm regia puppis
Extulerat ; fatisque deûm defensus iniquis,
Inclusos utero Danaos et pinea furtim
Laxat claustra Sinon : illos patefactus ad auras
260 Reddit equus ; lætique cavo se robore promunt
Thessandrus Sthenelusque duces et dirus Ulysses,
Demissum lapsi per funem, Acamasque, Thoasque,
Pelidesque Neoptolemus, primusque Machaon,
Et Menelaüs, et ipse doli fabricator Epeus.

Invadunt urbem somno vinoque sepultam :
Cæduntur vigiles; portisque patentibus omnes
Accipiunt socios, atque agmina conscia jungunt.

Cette irruption des Grecs au milieu de Troie est également peinte dans le chœur d'Euripide, mais avec des circonstances différentes :

Φονία δ' ἀνὰ πτόλιν
βοὰ κατεῖχε Περγάμων
ἕδρας· βρέφη δὲ φίλια περὶ
πέπλους ἔβαλε ματρὶ χεῖρας
ἐπτοημένας· λόχου
δ' ἐξέβαινεν Ἄρης,
κόρας ἔργα Παλλάδος.
σφαγαὶ δ' ἀμφιβώμιοι
Φρυγῶν, ἔν τε δεμνίοις
καράτομος ἐρημία νεανίδων,
στέφανον ἔφερεν Ἑλλάδι κουροτρόφῳ,
Φρυγῶν πατρίδι πένθη.

Troyennes, v. 559.

Quintus (*ch. XII, v.* 510) et Tryphiodore (*v.* 153) nomment jusqu'à trente chefs renfermés dans les flancs du cheval. Ceux de Virgile sont tous pris dans l'Iliade, excepté Thessandre, fils de Polynice, et Acamas, fils de Thésée.

★

Tempus erat quo prima quies mortalibus ægris
Incipit, et dono divûm gratissima serpit.
270In somnis ecce ante oculos mœstissimus Hector
Visus adesse mihi, largosque effundere fletus;

Raptatus bigis, ut quondam, aterque cruento
Pulvere, perque pedes trajectus lora tumentes.
Hei mihi, qualis erat! quantùm mutatus ab illo
Hectore, qui redit exuvias indutus Achillis,
Vel Danaûm Phrygios jaculatus puppibus ignes!
Squalentem barbam, et concretos sanguine crines,
Vulneraque illa gerens quæ circùm plurima muros
Accepit patrios. Ultrò flens ipse videbar
280 Compellare virum, et mœstas expromere voces :
« O lux Dardaniæ, spes o fidissima Teucrûm,
Quæ tantæ tenuêre moræ? quibus Hector ab oris
Exspectate venis? ut te post multa tuorum
Funera, post varios hominumque urbisque labores,
Defessi aspicimus! quæ causa indigna serenos,
Fœdavit vultus? aut cur hæc vulnera cerno? »
Ille nihil; nec me quærentem vana moratur;
Sed graviter gemitus imo de pectore ducens :
« Heu fuge, nate deâ, teque his, ait, eripe flammis.
290 Hostis habet muros; ruit alto à culmine Troja.
Sat patriæ Priamoque datum : si Pergama dextrâ
Defendi possent, etiam hâc defensa fuissent.
Sacra suosque tibi commendat Troja Penates :
Hos cape fatorum comites; his mœnia quære,
Magna pererrato statues quæ denique ponto. »
Sic ait; et manibus vittas, Vestamque potentem,
Æternumque adytis effert penetralibus ignem.

L'emploi des songes remonte au temps d'Homère, qui a ouvert dans ce genre, comme dans tous les autres, une vaste carrière à ses imitateurs. Parmi les nombreuses apparitions de l'Iliade et de l'Odyssée, la plus belle est sans contredit celle de Patrocle à Achille, et c'est celle-là que Virgile a prise pour modèle dans l'apparition d'Hector à Énée, comme on peut facilement s'en convaincre en comparant le début des deux poëtes.

Πηλείδης δ' ἐπὶ θινὶ πολυφλοίσβοιο θαλάσσης
κεῖτο βαρυστενάχων, πολέσιν μετὰ Μυρμιδόνεσσιν,
ἐκ καθαρῷ, ὅθι κύματ' ἐπ' ἠϊόνος κλύζεσκον·
εὖτε τὸν ὕπνος ἔμαρπτε, λύων μελεδήματα θυμοῦ,
νήδυμος ἀμφιχυθείς· μάλα γὰρ κάμε φαίδιμα γυῖα,
Ἕκτορ' ἐπαΐσσων προτὶ Ἴλιον ἠνεμόεσσαν.
ἦλθε δ' ἐπὶ ψυχὴ Πατροκλῆος δειλοῖο,
πάντ' αὐτῷ, μέγεθός τε καὶ ὄμματα κάλ', εἰκυῖα,
καὶ φωνήν, καὶ τοῖα περὶ χροῒ εἵματα ἕστο·
στῆ δ' ἄρ' ὑπὲρ κεφαλῆς, καί μιν πρὸς μῦθον ἔειπεν·

Il. XXIII, v. 59.

Virgile a judicieusement caractérisé le portrait d'Hector, en le représentant tel qu'Homère nous le montre, traîné par Achille autour des murs de Troie:

Ἀμφοτέρων μετόπισθε ποδῶν τέτρηνε τένοντε
ἐς σφυρὸν ἐκ πτέρνης, βοέους δ' ἐξῆπτεν ἱμάντας,
ἐκ δίφροιο δ' ἔδησε· κάρη δ' ἕλκεσθαι ἔασεν·
ἐς δίφρον δ' ἀναβάς, ἀνά τε κλυτὰ τεύχε' ἀείρας,
μάστιξεν δ' ἐλάαν, τὼ δ' οὐκ ἄκοντε πετέσθην.
τοῦ δ' ἦν ἑλκομένοιο κονίσσαλος· ἀμφὶ δὲ χαῖται
κυάνεαι πίλναντο, κάρη δ' ἅπαν ἐν κονίῃσιν
κεῖτο, πάρος χαρίεν· τότε δὲ Ζεὺς δυσμενέεσσιν
δῶκεν ἀεικίσσασθαι ἑῇ ἐν πατρίδι γαίῃ·

Il. XXII, v. 396.

Le paroles que le poëte grec prête à Patrocle sont pleines d'une douce mélancolie. Il conjure son ami de hâter ses funérailles, de lui tendre la main pour la dernière fois. Il lui annonce qu'il doit bientôt lui-même succomber à l'arrêt du sort,

* 9

et demande qu'alors une même urne réunisse éternellement leurs cendres. La réponse d'Achille est noble et affectueuse, comme les paroles d'Énée à Hector.

Τίπτε μοι, ἠθείη κεφαλή, δεῦρ' εἰλήλουθας,
καί μοι ταῦτα ἕκαστ' ἐπιτέλλεαι; αὐτὰρ ἐγώ τοι
πάντα μάλ' ἐκτελέω, καὶ πείσομαι, ὡς σὺ κελεύεις.
ἀλλά μοι ἆσσον στῆθι· μίνυνθά περ ἀμφιβαλόντε
ἀλλήλους, ὀλοοῖο τεταρπώμεσθα γόοιο.

Il. XXIII, v. 94.

Virgile a joint à l'imitation de ce passage ces vers d'une tragédie d'Ennius :

O lux Trojæ germane Hector,
Quid ita cum tuo lacerato corpore miser?
Aut qui te sic respectantibus tractavêre nobis?

Quant à la réponse d'Hector à Énée, elle s'éloigne tout-à-fait de la fiction d'Homère. Elle est sombre et énergique, comme le demandoit le sujet, et laisse dans le cœur une vive impression d'effroi. C'est elle qui a inspiré au Tasse l'apparition de Chariclée à Armide (*Jérusqlem, ch. IV, st.* 49), et à Racine le songe d'Athalie.

V.

Diverso intereà miscentur mœnia luctu;
Et magis atque magis, quamquam secreta parentis
300 Anchisæ domus, arboribusque obtecta recessit,
Clarescunt sonitus, armorumque ingruit horror.
Excutior somno, et summi fastigia tecti
Ascensu supero, atque arrectis auribus adsto :
In segetem veluti cùm flamma furentibus austris
Incidit, aut rapidus montano flumine torrens

Sternit agros, sternit sata læta boumque labores,
Præcipitesque trahit silvas; stupet inscius alto
Accipiens sonitum saxi de vertice pastor.
Tùm verò manifesta fides, Danaûmque patescunt
310 Insidiæ. Jàm Deïphobi dedit ampla ruinam,
Vulcano superante, domus : jàm proximus ardet
Ucalegon; Sigæa igni freta lata relucent.
Exoritur clamorque virûm, clangorque tubarum.
Arma amens capio, nec sat rationis in armis :
Sed glomerare manum bello, et concurrere in arcem
Cum sociis ardent animi : furor iraque mentem
Præcipitant, pulchrumque mori succurrit in armis.

L'aspect de la ville embrasée ne confirme que trop l'avertissement d'Hector. Le poëte, pour peindre cet affreux coup-d'œil, réunit trois comparaisons d'Homère :

Ἥυτε πῦρ ἀΐδηλον ἐπιφλέγει ἄσπετον ὕλην
οὔρεος ἐν κορυφῆς, ἕκαθεν δέ τε φαίνεται αὐγή.

Il. II, v. 455.

Ὡς δ' ὁπότε πλήθων ποταμὸς πεδίονδε κάτεισιν
χειμάρρους κατ' ὄρεσφιν, ὀπαζόμενος Διὸς ὄμβρῳ,
πολλὰς δὲ δρῦς ἀζαλέας, πολλὰς δέ τε πεύκας
ἐσφέρεται, πολλὸν δέ τ' ἀφυσγετὸν εἰς ἅλα βάλλει.

Il. XI, v. 492.

Τῶν δέ τε τηλόσε δοῦπον ἐν οὔρεσιν ἔκλυε ποιμήν.

Il. IV, v. 455.

La prise du palais de Déiphobe, par Ulysse et Ménélas, est décrite en détail dans l'hymne de Démodocus :

Ἥειδεν δ', ὡς ἄστυ διέπραθον υἷες Ἀχαιῶν,
ἱππόθεν ἐκχύμενοι, κοῖλον λόχον ἐκπρολιπόντες.

ἄλλον δ' ἄλλη ἄειδε πόλιν κεραϊζέμεν αἰπήν·
αὐτὰρ Ὀδυσσῆα προτὶ δώματα Δηϊφόβοιο
βήμεναι, ἠΰτ' Ἄρηα, σὺν ἀντιθέῳ Μενελάῳ.
κεῖθι δὴ αἰνότατον πόλεμον φάτο τολμήσαντα
νικῆσαι καὶ ἔπειτα, διὰ μεγάθυμον Ἀθήνην.

Od. VIII, v. 514.

Ucalegon, que Virgile nomme ensuite, étoit un des conseillers de Priam (*Il. III*, *v.* 148.). Les derniers vers rappellent l'exhortation d'Hector à ses troupes (*Il. XV*, *v.* 496.)

*

Ecce autem telis Pantheus elapsus Achivûm,
Pantheus Othryades, arcis Phœbique sacerdos,
320Sacra manu, victosque deos, parvumque nepotem,
Ipse trahit, cursuque amens ad limina tendit.
« Quo res summa loco, Pantheu ? quam prendimus ar-
Vix ea fatus eram, gemitu cùm talia reddit : [cem? »
« Venit summa dies, et ineluctabile tempus
Dardaniæ : fuimus Troës, fuit Ilium, et ingens
Gloria Teucrorum : ferus omnia Jupiter Argos
Transtulit : incensâ Danai dominantur in urbe.
Arduus armatos mediis in mœnibus adstans
Fundit equus, victorque Sinon incendia miscet
330Insultans: portis alii bipatentibus adsunt,
Millia quot magnis nunquam venêre Mycenis.
Obsedêre alii telis angusta viarum
Oppositi : stat ferri acies mucrone corusco
Stricta, parata neci : vix primi prælia tentant
Portarum vigiles, et cæco marte resistunt. »

Panthus, prêtre d'Apollon et père d'Euphorbe et de Polydamas, est nommé dans l'Iliade parmi les conseillers de Priam (*ch. III, v.* 146). Rien ne pouvoit être mieux imaginé que la rencontre de ce vieillard vénérable qui reconnoît dans la chute de Troie l'accomplissement de l'oracle fatal énoncé par Agamemnon au moment de la rupture du traité :

Εὖ γὰρ ἐγὼ τόδε οἶδα κατὰ φρένα καὶ κατὰ θυμόν·
ἔσσεται ἦμαρ, ὅτ᾽ ἄν ποτ᾽ ὀλώλῃ Ἴλιος ἱρὴ,
καὶ Πρίαμος καὶ λαὸς ἐϋμμελίω Πριάμοιο,
Ζεὺς δέ σφι Κρονίδης ὑψίζυγος, αἰθέρι ναίων,
αὐτὸς ἐπισσείῃσιν ἐρεμνὴν αἰγίδα πᾶσιν
τῆσδ᾽ ἀπάτης κοτέων· τὰ μὲν ἔσσεται οὐκ ἀτέλεστα.

IL. IV, v. 163.

Hector répète la même prédiction au 6me. chant de l'Iliade (*v.* 447), et s'écrie, comme ici Panthus, en voyant la défaite de Pâris :

. . . . Νῦν ὤλετο πᾶσα κατ᾽ ἄκρης
Ἴλιος αἰπεινή· νῦν τοι σῶς αἰπὺς ὄλεθρος!

IL. XIII, v. 773.

✷

Talibus Othryadæ dictis, et numine divûm
In flammas et in arma feror, quo tristis Erynnis,
Quo fremitus vocat, et sublatus ad æthera clamor.
Addunt se socii Ripheus, et maximus annis
348 Iphitus, oblati per lunam Hypanisque Dymasque,
Et lateri agglomerant nostro; juvenisque Corœbus
Mygdonides : illis ad Trojam forte diebus
Venerat, insano Cassandræ incensus amore,
Et gener auxilium Priamo Phrygibusque ferebat:

Infelix, qui non sponsæ præcepta furentis
Audierit!
Quos ubi confertos audere in prælia vidi,
Incipio super his : « Juvenes, fortissima frustrà
Pectora, si vobis audentem extrema cupido est
350 Certa sequi, quæ sit rebus fortuna videtis :
Excessêre omnes adytis arisque relictis,
Dî quibus imperium hoc steterat : succurritis urbi
Incensæ : moriamur, et in media arma ruamus.
Una salus victis nullam sperare salutem. »
Sic animis juvenum furor additus. Indè, lupi ceu
Raptores, atrâ in nebulâ, quos improba ventris
Exegit cæcos rabies, catulique relicti
Faucibus exspectant siccis : per tela, per hostes,
Vadimus haud dubiam in mortem, mediæque tenemus
360 Urbis iter; nox atra cavâ circumvolat umbrâ.
Quis cladem illius noctis, quis funera fando
Explicet, aut possit lacrymis æquare labores?
Urbs antiqua ruit, multos dominata per annos;
Plurima perque vias sternuntur inertia passim
Corpora, perque domos et relligiosa deorum
Limina. Nec soli pœnas dant sanguine Teucri :
Quondam etiam victis redit in præcordia virtus,
Victoresque cadunt Danai; crudelis ubique
Luctus, ubique pavor, et plurima mortis imago.

Corèbe, neveu d'Hécube, que le poëte distingue parmi les compagnons d'Énée, est nommé par Euripide dans la tragédie de *Rhésus* (*v.* 540); mais son portrait est tracé ici d'après celui d'Othryonus, qu'Idoménée immole au 13ᵐᵉ. chant de l'Iliade :

Πέφνε γὰρ Ὀθρυονῆα, Καβησσόθεν ἔνδον ἐόντα,
ὅς ῥα νέον πολέμοιο μετὰ κλέος εἰληλούθει·

ἤτεε δὲ Πριάμοιο θυγατρῶν εἶδος ἀρίστην,
Κασσάνδρην, ἀνάεδνον· ὑπέσχετο δὲ μέγα ἔργον,
ἐκ Τροίης ἀέκοντας ἀπωσέμεν υἷας Ἀχαιῶν.
τῷ δ᾽ ὁ γέρων Πρίαμος ὑπό τ᾽ ἔσχετο καὶ κατένευσεν
δωσέμεναι· ὁ δὲ μάρναθ᾽, ὑποσχεσίῃσι πιθήσας.
IL. XIII, v. 363.

La réflexion du poëte rappelle ces vers sur Patrocle :

Νήπιος! εἰ δὲ ἔπος Πηληϊάδαο φύλαξεν,
ἦτ᾽ ἂν ὑπέκφυγε κῆρα κακὴν μέλανος θανάτοιο.
IL. XVI, v. 686.

Le discours d'Énée est plein d'énergie ; c'est le cri du désespoir courageux. La belle comparaison qui le suit revient souvent dans Homère ; cependant aucun de ses tableaux ne s'accorde parfaitement avec celui de Virgile. Le plus remarquable de tous est celui qui représente les compagnons d'Achille volant au combat après leur long repos, ivres de gloire et de vengeance :

Μυρμιδόνας δ᾽ ἄρ᾽ ἐποιχόμενος θώρηξεν Ἀχιλλεὺς
πάντας ἀνὰ κλισίας σὺν τεύχεσιν· οἱ δὲ, λύκοι ὣς
ὠμοφάγοι, τοῖσίν τε περὶ φρεσὶν ἄσπετος ἀλκή,
οἵτ᾽ ἔλαφον κεραὸν μέγαν οὔρεσι δῃώσαντες
δάπτουσιν· πᾶσιν δὲ παρήϊον αἵματι φοινόν·
καί τ᾽ ἀγεληδὸν ἴασιν, ἀπὸ κρήνης μελανύδρου
λάψοντες γλώσσῃσιν ἀραιῇσιν μέλαν ὕδωρ
ἄκρον, ἐρευγόμενοι φόνον αἵματος· ἐν δέ τε θυμὸς
στήθεσιν ἄτρομός ἐστι, περιστένεται δέ τε γαστήρ·
τοῖοι Μυρμιδόνων ἡγήτορες ἠδὲ μέδοντες,
ἀμφ᾽ ἀγαθὸν θεράποντα ποδώκεος Αἰακίδαο

ῥώοντ᾽· ἐν δ᾽ ἄρα τοῖσιν ἀρήϊος ἵστατ᾽ Ἀχιλλεὺς,
ὀτρύνων ἵππους τε καὶ ἀνέρας ἀσπιδιώτας.
Il. XVI, v. 155.

On trouve encore des comparaisons du même genre (*Il. X*, v. 297) (*Il. XVI, v.* 353) (*Od. VI, v.* 130) (*Argon. II, v.* 123). L'image de la dévastation d'Ilion, et des succès alternatifs des deux partis, rappelle cette exclamation du Troyen Acamas :

Οὔ θην οἴοισίν γε πόνος τ᾽ ἔσεται καὶ ὀϊζὺς
ἡμῖν, ἀλλά ποθ᾽ ὧδε κατακτανέεσθε καὶ ὔμμες.
Il. XIV, v. 480.

Et ces vers du bouclier d'Achille :

Βάλλον δ᾽ ἀλλήλους χαλκήρεσιν ἐγχείῃσιν·
ἐν δ᾽ ἔρις, ἐν δὲ κυδοιμὸς ὁμίλεον, ἐν δ᾽ ὀλοὴ κήρ.
Il. XVIII, 534.

★

570 Primus se, Danaûm magnâ comitante catervâ,
Androgeus offert nobis, socia agmina credens
Inscius ; atque ultrò verbis compellat amicis :
« Festinate, viri ; nam quæ tàm sera moratur
Segnities ? alii rapiunt incensa feruntque
Pergama : vos celsis nunc primùm à navibus itis ? »
Dixit, et extemplò, neque enim responsa dabantur
Fida satis, sensit medios delapsus in hostes.
Obstupuit, retròque pedem cum voce repressit.
Improvisum aspris veluti qui sentibus anguem

380 Pressit humi nitens, trepidusque repentè refugit,
Attollentem iras, et cœrula colla tumentem :
Haud secus Androgeus visu tremefactus abibat.
Irruimus, densis et circumfundimur armis ;
Ignarosque loci passim et formidine captos
Sternimus : aspirat primo fortuna labori.
Atque hîc successu exsultans animisque Corœbus :
« O socii, quà prima, inquit, fortuna salutis
Monstrat iter, quàque ostendit se dextra, sequamur.
Mutemus clypeos, Danaûmque insignia nobis
390 Aptemus : dolus, an virtus, quis in hoste requirat ?
Arma dabunt ipsi. » Sic fatus, deindè comantem
Androgei galeam clypeique insigne decorum
Induitur, laterique Argivum accommodat ensem.
Hoc Ripheus, hoc ipse Dymas, omnisque juventus
Læta facit ; spoliis se quisque recentibus armat.
Vadimus immixti Danais haud numine nostro,
Multaque per cæcam congressi prælia noctem
Conserimus ; multos Danaûm demittimus orco.
Diffugiunt alii ad naves, et littora cursu
400 Fida petunt ; pars ingentem formidine turpi
Scandunt rursùs equum, et notâ conduntur in alvo.
Heu nihil invitis fas quemquam credere divis !

Les reproches d'Androgée aux Troyens, sont ceux d'Agamemnon à Ulysse et à Mnesthée :

Τίπτε καταπτώσσοντες ἀφέστατε, μίμνετε δ' ἄλλους;
σφῶϊν μέν τ' ἐπέοικε, μετὰ πρώτοισιν ἐόντας
ἑστάμεν, ἠδὲ μάχης καυστειρῆς ἀντιβολῆσαι.

Il. IV, v. 339.

L'image du serpent réveillé, déjà esquissée par le poëte au 3ᵐᵉ. livre des Géorgiques (*v.* 421), est une brillante imitation de ce passage d'Homère, représentant Pâris épouvanté à la vue de Ménélas :

Τὸν δ' ὡς οὖν ἐνόησεν Ἀλέξανδρος θεοειδὴς,
ἐν προμάχοισι φανέντα, κατεπλήγη φίλον ἦτορ·
ἄψ δ' ἑτάρων εἰς ἔθνος ἐχάζετο κῆρ' ἀλεείνων,
ὡς δ' ὅτε τίς τε δράκοντα ἰδὼν παλίνορσος ἀπέστη
οὔρεος ἐν βήσσης, ὑπό τε τρόμος ἔλλαβε γυῖα
ἄψ τ' ἀνεχώρησεν, ὦχρός τέ μιν εἷλε παρειάς.

IL. III, v. 30.

Cette comparaison a été deux fois imitée par l'Arioste (*Roland, ch. I, st.* 11, et *ch. XXXIX, st.* 32). Les paroles de Corèbe enivré de sa victoire, offrent quelque rapport avec celles de Neptune ralliant les Grecs :

Ἀλλ' ἄγεθ' ὡς ἂν ἐγὼν εἴπω, πειθώμεθα πάντες·
ἀσπίδας ὅσσαι ἄρισται ἐνὶ στρατῷ ἠδὲ μέγισται
ἑσσάμενοι, κεφαλὰς δὲ παναίθῃσιν κορύθεσσιν
κρύψαντες, χερσίν τε τὰ μακρότατ' ἔγχε' ἑλόντες,
ἴομεν· αὐτὰρ ἐγὼν ἡγήσομαι, οὐδ' ἔτι φημὶ
Ἕκτορα Πριαμίδην μενέειν, μάλα περ μεμαῶτα.

IL. XIV, v. 370.

La dernière exclamation répond à ces vers de l'Iliade :

. . . . Θεῶν δ' ἀέκητι τέτυκτο
ἀθανάτων· τὸ καὶ οὔτι πολὺν χρόνον ἔμπεδον ἦεν.

IL. XII, v. 8.

★

Ecce trahebatur passis Priameïa virgo
Crinibus à templo Cassandra adytisque Minervæ,
Ad cœlum tendens ardentia lumina frustrà :
Lumina, nam teneras arcebant vincula palmas.
Non tulit hanc speciem furiatâ mente Corœbus,
Et sese medium injecit periturus in agmen.
Consequimur cuncti, et densis incurrimus armis.
410 Hîc primùm ex alto delubri culmine telis
Nostrorum obruimur, oriturque miserrima cædes,
Armorum facie et Graiarum errore jubarum.
Tùm Danai gemitu atque ereptæ virginis irâ,
Undiquè collecti invadunt : acerrimus Ajax,
Et gemini Atridæ, Dolopumque exercitus omnis.
Adversi rupto ceu quondam turbine venti
Confligunt, Zephyrusque, Notusque, et lætus Eois
Eurus equis; strident silvæ, sævitque tridenti
Spumeus, atque imo Nereus ciet æquora fundo.
420 Illi etiam, si quos obscurâ nocte per umbram
Fudimus insidiis, totâque agitavimus urbe,
Apparent; primi clypeos mentitaque tela
Agnoscunt : atque ora sono discordia signant.
Ilicet obruimur numero, primusque Corœbus
Penelei dextrâ, divæ armipotentis ad aram
Procumbit; cadit et Ripheus, justissimus unus
Qui fuit in Teucris, et servantissimus æqui :
Dîs aliter visum. Pereunt Hypanisque Dymasque,
Confixi à sociis; nec te tua plurima, Pantheu,
430 Labentem pietas, nec Apollinis infula texit.

La peinture de Cassandre arrachée du temple de Minerve, et lançant au ciel les regards du désespoir, rappelle cette belle image appliquée à Ulysse :

Ὡς δὲ γυνὴ κλαίῃσι φίλον πόσιν ἀμφιπεσοῦσα,
ὅς τε ἑῆς πρόσθεν πόλιος λαῶν τε πέσῃσιν,
ἄστεϊ καὶ τεκέεσσιν ἀμύνων νηλεὲς ἦμαρ·
ἡ μὲν τὸν θνήσκοντα καὶ ἀσπαίροντ' ἐσιδοῦσα,
ἀμφ' αὐτῷ χυμένη, λίγα κωκύει· οἱ δέ τ' ὄπισθεν
κόπτοντες δούρεσσι μετάφρενον ἠδὲ καὶ ὤμους,
εἴρερον εἰσανάγουσι, πόνον τ' ἐχέμεν καὶ ὀϊζύν·
τῆς δ' ἐλεεινοτάτῳ ἄχεϊ φθινύθουσι παρειαί·

Od. VIII, v. 523.

La comparaison exprimant la mêlée, reproduite par Milton avec une rare énergie dans la lutte de Satan contre la Mort (*Paradis*, ch. *II*, v. 714), et par Voltaire dans la bataille d'Ivri (*Henriade*, ch. *VIII*, v. 156) se retrouve dans ce fragment d'Ennius :

Concurrunt veluti venti, cùm spiritus Austri
Imbricitor, Aquiloque suo cum flamine contrà
Indè mari magno fluctus attollere certant.

Annales. liv. XVII.

Ennius et Virgile l'ont traduite d'Homère :

Ὡς δ' ἄνεμοι δύο πόντον ὀρίνετον ἰχθυόεντα,
Βορέης καὶ Ζέφυρος, τώ τε Θρῄκηθεν ἄητον,
ἐλθόντ' ἐξαπίνης· ἄμυδις δέ τε κῦμα κελαινὸν
κορθύεται· πολλὸν δὲ παρὲξ ἅλα φῦκος ἔχευαν.

Il. IX, v. 4.

L'issue du combat contient plusieurs traits de l'Iliade: Pénélée, le vainqueur de Corèbe, étoit le chef des Béotiens (*Il. II*, *v.* 494); la mort de Riphée rappelle celle d'Axyle (*Il. VI*, *v.* 12); et l'exclamation d'Énée à Panthus, celle d'Agamemnon à Chrysès (*Il. I*, *v.* 28). Quintus de Smyrne a aussi décrit le combat d'Énée au 12ᵐᵉ chant des *Paralipomènes* (*v.* 300); mais il s'est borné à peu de détails, et ne l'a pas terminé, comme Virgile, par la défense du palais de Priam.

VI.

Iliaci cineres, et flamma extrema meorum !
Testor, in occasu vestro, nec tela nec ullas
Vitavisse vices Danaûm ; et, si fata fuissent
Ut caderem, meruisse manu. Divellimur indè,
Iphitus et Pelias mecum, quorum Iphitus ævo
Jam gravior, Pelias et vulnere tardus Ulyssei.
Protinùs ad sedes Priami clamore vocati.
Hîc verò ingentem pugnam, ceu cætera nusquàm
Bella forent, nulli totâ morerentur in urbe :
440 Sic martem indomitum, Danaosque ad tecta ruentes
Cernimus, obsessumque arctâ testudine limen.
Hærent parietibus scalæ, postesque sub ipsos
Nituntur gradibus ; clypeosque ad tela sinistris
Protecti objiciunt, prensant fastigia dextris.
Dardanidæ contrà turres ac tecta domorum
Culmina convellunt : his se, quando ultima cernunt,
Extremâ jam in morte parant defendere telis ;
Auratasque trabes, veterum decora alta parentum,
Devolvunt ; alii strictis mucronibus imas
450 Obsedêre fores, has servant agmine denso.

Les vers qui suivent immédiatement l'éloquente protestation du héros sont tirés du 15me chant de l'Iliade ; mais toute la description de l'attaque du palais, traduite par l'Arioste dans la prise de Paris (*Roland*, ch. *XVII, st.* 10), est une imitation fidèle du 12me chant, où les Troyens assiégent les retranchements des Grecs :

Αὖτις δὲ δριμεῖα μάχη παρὰ νηυσὶν ἐτύχθη·
φαίης κ' ἀκμῆτας καὶ ἀτειρέας ἀλλήλοισιν
ἄντεσθ' ἐν πολέμῳ· ὣς ἐσσυμένως ἐμάχοντο.

Il. XV, v. 696.

Οἱ δ' ἰθὺς πρὸς τεῖχος ἐϋδμητον, βόας αὔας
ὑψόσ' ἀνασχόμενοι, ἔκιον μεγάλῳ ἀλαλητῷ.
. . . .
οἱ δ' ἄρα χερμαδίοισιν ἐϋδμήτων ἀπὸ πύργων
βάλλον, ἀμυνόμενοι σφῶν τ' αὐτῶν καὶ κλισιάων,
νηῶν τ' ὠκυπόρων. νιφάδες δ' ὣς πῖπτον ἔραζε
ἅστ' ἄνεμος ζαής, νέφεα σκιόεντα δονήσας,
ταρφειὰς κατέχευεν ἐπὶ χθονὶ πουλυβοτείρῃ·
ὣς τῶν ἐκ χειρῶν βέλεα ῥέον ἠμὲν Ἀχαιῶν,
ἠδὲ καὶ ἐκ Τρώων· κόρυθες δ' ἀμφ' αὖον αὔτευν
βαλλόμεναι μυλάκεσσι, καὶ ἀσπίδες ὀμφαλόεσσαι.

Il. XII, v. 137 et 154.

Instaurati animi regis succurrere tectis,
Auxilioque levare viros, vimque addere victis.
Limen erat, cæcæque fores, et pervius usus
Tectorum inter se Priami, postesque relicti
A tergo, infelix quà se, dùm regna manebant,
Sæpiùs Andromache ferre incomitata solebat
Ad soceros, et avo puerum Astyanacta trahebat.
Evado ad summi fastigia culminis, undè

Tela manu miseri jactabant irrita Teucri.
460 Turrim in præcipiti stantem, summisque sub astra
Eductam tectis, undè omnis Troja videri,
Et Danaûm solitæ naves, et Achaïca castra,
Aggressi ferro circùm, quà summa labantes
Juncturas tabulata dabant, convellimus altis
Sedibus, impulimusque. Ea lapsa repentè ruinam
Cùm sonitu trahit, et Danaûm super agmina latè
Incidit. Ast alii subeunt; nec saxa, nec ullum
Telorum intereà cessat genus.

Le poëte applique ici à la tour de Pergame ce qu'Homère dit de l'île de Samothrace :

. . . . . . Ενθεν γὰρ ἐφαίνετο πᾶσα μὲν Ἴδη,
φαίνετο δὲ Πριάμοιο πόλις, καὶ νῆες Ἀχαιῶν.
Il. XIII, v. 13.

Cette tour, ennoblie par tant de souvenirs, est souvent citée dans les chants d'Homère. C'est là qu'Hélène fait à Priam l'énumération des chefs de l'armée grecque (*Il. III, v.* 146); qu'Apollon anime les Troyens au combat, et qu'il arrête le triomphe de Patrocle (*Il. IV, v.* 507, et *XVI, v.* 698); c'est de là enfin que le malheureux Priam voit les restes d'Hector traînés dans la poussière (*Il. XXII, v.* 405). Sa chute semble annoncer ici l'anéantissement de la puissance troyenne.

★

Vestibulum antè ipsum primoque in limine Pyrrhus
470 Exsultat, telis et luce coruscus ahenâ.
Qualis ubi in lucem coluber, mala gramina pastus,

Frigida sub terrâ tumidum quem bruma tegebat,
Nunc positis novus exuviis, nitidusque juventâ,
Lubrica convolvit sublato pectore terga
Arduus ad solem, et linguis micat ore trisulcis.
Unà ingens Periphas, et equorum agitator Achillis
Armiger Automedon, unà omnis Scyria pubes
Succedunt tecto, et flammas ad culmina jactant.
Ipse inter primos correptâ dura bipenni
480 Limina perrumpit, postesque à cardine vellit
Æratos; jàmque, excisâ trabe, firma cavavit
Robora, et ingentem lato dedit ore fenestram.
Apparet domus intùs, et atria longa patescunt;
Apparent Priami et veterum penetralia regum;
Armatosque vident stantes in limine primo.

Pyrrhus, le héros de la prise d'Ilion, le digne héritier de la vengeance d'Achille, est représenté ici sous les traits d'Hector se préparant à son dernier combat :

Ὡς δὲ δράκων ἐπὶ χειῇ ὀρέστερος ἄνδρα μένησιν,
βεβρωκὼς κακὰ φάρμακ', ἔδυ δὲ τέ μιν χόλος αἰνός·
σμερδαλέον δὲ δέδορκεν, ἑλισσόμενος περὶ χειῇ·
ὣς Ἕκτωρ, ἄσβεστον ἔχων μένος, οὐχ ὑπεχώρει,
πύργῳ ἔπι προὔχοντι φαεινὴν ἀσπίδ' ἐρείσας.

Il. XXII, v. 92.

Cette comparaison, que Virgile a déjà placée au 3me. livre des Géorgiques (*v.* 437), a été appliquée par Ovide à Hercule reçu au rang des dieux (*Métam. IX, v.* 266). L'Arioste l'a transportée, ainsi que tous les vers qui suivent, dans l'attaque de Paris par Rodomont (*ch. XVII, st.* 11). Enfin elle a été reproduite par le Tasse dans le portrait de Raymond

(*ch. VII*, *st.* 71), et par Milton dans celui du Tentateur (*ch. IX*, *v.* 496.)

Le courage invincible que Virgile donne à Pyrrhus, est conforme à l'idée qu'Homère donne de ce guerrier, dans la conversation d'Ulysse avec l'ombre d'Achille :

Αὐτὰρ ὅτ' ἀμφὶ πόλιν Τροίην μαρνοίμεθ' Ἀχαιοί,
οὔποτε ἐς πληθὺν μένεν ἀνδρῶν, οὐδ' ἐν ὁμίλῳ,
ἀλλὰ πολὺ προθέεσκε, τὸ ὂν μένος οὐδενὶ εἴκων·
πολλοὺς δ' ἄνδρας ἔπεφνεν ἐν αἰνῇ δηϊοτῆτι.

Od. XI, v. 512.

*

At domus interior gemitu miseroque tumultu
Miscetur, penitùsque cavæ plangoribus ædes
Femineis ululant : ferit aurea sidera clamor.
Tùm pavidæ tectis matres ingentibus errant,
490 Amplexæque tenent postes, atque oscula figunt.
Instat vi patriâ Pyrrhus; nec claustra neque ipsi
Custodes sufferre valent : labat ariete crebro
Janua, et emoti procumbunt cardine postes.
Fit via vi : rumpunt aditus, primosque trucidant
Immissi Danai, et latè loca milite complent.
Non sic, aggeribus ruptis cùm spumeus amnis
Exiit, oppositasque evicit gurgite moles,
Fertur in arva furens cumulo, camposque per omnes
Cum stabulis armenta trahit. Vidi ipse furentem
500 Cæde Neoptolemum, geminosque in limine Atridas :
Vidi Hecubam, centumque nurus, Priamumque per aras
Sanguine fœdantem, quos ipse sacraverat, ignes.
Quinquaginta illi thalami, spes tanta nepotum,
Barbarico postes auro spoliisque superbi, .
Procubuêre : tenent Danai quà deficit ignis.

La douleur des princesses troyennes est tracée, dit-on, d'après le tableau de la destruction d'Albe par Ennius, amplifié et enrichi encore dans le touchant récit de Tite-Live. On trouve aussi quelques détails analogues dans le poëme d'Apollonius (*ch. IV, v.* 26). Quant au portrait de Pyrrhus brisant lui-même la porte du palais, il est calqué sur celui d'Hector lançant une pierre énorme contre les palissades, et franchissant la muraille des Grecs :

Ῥῆξε δ' ἀπ' ἀμφοτέρους θαιρούς, πέσε δὲ λίθος εἴσω
βριθοσύνῃ, μέγα δ' ἀμφὶ πύλαι μύκον· οὐδ' ἄρ' ὀχῆες
ἐσχεθέτην, σανίδες δὲ διέτμαγεν ἄλλυδις ἄλλῃ
λᾶος ὑπὸ ῥιπῆς· ὁ δ' ἄρ' ἔσθορε φαίδιμος Ἕκτωρ,
νυκτὶ θοῇ ἀτάλαντος ὑπώπια· λάμπε δὲ χαλκῷ
σμερδαλέῳ, τὸν ἕεστο περὶ χροΐ· δοιὰ δὲ χερσὶν
δοῦρ' ἔχεν. οὐκ ἄν τίς μιν ἐρυκάκοι ἀντιβολήσας,
νόσφι θεῶν, ὅτ' ἐσᾶλτο πύλας· πυρὶ δ' ὄσσε δεδήει.
κέκλετο δὲ Τρώεσσιν ἑλιξάμενος καθ' ὅμιλον,
τεῖχος ὑπερβαίνειν· τοὶ δ' ὀτρύνοντι πίθοντο·
αὐτίκα δ' οἱ μὲν τεῖχος ὑπέρβασαν, οἱ δὲ κατ' αὐτὰς
ποιητὰς ἐσέχυντο πύλας. Δαναοὶ δ' ἐφόβηθεν
νῆας ἀνὰ γλαφυράς· ὅμαδος δ' ἀλίαστος ἐτύχθη.

Il. XII, v. 459.

Le chantre d'Énée, malgré tout l'éclat de son style, n'a pu égaler la sublime énergie de ces vers. Il a emprunté sa comparaison d'un autre passage du poëte grec, peignant les ravages de Diomède :

Θῦνε γὰρ ἀμ πεδίον, ποταμῷ πλήθοντι ἐοικὼς
χειμάρρῳ, ὅστ' ὦκα ῥέων ἐκέδασσε γεφύρας·
τὸν δ' οὔτ' ἄρ τε γέφυραι ἐεργμέναι ἰσχανόωσιν,
οὔτ' ἄρα ἕρκεα ἴσχει ἀλωάων ἐριθηλέων,
ἐλθόντ' ἐξαπίνης, ὅτ' ἐπιβρίσῃ Διὸς ὄμβρος·
πολλὰ δ' ὑπ' αὐτοῦ ἔργα κατήριπε κάλ' αἰζηῶν.

Il. V, v. 87.

Cette comparaison a été traduite par Lucrèce :

> Nec ratione fluunt aliâ stragemque propagant,
> Ac cùm mollis aquæ fertur natura repentè
> Flumine abundanti, quod largis imbribus auget
> Montibus ex altis magnus decursus aquaï,
> Fragmina conjiciens sylvarum arbustaque tota.
> Nec validi possunt pontes venientis aquaï
> Vim subitam tolerare : ita magno turbidus imbri
> Molibus incurrens validis cum viribus amnis,
> Dat sonitu magno stragem, volvitque sub undis
> Grandia saxa, ruit quà quidquid fluctibus obstat.
>
> Poëme de la Nature, liv. I.

L'Arioste et le Tasse ont imité ce passage (*Roland*, ch. *XVII*, st. 13), (*Jérusalem*, ch. *I*, st. 75). L'exclamation du héros troyen, conservée par Racine dans *Andromaque* (act. *III*, sc. 8), est tirée de ces vers d'Ennius :

> O pater, o patria, o Priami domus !
> Vidi ego te, adstante ope barbaricâ,
> Tectis cœlatis, laqueatis,
> Auro, ebore instructum regificè.
> Hæc omnia vidi inflammarier,
> Priamo vi vitam evitari,
> Jovis aram sanguine turpari.
>
> Fragm. d'Andromaque.

Les trois derniers vers de Virgile, reproduits dans *Phèdre* (act. *II*, sc. 1), sont une imitation supérieure de ceux d'Homère :

> Πεντήκοντ' ἔνεσαν θάλαμοι ξεστοῖο λίθοιο,
> πλησίοι ἀλλήλων δεδμημένοι, ἔνθα δὲ παῖδες
> κοιμῶντο Πριάμοιο παρὰ μνηστῇς ἀλόχοισιν.
>
> Il. VI, v. 244.

VII.

Forsitan et Priami fuerint quæ fata, requiras.
Urbis uti captæ casum, convulsaque vidit
Limina tectorum, et medium in penetralibus hostem,
Arma diu senior desueta trementibus ævo
510 Circumdat nequidquam humeris, et inutile ferrum
Cingitur, ac densos fertur moriturus in hostes.
Ædibus in mediis, nudoque sub ætheris axe,
Ingens ara fuit; juxtàque veterrima laurus
Incumbens aræ, atque umbrâ complexa penates.
Hîc Hecuba et natæ nequidquam altaria circùm,
Præcipites atrâ ceu tempestate columbæ,
Condensæ, et divûm amplexæ simulacra, sedebant.
Ipsum autem sumptis Priamum juvenilibus armis
Ut vidit : « Quæ mens tàm dira, miserrime conjux,
520 Impulit his cingi telis? aut quò ruis? inquit.
Non tali auxilio, nec defensoribus istis
Tempus eget; non, si ipse meus nunc afforet Hector.
Hùc tandem concede : hæc ara tuebitur omnes,
Aut moriêre simul. » Sic ore effata, recepit
Ad sese, et sacrâ longævum in sede locavit.

La belle peinture de Priam s'armant pour le combat, n'a pas de modèle dans l'antiquité. Celle d'Hécube et des jeunes princesses réfugiées au pied de l'autel, se retrouve dans le début des *Suppliantes* d'Eschyle :

Πάντων δ' ἀνάκτων τῶνδε κοινοβωμίαν
σέβεσθ'. ἐν ἁγνῷ δ', ἐσμὸς ὡς πελειάδων
ἵζεσθε, κίρκων τῶν ὁμοπτέρων φόβῳ.
                    Suppliantes, v. 222.

Homère représente également Phémius et Médon assis au pied de l'autel de Jupiter pendant le massacre des prétendants (*Od. XXII, v.* 379). La comparaison des colombes a été rendue par l'Arioste (*Roland, ch. XLVI, st.* 111). Quant aux paroles d'Hécube à Priam, ce sont celles qu'elle lui adresse dans l'Iliade, lorsqu'il part pour la tente d'Achille :

Ὤ μοι, πῇ δή τοι φρένες οἴχονθ', ἧς τὸ πάρος περ
ἔκλε' ἐπ' ἀνθρώπους ξείνους, ἠδ' οἶσιν ἀνάσσεις ;
πῶς ἐθέλεις ἐπὶ νῆας Ἀχαιῶν ἐλθέμεν οἶος,
ἀνδρὸς ἐς ὀφθαλμούς, ὅς τοι πολέας τε καὶ ἐσθλοὺς
υἱέας ἐξενάριξε ; σιδήρειόν νύ τοι ἦτορ.

IL. XXIV, v. 201.

Ecce autem, elapsus Pyrrhi de cæde, Polites
Unus natorum Priami, per tela, per hostes,
Porticibus longis fugit, et vacua atria lustrat
Saucius : illum ardens infesto vulnere Pyrrhus
530 Insequitur, jam jamque manu tenet, et premit hastâ.
Ut tandem antè oculos evasit et ora parentum,
Concidit, ac multo vitam cum sanguine fudit.
Hîc Priamus, quamquam in mediâ jam morte tenetur,
Non tamen abstinuit, nec voci iræque pepercit :
« At tibi pro scelere, exclamat, pro talibus ausis,
Di, si qua est cœlo pietas quæ talia curet,
Persolvant grates dignas, et præmia reddant
Debita, qui nati coram me cernere lethum
Fecisti, et patrios fœdasti funere vultus.
540 At non ille, satum quo te mentiris, Achilles
Talis in hoste fuit Priamo ; sed jura fidemque
Supplicis erubuit, corpusque exsangue sepulcro

Reddidit Hectoreum, meque in mea regna remisit. »
Sic fatus senior, telumque imbelle sine ictu
Conjecit; rauco quod protinùs ære repulsum,
Et summo clypei nequidquam umbone pependit.
Cui Pyrrhus : « Referes ergò hæc et nuntius ibis
Pelidæ genitori : illi mea tristia facta,
Degeneremque Neoptolemum narrare memento.
550 Nunc morere. » Hæc dicens, altaria ad ipsa trementem
Traxit, et in multo lapsantem sanguine nati;
Implicuitque comam lævâ, dextrâque coruscum
Extulit, et lateri capulo tenùs abdidit ensem.

Hæc finis Priami fatorum; hic exitus illum
Sorte tulit, Trojam incensam, et prolapsa videntem
Pergama; tot quondam populis terrisque superbum
Regnatorem Asiæ : jacet ingens littore truncus,
Avulsumque humeris caput, et sine nomine corpus.

Le jeune Politès, dont la mort amène celle de Priam, est le même qui observe les mouvements de l'armée grecque au 2me. chant de l'Iliade (*v.* 793), et qui tue Echius au 15me. (*v.* 339). Les reproches de Priam à Pyrrhus rappellent ses imprécations contre Achille (*Il. XXII, v.* 41). Son trait débile s'émousse contre le bouclier du guerrier, comme le javelot de Pâris contre celui de Ménélas (*Il. III, v.* 346). Enfin sa mort déplorable est tracée dans ce beau tableau d'Homère, où il prédit lui-même son destin à Hector, en le conjurant de ne pas combattre Achille :

Πρὸς δ', ἐμὲ τὸν δύστηνον ἔτι φρονέοντ' ἐλέησον,
δύσμορον, ὅν ῥα πατὴρ Κρονίδης ἐπὶ γήραος οὐδῷ
αἴσῃ ἐν ἀργαλέῃ φθίσει, κακὰ πόλλ' ἐπιδόντα,
υἱάς τ' ὀλλυμένους, ἑλκηθείσας τε θύγατρας,

καὶ θαλάμους κεραϊζομένους, καὶ νήπια τέκνα
βαλλόμενα προτὶ γαίῃ, ἐν αἰνῇ δηϊοτῆτι,
ἑλκομένας τε νυοὺς ὀλοῇς ὑπὸ χερσὶν Ἀχαιῶν.
αὐτὸν δ' ἂν πύματόν με κύνες πρώτῃσι θύρῃσιν
ὠμησταὶ ἐρύουσιν, ἐπεί κέ τις ὀξέϊ χαλκῷ
τύψας, ἠὲ βαλὼν, ῥεθέων ἐκ θυμὸν ἕληται.

IL. XXII, v. 59.

Homère n'a point imputé à Pyrrhus le meurtre de Priam. Il n'en fait aucune mention dans l'évocation de l'Odyssée, où Ulysse rend compte à Achille des sanglants exploits de son fils (*Od. XI, v.* 505). Euripide, au contraire, consacre expressément, dans le prologue d'*Hécube*, la tradition adoptée par Virgile :

Ἐπεὶ δὲ Τροία θ', Ἕκτορός τ' ἀπόλλυται
ψυχὴ, πατρῷα θ' ἑστία κατεσκάφη,
αὐτὸς δὲ βωμῷ πρὸς θεοδμήτῳ πιτνεῖ,
σφαγεὶς Ἀχιλλέως παιδὸς ἐκ μιαιφόνου.

Hécube, v. 21.

L'autel de Jupiter, près duquel il périt, est celui où il offre des libations en se rendant au camp des Grecs (*Il. XXIV, v.* 306). Quintus de Smyrne raconte de la même manière, quoiqu'avec beaucoup moins de développement, la mort de ce prince infortuné. (*Paralip. XIII, v.* 220.)

VIII.

At me tùm primùm sævus circumstetit horror ;
560 Obstupui : subiit cari genitoris imago,
 Ut regem æquævum crudeli vulnere vidi

Vitam exhalantem ; subiit deserta Creüsæ,
Et direpta domus, et parvi casus Iüli.
Respicio, et, quæ sit me circùm copia, lustro.
Deseruêre omnes defessi, et corpora saltu
Ad terram misêre, aut ignibus ægra dedêre.
Jàmque adeò super unus eram, cùm limina Vestæ
Servantem, et tacitam secretâ in sede latentem
Tyndarida adspicio : dant clara incendia lucem
570 Erranti, passimque oculos per cuncta ferenti.
Illa sibi infestos eversa ob Pergama Teucros,
Et pœnas Danaûm, et deserti conjugis iras
Præmetuens, Trojæ et patriæ communis Erinnys,
Abdiderat sese, atque aris invisa sedebat.
Exarsêre ignes animo ; subit ira cadentem
Ulcisci patriam, et sceleratas sumere pœnas.
« Scilicet hæc Spartam incolumis patriasque Mycenas
Aspiciet, partoque ibit regina triumpho !
Conjugiumque, domumque, patres, natosque videbit,
580 Iliadum turbâ et Phrygiis comitata ministris !
Occiderit ferro Priamus ! Troja arserit igni !
Dardanium toties sudârit sanguine littus !
Non ita : namque etsi nullum memorabile nomen
Fœmineâ in pœnâ est, nec habet victoria laudem ;
Extinxisse nefas tamen, et sumpsisse merentis
Laudabor pœnas, animumque explesse juvabit
Ultricis flammæ, et cineres satiasse meorum. »

Cette rencontre d'Énée et d'Hélène a été vivement critiquée ; elle avoit même été retranchée par Varius et Tucca chargés de la révision de l'Enéide, et ne s'est retrouvée que dans les *Catalectes* ou pièces fugitives attribuées à Virgile. Elle paroît avoir été inspirée au poëte par une scène semblable de l'*Hélène* d'Euripide, où Teucer s'écrie à la vue de cette princesse :

Ω θεοί, τίν' εἶδον ὄψιν; ἐχθίστην ὁρῶ
γυναικὸς εἰκὼ φόνιον ἥ μ' ἀπώλεσεν
πάντας τ' Ἀχαιούς. θεοί σ', ὅσον μίμημ' ἔχεις
Ἑλένης, ἀποπτύσαιεν. εἰ δὲ μὴ 'ν ξένῃ
γαίᾳ πόδ' εἶχον, τῷ δ' ἂν εὐστόχῳ πέτρῳ
ἀπώλλυσ', ἵν' εἰκοῦς ἔθανες ἂν Διὸς κόρης.
Hélène, v. 72.

Dans la tragédie d'*Oreste*, Pylade fait valoir les mêmes motifs pour engager son ami à immoler Hélène (*Oreste*, v. 1130). Ces exemples ne suffisent pas pour justifier Virgile. Énée devoit défendre Priam contre Pyrrhus, plutôt que d'assouvir sa fureur contre une femme. Du reste, cette faute est promptement réparée par la brillante fiction qu'elle amène.

★

Talia jactabam, et furiatâ mente ferebar,
  Cùm mihi se, non antè oculis tàm clara, videndam
590 Obtulit, et purâ per noctem in luce refulsit
  Alma parens, confessa deam, qualisque videri
Cœlicolis et quanta solet; dextrâque prehensum
Continuit, roseoque hæc insuper addidit ore :
« Nate, quis indomitas tantus dolor excitat iras?
Quid furis? aut quonam nostrî tibi cura recessit?
Non priùs aspicies ubi fessum ætate parentem
Liqueris Anchisen? superet conjuxne Creüsa,
Ascaniusque puer? quos omnes undique Graiæ
Circùm errant acies; et, ni mea cura resistat,
600 Jam flammæ tulerint, inimicus et hauserit ensis.

Non tibi Tyndaridis facies invisa Lacænæ,
Culpatusve Paris : divûm inclementia, divûm,
Has evertit opes, sternitque à culmine Trojam.

Cette descente de Vénus qui rend Énée à sa famille par les motifs les plus honorables, et qui fournit au poëte de sublimes développements, est imitée de l'apparition de Minerve à Achille au 1er. chant de l'Iliade, au moment où l'impétueux guerrier tire son épée pour frapper Agamemnon :

Εως ὁ ταῦθ᾽ ὥρμαινε κατὰ φρένα καὶ κατὰ θυμόν,
Ἕλκετο δ᾽ ἐκ κολεοῖο μέγα ξίφος, ἦλθε δ᾽ Ἀθήνη
οὐρανόθεν· πρὸ γὰρ ἧκε θεὰ λευκώλενος Ἥρη,
ἄμφω ὁμῶς θυμῷ φιλέουσα τε, κηδομένη τε.
στῆ δ᾽ ὄπιθεν, ξανθῆς δὲ κόμης ἕλε Πηλείωνα,
οἴῳ φαινομένη· τῶν δ᾽ ἄλλων οὔτις ὁρᾶτο.
θάμβησεν δ᾽ Ἀχιλεύς, μετὰ δ᾽ ἐτράπετ᾽· αὐτίκα δ᾽ ἔγνω
Παλλάδ᾽ Ἀθηναίην· δεινὼ δέ οἱ ὄσσε φάανθεν.

IL. I, v. 193.

Les paroles de Vénus pour disculper Hélène, sont celles que Priam lui adresse sur la tour de Pergame :

Οὔτι μοι αἰτίη ἐσσὶ, θεοί νύ μοι αἴτιοί εἰσιν,
οἵ μοι ἐφώρμησαν πόλεμον πολύδακρυν Ἀχαιῶν.

IL. III, v. 164.

★

« Aspice : namque omnem quæ nunc obducta tuenti
Mortales hebetat visus tibi, et humida circùm
Caligat, nubem eripiam : tu ne qua parentis
Jussa time, neu præceptis parere recusa.
Hîc, ubi disjectas moles, avulsaque saxis

Saxa vides, mixtoque undantem pulvere fumum,
610 Neptunus muros magnoque emota tridenti
Fundamenta quatit, totamque ab sedibus urbem
Eruit. Hîc Juno Scæas sævissima portas
Prima tenet, sociumque furens à navibus agmen
Ferro accincta vocat.
Jàm summas arces Tritonia, respice, Pallas
Insedit, nimbo effulgens et Gorgone sævâ.
Ipse pater Danais animos viresque secundas
Sufficit; ipse deos in Dardana suscitat arma.
Eripe, nate, fugam, finemque impone labori.
620 Nusquam abero, et tutum patrio te limine sistam.»
Dixerat, et spissis noctis se condidit umbris,
Apparent diræ facies, inimicaque Trojæ
Numina magna deûm.
Tùm verò omne mihi visum considere in ignes
Ilium, et ex imo verti Neptunia Troja;
Ac veluti summis antiquam in montibus ornum
Cùm ferro accisam crebrisque bipennibus instant
Eruere agricolæ certatim; illa usque minatur,
Et tremefacta comam concusso vertice nutat;
630 Vulneribus donec paulatim evicta, supremùm
Congemuit, traxitque jugis avulsa ruinam.

Au 5ᵐᵉ. chant de l'Iliade, Minerve lève également le bandeau mortel qui couvre les yeux de Diomède, pour lui faire distinguer les dieux dans le combat:

Ἀχλὺν δ' αὖ τοι ἀπ' ὀφθαλμῶν ἕλον, ἣ πρὶν ἐπῆεν,
ὄφρ' εὖ γιγνώσκῃς ἠμὲν θεὸν ἠδὲ καὶ ἄνδρα.
IL. V, v. 127.

Le magnifique tableau de la chute d'Ilion peut avoir été inspiré à Virgile par le début du 12ᵐᵉ. chant de l'Iliade, où Homère, par une anticipation poétique, montre Neptune et

Apollon détruisant la grande muraille des Grecs (*Il. XII, v. 27*). Mais, pour la sublimité des images, on ne peut mieux le comparer qu'à la descente des dieux aux champs troyens après le retour d'Achille :

Αὐτὰρ ἐπεὶ μεθ᾽ ὅμιλον Ὀλύμπιοι ἤλυθον ἀνδρῶν,
ὦρτο δ᾽ Ἔρις κρατερὴ, λαοσσόος· αὖε δ᾽ Ἀθήνη,
στᾶσ᾽ ὁτὲ μὲν παρὰ τάφρον ὀρυκτὴν τείχεος ἐκτός,
ἄλλοτ᾽ ἐπ᾽ ἀκτάων ἐριδούπων μακρὸν ἀΰτει.
αὖε δ᾽ Ἄρης ἑτέρωθεν, ἐρεμνῇ λαίλαπι ἶσος,
ὀξὺ κατ᾽ ἀκροτάτης πόλιος Τρώεσσι κελεύων,
ἄλλοτε πὰρ Σιμόεντι θέων ἐπὶ Καλλικολώνῃ.
ὣς τοὺς ἀμφοτέρους μάκαρες θεοὶ ὀτρύνοντες,
σύμβαλον, ἐν δ᾽ αὐτοῖς ἔριδα ῥήγνυντο βαρεῖαν.
δεινὸν δὲ βρόντησε πατὴρ ἀνδρῶν τε θεῶν τε
ὑψόθεν· αὐτὰρ αὐτὰρ ἔνερθε Ποσειδάων ἐτίναξεν
γαῖαν ἀπειρεσίην, ὀρέων τ᾽ αἰπεινὰ κάρηνα.
πάντες δ᾽ ἐσσείοντο πόδες πολυπίδακος Ἴδης,
καὶ κορυφαὶ, Τρώων τε πόλις καὶ νῆες Ἀχαιῶν.
ἔδδεισεν δ᾽ ὑπένερθεν ἄναξ ἐνέρων Ἀϊδωνεύς,
δείσας δ᾽ ἐκ θρόνου ἆλτο, καὶ ἴαχε, μή οἱ ὕπερθεν
γαῖαν ἀναρρήξειε Ποσειδάων ἐνοσίχθων,
οἰκία δὲ θνητοῖσι καὶ ἀθανάτοισι φανείη
σμερδαλέ᾽, εὐρώεντα, τά τε στυγέουσι θεοί περ.

IL. XX, v. 47.

Ce tableau a été imité par le Tasse, au 18me. chant de la *Jérusalem* (*st.* 92), où l'archange Michel montre à Godefroi les puissances célestes combattant pour sa cause. Klopstock l'a reproduit et agrandi encore dans la prédiction de la mort du Christ (*Messiade, ch. V, v.* 459). La comparaison finale de Virgile est une brillante amplification de ces vers d'Homère, représentant la chute d'un guerrier :

. . . . . Ὁ δ᾽ ἐν κονίῃσι χαμαὶ πέσεν, αἴγειρος ὥς,
ἥ ῥά τ᾽ ἐν εἱαμενῇ ἕλεος μεγάλοιο πεφύκει,

λείη, ἀτάρ τέ οἱ ὄζοι ἐπ' ἀκροτάτῃ πεφύασιν·
τὴν μέν θ' ἁρματοπηγὸς ἀνὴρ αἴθωνι σιδήρῳ
ἐξέταμ', ὄφρα ἴτυν κάμψῃ περικαλλέϊ δίφρῳ·
ἡ μέν τ' ἀζομένη κεῖται ποταμοῖο παρ' ὄχθας·

Il. IV, v. 482.

Apollonius l'a aussi employée dans la mort du géant Talus :

Ἀλλ' ὡς τίς τ' ἐν ὄρεσσι πελωρίη ὑψόθι πεύκη,
τήν τε θοοῖς πελέκεσσιν ἔθ' ἡμιπλῆγα λιπόντες
ὑλοτόμοι δρυμοῖο κατήλυθον· ἡ δ' ὑπὸ νυκτὶ
ῥιπῇσι μὲν πρῶτα τινάσσεται, ὕστερον αὖτε
πρυμνόθεν ἐξεαγεῖσα κατήριπεν· ὣς ὅγε ποσσὶν
ἀκαμάτοις· τείως μὲν ἐπισταδὸν ᾐωρεῖτο,
ὕστερον αὖτ' ἀμενηνὸς ἀπείρονι κάππεσε δούπῳ.

Argon. IV, v. 1682.

Et Catulle dans celle du Minotaure :

Nam velut in summo quatientem brachia Tauro
Quercum, aut cornigeram sudanti cortice pinum
Indomitus turbo contorquens flamine robur
Eruit; illa procùl radicibus exturbata,
Prona cadit, latèque et cominùs omnia frangens :
Sic domito sævum prosternit corpore Theseus
Nequidquam vanis jactantem cornua ventis.

Thétis et Pélée, v. 105.

IX.

Descendo, ac, ducente deo, flammam inter et hostes
Expedior : dant tela locum, flammæque recedunt.
Ast ubi jàm patriæ perventum ad limina sedis,

Antiquasque domos, genitor, quem tollere in altos
Optabam primum montes, primumque petebam,
Abnegat excisâ vitam producere Trojâ,
Exsiliumque pati. « Vos ô quibus integer ævi
Sanguis, ait, solidæque suo stant robore vires,
640 Vos agitate fugam.
Me si cœlicolæ voluissent ducere vitam,
Has mihi servassent sedes : satis una superque
Vidimus excidia, et captæ superavimus urbi.
Sic ô, sic positum affati discedite corpus.
Ipse manu mortem inveniam : miserebitur hostis,
Exuviasque petet : facilis jactura sepulcri est.
Jàm pridem invisus divis, et inutilis, annos
Demoror, ex quo me divûm pater atque hominum rex
Fulminis afflavit ventis et contigit igni. »
650 Talia perstabat memorans, fixusque manebat.
Nos contrà effusi lacrymis, conjuxque Creüsa,
Ascaniusque, omnisque domus, ne vertere secum
Cuncta pater, fatoque urgenti incumbere vellet.
Abnegat, inceptoque et sedibus hæret in îsdem.

Cette noble résistance d'Anchise rappelle le dévouement des sénateurs romains qui attendirent les Gaulois, immobiles sur leurs chaises curules. Anchise, témoin des deux siéges de Troie par Hercule et par Agamemnon, avoit été frappé de la foudre pour avoir divulgué son union avec Vénus. (Voy. l'*Hymne à Vénus*, attribué à Homère, *v.* 287).

Rursùs in arma feror, mortemque miserrimus opto.
Nàm quod consilium aut quæ jàm fortuna dabatur ?
« Mene efferre pedem, genitor, te posse relicto

Sperasti? tantumque nefas patrio excidit ore?
Si nihil ex tantâ superis placet urbe relinqui,
660 Et sedet hoc animo, perituræque addere Trojæ
Teque tuosque juvat, patet isti janua letho.
Jamque aderit multo Priami de sanguine Pyrrhus,
Natum antè ora patris, patrem qui obtruncat ad aras;
Hoc erat, alma parens, quòd me per tela, per ignes,
Eripis, ut mediis hostem in penetralibus, utque
Ascanium, patremque meum, juxtàque Creüsam
Alterum in alterius mactatos sanguine cernam?
Arma, viri, ferte arma : vocat lux ultima victos.
Reddite me Danais, sinite instaurata revisam
670 Prælia : nunquam omnes hodiè moriemur inulti. »
 Hinc ferro accingor rursùs, clypeoque sinistram
Insertabam aptans, meque extrà tecta ferebam.
Ecce autem complexa pedes in limine conjux
Hærebat, parvumque patri tendebat Iülum :
« Si periturus abis, et nos rape in omnia tecum ;
Sin aliquam expertus sumptis spem ponis in armis,
Hanc primùm tutare domum : cui parvus Iülus,
Cui pater, et conjux quondam tua dicta relinquor. »

Le désespoir d'Énée et son discours énergique rappellent ces derniers mots d'Hector se précipitant sur Achille :

Νῦν δὲ δὴ ἐγγύθι μοι θάνατος κακός, οὐδέ τ' ἄνευθεν;
οὐδ' ἀλέη· ἢ γάρ ῥα πάλαι τόγε φίλτερον ἦεν
Ζηνί τε καὶ Διὸς υἱεῖ Ἑκηβόλῳ, οἵ με πάρος γε
πρόφρονες εἰρύατο· νῦν αὖτέ με μοῖρα κιχάνει·
μὴ μὰν ἀσπουδί γε καὶ ἀκλειῶς ἀπολοίμην,
ἀλλὰ μέγα ῥέξας τε καὶ ἐσσομένοισι πυθέσθαι.

Il. XXII, v. 300.

Quant aux prières de Créuse à son époux, elles sont une imitation affoiblie de l'admirable entrevue d'Hector et d'Andromaque, dont nous ne citerons ici que le début :

Εὖτε πύλας ἵκανε, διερχόμενος μέγα ἄστυ,
Σκαίας, τῇ γάρ ἔμελλε διεξίμεναι πεδίονδε,
ἔνθ' ἄλοχος πολύδωρος ἐναντίη ἦλθε θέουσα
Ἀνδρομάχη, θυγάτηρ μεγαλήτορος Ἠετίωνος,
Ἠετίων, ὃς ἔναιεν ὑπὸ Πλάκῳ ὑληέσσῃ,
Θήβῃ Ὑποπλακίῃ, Κιλίκεσσ' ἄνδρεσσιν ἀνάσσων·
τοῦ περ δὴ θυγάτηρ ἔχεθ' Ἕκτορι χαλκοκορυστῇ.
ἥ οἱ ἔπειτ' ἤντησ', ἅμα δ' ἀμφίπολος κίεν αὐτῇ
παῖδ' ἐπὶ κόλπῳ ἔχουσ' ἀταλάφρονα, νήπιον αὔτως,
Ἑκτορίδην ἀγαπητόν, ἀλίγκιον ἀστέρι καλῷ·
τὸν ῥ' Ἕκτωρ καλέεσκε Σκαμάνδριον, αὐτὰρ οἱ ἄλλοι
Ἀστυάνακτ'· οἶος γὰρ ἐρύετο Ἴλιον Ἕκτωρ.
ἤτοι ὁ μὲν μείδησεν ἰδὼν ἐς παῖδα σιωπῇ·
Ἀνδρομάχη δέ οἱ ἄγχι παρίστατο δακρυχέουσα,
ἔν τ' ἄρα οἱ φῦ χειρί, ἔπος τ' ἔφατ', ἔκ τ' ὀνόμαζεν·
« Δαιμόνιε, φθίσει σε τὸ σὸν μένος, οὐδ' ἐλεαίρεις
παῖδά τε νηπίαχον, καὶ ἔμ' ἄμμορον, ἣ τάχα χήρη
σεῦ ἔσομαι· τάχα γάρ σε κατακτανέουσιν Ἀχαιοί,
πάντες ἐφορμηθέντες· ἐμοὶ δέ κε κέρδιον εἴη,
σεῦ ἀφαμαρτούσῃ, χθόνα δύμεναι· οὐ γάρ ἔτ' ἄλλη
ἔσται θαλπωρή, ἐπεὶ ἂν σύγε πότμον ἐπίσπῃς. »

Il. VI, v. 392.

*

Talia vociferans, gemitu tectum omne replebat,
680 Cùm subitum dictuque oritur mirabile monstrum.

Namque manus inter mœstorumque ora parentum,
Ecce levis summo de vertice visus Iüli
Fundere lumen apex, tactuque innoxia molli
Lambere flamma comas, et circùm tempora pasci.
Nos pavidi trepidare metu, crinemque flagrantem
Excutere, et sanctos restinguere fontibus ignes.
At pater Anchises oculos ad sidera lætus
Extulit, et cœlo palmas cum voce tetendit :
« Jupiter omnipotens, precibus si flecteris ullis,
690Aspice nos, hoc tantùm : et, si pietate meremur,
Da deinde auxilium, pater, atque hæc omina firma. »
Vix ea fatus erat senior, subitoque fragore
Intonuit lævum, et de cœlo lapsa per umbras
Stella facem ducens multâ cum luce cucurrit.
Illam, summa super labentem culmina tecti,
Cernimus Idæâ claram se condere silvâ,
Signantemque vias ; tùm longo limite sulcus
Dat lucem, et latè circùm loca sulfure fumant.
Hîc verò victus genitor se tollit ad auras,
700Affaturque deos, et sanctum sidus adorat :
« Jam jam nulla mora est : sequor, et quà ducitis, adsum.
Di patrii, servate domum, servate nepotem !
Vestrum hoc augurium, vestroque in numine Troja est.
Cedo equidem ; nec, nate, tibi comes ire recuso. »

Ce prodige, qui détermine le départ d'Anchise et le salut de la famille d'Énée, se retrouve dans l'histoire romaine où nous voyons une flamme miraculeuse ceindre le front du jeune Servius Tullius, et le désigner à Tarquin comme l'héritier présomptif de l'empire. Virgile lui a donné plus de développement au 7me. livre (*v.* 71), en l'appliquant à Lavinie. Le Tasse l'a imité au 20me. chant de la *Jérusalem* (*st.* 19) où une auréole de gloire paroît sur la tête de Godefroi.

La prière d'Anchise est celle de Priam partant pour le camp des Grecs :

Ζεῦ πάτερ, Ἴδηθεν μεδέων, κύδιστε, μέγιστε !
δός μ' ἐς Ἀχιλλῆος φίλον ἐλθεῖν ἠδ' ἐλεεινόν·
πέμψον δ' οἰωνὸν, ταχὺν ἄγγελον, ὅστε σοι αὐτῷ
φίλτατος οἰωνῶν, καί εὐ κράτος ἐστὶ μέγιστον,
δεξιόν· ὄφρα μιν αὐτὸς ἐν ὀφθαλμοῖσι νοήσας,
τῷ πίσυνος ἐπὶ νῆας ἴω Δαναῶν ταχυπώλων.

Il. XXIV, v. 308.

Jupiter lui envoie un aigle en signe de protection (*v.* 314); mais le présage décrit ici est tiré du poëme d'Apollonius, où Junon marque par un sillon de lumière la route que doivent suivre les Argonautes :

Ὡς ἄρ' ἔφη· τοῖσι δὲ θεὰ τέρας ἐγγυάλιξεν
αἴσιον, ᾧ καὶ πάντες ἐπευφήμησαν ἰδόντες,
στέλλεσθαι τήνδ' οἶμον. ἐπιπρὸ γὰρ ὁλκὸς ἐτύχθη
οὐρανίης ἀκτῖνος, ὅπη καὶ ἀμεύσιμον ἦε.

Argon. IV, v. 294.

X.

Dixerat ille; et jàm per mœnia clarior ignis
Auditur, propiùsque æstus incendia volvunt.
« Ergò age, care pater, cervici imponere nostræ :
Ipse subibo humeris, nec me labor iste gravabit;
Quò res cumque cadent, unum et commune periclum,
710 Una salus ambobus erit. Mihi parvus Iülus
Sit comes, et longè servet vestigia conjux.
Vos, famuli, quæ dicam animis advertite vestris :

Est urbe egressis tumulus, templumque vetustum
Desertæ Cereris, juxtàque antiqua cupressus
Relligione patrum multos servata per annos :
Hanc ex diverso sedem veniemus in unam.
Tu, genitor, cape sacra manu, patriosque Penates.
Me, bello è tanto digressum et cæde recenti,
Attrectare nefas, donec me flumine vivo
720 Abluero. »

Énée quitte la ville embrasée, en faisant paroître dans ce moment fatal la plus vive sollicitude pour tous ceux qui l'entourent, excepté pour sa seule épouse, dont rien ne peut justifier le délaissement. Ses paroles à Anchise en lui remettant les dieux Pénates, rappellent la réponse d'Hector à Hécube, lorsqu'elle lui présente la coupe des sacrifices :

Χερσὶ δ' ἀνίπτοισιν Διὶ λείβειν αἴθοπα οἶνον
ἄζομαι· οὐδέ πῄ ἐστι κελαινεφέϊ Κρονίωνι
αἵματι καὶ λύθρῳ πεπαλαγμένον εὐχετάασθαι.

IL. VI, v. 266.

★

Hæc fatus, latos humeros subjectaque colla
Veste super fulvique insternor pelle leonis,
Succedoque oneri : dextræ se parvus Iülus
Implicuit, sequiturque patrem non passibus æquis;
Ponè subit conjux. Ferimur per opaca locorum :
Et me, quem dudùm non ulla injecta movebant
Tela, neque adverso glomerati ex agmine Graii,
Nunc omnes terrent auræ, sonus excitat omnis
Suspensum, et pariter comitique onerique timentem.

730 Jàmque propinquabam portis, omnemque videbar
Evasisse vicem, subitò cùm creber ad aures
Visus adesse pedum sonitus; genitorque per umbram
Prospiciens:« Nate, exclamat, fuge, nate, propinquant :
Ardentes clypeos atque æra micantia cerno. »
Hîc mihi nescio quod trepido malè numen amicum
Confusam eripuit mentem. Namque avia cursu
Dùm sequor, et notâ excedo regione viarum,
Heu ! misero conjux fatone erepta Creüsa
Substitit, erravitne viâ, seu lassa resedit,
740 Incertum ; nec pòst oculis est reddita nostris.
Nec priùs amissam respexi, animumque reflexi,
Quàm tumulum antiquæ Cereris sedemque sacratam
Venimus : hîc demùm collectis omnibus una
Defuit, et comites, natumque, virumque, fefellit.

Le groupe d'Énée, d'Anchise et d'Ascagne, dérobés aux flammes d'Ilion, se retrouve dans ce fragment du *Laocoon* de Sophocle, conservé par Denys d'Halicarnasse :

Νῦν δ' ἐν πύλαισιν Αἰνείας ὁ τῆς θεοῦ
πάρεστ', ἐπ' ὤμων πατέρ' ἔχων κεραυνίου
νώτου καταστάζοντα βύσσινον φάρος.
κυκλεῖ δὲ πᾶσαν οἰκετῶν παμπληθύν.
συνοπάζεται δὲ πλῆθος οὐκ ὅσον δοκεῖ
σοί, τοῖς δ' ἐρῶσι τῆς ἀποικίας Φρυγῶν.

Fragm. de Laocoon.

La crainte filiale du héros rappelle celle de Médée (*Argon. III*, v. 954), ingénieusement imitée par Horace (*liv. I*, ode 23).

Mais malgré tous les prestiges du style, la perte de Créuse est inexcusable ; elle laisse un sentiment de regret que ne peut effacer la belle scène qu'elle amène.

★

Quem non incusavi amens hominumque deorumque?
Aut quid in eversâ vidi crudelius urbe?
Ascanium, Anchisenque patrem, Teucrosque Penates
Commendo sociis, et curvâ valle recondo ;
Ipse urbem repeto, et cingor fulgentibus armis.
750 Stat casus renovare omnes, omnemque reverti
Per Trojam, et rursùs caput objectare periclis.
Principiò muros obscuraque limina portæ
Quâ gressum extuleram, repeto ; et vestigia retrò
Observata sequor per noctem, et lumine lustro :
Horror ubique animos, simùl ipsa silentia terrent.
Indè domum, si fortè pedem, si fortè tulisset,
Me refero : irruerant Danai, et tectum omne tenebant.
Ilicet ignis edax summa ad fastigia vento
Volvitur, exsuperant flammæ, furit æstus ad auras.
760 Procedo, et Priami sedes arcemque reviso ;
Et jàm porticibus vacuis Junonis asylo
Custodes lecti Phœnix et dirus Ulysses
Prædam asservabant : hùc undique Troia gaza
Incensis erepta adytis, mensæque deorum,
Crateresque auro solidi, captivaque vestis,
Congeritur. Pueri et pavidæ longo ordine matres
Stant circùm.

Ce morne silence qui succède au plus épouvantable tumulte, la profanation des temples, le partage des captives, terminent dignement la dernière nuit d'Ilion. Euripide a décrit les mêmes circonstances dans le troisième chœur d'*Hécube* (*v.* 895), et dans le prologue des *Troyennes:*

Πολὺς δὲ χρυσὸς, Φρύγιά τε σκυλεύματα
πρὸς ναῦς Ἀχαιῶν πέμπεται · μένουσι δὲ
πρύμνηθεν οὖρον, ὡς δεκασπόρῳ χρόνῳ
ἀλόχους τε καὶ τέκν᾽ εἰσίδωσιν ἄσμενοι.
. . . .
πολλοῖς δὲ κωκυτοῖσιν αἰχμαλωτίδων
βοᾷ Σκάμανδρος, δεσπότας κληρουμένων.
καὶ τὰς μὲν Ἀρκὰς, τὰς δὲ Θεσσαλὸς λεὼς
εἴληχ᾽, Ἀθηναίων δὲ Θησεῖδαι πρόμοι.
ὅσαι δ᾽ ἄκληροι Τρῳάδων, ὑπὸ στέγαις
ταῖς δ᾽ εἰσὶ, τοῖς πρώτοισιν ἐξῃρημέναι.

Troyennes, v. 18 et 28.

★

Ausus quin etiam voces jactare per umbram,
Implevi clamore vias, mœstusque Creüsam   [cavi.
770 Nequidquam ingeminans, iterùmque iterùmque vo-
Quærenti, et tectis urbis sine fine furenti
Infelix simulacrum atque ipsius umbra Creüsæ
Visa mihi antè oculos, et notâ major imago.
Obstupui, steteruntque comæ, et vox faucibus hæsit.
Tùm sic affari, et curas his demere dictis:
« Quid tantùm insano juvat indulgere dolori,
O dulcis conjux? non hæc sine numine divûm
Eveniunt; nec te hinc comitem asportare Creüsam
Fas, aut ille sinit superi regnator Olympi.
780 Longa tibi exsilia, et vastum maris æquor arandum:
Ad terram Hesperiam venies, ubi Lydius, arva
Inter opima virûm, leni fluit agmine Tibris.
Illic res lætæ, regnumque, et regia conjux

Parta tibi : lacrymas dilectæ pelle Creüsæ.
Non ego Myrmidonum sedes Dolopumve superbas
Aspiciam, aut Graiis servitum matribus ibo,
Dardanis, et divæ Veneris nurus.
Sed me magna deûm genitrix his detinet oris.
Jamque vale, et nati serva communis amorem. »
790 Hæc ubi dicta dedit, lacrymantem et multa volentem
Dicere deseruit, tenuesque recessit in auras.
Ter conatus ibi collo dare brachia circùm :
Ter frustrà comprensa manus effugit imago,
Par levibus ventis, volucrique simillima somno.

Cette admission de Créüse au culte de Cybèle est fondée sur une tradition antique conservée par Pausanias. Virgile en tire ici un heureux parti pour préparer la grandeur de son héros ; la prédiction de l'empire d'Italie, indiquée d'abord vaguement par Hector, confirmée par le prodige opéré sur Ascagne, reçoit sa sanction de la bouche de Créüse, qui lègue pour ainsi dire d'avance à Lavinie la main de son époux et l'illustration de sa famille. C'est ainsi que le Tasse fait apparoître Clorinde à Tancrède (*Jérusalem*, ch. *XII*, st. 91). Les paroles de Créüse sur son affranchissement rappellent cette réflexion touchante d'Hector, lisant dans l'avenir les malheurs d'Andromaque :

Καί κεν ἐν Ἄργει ἐοῦσα, πρὸς ἄλλης ἱστὸν ὑφαίνοις,
καί κεν ὕδωρ φορέοις Μεσσηίδος ἢ Ὑπερείης,
πόλλ' ἀεκαζομένη, κρατερὴ δ' ἐπικείσετ' ἀνάγκη·
καί ποτέ τις εἴπησιν, ἰδὼν κατὰ δάκρυ χέουσαν·
« Ἕκτορος ἥδε γυνή, ὃς ἀριστεύεσκε μάχεσθαι
Τρώων ἱπποδάμων, ὅτε Ἴλιον ἀμφεμάχοντο. »
ὥς ποτέ τις ἐρέει· σοὶ δ' αὖ νέον ἔσσεται ἄλγος.

Il., VI, v. 456.

La recommandation de Créüse en faveur de son fils se retrouve dans l'*Alceste* d'Euripide (*v.* 382). Sa disparition subite est une imitation littérale d'Homère, traduite par le Tasse (*Jérusalem*, *ch. XIV*, *st.* 6), et par Voltaire (*Henriade*, *ch. VI*, *v.* 354).

Τρὶς μὲν ἐφωρμήθην, ἐλέειν τέ με θυμὸς ἄνωγε,
τρὶς δέ μοι ἐκ χειρῶν, σκιῇ εἴκελον, ἢ καὶ ὀνείρῳ,
ἔπτατ'· ἐμοὶ δ' ἄχος ὀξὺ γενέσκετο κηρόθι μᾶλλον.
Od. XI, v. 205.

★

Sic demùm socios, consumptâ nocte, reviso.
Atque hîc ingentem comitum affluxisse novorum
Invenio admirans numerum, matresque, virosque,
Collectam exsilio plebem, miserabile vulgus.
Undique convenêre, animis opibusque parati,
800 In quascumque velim pelago deducere terras.
Jàmque jugis summæ surgebat Lucifer Idæ,
Ducebatque diem, Danaique obsessa tenebant
Limina portarum, nec spes opis ulla dabatur :
Cessi, et sublato montem genitore petivi.

La retraite d'Enée et la désolation de Troie ont été peintes par Quintus (*Paralip. XIII*, *v.* 315, et *XIV*, *v.* 9). Selon Denys d'Halicarnasse, Énée conclut une trêve avec les Grecs, qui lui permirent de fonder une colonie avec les débris de la nation troyenne.

ÉNÉIDE.

LIVRE TROISIÈME.

SOMMAIRE.

Navigation d'Énée.

- I. Episode de Polydore.
- II. Oracle d'Apollon.
- III. Apparition des dieux Pénates.
- IV. Episode des Harpies.
- V. Rencontre d'Andromaque et d'Hélénus.
- VI. Passage a Tarente.
- VII. Episode d'Achéménide.

Imité des chants 9 et 12 de l'Odyssée.

ÉNÉIDE.
LIVRE TROISIÈME.

I.

Postquam res Asiæ Priamique evertere gentem
Immeritam visum superis, ceciditque superbum
Ilium, et omnis humo fumat Neptunia Troja,
Diversa exsilia et desertas quærere terras
Auguriis agimur divûm, classemque sub ipsâ
Antandro et Phrygiæ molimur montibus Idæ,
Incerti quò fata ferant, ubi sistere detur;
Contrahimusque viros. Vix prima inceperat æstas,
Et pater Anchises dare fatis vela jubebat;
10 Littora tùm patriæ lacrymans portusque relinquo,
Et campos ubi Troja fuit. Feror exsul in altum
Cum sociis, natoque, penatibus, et magnis dîs.

Troie n'est plus, toute la race de Priam a subi la mort ou l'esclavage, Enée seul est réservé par les dieux pour la faire refleurir sur une terre étrangère. Il construit une flotte de vingt vaisseaux, et part à la tête des Troyens fugitifs. Sa navigation qui fait le sujet de ce chant, répond en partie aux voyages d'Ulysse, contenus dans les livres IX, X, XI et XII de l'Odyssée. Homère fait aborder successivement son héros chez les Ciconiens, les Lotophages et les Cyclopes; chez

Éole, les Lestrygons et Circé; il le conduit à l'entrée des enfers, et le ramène ensuite par l'île des Sirènes, les écueils de Charybde et Scylla, et les champs du Soleil, jusqu'à l'île de Calypso d'où la tempête le jette sur la côte des Phéaciens. Virgile a choisi dans ces fictions tout ce qui pouvoit se concilier avec l'histoire de son héros. Il le conduit successivement en Thrace, dans les îles de Délos, de Crète et des Strophades, au promontoire d'Actium, et aux côtes de l'Epire. De là Enée vogue vers l'Italie, passe en vue de Tarente, aperçoit de loin les écueils de Sicile, aborde à la terre des Cyclopes et enfin au port de Drépane, d'où il est poussé vers Carthage. Cet itinéraire est, à peu de chose près, celui qu'a tracé Denys d'Halicarnasse, qui a consigné l'histoire du prince troyen dans ses *Antiquités Romaines*, publiées à la même époque que le poëme de Virgile. Les deux narrations sont puisées à la même source, dans les traditions primitives de l'Italie. Elles sont fondées sur des monuments troyens qui subsistoient encore au siècle d'Auguste dans les différents pays traversés par Enée, et dont les noms attestoient son passage. Virgile ne s'écarte guère de la vérité des faits que dans la partie allégorique de son récit, et dans l'arrivée du héros à la cour de Didon. Dans tout le reste, le poëte suit pas à pas l'historien, comme nous aurons occasion de le remarquer dans le développement successif de ce livre.

*

Terra procùl vastis colitur Mavortia campis,
Thraces arant, acri quondam regnata Lycurgo;
Hospitium antiquum Trojæ, sociique penates,
Dùm fortuna fuit. Feror hùc, et littore curvo
Mœnia prima loco, fatis ingressis iniquis,
Æneadasque meo nomen de nomine fingo.

Enée arrive d'abord en Thrace, sur cette même côte des Ciconiens, qui, selon le récit d'Homère, fut la première station d'Ulysse :

Ἰλιόθεν με φέρων ἄνεμος Κικόνεσσι πέλασσεν,
Ἰσμάρῳ· ἔνθα δ' ἐγὼ πόλιν ἔπραθον, ὤλεσα δ' αὐτούς.
Od. IX, v. 39.

Il y fonde la ville d'Enos, près de l'embouchure de l'Hèbre, dans un golfe qui a conservé ce nom, ce qui est conforme au récit de Denys d'Halicarnasse (*liv. I des Antiquités Romaines*). Selon cet historien, ce fut la stérilité du sol qui contraignit Énée d'abandonner la Thrace. Virgile assigne à son départ une cause plus poétique :

*

    Sacra Dionææ matri divisque ferebam
20 Auspicibus cœptorum operum, superoque nitentem
    Cœlicolûm regi mactabam in littore taurum.
    Fortè fuit juxtà tumulus, quo cornea summo
    Virgulta, et densis hastilibus horrida myrtus.
    Accessi, viridemque ab humo convellere silvam
    Conatus, ramis tegerem ut frondentibus aras,
    Horrendum et dictu video mirabile monstrum.
    Nam quæ prima solo ruptis radicibus arbos
    Vellitur, huic atro liquuntur sanguine guttæ,
    Et terram tabo maculant. Mihi frigidus horror
30 Membra quatit, gelidusque coit formidine sanguis.
    Rursùs et alterius lentum convellere vimen
    Insequor, et causas penitùs tentare latentes;
    Ater et alterius sequitur de cortice sanguis.
    Multa movens animo, nymphas venerabar agrestes,
    Gradivumque patrem, Geticis qui præsidet arvis,

Rite secundarent visus, omenque levarent.
Tertia sed postquàm majore hastilia nisu
Aggredior, genibusque adversæ obluctor arenæ,
Eloquar, an sileam? gemitus lacrymabilis imo
40 Auditur tumulo, et vox reddita fertur ad aures:
« Quid miserum, Ænea, laceras? jàm parce sepulto;
Parce pias scelerare manus : non me tibi Troja
Externum tulit : haud cruor hic de stipite manat.
Heu! fuge crudeles terras, fuge littus avarum !
Nam Polydorus ego : hîc confixum ferrea texit
Telorum seges, et jaculis increvit acutis. »
Tùm verò ancipiti mentem formidine pressus
Obstupui, steteruntque comæ, et vox faucibus hæsit.
Hunc Polydorum auri quondam cum pondere magno
50 Infelix Priamus furtim mandârat alendum
Threïcio regi, cùm jam diffideret armis
Dardaniæ, cingique urbem obsidione videret.
Ille, ut opes fractæ Teucrûm, et fortuna recessit,
Res Agamemnonias victriciaque arma secutus
Fas omne abrumpit, Polydorum obtruncat, et auro
Vi potitur. Quid non mortalia pectora cogis,
Auri sacra fames ! Postquàm pavor ossa reliquit,
Delectos populi ad proceres, primumque parentem
Monstra deûm refero, et quæ sit sententia posco.
60 Omnibus idem animus sceleratâ excedere terrâ.
Linquere pollutum hospitium, et dare classibus austros.

La mort de Polydore, fils de Priam, est racontée tout différemment par Homère, qui le fait périr sous les coups d'Achille, au 20me. chant de l'Iliade :

Αὐτὰρ ὁ βῆ σὺν δουρὶ μετ' ἀντίθεον Πολύδωρον,
Πριαμίδην· τὸν δ' οὔτι πατὴρ εἴασκε μάχεσθαι,

οὕνεκά οἱ μετὰ παισὶ νεώτατος ἔσκε γόνοιο,
καί οἱ φίλτατος ἔσκε, πόδεσσι δὲ πάντας ἐνίκα·
δὴ τότε νηπιέῃσι, ποδῶν ἀρετὴν ἀναφαίνων,
θῦνε διὰ προμάχων, εἵως φίλον ὤλεσε θυμόν.

IL. XX, v. 407.

C'est sans doute cette préférence de Priam pour le plus jeune de ses enfants qui a fait imaginer aux auteurs cycliques son envoi en Thrace et le crime de Polymnestor, dont Euripide a formé sa tragédie d'*Hécube*. Dans son prologue, imité par Virgile, il met en scène l'ombre de Polydore, racontant ainsi sa déplorable histoire :

Ηκω, νεκρῶν κευθμῶνα καὶ σκότου πύλας
λιπών, ἵν' Ἀΐδης χωρὶς ᾤκισται θεῶν,
Πολύδωρος, Ἑκάβης παῖς γεγὼς τῆς Κισσέως,
Πριάμου τε πατρός· ὅς τ' ἐπεὶ Φρυγῶν πόλιν
κίνδυνος ἔσχε δορὶ πεσεῖν Ἑλληνικῷ,
δείσας, ὑπεξέπεμψε Τρωϊκῆς χθονὸς
Πολυμήστορος πρὸς δῶμα, Θρηκίου ξένου,
ὃς τὴν ἀρίστην Χερσονησίαν πλάκα
σπείρει, φίλιππον λαὸν εὐθύνων δορί.
πολὺν δὲ σὺν ἐμοὶ χρυσὸν ἐκπέμπει λάθρα
πατήρ, ἵν', εἴ ποτ' Ἰλίου τείχη πέσοι,
τοῖς ζῶσιν εἴη παισὶ μὴ σπάνις βίου.
νεώτατος δ' ἦν Πριαμιδῶν· ὃ καί με γῆς
ὑπεξέπεμψεν· οὔτε γὰρ φέρειν ὅπλα
οὔτ' ἔγχος οἷός τ' ἦν νέῳ βραχίονι.
ἕως μὲν οὖν γῆς ὄρθ' ἔκειθ' ὁρίσματα,
πύργοι τ' ἄθραυστοι Τρωϊκῆς ἦσαν χθονὸς,
Ἕκτωρ τ' ἀδελφὸς οὑμὸς ηὐτύχει δορί,
καλῶς παρ' ἀνδρὶ Θρηκὶ, πατρῴῳ ξένῳ,
τροφαῖσιν, ὥς τις πτόρθος, ηὐξόμην τάλας.
ἐπεὶ δὲ Τροία θ', Ἕκτορός τ' ἀπόλλυται
ψυχή, πατρῷα θ' ἑστία κατεσκάφη,

αὐτὸς δὲ βωμῷ πρὸς Θεοδμήτῳ πιτνεῖ,
σφαγεὶς Ἀχιλλέως παιδὸς ἐκ μιαιφόνου,
κτείνει με χρυσοῦ, τὸν ταλαίπωρον, χάριν
ξένος πατρῷος, καὶ κτανὼν ἐς οἶδμ' ἁλὸς
μεθῆχ', ἵν' αὐτὸς χρυσὸν ἐν δόμοις ἔχῃ.

Hécube, v. 1.

Euripide fait périr Polydore dans les flots, afin que son corps, jeté sur le rivage, soit le premier objet qui frappe les yeux d'Hécube. Virgile a relevé les circonstanses de ce meurtre par une ingénieuse métamorphose tirée d'Apollonius (*ch. II*, *v.* 477), et imitée depuis par Ovide dans la transformation de Dryope (*ch. IX*, *v.* 344), par l'Arioste dans celle d'Astolphe (*ch. VI*, *st.* 28), et par le Tasse dans la forêt enchantée (*ch. XIII*, *st.* 41).

, ★ •

Ergò instauramus Polydoro funus, et ingens
Aggeritur tumulo tellus: stant manibus aræ,
Cœruleis mœstæ vittis atrâque cupresso;
Et circùm Iliades crinem de more solutæ.
Inferimus tepido spumantia cymbia lacte,
Sanguinis et sacri pateras, animamque sepulcro
Condimus, et magnâ supremùm voce ciemus.
Indè, ubi prima fides pelago, placataque venti
70 Dant maria, et lenis crepitans vocat Auster in altum,
Deducunt socii naves, et littora complent.
Provehimur portu, terræque urbesque recedunt.

Ulysse ne quitte aussi la Thrace qu'après avoir rendu les derniers honneurs à ceux de ses compagnons qui y avoient péri:

Ενθεν δὲ προτέρω πλέομεν ἀκαχήμενοι ἦτορ,
ἅσμενοι ἐκ θανάτοιο, φίλους ὀλέσαντες ἑταίρους.

οὐδ' ἄρα μοὶ προτέρω νῆες κίον ἀμφιέλισσαι,
πρίν τινα τῶν δειλῶν ἑτάρων τρὶς ἕκαστον ἀῦσαι
οἳ θάνον ἐν πεδίῳ Κικόνων ὕπο δηϊωθέντες.

Od. IX, v. 62.

Le héros grec est poussé de là sur les côtes d'Afrique, dans le pays des Lotophages, d'où il arrive à celui des Cyclopes. Énée, suivant une autre route, mouille d'abord dans l'île de Délos, où il consulte l'oracle d'Apollon.

II.

Sacra mari colitur medio gratissima tellus
Nereidum matri et Neptuno Ægæo :
Quam pius Arcitenens, oras et littora circùm
Errantem, Mycone celsâ Gyaroque revinxit,
Immotamque coli dedit, et contemnere ventos.
Hùc feror; hæc fessos tuto placidissima portu
Accipit : egressi veneramur Apollinis urbem.
80 Rex Anius, rex idem hominum Phœbique sacerdos,
Vittis et sacrâ redimitus tempora lauro,
Occurrit; veterem Anchisen agnoscit amicum :
Jungimus hospitio dextras, et tecta subimus.

L'arrivée d'Énée à Délos, et sa réception amicale chez Anius, sont également rapportées par Denys. L'île de Délos, (auj. *Sdili*,) d'abord flottante, selon la fable, fut fixée par Apollon qui y avoit reçu le jour. Elle devint bientôt la reine des Cyclades, et s'enrichit des dons de tous les peuples qui venoient y consulter le trépied prophétique. Le poëte Callimaque lui a consacré un hymne dans lequel il rapporte ainsi l'origine de son nom :

Ἡνίκα δ' Ἀπόλλωνι γενέθλιον οὖδας ἐπέσχες
τουτό τοι ἀντιμοιϐὸν ἁλίπλοοι οὔνομ' ἔθεντο,
οὔνεκεν οὐκετ' ἄδηλος ἐπέπλεες, ἀλλ' ἐνὶ πόντου
κύμασιν Αἰγαίοιο ποδῶν ἐνεθήκαο ῥίζας.

H. à Délos, v. 51.

L'appareil vénérable du prêtre d'Apollon rappelle celui de Chrysès au 1er. chant de l'Iliade (*v.* 14) : Στέμματ' ἔχων ἐν χερσὶν ἐκηϐόλου Ἀπόλλωνος. Ovide rapporte l'histoire d'Anius, ancien hôte et ami d'Anchise (*Métam. XIII, v.* 631).

Templa dei saxo venerabar structa vetusto :
« Da propriam, Thymbraee, domum : da moenia fessis,
Et genus, et mansuram urbem : serva altera Trojae
Pergama, relliquias Danaûm atque immitis Achillei.
Quem sequimur ? quòve ire jubes ? ubi ponere sedes ?
Da, pater, augurium, atque animis illabere nostris. »
90 Vix ea fatus eram ; tremere omnia visa repentè,
Liminaque, laurusque dei, totusque moveri
Mons circùm, et mugire adytis cortina reclusis.
Submissi petimus terram, et vox fertur ad aures :
« Dardanidæ duri, quæ vos à stirpe parentum
Prima tulit tellus, eadem vos ubere læto
Accipiet reduces : antiquam exquirite matrem :
Hîc domus Æneæ cunctis dominabitur oris,
Et nati natorum, et qui nascentur ab illis. »

L'agitation mystérieuse qui précède l'émission de l'oracle est peinte par Callimaque dans son hymne à Apollon.

Οἷον ὁ τὠ‍πόλλωνος ἐσείσατο δάφνινος ὄρπηξ,
οἷα δ' ὅλον τὸ μέλαθρον· ἑκὰς, ἑκὰς, ὅστις ἀλιτρός.
καὶ δή που τὰ θύρετρα καλῷ ποδὶ Φοῖβος ἀράσσει,
οὐχ ὁράας ; ἐπένευσεν ὁ Δήλιος ἡδύ τι φοῖνιξ
ἐξαπίνης, ὁ δὲ κύκνος ἐν ἠέρι καλὸν ἀείδει.
αὐτοὶ νῦν κατοχῆες ἀνακλίνεσθε πυλάων,
αὐταὶ δὲ κληῖδες · ὁ γὰρ θεός οὐκέτι μακράν.

H. à Apollon, v. 1.

La réponse du dieu n'est que le développement de cette prophétie de l'Iliade, prononcée par Neptune au moment où il sauve Enée :

Ἤδη γὰρ Πριάμου γενεὴν ἤχθηρε Κρονίων·
νῦν δὲ δὴ Αἰνείαο βίη Τρώεσσιν ἀνάξει,
καὶ παίδων παῖδες, τοί κεν μετόπισθε γένωνται.

Il. XX, v. 306.

Il est probable que, du temps d'Homère, les descendants d'Enée régnoient encore sur le territoire d'Ilion. Ceci sembleroit détruire la brillante hypothèse de leur établissement dans le Latium, si l'on ne pouvoit supposer, avec Denys d'Halicarnasse, qu'Enée avoit plusieurs fils, dont l'un resta dans la Troade. D'ailleurs les nombreux monuments qui attestoient son séjour en Italie, donnent beaucoup de poids à la tradition des Romains.

*

  Hæc Phœbus : mixtoque ingens exorta tumultu
100 Lætitia ; et cuncti, quæ sint ea mœnia, quærunt ;

Quò Phœbus vocet errantes, jubeatque reverti.
Tùm genitor, veterum volvens monumenta virorum:
« Audite, o proceres, ait, et spes discite vestras.
Creta Jovis magni medio jacet insula ponto,
Mons Idæus ubi, et gentis cunabula nostræ.
Centum urbes habitant magnas, uberrima regna :
Maximus undè pater, si ritè audita recordor,
Teucrus Rhœteas primùm est advectus ad oras,
Optavitque locum regno : nondùm Ilium et arces
110 Pergameæ steterant; habitabant vallibus imis.
Hinc mater cultrix Cybele, Corybantiaque, æra,
Idæumque nemus ; hinc fida silentia sacris,
Et juncti currum dominæ subiêre leones.
Ergò agite, et, divùm ducunt quà jussa, sequamur.
Placemus ventos, et Gnossia regna petamus.
Nec longo distant cursu ; modò Jupiter adsit,
Tertia lux classem Cretæis sistet in oris. »
Sic fatus, meritos aris mactavit honores :
Taurum Neptuno ; taurum tibi, pulcher Apollo ;
120 Nigram Hiemi pecudem, Zephyris felicibus albam.

L'île de Crète, qu'Anchise croit être le berceau de la nation troyenne, est souvent citée dans Homère. Il vante partout sa gloire et son antique civilisation, antérieure à celle de toute la Grèce, notamment dans ce passage de l'Odyssée, que Virgile a littéralement traduit :

Κρήτη τις γαῖ' ἐστί, μέσῳ ἐνὶ οἴνοπι πόντῳ,
καλὴ καὶ πίειρα, περίρρυτος· ἐν δ' ἄνθρωποι
πολλοί, ἀπειρέσιοι, καὶ ἐννήκοντα πόληες.

Od. XIX, v. 172.

Il ne parle nulle part de Teucer, premier roi de Troie, mais il attribue à Dardanus, héritier de sa puissance, tout ce que Virgile dit ici de Teucer :

Δάρδανον αὖ πρῶτον τέκετο νεφεληγερέτα Ζεύς,
κτίσσε δὲ Δαρδανίην· ἐπεὶ οὔπω Ἴλιος ἰρὴ
ἐν πεδίῳ πεπόλιστο, πόλις μερόπων ἀνθρώπων,
ἀλλ' ἔθ' ὑπωρείας ᾤκεον πολυπίδακος Ἴδης.

IL. XX, v. 215.

La suite du discours d'Anchise présente encore deux réminiscences : l'une tirée de ces paroles d'Achille aux députés d'Agamemnon :

Εἰ δέ κεν εὐπλοίην δώῃ κλυτὸς Ἐννοσίγαιος,
ἤματί τε τριτάτῳ Φθίην ἐρίβωλον ἱκοίμην.

IL. IX, v. 362.

L'autre de ce sacrifice de Nestor :

Ἔνθα Διῒ ῥέξαντες ὑπερμενεῖ ἱερὰ καλά,
ταῦρον δ' Ἀλφειῷ, ταῦρον δὲ Ποσειδάωνι,
αὐτὰρ Ἀθηναίῃ γλαυκώπιδι βοῦν ἀγελαίην,
δόρπον ἔπειθ' ἑλόμεσθα κατὰ στρατὸν ἐν τελέεσσιν.

IL. XI, v. 727.

∼∼∼∼∼

III.

Fama volat, pulsum regnis cessisse paternis
Idomenea ducem, desertaque littora Cretæ;
Hoste vacare domos, sedesque adstare relictas.
Linquimus Ortygiæ portus, pelagoque volamus;
Bacchatamque jugis Naxon, viridemque Donysam,
Olearon, niveamque Paron, sparsasque per æquor

Cycladas, et crebris legimus freta consita terris.
Nauticus exoritur vario certamine clamor.
Hortantur socii : Cretam proavosque petamus.
130 Prosequitur surgens à puppi ventus euntes,
Et tandem antiquis Curetum allabimur oris.

L'exil d'Idoménée, pour avoir sacrifié son fils, n'est pas mentionné dans Homère. L'arrivée des Troyens en Crète s'écarte également du récit de Denys d'Halicarnasse, qui fait voguer Enée de Délos à Cythère, et de là au promontoire de Cynèthe, sur les côtes du Péloponèse. Mais Strabon, Pline et Plutarque lui attribuent, comme Virgile, la fondation de Pergame, près de l'ancienne Cydonie, sur la côte occidentale de la Crète.

★

Ergò avidus muros optatæ molior urbis,
Pergameamque voco ; et lætam cognomine gentem
Hortor amare focos, arcemque attollere tectis.
Jàmque ferè sicco subductæ littore puppes ;
Connubiis arvisque novis operata juventus ;
Jura domosque dabam , subitò cùm tabida membris,
Corrupto cœli tractu, miserandaque venit
Arboribusque satisque lues, et lethifer annus.
140 Linquebant dulces animas, aut ægra trahebant
Corpora : tùm steriles exurere Sirius agros ;
Arebant herbæ, et victum seges ægra negabat.
Rursùs ad oraclum Ortygiæ Phœbumque remenso
Hortatur pater ire mari, veniamque precari :
Quam fessis finem rebus ferat, undè laborum
Tentare auxilium jubeat, quò vertere cursus.

Cette peste, qui suivit immédiatement l'établissement de la nouvelle Pergame, paroît tracée d'après la peste de Thèbes, si éloquemment décrite par Sophocle, dans l'exposition de l'*OEdipe Roi* :

Πόλις γὰρ, ὥσπερ καὐτὸς εἰσορᾷς, ἄγαν
ἤδη σαλεύει, κἀνακουφίσαι κάρα
βυθῶν ἔτ᾽ οὐχ οἵα τε φοινίου σάλου,
φθίνουσα μὲν κάλυξιν ἐγκάρποις χθονός,
φθίνουσα δ᾽ ἀγέλαις βουνόμοις, τόκοισί τε
ἀγόνοις γυναικῶν· ἐν δ᾽ ὁ πυρφόρος θεὸς
σκήψας ἐλαύνει, λοιμὸς ἔχθιστος, πόλιν.

OEdipe Roi, v. 22.

On peut aussi la comparer à la peste de l'Iliade, avec la différence que cette dernière, au lieu d'être lente et progressive, est aussi prompte que les flèches d'Apollon :

Ἕζετ᾽ ἔπειτ᾽ ἀπάνευθε νεῶν, μετὰ δ᾽ ἰὸν ἕηκεν·
δεινὴ δὲ κλαγγὴ γένετ᾽ ἀργυρέοιο βιοῖο.
οὐρῆας μὲν πρῶτον ἐπῴχετο καὶ κύνας ἀργούς·
αὐτὰρ ἔπειτ᾽ αὐτοῖσι βέλος ἐχεπευκὲς ἐφιείς,
βάλλ᾽· αἰεὶ δὲ πυραὶ νεκύων καίοντο θαμειαί.

Il. I, v. 48.

L'exhortation d'Anchise rappelle les paroles d'Achille :

Ἀλλ᾽ ἄγε δή τινα μάντιν ἐρείομεν, ἢ ἱερῆα,
ἢ καὶ ὀνειροπόλον, καὶ γάρ τ᾽ ὄναρ ἐκ Διός ἐστιν,
ὅς κ᾽ εἴπῃ, ὅ τι τόσσον ἐχώσατο Φοῖβος Ἀπόλλων,
εἴτ᾽ ἄρ᾽ ὅγ᾽ εὐχωλῆς ἐπιμέμφεται, εἴθ᾽ ἑκατόμβης·
αἴ κέν πως ἀρνῶν κνίσσης αἰγῶν τε τελείων
βούλεται ἀντιάσας, ἡμῖν ἀπὸ λοιγὸν ἀμῦναι.

Il. I, v. 62.

★

Nox erat, et terris animalia somnus habebat.
Effigies sacræ divûm Phrygiique Penates,

Quos mecum à Trojâ mediisque ex ignibus urbis
150 Extuleram, visi antè oculos adstare jacentis
In somnis, multo manifesti lumine, quà se
Plena per insertas fundebat luna fenestras.
Tùm sic affari, et curas his demere dictis:
« Quod tibi delato Ortygiam dicturus Apollo est,
Hìc canit, et tua nos en ultrò ad limina mittit.
Nos te, Dardaniâ incensâ, tuaque arma secuti,
Nos tumidum sub te permensi classibus æquor,
Idem venturos tollemus ad astra nepotes,
Imperiumque urbi dabimus: tu mœnia magnis
160 Magna para, longumque fugæ ne linque laborem.
Mutandæ sedes: non hæc tibi littora suasit
Delius, aut Cretæ jussit considere, Apollo.
Est locus, Hesperiam Graii cognomine dicunt,
Terra antiqua, potens armis atque ubere glebæ.
OEnotri coluêre viri: nunc fama minores
Italiam dixisse, ducis de nomine, gentem.
Hæ nobis propriæ sedes; hinc Dardanus ortus,
Iasiusque pater: genus a quo principe nostrum.
Surge age, et hæc lætus longævo dicta parenti
170 Haud dubitanda refer: Corythum, terrasque requirat
Ausonias: Dictæa negat tibi Jupiter arva. »
Talibus attonitus visis ac voce deorum,
(Nec sopor illud erat, sed coràm agnoscere vultus,
Velatasque comas, præsentiaque ora videbar,
Tum gelidus toto manabat corpore sudor),
Corripio è stratis corpus, tendoque supinas
Ad cœlum cum voce manus, et munera libo
Intemerata focis. Perfecto lætus honore,
Anchisen facio certum, remque ordine pando.
180 Agnovit prolem ambiguam, geminosque parentes,

Seque novo veterum deceptum errore locorum.
Tum memorat : « Nate Iliacis exercite fatis,
Sola mihi tales casus Cassandra canebat.
Nunc repeto hæc generi portendere debita nostro,
Et sæpè Hesperiam, sæpè Itala regna vocare.
Sed quis ad Hesperiæ venturos littora Teucros
Crederet ? aut quem tum vates Cassandra moveret ?
Cedamus Phœbo, et moniti meliora sequamur. »

L'explication que donnent les dieux Pénates des diverses révolutions de l'Hespérie, qui, appelée successivement terre des OEnotriens, terre des Ausoniens, reçut enfin le nom d'Italie, est confirmée par le témoignage de tous les auteurs. Mais Virgile s'éloigne du sentiment de Denys dans l'origine qu'il donne à Dardanus. Il suppose que ce prince, ainsi que son frère Jasius, étoient nés en Etrurie, l'un de Jupiter et d'Electre fille d'Atlas; l'autre d'Electre et du roi Corythus. L'historien grec, au contraire, prétend que Dardanus et Jasius régnèrent en Arcadie, et que ce fut de là qu'ils partirent à la tête d'une colonie pour s'établir d'abord dans l'île de Samothrace, et ensuite dans les champs troyens. Si la supposition de Virgile est dénuée de fondement, elle est au moins beaucoup plus favorable au plan de son poëme, elle donne plus d'authenticité aux droits de son héros, et assure un but plus décidé à son établissement en Italie. La fiction entière de l'apparition des dieux Pénates semble lui avoir été inspirée par un passage des Argonautiques, où les trois déesses tutélaires de la Libye apparoissent à Jason, jeté sur la grande Syrte, et lui indiquent la route de la Grèce. (*Argon. IV*, v. 1312.)

★

Sic ait : et cuncti dicto paremus ovantes.
190 Hanc quoque deserimus sedem, paucisque relictis,
Vela damus, vastumque cavâ trabe currimus æquor.

Postquam altum tenuére rates, nec jàm amplius ullæ
Apparent terræ, cœlum undique, et undique pontus :
Tùm mihi cœruleus supra caput adstitit imber
Noctem hiememque ferens, et inhorruit unda tenebris.
Continuo venti volvunt mare, magnaque surgunt
Æquora; dispersi jactamur gurgite vasto.
Involvére diem nimbi, et nox humida cœlum
Abstulit : ingeminant abruptis nubibus ignes.
200 Excutimur cursu, et cæcis erramus in undis.
Ipse diem noctemque negat discernere cœlo,
Nec meminisse viæ mediâ Palinurus in undâ.
Tres adeò incertos cæcâ caligine soles
Erramus pelago ; totidem sine sidere noctes.
Quarto terra die primùm se attollere tandem
Visa, aperire procul montes, ac volvere fumum.
Vela cadunt; remis insurgimus; haud mora, nautæ
Adnixi torquent spumas, et cœrula verrunt.

Le commencement de cette description est tirée du 12me. chant de l'Odyssée, où Ulysse raconte le naufrage de ses compagnons en quittant l'île du Soleil :

Ἡμεῖς δ' αἶψ' ἀναβάντες ἐνήκαμεν εὐρέϊ πόντῳ,
ἱστὸν στησάμενοι, ἀνά θ' ἱστία λεύκ' ἐρύσαντες.
ἀλλ' ὅτε δὴ τὴν νῆσον ἐλείπομεν, οὐδέ τις ἄλλη
φαίνετο γαιάων, ἀλλ' οὐρανὸς, ἠδὲ θάλασσα,
δὴ τότε κυανέην νεφέλην ἔστησε Κρονίων
νηὸς ὑπὲρ γλαφυρῆς· ἤχλυσε δὲ πόντος ὑπ' αὐτῆς.
Od. XII, v. 401.

On trouve les mêmes circonstances dans la navigation des Argonautes :

Αὐτίκα δὲ Κρηταῖον ὑπὲρ μέγα λαῖτμα θέοντας
νὺξ ἐφόβει, τήν πέρ τε κατουλάδα κικλήσκουσι,

νύκτ' ὀλοήν· οὐκ ἄστρα διέσχανεν, οὐκ ἀμαρυγαὶ
μήνης· οὐρανόθεν δὲ μέλαν χάος, ἤ τις ἀϊδνὴ
ὠρώρει σκοτίη μυχάτων ἀνιοῦσα βερέθρων.
αὐτοὶ δ', εἴτ' ἀΐδῃ, εἴθ' ὕδασιν ἐμφορέοντο,
ἠείδειν οὐδ' ὅσσον· ἐπέτρεψαν δὲ θαλάσσῃ
νόστον, ἀμηχανέοντες, ὅπη φέροι. αὐτὰρ Ἰήσων
χεῖρας ἀνασχόμενος μεγάλῃ ὀπὶ Φοῖβον αὔτει.
Argon. IV, v. 1694.

Les autres vers de Virgile sont imités du 5me. chant de l'Odyssée (*v*. 388), où Ulysse nage pendant deux jours dans la mer Ionienne avant d'aborder à l'île des Phéaciens. Enfin la manœuvre du débarquement se retrouve au 12me. chant du même poëme :

Ἀνστάντες δ' ἕταροι νεὸς ἱστία μηρύσαντο,
καὶ τὰ μὲν ἐν νηῒ γλαφυρῇ βάλον· οἱ δ' ἐπ' ἐρετμὰ
ἑζόμενοι, λεύκαινον ὕδωρ ξεστῇς ἐλάτῃσιν.
Od. XII, v. 170.

Énée et ses vaisseaux, entraînés loin des côtes, sont poussés vers les îles Strophades, (auj. *Strivali*,) situées en face de l'Élide, au milieu de la mer Ionienne.

IV.

Servatum ex undis Strophadum me littora primum
210 Accipiunt : Strophades Graio stant nomine dictæ
Insulæ Ionio in magno, quas dira Celæno,
Harpyiæque colunt aliæ, Phineïa postquam
Clausa domus, mensasque metu liquêre priores.
Tristius haud illis monstrum, nec sævior ulla
Pestis, et ira deûm Stygiis sese extulit undis.

Virginei volucrum vultus, fœdissima ventris
Proluvies, uncæque manus, et pallida semper
Ora fame.

Cet épisode des Harpies, peu digne de la délicatesse du siècle d'Auguste, est de l'invention d'Apollonius, qui raconte au 2ᵐᵉ. chant des Argonautiques comment ces monstres, moitié femmes et moitié vautours, furent chassés du palais de Phinée roi de Bithynie, par les deux fils de Borée, Calaïs et Zétès, qui les poursuivirent jusqu'aux îles Strophades, appelées auparavant *Plotæ* :

Οἱ δ' ὅρκῳ εἴξαντες ὑπέστρεφον ἂψ ἐπὶ νῆα
σεύεσθαι. Στροφάδας δὲ μετακλείουσ' ἄνθρωποι
νήσους τοῖο γ' ἕκητι, πάρος Πλωτὰς καλέοντες.

Argon. II, v. 295.

Les traits repoussants donnés ici aux Harpies s'éloignent de la tradition primitive. Homère les représente comme des vents rapides (*Il. XVI, v.* 150, *et Od. XX, v.* 77), et Hésiode les suppose sœurs d'Iris, et ornées comme elle d'une éternelle beauté :

Θαύμας δ' Ὠκεανοῖο βαθυρρείταο θύγατρα
ἠγάγετ' Ἠλέκτρην. ἡ δ' ὠκεῖαν τέκεν Ἶριν,
ἠϋκόμους θ' Ἁρπυίας, Ἀελλώ τ' Ὠκυπέτην τε,
αἵ ῥ' ἀνέμων πνοιῇσι καὶ οἰωνοῖς ἅμ' ἕπονται,
ὠκείῃς πτερύγεσσι· μεταχρόνιαι γὰρ ἴαλλον.

Théogonie, v. 265.

Les premières traces de leur difformité se trouvent dans le prologue des *Euménides* d'Eschyle, qui les assimile aux furies chargées de la punition d'Oreste :

Πρόσθεν δὲ τἀνδρὸς τοῦδε θαυμαστὸς λόχος
εὕδει γυναικῶν ἐν θρόνοισιν ἥμενος.

LIVRE III.

οὔτοι γυναῖκας, ἀλλὰ γοργόνας λέγω·
οὐδ' αὖτε γοργείοισιν εἴκω τύποις·
εἶδόν ποτ' ἤδη Φινέως γεγραμμένας
δεῖπνον φερούσας· ἄπτεροί γε μὴν ἰδεῖν
αὗται, μέλαιναι δ' ἐς τὸ πᾶν βδελύκτροποι·
ῥέγκουσι δ' οὐ πλαστοῖσι φυσιάμασιν·
ἐκ δ' ὀμμάτων λείβουσι δυσφιλῆ βίαν.

Euménides, v. 46.

★

Huc ubi delati portus intravimus, ecce
220 Læta boum passim campis armenta videmus
Caprigenumque pecus, nullo custode, per herbas.
Irruimus ferro, et divos ipsumque vocamus
In partem prædamque Jovem : tùm littore curvo
Exstruimusque toros, dapibusque epulamur opimis.
At subitæ horrifico lapsu de montibus adsunt
Harpyiæ, et magnis quatiunt clangoribus alas,
Diripiuntque dapes, contactuque omnia fœdant
Immundo : tùm vox tetrum dira inter odorem.
Rursùm in secessu longo sub rupe cavatâ,
230 Arboribus clausi circùm atque horrentibus umbris,
Instruimus mensas, arisque reponimus ignem.
Rursùm ex diverso cœli cæcisque latebris
Turba sonans prædam pedibus circumvolat uncis;
Polluit ore dapes. Sociis tunc arma capessant
Edico, et dirâ bellum cum gente gerendum.
Haud secùs ac jussi faciunt, tectosque per herbam
Disponunt enses, et scuta latentia condunt.
Ergò, ubi delapsæ sonitum per curva dedêre
Littora, dat signum speculâ Misenus ab altâ
240 Ære cavo : invadunt socii, et nova prælia tentant,

Obscœnas pelagi ferro fœdare volucres.
Sed neque vim plum̃ ullam, nec vulnera tergo
Accipiunt; celerique fugâ sub sidera lapsæ,
Semesam prædam et vestigia fœda relinquunt.

Les premiers vers de ce morceau rappellent l'arrivée d'Ulysse dans l'île du Soleil, dont ses compagnons immolèrent les troupeaux, sacrilége qui entraîna leur perte :

Αὐτὰρ ἐπεὶ πέτρας φύγομεν, δεινήν τε Χάρυβδιν,
Σκύλλην τ', αὐτίκ' ἔπειτα θεοῦ ἐς ἀμύμονα νῆσον
ἱκόμεθ'· ἔνθα δ' ἔσαν καλαὶ βόες εὐρυμέτωποι,
πολλὰ δὲ ἴφια μῆλ' Ὑπερίονος Ἠελίοιο.
. . . .
αὐτίκα δ' Ἠελίοιο βοῶν ἐλάσαντες ἀρίστας
ἐγγύθεν, οὐ γὰρ τῆλε νεὸς κυανοπρώροιο
βοσκέσκονθ' ἕλικες καλαὶ βόες εὐρυμέτωποι,
τὰς δὲ περιστήσαντο, καὶ εὐχετόωντο θεοῖσι.

Od. XII, v. 260 et 354.

Les autres détails sont traduits presque littéralement d'Apollonius. Les Harpies fondent d'abord sur la table de Phinée :

Ἀλλὰ διὲκ νεφέων ἄφνω πέλας ἀΐσσουσαι
Ἅρπυιαι στόματος χειρῶν τ' ἄπο γαμφηλῇσι
συνεχέως ἥρπαζον. ἐλείπετο δ' ἄλλοτε φορβῆς
οὐδ' ὅσον, ἄλλοτε τυτθόν, ἵνα ζώων ἀκάχοιτο.
καὶ δ' ἐπὶ μυδαλέην ὀδμὴν χέον· οὐδέ τις ἔτλη
μὴ ὅτι λευκανίηνδε φορεύμενος, ἀλλ' ἀπὸ τηλοῦ
μηδ' ἑστεώς· τοῖόν οἱ ἀπέπνεε λείψανα δαιτός.

Argon. II, v. 187.

Calaïs et Zétès s'arment ensuite, et les poursuivent jusque sous les nuages :

Αἶψα δὲ κουρότεροι πεπονήατο δαῖτα γέροντι,
λοίσθιον Ἁρπυίῃσιν ἑλώριον· ἐγγύθι δ' ἄμφω

στῆσαν, ἵνα ξιφέεσσιν ἐπεσσυμένας ἐλάσειαν.
καὶ δὴ ταπρώτισθ' ὁ γέρων ἔψαυεν ἐδωδῆς·
αἱ δ' ἄφαρ, ἠΰτ' ἄελλαι ἀδευκέες, ἢ στεροπαὶ ὥς,
ἀπρόφατοι νεφέων ἐξάλμεναι ἐσσεύοντο
κλαγγῇ, μαιμώωσαι ἐδητύος· οἱ δ' ἐσιδόντες
ἥρωες μεσσηγὺς ἀνίαχον· αἱ δ' ἂμ' αὐτῇ
πάντα καταβρώξασαι ὑπὲρ πόντοιο φέροντο
τῆλε παρέξ· ὀδμὴ δὲ δυσάσχετος αὖθι λέλειπτο.
Argon. II, v. 263.

L'Arioste a reproduit ces détails dans son épisode des Harpies chassées par Astolphe du palais de Sénape (*Roland*, ch. *XXXIII*, st. 102).

   Una in præcelsâ consedit rupe Celæno,
Infelix vates, rupitque hanc pectore vocem :
« Bellum etiam pro cæde boum stratisque juvencis,
Laomedontiadæ, bellumne inferre paratis,
Et patrio insontes Harpyias pellere regno !
250 Accipite ergò animis, atque hæc mea figite dicta,
   Quæ Phœbo pater omnipotens, mihi Phœbus Apollo
Prædixit, vobis Furiarum ego maxima pando.
Italiam cursu petitis, ventisque vocatis
Ibitis Italiam, portusque intrare licebit;
Sed non antè datam cingetis mœnibus urbem,
Quàm vos dira fames, nostræque injuria cædis,
Ambesas subigat malis absumere mensas. »

L'apparition et les menaces de Céléno sont une imitation de l'épisode d'Homère, où Lampétie, fille du Soleil, annonce dans l'assemblée des dieux le crime des compagnons d'Ulysse, que Jupiter jure d'exterminer (*Od. XII*, v. 374). La prédiction bizarre que Virgile lui attribue est fondée sur une ancienne tradition rapportée par tous les écrivains qui ont parlé des origines romaines. Denys, entre autres, qui n'admet point le passage d'Enée aux Strophades, rapporte néanmoins cet oracle comme une des conditions essentielles de son établissement en Italie. Le poëte Lycophron, qui vivoit sous les Ptolémées, et qui a renfermé dans son dithyrambe de *Cassandre* toutes les aventures des guerriers du siége de Troie, a aussi consacré cette particularité :

Ενθα τράπεζαν ειδάτων πλήρη κιχὼν,
τὴν ὕστερον βρωθεῖσαν ἐξ ὀπαόνων,
μνήμην παλαιῶν λήψεται θεσπιασμάτων,
κτίσει δὲ χῶραν ἐν τόποις Βορειγόνων.

Cassandre, v. 1250.

★

Dixit, et in silvam pennis ablata refugit.
At sociis subitâ gelidus formidine sanguis
260 Diriguit : cecidêre animi, nec jàm ampliùs armis,
Sed votis precibusque jubent exposcere pacem,
Sive deæ, seu sint diræ obscœnæque volucres.
Et pater Anchises, passis de littore palmis,
Numina magna vocat, meritosque indicit honores :
« Di, prohibete minas ! di, talem avertite casum !
Et placidi servate pios ! » Tùm littore funem
Diripere, excussosque jubet laxare rudentes.
Tendunt vela noti : ferimur spumantibus undis,
Quà cursum ventusque gubernatorque vocabant.
270 Jàm medio apparet fluctu nemorosa Zacynthos,
Dulichiumque, Sameque, et Neritos ardua saxis :
Effugimus scopulos Ithacæ, Laërtia regna,
Et terram altricem sævi exsecramur Ulyssei.

Les regrets des Troyens rappellent ceux des compagnons d'Ulysse, redoutant leur punition prochaine :

Αὐτὰρ ἐπεί ρ' ἐπὶ νῆα κατήλυθον ἠδὲ θάλασσαν,
νείκεον ἄλλοθεν ἄλλον ἐπισταδὸν, οὐδέ τι μῆχος
εὑρέμεναι δυνάμεσθα· βόες δ' ἀποτέθνασαν ἤδη.

Od. XII, v. 391.

Leur départ correspond à celui du héros grec :

Αὐτίκα δ' ὅπλα ἕκαστα πονησάμενοι κατὰ νῆα
ἥμεθα· τὴν δ' ἄνεμός τε κυβερνήτης τ' ἴθυνον.

Od. XII, v. 151.

L'énumération des îles qui formoient le royaume d'Ulysse se trouve dans le début de son récit :

Ναιετάω δ' Ἰθάκην εὐδείελον· ἐν δ' ὄρος αὐτῇ
Νήριτον, εἰνοσίφυλλον, ἀριπρεπές· ἀμφὶ δὲ νῆσοι
πολλαὶ ναιετάουσι μάλα σχεδὸν ἀλλήλῃσι,
Δουλίχιόν τε, Σάμη τέ, καὶ ὑλήεσσα Ζάκυνθος·
αὐτὴ δὲ χθαμαλὴ πανυπερτάτη εἰν ἁλὶ κεῖται
πρὸς ζόφον· αἱ δέ τ' ἄνευθε πρὸς ἠῶ τ' ἠέλιόν τε.

Od. IX, v. 21.

★

Mox et Leucatæ nimbosa cacumina montis
Et formidatus nautis aperitur Apollo.
Hunc petimus fessi, et parvæ succedimus urbi;
Anchora de prorâ jacitur; stant littore puppes.
Ergò insperatâ tandem tellure potiti,
Lustramurque Jovi, votisque incendimus aras;
280 Actiaque Iliacis celebramus littora ludis.
Exercent patrias oleo labente palæstras
Nudati socii : juvat evasisse tot urbes
Argolicas, mediosque fugam tenuisse per hostes.

Intereà magnum sol circumvolvitur annum,
Et glacialis hiems aquilonibus asperat undas.
Ære cavo clypeum, magni gestamen Abantis,
Postibus adversis figo, et rem carmine signo:
Æneas hæc de Danais victoribus arma.
Linquere tùm portus jubeo, et considere transtris.
290 Certatim socii feriunt mare, et æquora verrunt.

Virgile fait débarquer Enée au pied du promontoire de Leucade, couronné par le temple d'Apollon. C'est sur cette côte, ennoblie par de grands souvenirs, qu'il place la célébration des jeux troyens à l'instar de ceux qu'Auguste y institua pour solenniser sa victoire sur Antoine. Le bouclier d'Abas, consacré par le héros, rappelle celui qu'Aristomène suspendit dans le temple de Sparte. Selon Denys d'Halicarnasse, Enée célébra des jeux dans l'île de Zacynthe, aborda ensuite à Leucade, à Actium et à Ambracie, où il éleva plusieurs autels, et cingla de là vers l'Epire. Les détails de son départ sont traduits de l'Odyssée:

Αὐτὰρ ἐγὼν ἐπὶ νῆα κιὼν, ὤτρυνον ἑταίρους
αὐτούς τ' ἀμβαίνειν, ἀνά τε πρυμνήσια λῦσαι.
οἱ δ' αἶψ' εἴσβαινον, καὶ ἐπὶ κληῖσι κάθιζον·
ἑξῆς δ' ἑζόμενοι πολιὴν ἅλα τύπτον ἐρετμοῖς.

Od. XII, v. 144.

V.

Protinus aërias Phæacum abscondimus arces,
Littoraque Epiri legimus, portuque subimus
Chaonio, et celsam Buthroti ascendimus urbem.
Hic incredibilis rerum fama occupat aures,
Priamiden Helenum Graias regnare per urbes,
Conjugio Æacidæ Pyrrhi sceptrisque potitum

Et patrio Andromachen iterùm cessisse marito.
Obstupui ; miroque incensum pectus amore
Compellare virum, et casus cognoscere tantos.
300 Progredior portu, classes et littora linquens.

La flotte troyenne passe en vue de l'île de Corcyre, que l'on suppose être la terre des Phéaciens (*Od. V, v.* 279), et longeant les côtes de l'Epire, elle entre dans le port de Buthrote (auj. *Butrinto*) capitale de la Chaonie. Denys, d'accord avec Virgile, rapporte qu'Enée se rendit de Buthrote à Dodone pour y consulter le chêne prophétique, et qu'il y fit la rencontre d'Hélénus. Quant au mariage d'Andromaque avec Hélénus, maître, après la mort de Pyrrhus, d'une partie de ses états, et tuteur de son fils Molosse, il est fondé sur ces vers de l'*Andromaque* d'Euripide :

Γυναῖκα δ' αἰχμάλωτον, Ἀνδρομάχην λέγω,
Μολοσσίαν γῆν χρὴ κατοικῆσαι, γέρον,
Ἑλένῳ συλλαχθεῖσαν εὐναίοις γάμοις.

Andromaque, v. 1247.

★

Solemnes tùm forte dapes et tristia dona,
Antè urbem in luco, falsi Simoëntis ad undam,
Libabat cineri Andromache, manesque vocabat
Hectoreum ad tumulum, viridi quem cespite inanem,
Et geminas, causam lacrymis, sacraverat aras.
Ut me conspexit venientem, et Troïa circùm
Arma amens vidit, magnis exterrita monstris,
Diriguit visu in medio ; calor ossa reliquit.
Labitur, et longo vix tandem tempore fatur :
310 « Verane te facies, verus mihi nuntius affers,
Nate deâ ? vivisne ? aut si lux alma recessit,

Hector ubi est? » Dixit, lacrymasque effudit, et omnem
Implevit clamore locum. Vix pauca furenti
Subjicio, et raris turbatus vocibus hisco :
« Vivo equidem, vitamque extrema per omnia duco.
Ne dubita, nam vera vides.
Heu! quis te casus dejectam conjuge tanto
Excipit? aut quæ digna satis fortuna revisit?
Hectoris, Andromache, Pyrrhin' connubia servas? »
320 Dejecit vultum, et demissâ voce locuta est :
« O felix una antè alias Priameïa virgo,
Hostilem ad tumulum Trojæ sub mœnibus altis
Jussa mori, quæ sortitus non pertulit ullos,
Nec victoris heri tetigit captiva cubile!
Nos, patriâ incensâ, diversa per æquora vectæ,
Stirpis Achilleæ fastus, juvenemque superbum,
Servitio enixæ tulimus; qui deinde, secutus
Ledæam Hermionem Lacedæmoniosque hymenæos,
Me famulam famuloque Heleno transmisit habendam.
330 Ast illum, ereptæ magno inflammatus amore
Conjugis, et scelerum furiis agitatus, Orestes
Excipit incautum, patriasque obtruncat ad aras.
Morte Neoptolemi, regnorum reddita cessit
Pars Heleno, qui Chaonios cognomine campos,
Chaoniamque omnem Trojano à Chaone dixit,
Pergamaque, Iliacamque jugis hanc addidit arcem.
Sed tibi qui cursum venti, quæ fata dedêre?
Aut quisnam ignarum nostris deus appulit oris?
Quid puer Ascanius? superatne, et vescitur aurâ?
340 Quem tibi jàm Trojâ
Ecqua tamen puero est amissæ cura parentis?
Ecquid in antiquam virtutem animosque viriles
Et pater Æneas et avunculus excitat Hector? »

Cette scène attendrissante, qui a inspiré à Racine un de ses plus beaux caractères, contient, pour ainsi dire, le résumé des chefs-d'œuvre du théâtre grec. Les soins pieux de la veuve d'Hector, élevant deux autels aux mânes de son époux et de son fils, et les chargeant d'offrandes funéraires, rappellent l'*Electre* de Sophocle tenant en main l'urne fatale qu'elle croit contenir les cendres d'Oreste (*v.* 1126). L'arrivée imprévue d'Énée, le saisissement d'Andromaque, ce cri sublime : où est Hector ? sont imités, quoiqu'avec une grande supériorité, de la reconnaissance d'Electre et de son frère (*v.* 1221). Enfin la réponse d'Andromaque, enviant le sort de Polyxène, et avouant avec confusion l'inévitable destinée qui l'a enlevée deux fois à son Hector, représente l'*Andromaque* d'Euripide, que l'on voit s'avancer vers le temple de Thétis, invoquant le nom de sa patrie, et pleurant sa gloire et ses malheurs :

Ἀσιάτιδος γῆς σχῆμα, Θήβαια πόλις,
ὅθεν πόθ᾽, ἕδνων σὺν πολυχρύσῳ χλιδῇ,
Πριάμου τύραννον ἑστίαν ἀφικόμην,
δάμαρ δοθεῖσα παιδοποιὸς Ἕκτορι,
ζηλωτὸς ἔν γε τῷ πρὶν Ἀνδρομάχη χρόνῳ·
νῦν δ᾽ οὔτις ἄλλη δυστυχεστέρα γυνή
ἐμοῦ πέφυκεν, ἢ γενήσεταί ποτε.
ἥτις πόσιν μὲν Ἕκτορ᾽ ἐξ Ἀχιλλέως
θανόντ᾽ ἐσεῖδον, παῖδά θ᾽, ὃν τίκτω πόσει,
ῥιφθέντα πύργων Ἀστυάνακτ᾽ ἀπ᾽ ὀρθίων,
ἐπεὶ τὸ Τροίας εἷλον Ἕλληνες πέδον.
αὐτὴ δὲ δούλη, τῶν ἐλευθερωτάτων
οἴκων νομισθεῖσ᾽, Ἑλλάδ᾽ εἰσαφικόμην,
τῷ νησιώτῃ Νεοπτολέμῳ δορὸς γέρας
δοθεῖσα, λείας Τρωϊκῆς ἐξαίρετον.

Andromaque. v. 1.

Ἀρ' οὐκ ἐλάσσω τῶν ἐμῶν ἔχει κακῶν
Πολυξένης ὄλεθρος, ἣν καταστένεις;

Troyennes, v. 680.

★

Talia fundebat lacrymans, longosque ciebat
Incassùm fletus ; cùm sese à mœnibus heros
Priamides multis Helenus comitantibus affert,
Agnoscitque suos, lætusque ad limina ducit,
Et multùm lacrymas verba inter singula fundit.
Procedo, et parvam Trojam, simulataque magnis
350 Pergama, et arentem Xanthi cognomine rivum,
Agnosco, Scææque amplector limina portæ.
Nec non et Teucri sociâ simul urbe fruuntur :
Illos porticibus rex accipiebat in amplis,
Aulaï in medio libabant pocula bacchi,
Impositis auro dapibus, paterasque tenebant.

Rien de plus ingénieux et de plus touchant à la fois que l'idée de ce simulacre de Troie, élevé dans le royaume d'Achille par Andromaque et Hélénus. Cependant cette fiction est antérieure au temps de Virgile ; on la trouve déjà dans ces vers de Lycophron sur la ville troyenne d'Héraclée, fondée près de Sybaris dans l'emplacement du temple de Minerve.

Ῥείθροισιν ὠκὺς ἔνθα μύρεται Σίρις
ἄρδων βαθεῖαν Χωνίας παγκληρίαν,
πόλιν δ' ὁμοίαν Ἰλίῳ δυσδαίμονες
δείμαντες, ἀλγύνουσι Λαφρίαν κόρην.

Cassandre, v. 982.

★

Jamque dies, alterque dies processit, et auræ
Vela vocant, tumidoque inflatur carbasus austro
His vatem aggredior dictis, ac talia quæso:
« Trojugena, interpres divûm, qui numina Phœbi,
360 Qui tripodas, Clarii lauros, qui sidera sentis,
Et volucrum linguas, et præpetis omina pennæ,
Fare age ; namque omnem cursum mihi prospera dixit
Relligio, et cuncti suaserunt numine divi
Italiam petere, et terras tentare repostas.
Sola novum, dictuque nefas Harpyia Celæno
Prodigium canit, et tristes denuntiat iras,
Obscœnamque famem. Quæ prima pericula vito ?
Quidve sequens, tantos possum superare labores ?"»
Hîc Helenus, cæsis primùm de more juvencis,
370 Exorat pacem divûm, vittasque resolvit
Sacrati capitis, meque ad tua limina, Phœbe,
Ipse manu multo suspensum numine ducit ;
Atque hæc deindè canit divino ex ore sacerdos :

Hélénus, appelé par Homère le premier des augures (*Il. VI*, *v.* 76), étoit le personnage le plus propre à éclairer Enée sur la suite de sa navigation, et à lui dévoiler la volonté des dieux. Aussi Virgile a-t-il heureusement rattaché à l'entrevue d'Enée et d'Andromaque les conseils et les avertissements d'Hélénus, tracés d'après ceux de Circé à Ulysse, au 12me. chant de l'Odyssée, et ceux de Phinée à Jason, au 2me. chant des Argonautiques. Circé, après avoir prescrit au héros grec de descendre au royaume des ombres, lui fait connoître les dangers qui l'attendent à son retour : la voix trompeuse des Sirènes, les écueils de Charybde et de Scylla, et l'île inviolable du Soleil. Phinée signale également aux Argonautes tous les lieux qu'ils doivent parcourir jusqu'à leur arrivée à Colchos.

Le poëte latin a conservé une partie de ces descriptions, il en a ajouté d'autres, puisées à des sources différentes, et rassemblant tout ce que la tradition a conservé sur l'ancienne Italie, il a fait de ce discours d'Hélénus un monument intéressant de la géographie mythologique des premiers âges.

★

« Nate deâ, nam te majoribus ire per altum
Auspiciis manifesta fides : sic fata deûm rex
Sortitur, volvitque vices; is vertitur ordo.
 Pauca tibi è multis, quò tutior hospita lustres
Æquora, et Ausonio possis considere portu
Expediam dictis ; prohibent nam cætera Parcæ
380Scire Helenum, farique vetat Saturnia Juno.
Principiò Italiam quam tu jam rere propinquam,
Vicinosque, ignare, paras invadere portus,
Longa procùl longis via dividit invia terris.
Antè et Trinacriâ lentandus remus in undâ,
Et salis Ausonii lustrandum navibus æquor,
Infernique lacus, Æææque insula Circes
Quàm tutâ possis urbem componere terrâ.
Signa tibi dicam : tu condita mente teneto.
Cùm tibi sollicito secreti ad fluminis undam,
390Littoreis ingens inventa sub ilicibus sus,
Triginta capitum fœtus enixa jacebit,
Alba, solo recubans, albi circùm ubera nati ;
Is locus urbis erit, requies ea certa laborum.
Nec tu mensarum morsus horresce futuros :
Fata viam invenient, aderitque vocatus Apollo.

Le discours d'Hélénus commence comme celui de Phinée :

Κλῦτέ νυν · οὐ μὲν πάντα πέλει θέμις ὕμμι δαῆναι
ἀτρεκές, ὅσσα δ' ὄρωρε θεοῖς φίλον οὐκ ἐπικεύσω.
Argon. II, v. 311.

Après avoir indiqué à Enée le long détour qu'il doit décrire avant d'aborder en Italie (*Il. I, v.* 156), l'inspiré des dieux lui indique un présage infaillible qui marquera la place de son futur empire (*Il. I, v.* 297). Cette apparition d'une laie avec ses trente petits, symbole de la fondation d'Albe et des trente années du règne d'Ascagne, est rapportée par Denys, et avant lui par Lycophron :

Κτίσει δὲ χώραν ἐν τόποις Βορειγόνων
ὑπὲρ Λατίνους, Δαυνίους τ' ᾠκισμένην
πύργους, τριάκοντ' ἐξαριθμήσας γονὰς
συὸς κελαινῆς, ἣν ἀπ' Ἰδαίων λόφων,
καὶ Δαρδανείων ἐκ τόπων ναυθλώσεται,
ἰσηρίθμων θρέπτειραν ἐν τόκοις κάπρων.
Cassandre, v. 1253.

Quant au prodige des tables, consacré également par les deux auteurs, on peut en voir la solution au 7ᵐᵉ. livre (*v.* 107).

★

« Has autem terras, Italique hanc littoris oram
Proxima quæ nostri perfunditur æquoris æstu,
Effuge ; cuncta malis habitantur mœnia Graiis.
  Hic et Narycii posuêrunt mœnia Locri,
400 Et Salentinos obsedit milite campos
  Lyctius Idomeneus : hîc illa ducis Melibœi
Parva Philoctetæ subnixa Petilia muro.

Quin, ubi transmissæ steterint trans æquora classes,
Et positis aris jam vota in littore solves,
Purpureo velare comas adopertus amictu :
Ne qua inter sanctos ignes in honore deorum
Hostilis facies occurrat, et omina turbet.
* Hunc socii morem sacrorum, hunc ipse teneto ;
Hâc casti maneant in relligione nepotes.

Enée doit éviter la côte orientale de l'Italie, occupée par les chefs grecs bannis de leur patrie à leur retour du siége de Troie. Cet établissement de colonies hespériennes n'est point mentionné par Homère, qui parle cependant du retour des Grecs avec assez de détail, et cite même les noms des deux rois désignés ici comme fondateurs :

Εὖ μὲν Μυρμιδόνας φάσ' ἐλθέμεν ἐγχεσιμώρους,
οὓς ἄγ' Ἀχιλλῆος μεγαθύμου φαίδιμος υἱός·
εὖ δὲ Φιλοκτήτην, Ποιάντιον ἀγλαὸν υἱόν·
πάντας δ' Ἰδομενεὺς Κρήτην εἰσήγαγ' ἑταίρους,
οἳ φύγον ἐκ πολέμου, πόντος δέ οἱ οὔτιν' ἀπηύρα.

Od. III, v. 188.

Il ne s'étend pas sur la suite de leur destinée, ce qu'il n'auroit pas manqué de faire, s'il en avoit eu quelque connoissance. Cependant la fondation de Locres par les compagnons d'Ajax, celle de Salente par Idoménée, et celle de Pétilie par Philoctète, ont été attestées par tous les anciens géographes, et paroissent appuyées sur des preuves convaincantes. Virgile en a tiré parti pour consacrer l'usage religieux des Romains de se voiler la tête pendant les sacrifices. On sait quel bel épisode la ville d'Idoménée a fourni à l'auteur de *Télémaque*. (*liv. IX et suiv.*).

★

» Ast ubi digressum Siculæ te admovit oræ
Ventus, et angusti rarescent claustra Pelori,
Læva tibi tellus, et longo læva petantur
Æquora circuitu; dextrum fuge littus et undas.
Hæc loca, vi quondam et vastâ convulsa ruinâ,
Tantùm ævi longinqua valet mutare vetustas !
Dissiluisse ferunt, cùm protinùs utraque tellus
Una foret; venit medio vi pontus, et undis
Hesperium Siculo latus abscidit, arvaque et urbes
Littore diductas angusto interluit æstu.
420 Dextrum Scylla latus, lævum implacata Charybdis,
Obsidet, atque imo barathri ter gurgite vastos
Sorbet in abruptum fluctus, rursùsque sub auras
Erigit alternos, et sidera verberat undâ.
At Scyllam cæcis cohibet spelunca latebris,
Ora exsertantem, et naves in saxa trahentem.
Prima hominis facies, et pulchro pectore virgo
Pube tenùs; postrema immani corpore pristis,
Delphinûm caudas utero commissa luporum.
Præstat Trinacrii metas lustrare Pachyni
430 Cessantem, longos et circumflectere cursus,
Quàm semel informem vasto vidisse sub antro
Scyllam, et cæruleis canibus resonantia saxa.

Virgile arrive maintenant à l'énumération des merveilles dont les poëtes grecs ont peuplé les côtes de la Sicile. Il suppose avec Eschyle, cité dans le 6ᵐᵉ. livre de Strabon, que la pointe orientale de cette île terminée par le cap Pélore tenoit autrefois au continent de l'Italie, dont elle a été séparée par un tremblement de terre. Il passe ensuite à la description des écueils de Charybde et de Scylla, de ces deux monstres imaginaires dont Homère trace une peinture si énergique dans le discours de Circé à Ulysse. On sera curieux sans doute de la voir dans toute son étendue, quoique Virgile n'en ait reproduit que les principaux traits, quelquefois affoiblis dans son imitation :

Οἱ δὲ δύω σκόπελοι, ὁ μὲν οὐρανὸν εὐρὺν ἱκάνει
ὀξείῃ κορυφῇ, νεφέλη δέ μιν ἀμφιβέβηκε·
κυανέη· τὸ μὲν οὔποτ᾽ ἐρωεῖ, οὐδέποτ᾽ αἴθρη
κείνου ἔχει κορυφὴν, οὔτ᾽ ἐν θέρει, οὔτ᾽ ἐν ὀπώρῃ·
οὐδέ κεν ἀμβαίη βροτὸς ἀνὴρ, οὐ καταβαίη,
οὐδ᾽ εἴ οἱ χεῖρές γε ἐείκοσι καὶ πόδες εἶεν·
πέτρη γὰρ λίς ἐστι, περιξεστῇ εἰκυῖα.
μέσσῳ δ᾽ ἐν σκοπέλῳ ἐστὶ σπέος ἠεροειδὲς
πρὸς ζόφον, εἰς Ἔρεβος τετραμμένον· ᾗπερ ἂν ὑμεῖς
νῆα παρὰ γλαφυρὴν ἰθύνετε, φαίδιμ᾽ Ὀδυσσεῦ.
οὐδέ κεν ἐκ νηὸς γλαφυρῆς αἰζήϊος ἀνὴρ
τόξῳ ὀϊστεύσας κοῖλον σπέος εἰσαφίκοιτο.
ἔνθα δ᾽ ἐνὶ Σκύλλη ναίει, δεινὸν λελακυῖα·
τῆς ἤτοι φωνὴ μὲν, ὅση σκύλακος νεογιλῆς,
γίνεται, αὐτὴ δ᾽ αὖτε πέλωρ κακός, οὐδέ κε τίς μιν
γηθήσειεν ἰδὼν, οὐδ᾽ εἰ θεὸς ἀντιάσειεν.
τῆς ἤτοι πόδες εἰσὶ δυώδεκα πάντες ἄωροι·
ἐξ δέ τέ οἱ δειραὶ περιμήκεες· ἐν δὲ ἑκάστῃ
σμερδαλέῃ κεφαλῇ, ἐν δὲ τρίστοιχοι ὀδόντες,
πυκνοὶ καὶ θαμέες, πλεῖοι μέλανος θανάτοιο.
μέσση μέν τε κατὰ σπείους κοίλοιο δέδυκεν·
ἔξω δ᾽ ἐξίσχει κεφαλὰς δεινοῖο βερέθρου.
αὐτοῦ δ᾽ ἰχθυάα σκόπελον περιμαιμώωσα
δελφῖνάς τε, κύνας τέ, καὶ εἴποθι μεῖζον ἕλῃσι
κῆτος, ἃ μυρία βόσκει ἀγάστονος Ἀμφιτρίτη·
τῇ δ᾽ οὔπω ποτὲ ναῦται ἀκήριοι εὐχετόωνται
παρφυγέειν σὺν νηΐ· φέρει δέ τε κρατὶ ἑκάστῳ
φῶτ᾽ ἐξαρπάξασα νεὼς κυανοπρώροιο.

τὸν δ' ἕτερον σκόπελον χθαμαλώτερον ὄψει, Ὀδυσσεῦ,
πλησίον ἀλλήλων· καί κεν διοϊστεύσειας.
τῷ δ' ἐν ἐρινεός ἐστι μέγας φύλλοισι τεθηλώς·
τῷ δ' ὕπο δῖα Χάρυβδις ἀναῤῥοιβδεῖ μέλαν ὕδωρ.
τρὶς μὲν γάρ τ' ἀνίησιν ἐπ' ἤματι, τρὶς δ' ἀναροιβδεῖ
δεινόν· μὴ σύ γε κεῖθι τύχοις, ὅτε ῥοιβδήσειεν·
οὐ γάρ κεν ῥύσαιτό σ' ὑπ' ἐκ κακοῦ οὐδ' Ἐνοσίχθων.
ἀλλὰ μάλα Σκύλλης σκοπέλῳ πεπλημένος, ὦκα
νῆα πάρεξ ἐλάαν· ἐπειὴ πολὺ φέρτερόν ἐστιν,
ἓξ ἑτάρους ἐν νηῒ ποθήμεναι, ἢ ἅμα πάντας.

Od. XII, v. 73.

Apollonius a précédé Virgile dans l'imitation de cet effrayant tableau. Au 2ᵐᵉ. chant de son poëme, Phinée fait à Jason la description des roches Cyanées qui fermoient la sortie du Bosphore (*v.* 317), et bientôt après les Argonautes franchissent ces écueils mouvants dirigés par le vol d'une colombe (*v.* 549); au 4ᵐᵉ. chant (*v.* 885), Thétis et les Néréides portent le navire Argo à travers le gouffre de Charybde. Le Tasse et Milton ont aussi reproduit ces détails: le premier dans le passage des colonnes d'Hercule (*Jérusalem*, *ch. XV*, *st.* 22), l'autre dans le portrait du Péché (*Paradis*, *ch. II*, *v.* 650).

★

« Præterea, si qua est Heleno prudentia vati,
Si qua fides, animum si veris implet Apollo,
Unum illud tibi, nate deâ, præque omnibus unum
Prædicam, et repetens iterùmque iterùmque monebo :
Junonis magnæ primùm prece numen adora;

Junoni cane vota libens, dominamque potentem
Supplicibus supera donis; sic denique victor
440 Trinacriâ fines Italos mittêre relictâ.
Hùc ubi delatus Cumæam accesseris urbem,
Divinosque lacus, et Averna sonantia silvis;
Insanam vatem aspicies, quæ rupe sub imâ
Fata canit, foliisque notas et nomina mandat.
Quæcumque in foliis descripsit carmina virgo,
Digerit in numerum, atque antro seclusa relinquit ;
Illa manent immota locis, neque ab ordine cedunt.
Verùm eadem, verso tenuis cùm cardine ventus
Impulit, et teneras turbavit janua frondes,
450 Numquàm deindè cavo volitantia prendere saxo,
Nec revocare situs, aut jungere carmina curat;
Inconsulti abeunt, sedemque odêre Sibyllæ.
Hic tibi ne qua moræ fuerint dispendia tanti,
Quamvis increpitent socii, et vi cursus in altum
Vela vocet, possisque sinus implere secundos,
Quin adeas vatem, precibusque oracula poscas.
Ipsa canat, vocemque volens atque ora resolvat.
Illa tibi Italiæ populos, venturaque bella,
Et quo quemque modo fugiasque ferasque laborem,
460 Expediet, cursusque dabit venerata secundos.
Hæc sunt quæ nostrâ liceat te voce moneri ;
Vade age, et ingentem factis fer ad æthera Trojam.»

Cette dernière partie des conseils d'Hélénus, qui se rapporte spécialement à la Sibylle de Cumes, et prépare la descente d'Enée aux enfers, répond au discours de Circé à Ulysse, au 10me. chant de l'Odyssée, où elle l'engage à se rendre à la demeure des ombres pour y consulter le devin Tirésias, sur les moyens de retourner à Ithaque :

Ἀλλ' ἄλλην χρὴ πρῶτον ὁδὸν τελέσαι, καὶ ἱκέσθαι
εἰς Ἀΐδαο δόμους καὶ ἐπαινῆς Περσεφονείης,
ψυχῇ χρησομένους Θηβαίου Τειρεσίαο.
. . . .
ἔνθα τοι αὐτίκα μάντις ἐλεύσεται, ὄρχαμε λαῶν,
ὅς κέν τοι εἴπῃσιν ὁδὸν καὶ μέτρα κελεύθου,
νόστον θ', ὡς ἐπὶ πόντον ἐλεύσεαι ἰχθυόεντα.
Od. X, v. 490 et 538.

Virgile a remplacé le détail du sacrifice qu'Ulysse doit offrir aux divinités infernales, par la peinture de l'antre de la Sibylle, et de l'émission singulière de ses oracles, inscrits sur des feuilles d'arbres selon l'usage antique. Quant à la recommandation d'Hélénus à Enée d'apaiser avant tout le courroux de Junon, elle rappelle celle de Tirésias à l'égard de Neptune (*Od. XI, v.* 129), et celle de Phinée en faveur de Vénus (*Argon. II, v.* 423).

*

 Quæ postquam vates sic ore effatus amico est,
Dona dehinc auro gravia sectoque elephanto,
Imperat ad naves ferri, stipatque carinis
Ingens argentum, Dodonæosque lebetas,
Loricam consertam hamis auroque trilicem,
Et conum insignis galeæ, cristasque comantes,
Arma Neoptolemi. Sunt et sua dona parenti.
470 Addit equos, additque duces ;
 Remigium supplet ; socios simul instruit armis.
  Intereà classem velis aptare jubebat
Anchises, fieret vento ne qua mora ferenti.

Quem Phœbi interpres multo compellat honore:
« Conjugio, Anchisa, Veneris dignate superbo,
Cura deûm, bis Pergameis erepte ruinis,
Ecce tibi Ausoniæ tellus: hanc arripe velis.
Et tamen hanc pelago præterlabare necesse est;
Ausoniæ pars illa procùl quam pandit Apollo.
480 Vade, ait, ô felix nati pietate! quid ultrà
Provehor, et fando surgentes demoror austros? »
  Nec minùs Andromache, digressu mœsta supremo,
Fert picturatas auri subtemine vestes,
Et Phrygiam Ascanio chlamydem, nec cedit honori;
Textilibusque onerat donis, ac talia fatur:
« Accipe et hæc manuum tibi quæ monumenta mearum
Sint, puer, et longum Andromachæ testentur amorem,
Conjugis Hectoreæ. Cape dona extrema tuorum,
O mihi sola mei super Astyanactis imago!
490 Sic oculos, sic ille manus, sic ora ferebat;
Et nunc æquali tecum pubesceret ævo. »

Les soins affectueux d'Hélénus, ces dons de l'hospitalité parmi lesquels on remarque, par une frappante image de l'instabilité du sort, l'armure complète du fier Pyrrhus, cette soumission filiale aux vœux d'Anchise, rappellent les belles scènes de séparation tracées avec tant de grandeur dans l'Odyssée, et surtout les adieux d'Ulysse à Alcinoüs, au 13me. chant, et ceux de Télémaque à Ménélas, au 15me. C'est dans ces derniers que Virgile a puisé les vers touchants qu'il met dans la bouche d'Andromaque. Ménélas s'écrie à la première vue du héros qui lui retrace le portrait d'Ulysse:

Κείνου γὰρ τοιοίδε πόδες, τοιαίδε τε χεῖρες,
ὀφθαλμῶν τε βολαὶ, κεφαλή τ', ἐφύπερθέ τε χαῖται.

Od. IV, v. 149.

A son départ, Hélène lui offre un voile précieux qu'elle destine à sa jeune épouse :

. . . . Ἑλένη δὲ παρίστατο καλλιπάρηος,
πέπλον ἔχουσ' ἐν χερσὶν, ἔπος τ' ἔφατ', ἔκ τ' ὀνόμαζεν·
« Δῶρόν τοι καὶ ἐγὼ, τέκνον φίλε, τοῦτο δίδωμι,
μνῆμ' Ἑλένης χειρῶν, πολυηράτου ἐς γάμου ὥρην
σῇ ἀλόχῳ φορέειν· τείως δὲ φίλῃ παρὰ μητρὶ
κείσθω ἐνὶ μεγάρῳ· σὺ δέ μοι χαίρων ἀφίκοιο
οἶκον ἐϋκτίμενον, καὶ σὴν ἐς πατρίδα γαῖαν. »

OD. XV, v. 123.

Euripide a aussi peint plusieurs scènes analogues, telles que les adieux d'Andromaque à Astyanax (*Troyennes*, v. 741), les plaintes d'Hécube (*Troyennes*, v. 1164), les aveux de Créüse (*Ion.*, v. 366). Mais le poëte latin les a toutes surpassées ; il a réuni dans son cadre étroit les traits les plus exquis du sentiment, et c'est à lui, bien plus qu'au tragique grec, que nous devons l'*Andromaque* de Racine.

*

Hos ego digrediens lacrymis affabar obortis
« Vivite felices, quibus est fortuna peracta
Jam sua : nos alia ex aliis in fata vocamur.
Vobis parta quies, nullum maris æquor arandum
Arva neque Ausoniæ semper cedentia retrò
Quærenda : effigiem Xanthi, Trojamque videtis
Quam vestræ fecêre manus, melioribus, opto,
Auspiciis, et quæ fuerit minùs obvia Graiis.
500 Si quandò Tibrim vicinaque Tibridis arva
Intrâro, gentique meæ data mœnia cernam,
Cognatas urbes olim, populosque propinquos,

Epiro, Hesperiâ, quibus idem Dardanus auctor,
Atque idem casus, unam faciemus utramque
Trojam animis : maneat nostros ea cura nepotes. »

Les paroles d'Enée rappellent celles d'Ulysse à son départ de l'île des Phéaciens (*Od. XIII, v.* 38). Le dernier souhait qu'il exprime est imité des *Euménides* d'Eschyle, où Oreste, absous par l'Aréopage, fait la même promesse aux Athéniens :

Ἐγὼ δὲ χώρᾳ τῇδε καὶ τῷ σῷ στρατῷ
τὸ λοιπὸν εἰς ἅπαντα πλειστήρη χρόνον
ὁρκωμοτήσας, νῦν ἄπειμι πρὸς δόμους,
μήτοι τιν' ἄνδρα δεῦρο πρυμνήτην χθονὸς
ἐλθόντ' ἐποίσειν εὖ κεκασμένον δόρυ.

Euménides, v. 762.

Les deux poëtes avoient en vue des motifs politiques. Eschyle faisoit allusion à la guerre du Péloponèse qu'on cherchoit encore à éviter de son temps ; Virgile, à l'alliance conclue sous Auguste entre les Epirotes et le peuple romain.

━━━━━

VI.

Provehimur pelago vicina Ceraunia juxtà,
Undè iter Italiam, cursusque brevissimus undis.
Sol ruit intereà, et montes umbrantur opaci.
Sternimur optatæ gremio telluris ad undam,
510 Sortiti remos, passimque in littore sicco
Corpora curamus : fessos sopor irrigat artus.
Necdùm orbem medium nox horis acta subibat :
Haud segnis strato surgit Palinurus, et omnes

Explorat ventos, atque auribus aëra captat.
Sidera cuncta notat tacito labentia cœlo,
Arcturum, pluviasque Hyadas, geminosque Triones,
Armatumque auro circumspicit Oriona.
Postquàm cuncta videt cœlo constare sereno,
Dat clarum è puppi signum; nos castra movemus,
520 Tentamusque viam, et velorum pandimus alas.

Enée, continuant sa navigation, mouille au pied des monts Cérauniens (auj. *Kimara*), à l'extrémité la plus occidentale de l'Epire. Le poëte s'accorde encore ici avec Denys d'Halicarnasse, qui rapporte que la flotte troyenne relâcha au nord de Buthrote, dans une baie de la Chaonie, nommée depuis le port d'Anchise, où elle fut rejointe par le grec Patron, à la tête d'une colonie d'Acarnaniens. Le sommeil des Troyens sur le rivage correspond à celui des compagnons d'Ulysse :

Ἦμος δ' ἠέλιος κατέδυ, καὶ ἐπὶ κνέφας ἦλθε,
δὴ τότε κοιμήθημεν ἐπὶ ῥηγμῖνι θαλάσσης.

Od. IX, v. 168.

Les détails nautiques que Virgile ajoute sur l'observation des astres, sont traduits du départ d'Ulysse de l'île de Calypso :

Αὐτὰρ ὁ πηδαλίῳ ἰθύνετο τεχνηέντως
ἥμενος· οὐδέ οἱ ὕπνος ἐπὶ βλεφάροισιν ἔπιπτε,
Πληϊάδας τ' ἐσορῶντι, καὶ ὀψὲ δύοντα Βοώτην,
Ἄρκτον θ', ἣν καὶ ἄμαξαν ἐπίκλησιν καλέουσιν,
ἥ τ' αὐτοῦ στρέφεται, καί τ' Ὠρίωνα δοκεύει·
οἴη δ' ἄμμορός ἐστι λοετρῶν Ὠκεανοῖο.

Od. V, v. 270.

Enfin le réveil de Palinure rappelle celui de Tiphys, dans les Argonautiques :

Αὐτίκα δ' ἀκροτάτας ὑπερέσχεθεν ἄκριας α...
ἠῶος, πνοιαὶ δὲ κατήλυθον· ὦκα δὲ Τῖφυς
ἐσβαίνειν ὀρόθυνεν, ἐπαύρεσθαί τ' α...ιο.
οἱ δ' ἐσέβαινον ἄφαρ λελιημένοι· ὕψι δὲ νηὸς
εὐναίας ἐρύσαντες ἀνεκρούσαντο κάλωας.

Argon. I, v. 1273.

*

Jàmque rubescebat stellis Aurora fugatis,
Cùm procùl obscuros colles, humilemque videmus
Italiam. Italiam primus conclamat Achates;
Italiam læto socii clamore salutant.
Tùm pater Anchises magnum cratera coronâ
Induit, implevitque mero, divosque vocavit,
Stans celsâ in puppi :
« Dî, maris et terræ tempestatumque potentes,
Ferte viam vento facilem, et spirate secundi ! »
530 Crebrescunt optatæ auræ, portusque patescit
Jàm propior, templumque apparet in arce Minervæ.
Vela legunt socii, et proras ad littora torquent.

Rien de plus pittoresque que cette première vue de l'Italie et ce cri joyeux des matelots se croyant parvenus au terme de leur voyage. Le Tasse l'a heureusement reproduit dans l'arrivée des Croisés à Jérusalem (*ch. III, st.* 3). L'usage religieux d'offrir des libations au commencement et à la fin de chaque navigation remonte à la plus haute antiquité, comme

LIVRE III.

le prouve le départ des Argonautes dans Apollonius (*ch. 1,
v.* 402), et dans l'éloquent récit de Pindare :

Ἐς δ' Ἰαωλκὸν ἐπεὶ
κατέβα ναυτᾶν ἄωτος,
λέξατο πάντας ἐπαι-
νήσαις Ἰάσων......
...... ἐπεὶ δ' ἐμβόλου
κρέμασαν ἀγκύρας ὕπερθεν,
χρυσέαν χείρεσσι λαβὼν φιάλαν
ἀρχὸς ἐν πρύμνᾳ πατέρ' Οὐρανιδᾶν
ἐγχεικέραυνον Ζῆνα, καὶ ὠκυπόρους
κυμάτων ῥιπὰς ἀνέμων τ' ἐκάλει,
νύκτας τε, καὶ πόντου κελεύθους,
ἄματά τ' εὔφρονα, καὶ
φιλίαν νόστοιο μοῖραν.

Pythique, IV, v. 334 et 341.

★

Portus ab eoo fluctu curvatur in arcum ;
Objectæ salsâ spumant aspergine cautes :
Ipse latet ; gemino demittunt brachia muro
Turriti scopuli, refugitque à littore templum.
Quatuor hîc, primum omen, equos in gramine vidi
Tondentes campum latè, candore nivali.
Et pater Anchises : « Bellum, ô terra hospita, portas ;
540 Bello armantur equi ; bellum hæc armenta minantur.
Sed tamen idem olim curru succedere sueti
Quadrupedes, et fræna jugo concordia ferre :
Spes est pacis, » ait. Tùm numina sancta precamur
Palladis armisonæ, quæ prima accepit ovantes,
Et capita antè aras Phrygio velamur amictu ;
Præceptisque Heleni, dederat quæ maxima, rite
Junoni Argivæ jussos adolemus honores.

Les Troyens abordent près du promontoire de Minervium, dans une baie appelée depuis le port de Vénus, selon le témoignage de Denys. Ce lieu, désigné aujourd'hui sous le nom de *Castro*, est situé à quelques milles d'Hydruntum (*Otrante*), où l'on s'embarquoit pour la Grèce. La description qu'en donne le poëte est conforme à celle du port des Lestrigons, visité par Ulysse, et situé également, suivant l'opinion la plus probable, sur la côte méridionale de l'Italie :

Ἐνθ' ἐπεὶ ἐς λιμένα κλυτὸν ἤλθομεν, ὃν πέρι πέτρη
ἠλίβατος τετύχηκε διαμπερὲς ἀμφοτέρωθεν·
ἀκταὶ δὲ προβλῆτες ἐναντίαι ἀλλήλῃσιν
ἐν στόματι προὔχουσιν· ἀραιὴ δ' εἴσοδός ἐστιν.
ἔνθ' οἵγ' εἴσω πάντες ἔχον νέας ἀμφιελίσσας·
αἱ μὲν ἄρ' ἔντοσθεν λιμένος κοίλοιο δέδεντο
πλησίαι· οὐ μὲν γάρ ποτ' ἀέξετο κῦμά γ' ἐν αὐτῷ,
οὔτε μέγ', οὔτ' ὀλίγον· λευκὴ δ' ἦν ἀμφὶ γαλήνη.

Od. X, v. 87.

L'apparition symbolique des quatre coursiers présente quelque rapport avec un passage d'Apollonius, où le cheval de Neptune se montre aux Argonautes :

Ἔνθα τὸ μήκιστον τεράων Μινύαισιν ἐτύχθη.
ἐξ ἁλὸς ἤπειρόνδε πελώριος ἄνθορεν ἵππος,
ἀμφιλαφής, χρυσέῃσι μετήορος αὐχένα χαίταις·
ῥίμφα δὲ σεισάμενος γυίων ἄπο νήχυτον ἅλμην
ὦρτο θέειν, πνοιῇ ἴκελος πόδας· αἶψα δὲ Πηλεὺς
γηθήσας ἑτάροισιν ὁμηγερέεσσι μετηύδα·
« Ἅρματα μὲν δὴ φημὶ Ποσειδάωνος ἔγωγε
ἤδη νῦν ἀλόχοιο φίλης ὑπὸ χερσὶ λελύσθαι. »

Argon. IV, v. 1864.

★

Haud mora : continuò, perfectis ordine votis,
Cornua velatarum obvertimus antennarum;

550 Grajugenûmque domos, suspectaque linquimus arva.
　Hinc sinus Herculei, si vera est fama, Tarenti
　Cernitur : attollit se diva Lacinia contrà,
　Caulonisque arces, et navifragum Scylacæum.
　Tùm procùl è fluctu Trinacria cernitur Ætna:
　Et gemitum ingentem pelagi, pulsataque saxa
　Audimus longè, fractasque ad littora voces;
　Exsultantque vada, atque æstu miscentur arenæ.
　Et pater Anchises: « Nimirùm hæc illa Charybdis ;
　Hos Helenus scopulos, hæc saxa horrenda canebat.
560 Eripite, ô socii, pariterque insurgite remis. »
　Haud minùs ac jussi faciunt: primusque rudentem
　Contorsit lævas proram Palinurus ad undas;
　Lævam cuncta cohors remis ventisque petivit.
　Tollimur in cœlum curvato gurgite, et îdem
　Subductâ ad manes imos descendimus undâ.
　Ter scopuli clamorem inter cava saxa dedêre ;
　Ter spumam elisam et rorantia vidimus astra.

Les Troyens se rembarquent, traversent le golfe de Tarente, et doublent le promontoire de Lacinium (auj. *cap de Nau*), célèbre par son temple de Junon, dans lequel Enée consacra une coupe d'or. De là ils aperçoivent l'ancienne ville de Caulon, et le golfe ou plutôt le promontoire de Squillace, que l'on croit être le *cap Bruzzano*. Bientôt ils arrivent en vue de la Sicile et du mont Etna, et entendent de loin le bruit épouvantable des gouffres de Charybde et de Scylla. Ici le poëte emprunte les paroles d'Ulysse, racontant son passage à travers ces chimériques écueils :

Ἀλλ' ὅτε δὴ τὴν νῆσον ἐλείπομεν, αὐτίκ' ἔπειτα
καπνὸν καὶ μέγα κῦμα ἴδον, καὶ δοῦπον ἄκουσα,

τῶν δ' ἄρα δεισάντων ἐκ χειρῶν ἔπτατ' ἐρετμά.
βόμβησεν δ' ἄρα πάντα κατὰ ῥόον· εἴχετο δ' αὐτοῦ
νηῦς· ἐπεὶ οὐκ ἔτ' ἐρετμὰ προήκεα χερσίν ἔπειγον.
αὐτὰρ ἐγὼ, διὰ νηὸς ἰὼν, ὤτρυνον ἑταίρους
μειλιχίοις ἐπέεσσι παρασταδὸν ἄνδρα ἕκαστον.
. . . .
« Ὑμεῖς μὲν κώπῃσιν ἁλὸς ῥηγμῖνα βαθεῖαν
τύπτετε, κληΐδεσσιν ἐφήμενοι, αἴ κέ ποθι Ζεὺς
δώῃ τόνδε γ' ὄλεθρον ὑπεκφυγέειν καὶ ἀλύξαι.
σοὶ δὲ, κυβερνῆθ', ὧδ' ἐπιτέλλομαι, ἀλλ' ἐνὶ θυμῷ
βάλλευ, ἐπεὶ νηὸς γλαφυρῆς οἰήϊα νωμᾷς,
τούτου μὲν καπνοῦ καὶ κύματος ἐκτὸς ἔεργε
νῆα· σὺ δὲ σκοπέλου ἐπιμαίεο, μή σε λάθῃσι
κεῖσ' ἐξορμήσασα, καὶ ἐς κακὸν ἄμμε βάλῃσθα. »
. . . .
Ἡμεῖς δὲ στεινωπὸν ἀνεπλέομεν γοόωντες·
ἔνθεν μὲν γὰρ Σκύλλ', ἑτέρωθι δὲ δῖα Χάρυβδις
δεινὸν ἀνερροίβδησε θαλάσσης ἁλμυρὸν ὕδωρ.
ἤτοι ὅτ' ἐξεμέσειε, λέβης ὣς ἐν πυρὶ πολλῷ,
πᾶσ' ἀναμορμύρεσκε κυκωμένη· ὑψόσε δ' ἄχνη
ἄκροισι σκοπέλοισιν ἐπ' ἀμφοτέροισιν ἔπιπτεν.
ἀλλ' ὅτ' ἀναβρόξειε θαλάσσης ἁλμυρὸν ὕδωρ,
πᾶσ' ἔντοσθε φάνεσκε κυκωμένη· ἀμφὶ δὲ πέτρῃ
δεινὸν ἐβεβρύχει, ὑπένερθε δὲ γαῖα φάνεσκε
ψάμμῳ κυανέη· τοὺς δὲ χλωρὸν δέος ᾕρει.

Od. XII, v. 201, 214 et 234.

Énée évite les deux écueils en longeant les côtes de la Sicile ; Ulysse, au contraire, les traverse et y perd six de ses compagnons (*Od. XII, v.* 244). Apollonius, comme nous l'avons observé, a reproduit cette description dans plusieurs endroits de son poëme (*Argon. II, v,* 317 ; *II, v.* 549, et *IV, v.* 885). Ces trois morceaux, trop longs pour être cités ici, font d'autant plus d'honneur au poëte d'Alexandrie, qu'il avoit à lutter contre Homère, et qu'en variant avec art ses couleurs, il s'est presque montré son égal.

VII.

INTEREA fessos ventus cum sole reliquit;
Ignarique viæ, Cyclopum allabimur oris.
570 Portus ab accessu ventorum immotus, et ingens
Ipse; sed horrificis juxtà tonat Ætna ruinis,
Interdùmque atram prorumpit ad æthera nubem,
Turbine fumantem piceo, et candente favillâ;
Attollitque globos flammarum, et sidera lambit;
Interdùm scopulos avulsaque viscera montis
Erigit eructans, liquefactaque saxa sub auras
Cum gemitu glomerat, fundoque exæstuat imo.
Fama est Enceladi semiustum fulmine corpus
Urgeri mole hâc, ingentemque insuper Ætnam
580 Impositam, ruptis flammam exspirare caminis;
Et, fessum quoties mutat latus, intremere omnem
Murmure Trinacriam, et cœlum subtexere fumo.

Enée aborde à la terre des Cyclopes, sur la côte orientale de la Sicile, où Ulysse débarque, dans l'Odyssée, en quittant le pays des Lotophages. Voici le début du poëte grec, où l'on retrouve les premiers vers de Virgile:

Κυκλώπων δ' ἐς γαῖαν ὑπερφιάλων, ἀθεμίστων,
ἱκόμεθ', οἵ ῥα θεοῖσι πεποιθότες ἀθανάτοισιν,
οὔτε φυτεύουσιν χερσὶν φυτόν, οὔτ' ἀρόωσιν·
ἀλλὰ τά γ' ἄσπαρτα καὶ ἀνήροτα πάντα φύονται.
. . . .

ἐν δὲ λιμὴν εὔορμος, ἵν' οὐ χρεὼ πείσματός ἐστιν
οὔτ' εὐνὰς βαλέειν, οὔτε πρυμνήσι' ἀνάψαι,
ἀλλ' ἐπικέλσαντας μεῖναι χρόνον, εἰσόκε ναυτέων
θυμὸς ἐποτρύνῃ, καὶ ἐπιπνεύσωσιν ἀῆται.

Od. IX, v. 106 et 136.

Homère entre dans de grands détails sur le pays des Cyclopes qu'il suppose être composé d'un continent et d'une île, et le soin avec lequel il en décrit toutes les localités, prouve bien qu'il n'avoit point en vue une contrée imaginaire. Cependant on ne peut affirmer que cette terre soit la Sicile : car il n'en rapproche pas, comme Virgile, les écueils de Charybde et de Scylla ; il les place, au contraire, près de l'île du Soleil, à laquelle il donne le nom de *Trinacrie* ; et ce qui est plus étonnant encore, il ne parle nulle part de l'Etna, le phénomène le plus imposant de cette côte. La belle description qu'en donne Virgile, d'accord avec les récits de tous les témoins oculaires, est tirée en grande partie de la première Pythique de Pindare, représentant le supplice de Typhée :

Ὅς τ' ἐν αἰνᾷ Ταρτάρῳ κεῖται, θεῶν πολέμιος,
Τυφὼς ἑκατοντακάρανος· τόν ποτε
Κιλίκιον θρέψεν πολυώ-
   νυμον ἄντρον· νῦν γε μὰν
ταί θ' ὑπὲρ Κύμας ἁλιερκέες ὄχθαι
Σικελία τ' αὐτοῦ πιέζει
στέρνα λαχνάεντα· κίων
δ' οὐρανία συνέχει,
νιφόεσσ' Αἴτνα, πάνετες
χιόνος ὀξείας τιθήνα·
τᾶς ἐρεύγονται μὲν ἀπλά-
   του πυρὸς ἁγνόταται

ἐκ μυχῶν παγαί· ποταμοὶ
δ᾽ ἀμέραισιν μὲν προχέοντι ῥόον καπνοῦ
αἴθων'· ἀλλ᾽ ἐν ὄρφναισιν πέτρας
φοίνισσα κυλινδομένα φλὸξ ἐς βαθεῖαν φέρει πόντου πλάκα σὺν πατάγῳ·
κεῖνο δ᾽ Ἀφαίστοιο κρουνοὺς ἑρπετὸν
δεινοτάτους ἀναπέμ-
πει· τέρας μὲν θαυμάσιον προςιδέ-
σθαι· θαῦμα δὲ καὶ παριόν-
των ἀκοῦσαι,
οἷον Αἴτνας ἐν μελαμφύλ-
λοις δέδεται κορυφαῖς
καὶ πέδῳ· στρωμνὰ δὲ χαράσ-
σοι᾽ ἅπαν νῶτον ποτικεκλιμένον κεντεῖ.

Pythique I, v. 29.

Eschyle, son contemporain, n'en a pas tracé un tableau moins énergique dans sa tragédie de *Prométhée* :

Κεῖται στενωποῦ πλησίον θαλασσίου
ἱπούμενος ῥίζαισιν Αἰτναίαις ὕπο·
κορυφαῖς δ᾽ ἐν ἄκραις ἥμενος, μυδροκτυπεῖ
Ἥφαιστος, ἔνθεν ἐκραγήσονταί ποτε
ποταμοὶ πυρὸς δάπτοντες ἀγρίαις γνάθοις
τῆς καλλικάρπου Σικελίας λευρὰς γύας·
τοιόνδε Τυφὼς ἐξαναζέσει χόλον
θερμοῖς ἀπλήστου βέλεσι πυρπνόου ζάλης,
καίπερ κεραυνῷ Ζηνὸς ἠνθρακωμένος.

Prométhée, v. 364.

Virgile a substitué Encelade à Typhée, qui, selon la tradition primitive d'Homère, fut précipité à Arimé (*Il. II*, v. 781). Les deux derniers vers peignant l'effort du géant, sont traduits d'un passage de Callimaque, qui a développé l'idée d'Eschyle :

Ὡς δ' ὁπότ' Αἰτναίου ὄρεος πυρὶ τυφομένοιο
σείονται μυχὰ πάντα κατουδαίοιο γίγαντος
εἰς ἑτέρην Βριαρῆος ἐπωμίδα κινυμένοιο,
θερμαυστραί τε βρέμουσιν ὑφ' Ἡφαίστοιο πυράγρης
ἔργα θ' ὁμοῦ, δεινὸν δὲ πυρίκμητοί τε λέβητες
καὶ τρίποδες πίπτοντες ἐπ' ἀλλήλοις ἰαχεῦσι.

H. à Délos, v. 141.

★

Noctem illam tecti silvis immania monstra
Perferimus; nec quæ sonitum det causa videmus.
Nam neque erant astrorum ignes, nec lucidus æthra
Sidereâ polus; obscuro sed nubila cœlo,
Et lunam in nimbo nox intempesta tenebat.
Postera jàmque dies primo surgebat Eoo,
Humentemque Aurora polo dimoverat umbram,
590 Cùm subitò è silvis, macie confecta supremâ,
Ignoti nova forma viri, miserandaque cultu,
Procedit, supplexque manus ad littora tendit.
Respicimus : dira illuvies, immissaque barba,
Consertum tegumen spinis; at cætera Graïus,
Et quondam patriis ad Trojam missus in armis.
Isque ubi Dardanios habitus et Troïa vidit
Arma procùl, paulùm aspectu conterritus hæsit,
Continuitque gradum; mox sese ad littora præceps
Cum fletu precibusque tulit : « Per sidera testor,
600 Per superos, atquè hoc cœli spirabile lumen,
Tollite me, Teucri! quascumque abducite terras!
Hoc sat erit. Scio me Danais è classibus unum,
Et bello Iliacos fateor petiisse penates.
Pro quo, si sceleris tanta est injuria nostri,

Spargite me in fluctus, vastoque immergite ponto.
Si pereo, hominum manibus periisse juvabit. »
Dixerat, et genua amplexus, genibusque volutans
Hærebat. Qui sit, fari, quo sanguine cretus,
Hortamur; quæ deindè agitet fortuna, fateri.
610 Ipse pater dextram Anchises, haud multa moratus,
Dat juveni, atque animum præsenti pignore firmat.
Ille hæc, depositâ tandem formidine, fatur :

Le débarquement d'Ulysse sur la côte des Cyclopes s'effectue, comme celui d'Enée, pendant la nuit la plus sombre :

Ενθα κατεπλέομεν, καί τις θεὸς ἡγεμόνευε
νύκτα δι' ὀρφναίην· οὐδὲ προὐφαίνετ' ἰδέσθαι.
ἀὴρ γὰρ παρὰ νηυσὶ βαθεῖ' ἦν, οὐδὲ σελήνη
οὐρανόθεν προὔφαινε· κατείχετο γὰρ νεφέεσσιν.
ἔνθ' οὔτις τὴν νῆσον ἐσέδρακεν ὀφθαλμοῖσιν·
οὔτ' οὖν κύματα μακρὰ κυλινδόμενα προτὶ χέρσον
εἰσίδομεν, πρὶν νῆας ἐϋσσέλμους ἐπικέλσαι.

Od. IX, v. 142.

L'apparition du grec Achéménide, fiction pleine d'intérêt que Virgile a ajoutée au texte d'Homère, offre au premier coup-d'œil beaucoup de rapport avec celle de Sinon. Mais en les comparant attentivement, on démêle bientôt la différence essentielle que le grand poëte a su mettre entre le langage d'un traître et les prières d'un infortuné. La situation d'Achéménide rappelle celle de Théoclymène, qui, au 15me. chant de l'Odyssée, vient supplier Télémaque, prêt à quitter l'Elide, de lui apprendre son nom et sa patrie, et de le recevoir dans son vaisseau :

Ητοι ὁ μὲν τὰ πονεῖτο, καὶ εὔχετο· θῦε δ' Ἀθήνῃ
νηΐ παρὰ πρύμνῃ· σχεδόθεν δέ οἱ ἤλυθεν ἀνὴρ
τηλεδαπός, φεύγων ἐξ Ἄργεος, ἄνδρα κατακτάς.
. . . .

ὃς τότε Τηλεμάχου πέλας ἵστατο· τὸν δ' ἐκίχανε
σπένδοντ', εὐχόμενόν τε, θοῇ παρὰ νηΐ μελαίνῃ.
καί μιν φωνήσας ἔπεα πτερόεντα προσηύδα·
« Ὦ φίλ', ἐπεί σε θύοντα κιχάνω τῷδ' ἐνὶ χώρῳ,
λίσσομ' ὑπὲρ θυέων καὶ δαίμονος, αὐτὰρ ἔπειτα
σῆς τ' αὐτοῦ κεφαλῆς, καὶ ἑταίρων, οἵ τοι ἕπονται,
εἰπέ μοι εἰρομένῳ νημερτέα, μηδ' ἐπικεύσῃς.
τίς; πόθεν εἰς ἀνδρῶν; πόθι τοι πόλις ἠδὲ τοκῆες.

Od. XV, v. 222 et 257.

Elle présente une ressemblance encore plus frappante avec le sort de Philoctète abandonné dans l'île de Lemnos, et conjurant Pyrrhus de le ramener en Thessalie :

Πρὸς νῦν σε πατρὸς, πρός τε μητρὸς, ὦ τέκνον,
πρός τ' εἴ τί σοι κατ' οἶκόν ἐστι προσφιλὲς,
ἱκέτης ἱκνοῦμαι, μὴ λίπῃς μ' οὕτω μόνον
ἔρημον ἐν κακοῖσι τοῖςδ', οἵοις ὁρᾷς,
ὅσοισί τ' ἐξήκουσας ἐνναίοντά με·
ἀλλ' ἐν παρέργῳ θοῦ με. δυσχέρεια μὲν,
ἔξοιδα, πολλὴ τοῦδε τοῦ φορήματος·
ὅμως δὲ τλῆθι. τοῖσι γενναίοισί τοι
τό τ' αἰσχρὸν ἐχθρὸν, καὶ τὸ χρηστὸν εὐκλεές.

Philoctète, v. 468.

Virgile a profité de cette scène comme d'une heureuse transition pour réunir à la fin de ce livre les traits les plus saillants de l'épisode du *Cyclope*, qui occupe tout le 9me. chant de l'Odyssée. Il a atteint ce but avec son talent ordinaire en donnant à son résumé une force et une vivacité de couleurs qui l'élèvent encore au-dessus de l'original. Des critiques lui ont reproché d'avoir hasardé ces images révoltantes dans un siècle de civilisation ; mais on devroit apprécier au contraire les efforts victorieux du génie contre la difformité du sujet ; c'est cette magie de style, ce choix judicieux d'expressions, qui nous attache encore tous les jours à la lecture du Dante et de l'Arioste, et qui donne un charme si irrésistible aux beaux vers du songe d'Athalie.

★

« Sum patriâ ex Ithacâ, comes infelicis Ulyssei,
Nomen Achæmenides, Trojam, genitore Adamasto
Paupere, mansissetque utinam fortuna! profectus.
Hîc me, dum trepidi crudelia limina linquunt,
Immemores socii vasto Cyclopis in antro
Deseruêre. Domus sanie dapibusque cruentis,
Intùs opaca, ingens. Ipse arduus, altaque pulsat
620 Sidera, Dî, talem terris avertite pestem!
Nec visu facilis, nec dictu affabilis ulli.

Ulysse, en abordant à la terre des Cyclopes, aperçoit d'abord l'antre de Polyphême, et trace de ce géant le portrait reproduit par Virgile :

Ἀλλ' ὅτε δὴ τὸν χῶρον ἀφικόμεθ', ἐγγὺς ἐόντα,
ἔνθα δ' ἐπ' ἐσχατιῇ σπέος εἴδομεν, ἄγχι θαλάσσης,
ὑψηλὸν, δάφνῃσι κατηρεφές· ἔνθα δὲ πολλὰ
μῆλ', ὄϊές τε, καὶ αἶγες ἰαύεστον· περὶ δ' αὐλὴ
ὑψηλὴ δέδμητο κατωρυχέεσσι λίθοισι,
μακρῇσίν τε πίτυσσιν, ἰδὲ δρυσὶν ὑψικόμοισιν.
ἔνθα δ' ἀνὴρ ἐνίαυε πελώριος, ὅς ῥά τε μῆλα
οἶος ποιμαίνεσκεν ἀπόπροθεν· οὐδὲ μετ' ἄλλους
πωλεῖτ', ἀλλ' ἀπάνευθεν ἐὼν ἀθεμίστια ᾔδη.
καὶ γὰρ θαῦμ' ἐτέτυκτο πελώριον· οὐδὲ ἐῴκει
ἀνδρί γε σιτοφάγῳ, ἀλλὰ ῥίῳ ὑλήεντι
ὑψηλῶν ὀρέων, ὅτε φαίνεται οἷον ἀπ' ἄλλων.

OD. IX, v. 181.

★

Etudes grecq. II.e Partie.

« Visceribus miserorum, et sanguine vescitur atro.
Vidi egomet, duo de numero cùm corpora nostro,
Prensa manu magnâ, medio resupinus in antro,
Frangeret ad saxum, sanieque aspersa natarent
Limina ; vidi atro cùm membra fluentia tabo
Manderet, et tepidi tremerent sub dentibus artus.

Le poëte grec, après avoir décrit en détail l'intérieur de l'antre, la première apparition du Cyclope, et son entretien avec Ulysse, en vient à l'épouvantable tableau retracé ici avec tant d'énergie :

Ἀλλ᾽ ὅγ᾽ ἀναΐξας ἑτάροις ἐπὶ χεῖρας ἴαλλε·
σὺν δὲ δύω μάρψας, ὥστε σκύλακας ποτὶ γαίῃ
κόπτ᾽· ἐκ δ᾽ ἐγκέφαλος χαμάδις ῥέε, δεῦε δέ γαῖαν.
τοὺς δὲ διαμελεϊστὶ ταμὼν ὡπλίσσατο δόρπον.
ἤσθιε δ᾽, ὥστε λέων ὀρεσίτροφος, οὐδ᾽ ἀπέλειπεν
ἔγκατά τε σάρκας τε, καὶ ὀστέα μυελόεντα.
ἡμεῖς δὲ κλαίοντες ἀνεσχέθομεν Διῒ χεῖρας,
σχέτλια ἔργ᾽ ὁρόωντες· ἀμηχανίη δ᾽ ἔχε θυμόν.
αὐτὰρ ἐπεὶ Κύκλωψ μεγάλην ἐμπλήσατο νηδὺν,
ἀνδρόμεα κρέ᾽ ἔδων, καὶ ἐπ᾽ ἄκρητον γάλα πίνων,
κεῖτ᾽ ἔντοσθ᾽ ἄντροιο τανυσσάμενος διὰ μήλων.

Od. IX, v. 288.

*

« Haud impunè quidem : nec talia passus Ulysses,
Oblitusve suî est Ithacus discrimine tanto.
630 Nam simùl expletus dapibus, vinoque sepultus,
Cervicem inflexam posuit, jacuitque per antrum
Immensus, saniem eructans ac frusta cruento
Per somnum commixta mero ; nos, magna precati

Numina, sortitique vices, unà undique circùm
Fundimur, et telo lumen terebramus acuto
Ingens, quod torvâ solum sub fronte latebat,
Argolici clypei, aut Phœbeæ lampadis instar;
Et tandem læti sociorum ulciscimur umbras.

Homère raconte ensuite le départ du Cyclope, les préparatifs d'Ulysse, le retour du monstre qui renouvelle son horrible repas, et qui s'endort bientôt, appesanti par les fumées du vin; enfin l'heureux parti qu'Ulysse sait tirer de ce moment pour assouvir sa juste vengeance:

Ἦ, καὶ ἀνακλινθεὶς πέσεν ὕπτιος· αὐτὰρ ἔπειτα
κεῖτ' ἀποδοχμώσας παχὺν αὐχένα· καδδέ μιν ὕπνος
ἤρει πανδαμάτωρ· φάρυγος δ' ἐξέσσυτο οἶνος,
ψωμοί τ' ἀνδρόμεοι· ὁ δ' ἐρεύγετο οἰνοβαρείων.
καὶ τότ' ἐγὼ τὸν μοχλὸν ὑπὸ σποδοῦ ἤλασα πολλῆς,
εἵως θερμαίνοιτο· ἔπεσσί τε πάντας ἑταίρους
θάρσυνον, μήτις μοι ὑποδδείσας ἀναδύη.
ἀλλ' ὅτε δὴ τάχ' ὁ μοχλὸς ἐλάϊνος ἐν πυρὶ μέλλεν
ἅψεσθαι, χλωρός περ ἐών, διεφαίνετο δ' αἰνῶς,
καὶ τότ' ἐγὼν ἆσσον φέρον ἐκ πυρός, ἀμφὶ δ' ἑταῖροι
ἵσταντ'· αὐτὰρ θάρσος ἐνέπνευσεν μέγα δαίμων.
οἱ μὲν, μοχλὸν ἑλόντες ἐλάϊνον ὀξὺν ἐπ' ἄκρῳ,
ὀφθαλμῷ ἐνέρεισαν· ἐγὼ δ' ἐφύπερθεν ἀερθεὶς
δίνεον· ὡς δ' ὅτε τις τρυπῷ δόρυ νήϊον ἀνὴρ
τρυπάνῳ, οἱ δέ τ' ἔνερθεν ὑποσσείουσιν ἱμάντι
ἁψάμενοι ἑκάτερθε, τὸ δὲ τρέχει ἐμμενὲς αἰέν.
ὣς τοῦ ἐν ὀφθαλμῷ πυρήκεα μοχλὸν ἑλόντες
δινέομεν, τὸν δ' αἷμα περίρρεε θερμὸν ἐόντα.
πάντα δέ οἱ βλέφαρ' ἀμφὶ καὶ ὀφρύας εὗσεν ἀϋτμὴ,
γλήνης καιομένης· σφαραγεῦντο δέ οἱ πυρὶ ῥίζαι.
ὡς δ' ὅτ' ἀνὴρ χαλκεὺς πέλεκυν μέγαν, ἠὲ σκέπαρνον,

εἰν ὕδατι ψυχρῷ βάπτει μεγάλα ἰάχοντα,
φαρμάσσων· τὸ γὰρ αὖτε σιδήρου τε κράτος ἐστίν·
ὣς τοῦ σίζ᾽ ὀφθαλμὸς ἐλαϊνέῳ περὶ μοχλῷ.

Od. IX, v. 371.

★

« Sed fugite, ô miseri, fugite, atque ab littore funem
650Rumpite.
 Nam, qualis quantusque cavo Polyphemus in antro
Lanigeras claudit pecudes, atque ubera pressat,
Centum alii curva hæc habitant ad littora vulgò
Infandi Cyclopes, et altis montibus errant.
 Tertia jàm lunæ se cornua lumine complent,
Cùm vitam in silvis, inter deserta ferarum
Lustra domosque traho, vastosque ab rupe Cyclopas
Prospicio, sonitumque pedum vocemque tremisco.
 Victum infelicem, baccas, lapidosaque corna,
650Dant rami, et vulsis pascunt radicibus herbæ.
 Omnia collustrans, hanc primùm ad littora classem
Conspexi venientem : huic me, quæcumque fuisset,
Addixi. Satis est gentem effugisse nefandam :
Vos animam hanc potiùs quocumque absumite letho. »

Achéménide ne s'étend pas sur les circonstances de la fuite d'Ulysse ; il exhorte les Troyens à quitter promptement cette côte, pour échapper à la vue des Cyclopes qui habitent en foule les montagnes voisines, comme Homère le marque au commencement de son récit :

Τοῖσιν δ᾽ οὔτ᾽ ἀγοραὶ βουληφόροι, οὔτε θέμιστες·
ἀλλ᾽ οἵγ᾽ ὑψηλῶν ὀρέων ναίουσι κάρηνα
ἐν σπέσσι γλαφυροῖσι· θεμιστεύει δὲ ἕκαστος
παίδων ἠδ᾽ ἀλόχων· οὐδ᾽ ἀλλήλων ἀλέγουσι.

Od. IX, v. 112.

La peinture qu'il fait ensuite de sa déplorable existence rappelle la situation des compagnons d'Ulysse renfermés dans l'île du Soleil (*Od. XII*, *v.* 329), ou celle de Philoctète abandonné par l'armée grecque (*Philoctète*, *v.* 276). Virgile, pour ne pas donner trop d'étendue à son récit, n'y place qu'une partie de l'imitation d'Homère, et, mettant le reste en action, il fait paroître pour dernier trait le terrible Cyclope lui-même.

★

Vix ea fatus erat, summo cùm monte videmus
Ipsum inter pecudes vastâ se mole moventem
Pastorem Polyphemum, et littora nota petentem :
Monstrum horrendum, informe, ingens cui lumen adem-
Trunca manum pinus regit, et vestigia firmat. [ptum.
660 Lanigeræ comitantur oves; ea sola voluptas,
Solamenque mali.

Postquàm altos tetigit fluctus, et ad æquora venit,
Luminis effossi fluidum lavit indè cruorem,
Dentibus infrendens gemitu; graditurque per æquor
Jàm medium, necdum fluctus latera ardua tinxit.
Nos procùl indè fugam trepidi celerare, recepto
Supplice, sic merito; tacitique incidere funem ;
Verrimus et proni certantibus æquora remis.
Sensit, et ad sonitum vocis vestigia torsit.
670 Verùm ubi nulla datur dextram affectare potestas,
Nec potis Ionios fluctus æquare sequendo,
Clamorem immensum tollit, quo pontus et omnes
Intremuêre undæ, penitùsque exterrita tellus
Italiæ, curvisque immugiit Ætna cavernis.
At genus è silvis Cyclopum et montibus altis
Excitum ruit ad portus, et littora complent.
Cernimus adstantes nequidquam lumine torvo

Ætnæos fratres, cœlo capita alta ferentes,
Concilium horrendum : quales cùm vertice celso
680 Aëriæ quercus, aut coniferæ cyparissi
Constiterunt, silva alta Jovis, lucusve Dianæ.

Ici l'imitateur s'élève bien au-dessus du modèle. Ce passage est une majestueuse amplification des vers destinés à peindre la fureur du Cyclope, réduit à la cécité :

Σμερδαλέον δὲ μέγ' ᾤμωξεν, περὶ δ' ἴαχε πέτρη.
ἡμεῖς δὲ δείσαντες ἀπεσσύμεθ'· αὐτὰρ ὁ μοχλὸν
ἐξέρυσ' ὀφθαλμοῖο πεφυρμένον αἵματι πολλῷ·
τὸν μὲν ἔπειτ' ἔρριψεν ἀπὸ ἕο χερσὶν ἀλύων.
αὐτὰρ ὁ Κύκλωπας μεγάλ' ἤπυεν, οἵ ῥά μιν ἀμφὶς
ᾤκεον ἐν σπήεσσι δι' ἄκριας ἠνεμοέσσας·
οἱ δὲ, βοῆς ἀΐοντες ἐφοίτων ἄλλοθεν ἄλλος.

Od. IX, v. 395.

Homère, continuant son récit, raconte l'erreur des Cyclopes trompés par un ridicule jeu de mots; l'ingénieux stratagème d'Ulysse, qui attache ses compagnons sous le ventre des béliers; leur sortie de l'antre; la poursuite de Polyphème qui lance sur le vaisseau un énorme rocher; enfin l'audace du héros grec, qui lui déclare son nom et sa patrie : ce qui amène le tableau final des imprécations du Cyclope, et de son dernier effort pour anéantir ses ennemis :

Ἀλλ' ὅτε τόσσον ἀπῆν, ὅσσον τε γέγωνε βοήσας,
καὶ τότ' ἐγὼ Κύκλωπα προσηύδων κερτομίοισι
« Κύκλωψ, οὐκ ἄρ' ἔμελλες ἀνάλκιδος ἀνδρὸς ἑταίρους
ἔδμεναι ἐν σπῆϊ γλαφυρῷ κρατερῆφι βίηφι.
καὶ λίην σέ γε μέλλε κιχήσεσθαι κακὰ ἔργα,
σχέτλι'· ἐπεὶ ξείνους οὐκ ἄζεο σῷ ἐνὶ οἴκῳ
ἐσθέμεναι· τῷ σε Ζεὺς τίσατο καὶ θεοὶ ἄλλοι. »

Ὡς ἐφάμην. ὁ δ' ἔπειτα χολώσατο κηρόθι μᾶλλον·
ἧκε δ' ἀποῤῥήξας κορυφὴν ὄρεος μεγάλοιο·
κὰδ δ' ἔβαλε προπάροιθε νεὼς κυανοπρώροιο,
τυτθὸν ἐδεύησεν δ' οἰήϊον ἄκρον ἱκέσθαι·
ἐκλύσθη δὲ θάλασσα κατερχομένης ὑπὸ πέτρης.
τὴν δ' αἶψ' ἤπειρόνδε παλιῤῥόθιον φέρε κῦμα,
πλημμυρὶς ἐκ πόντοιο, θέμωσε δὲ χέρσον ἱκέσθαι.
Od. IX, v. 473.

L'assemblée des Cyclopes, qui termine le tableau de Virgile, est tracée sur celle des Lestrygons, convoqués par Antiphate :

Αὐτὰρ ὁ τεῦχε βοὴν διὰ ἄστεος· οἱ δ' ἀΐοντες
φοίτων ἴφθιμοι Λαιστρυγόνες ἄλλοθεν ἄλλος,
μυρίοι, οὐκ ἄνδρεσσιν ἐοικότες, ἀλλὰ γίγασιν.
οἵ ῥ' ἀπὸ πετράων ἀνδραχθέσι χερμαδίοισι
βάλλον· ἄφαρ δὲ κακὸς κόναβος κατὰ νῆας ὀρώρει.
Il. X, v. 118.

L'épisode de Polyphême a été renouvelé par Ovide dans la rencontre d'Achéménide et de Macarée (*Métam. XIV*, v. 154), et par l'Arioste dans la fable de l'Ogre (*Roland*, ch. *XVII*, st. 29). Les cinq derniers vers ont inspiré à Milton sa belle peinture du conseil de Satan (*Paradis*, ch. *I*, v. 609).

*

Præcipites metus acer agit quòcumque rudentes
Excutere, et ventis intendere vela secundis.
Contrà, jussa monent Heleni, Scyllam atque Charybdim
Inter utramque viam, lethi discrimine parvo,
Ni teneant cursus : certum est dare lintea retrò.

Ecce autem Boreas angustâ ab sede Pelori
Missus adest. Vivo prætervehor ostia saxo
Pantagiæ, Megarosque sinus, Thapsumque jacentem.
690 Talia monstrabat relegens errata retrorsùm
Littora Achæmenides, comes infelicis Ulyssei.

Sicanio prætenta sinu jacet insula contrà
Plemmyrium undosum : nomen dixêre priores
Ortygiam. Alphæum fama est hùc Elidis amnem
Occultas egisse vias subter mare; qui nunc
Ore, Arethusa, tuo Siculis confunditur undis.
Jussi numina magna loci veneramur; et indè
Exsupero præpingue solum stagnantis Helori.
Hinc altas cautes projectaque saxa Pachyni
700 Radimus; et fatis numquam concessa moveri
Apparet Camarina procùl, campique Geloi,
Immanisque Gela, fluvii cognomine dicta.
Arduus indè Acragas ostentat maxima longè
Mœnia, magnanimûm quondam generator equorum.
Teque datis linquo ventis, palmosa Selinus ;
Et vada dura lego saxis Lilybeïa cæcis.
Hinc Drepani me portus et illætabilis ora
Accipit. Hîc, pelagi tot tempestatibus actus,
Heu! genitorem, omnis curæ casûsque levamen,
710 Amitto Anchisen. Hîc me, pater optime, fessum
Deseris, heu! tantis nequidquam erepte periclis!
Nec vates Helenus, cùm multa horrenda moneret,
Hos mihi prædixit luctus, non dira Celœno.
Hic labor extremus, longarum hæc meta viarum :
Hinc me digressum vestris deus appulit oris. »

Sic pater Æneas, intentis omnibus, unus
Fata renarrabat divûm, cursusque docebat.
Conticuit tandem, factoque hîc fine quievit.

Ulysse, échappé à la fureur de Polyphême, rejoint dans l'île voisine le reste de ses vaisseaux, et cingle vers le royaume d'Eole. Enée longe les côtes de Sicile, et est sur le point de heurter contre Charybde et Scylla, comme Ulysse y est repoussé après son naufrage près de l'île du Soleil (*Od. XII*, *v.* 427). Enfin le vent du nord soufflant du promontoire de Pélore (*cap Faro*), le conduit à l'embouchure de la Pantagie (*fleuve Lentini*) ; bientôt il traverse le golfe de Mégare, et arrive à l'île de Thapsus (*presqu'île Magnisi*).

Il offre un sacrifice dans l'île d'Ortygie, arrosée par la fontaine Aréthuse, dont l'union mystérieuse avec l'Alphée a été chantée par Moschus (*Idylle VII*). L'île d'Ortygie, jointe au continent par une chaussée, formoit, avec le promontoire de Plemmyre, le port de l'ancienne Syracuse. La flotte troyenne côtoye ensuite les beaux pâturages d'Helore, ville aujourd'hui en ruines, et double le promontoire de Pachynum (*cap Passaro*). Bientôt elle passe devant Camarina, qui a conservé son nom, plus heureuse que l'immense Géla, dont on ne voit plus que quelques vestiges. Elle arrive ensuite à Agrigente (*Girgenti*), à Sélinonte, ville détruite, et doublant le promontoire de Lilybée (*cap Boco*), aborde enfin à Drépane (*Trapani*), dans le royaume du Troyen Aceste, où Anchise finit ses jours. Ici Virgile est de nouveau d'accord avec Denys d'Halicarnasse, qui parle du séjour des Troyens en Sicile après leur départ de Tarente. Il ne dit pas toutefois qu'Anchise y soit mort, et paroît même supposer qu'il parvint jusqu'au Latium. Pausanias, au contraire, confirme le témoignage de Virgile. C'est en partant de Drépane qu'Enée fut assailli par une tempête près des îles de *Lipari*, et poussé sur les côtes de Carthage. On remarquera du reste que la plupart des villes énumérées par le poëte ne furent fondées que deux ou trois siècles après la ruine de Troie, et que leurs noms sont par conséquent autant d'anticipations sur l'histoire. Enée est accablé de la perte inattendue d'Anchise, comme Achille de celle de Patrocle, qui ne lui avoit pas été prédite par Thétis :

Δὴ τότε γ' οὔ οἱ ἔειπε κακὸν τόσον, ὅσσον ἐτύχθη
μήτηρ, ὅττι ῥά οἱ πολὺ φίλτατος ὤλεθ' ἑταῖρος.
IL. XVII, v. 410.

Le récit du héros finit comme celui d'Ulysse au 13me. chant de l'Odyssée :

Ὣς ἔφαθ'· οἱ δ' ἄρα πάντες ἀκὴν ἐγένοντο σιωπῇ,
κηληθμῷ δ' ἔσχοντο κατὰ μέγαρα σκιόεντα.
OD. XIII, v. 1.

ÉNÉIDE.

LIVRE QUATRIÈME.

SOMMAIRE.

Mort de Didon.

I. Amour de Didon.
II. Description de la chasse.
III. Message de Mercure.
IV. Entrevue de Didon et d'Énée.
V. Présages sinistres.
VI. Sacrifice magique.
VII. Départ d'Énée.
VIII. Mort de Didon.

Ce livre est tracé sur le plan du 3me. chant des Argonautiques.

ÉNÉIDE.
LIVRE QUATRIÈME.

I.

At regina, gravi jam dudùm saucia curâ,
Vulnus alit venis, et cœco carpitur igni.
Multa viri virtus animo, multusque recursat
Gentis honos : hærent infixi pectore vultus,
Verbaque ; nec placidam membris dat cura quietem.

Le héros troyen a achevé son récit, et le poëte arrive à la plus belle partie de son ouvrage, à la peinture des amours de Didon. Ce chef-d'œuvre, qui a réuni les suffrages de tous les siècles, est un magnifique développement de deux compositions épiques du même genre, la *Calypso* d'Homère, et la *Médée* d'Apollonius. Il y a aussi loin de la première à la Didon de Virgile, que de l'enfance de la civilisation à la délicatesse du siècle d'Auguste ; et on peut dire avec raison, suivant l'ingénieuse expression de Delille, que le 4me. livre de l'Enéide est dans le 5me. de l'Odyssée, comme le chêne est dans le gland. Les amours de Médée, au contraire, qui occupent le 3me. chant du poëme des Argonautes, ont fourni à Virgile d'heureuses imitations. Nous avons déjà vu dans le 1er. livre qu'il a suivi Apollonius dans l'introduction de Cupidon auprès de la reine de Carthage. Ici il l'imite encore dans la peinture de sa passion naissante :

Αὔτως δ' αὖ Μήδεια μετέστιχε· πολλὰ δὲ θυμῷ
ὥρμαιν', ὅσσα τ' ἔρωτες ἐποτρύνουσι μέλεσθαι.

προπρὺ δ' ἄρ ὀφθαλμῶν ἔτι οἱ ἰνδάλλετο πάντα·
αὐτός θ' οἷος ἔην, οἵοισί τε φάρεσιν ἔστο,
οἷά τ' ἔειφ', ὥς θ' ἕζετ' ἐπὶ θρόνου, ὥς τε θύραζε
ἤϊεν · οὐδέ τιν' ἄλλον ὀΐσσατο πορφύρουσα
ἔμμεναι ἀνέρα τοῖον · ἐν οὔασι δ' αἰὲν ὀρώρει
αὐδή τε μῦθοί τε μελίφρονες, οὓς ἀγόρευσε.

Argon. III, v. 451.

Virgile, comme nous le verrons dans la suite, a joint à ces imitations d'Apollonius plusieurs passages tirés de Sophocle et d'Euripide, de la *Simèthe* de Théocrite, et de l'*Ariane* de Catulle, et c'est en réunissant toutes ces beautés éparses, et en les animant par mille traits délicats puisés dans la connoissance la plus intime du cœur humain, qu'il a composé cette sublime tragédie, égalée peut-être, mais non surpassée, dans l'*Armide* du Tasse et la *Phèdre* de Racine.

Postera Phœbeâ lustrabat lampade terras,
Humentemque Aurora polo dimoverat umbram,
Cùm sic unanimem alloquitur malesana sororem :
« Anna soror, quæ me suspensam insomnia terrent !
10 Quis novus hic nostris successit sedibus hospes !
Quem sese ore ferens ! quàm forti pectore et armis !
Credo equidem, nec vana fides, genus esse deorum.
Degeneres animos timor arguit. Heu ! quibus ille
Jactatus fatis ! quæ bella exhausta canebat !
Si mihi non animo fixum immotumque sederet
Ne cui me vinclo vellem sociare jugali,
Postquam primus amor deceptam morte fefellit ;
Si non pertæsum thalami tædæque fuisset ;
Huic uni forsan potui succumbere culpæ.
20 Anna, fatebor enim, miseri post fata Sichæi

Conjugis, et sparsos fraternâ cæde penates,
Solus hic inflexit sensus, animumque labantem
Impulit : agnosco veteris vestigia flammæ.
Sed mihi vel tellus optem priùs ima dehiscat,
Vel pater omnipotens adigat me fulmine ad umbras,
Pallentes umbras Erebi, noctemque profundam,
Antè, pudor, quàm te violo, aut tua jura resolvo.
Ille meos, primus qui me sibi junxit, amores
Abstulit : ille habeat secum, servetque sepulcro. »
30 Sic effata, sinum lacrymis implevit obortis.

Cet aveu de Didon conduit avec tant d'art et de décence, ne peut se comparer qu'à l'aveu de Phèdre dans l'*Hippolyte* d'Euripide qui a servi de modèle à Racine. L'épouse de Thésée, après la belle scène d'égarement reproduite presque mot pour mot dans la tragédie française (*act. I*, sc. 3), avoue enfin à sa nourrice la flamme dont elle est consumée, et prodigue de serments au moment même de les violer, elle se représente, comme Didon, toute la honte qui suivroit son infidélité :

Φ. τί τοῦθ' ὃ δὴ λέγουσιν ἀνθρώπους ἐρᾶν;
T. ἥδιστον, ὦ παῖ, ταυτὸν, ἀλγεινόν θ' ἅμα.
Φ. ἡμεῖς ἂν εἶμεν θατέρῳ κεχρημέναι.
T. τί φής; ἐρᾷς, ὦ τέκνον, ἀνθρώπων τίνος;
Φ. ὅστις ποθ' οὗτός ἐσθ' ὁ τῆς Ἀμαζόνος.
T. Ἱππόλυτον αὐδᾷς;
Φ.   σοῦ τάδ', οὐκ ἐμοῦ κλύεις.

Hippolyte, v. 350.

La Médée d'Apollonius n'a point de confidente. Effrayée de cette passion irrésistible qui l'entraîne malgré elle vers l'ennemi de son père, elle la cache même à sa sœur Chalciope, intéressée à la favoriser, et ce n'est qu'après la lutte la plus violente entre l'amour et le devoir, qu'elle promet enfin à

Chalciope de sauver Jason en faveur de ses fils. (*Argon.*, *III*, *v.* 645). Rendue ensuite à la solitude, elle réfléchit aux périls de son entreprise, et c'est alors qu'éclatent dans leur force et les suggestions de l'amour et les angoisses du désespoir, terminées par ces vers, imités dans le serment de Didon :

Ὢ μοι ἐμῆς ἄτης ! ἦτ' ἂν πολὺ κέρδιον εἴη
τῇ δ' αὐτῇ ἐν νυκτὶ λιπεῖν βίον ἐν θαλάμοισι
πότμῳ ἀνωΐστῳ, κἄκ' ἐλέγχεα πάντα φυγοῦσαν,
πρὶν τάδε λωβήεντα καὶ οὐκ ὀνομαστὰ τελέσσαι.

Argon. III, v. 798.

*

Anna refert : « O luce magis dilecta sorori,
Solane perpetuâ mœrens carpére juventâ ?
Nec dulces natos, Veneris nec præmia nôris ?
Id cinerem aut manes credis curare sepultos ?
Esto : ægram nulli quondam flexêre mariti,
Non Libyæ, non antè Tyro ; despectus Iarbas,
Ductoresque alii quos Africa terra triumphis
Dives alit : placitone etiam pugnabis amori ?
Nec venit in mentem quorum consederis arvis ?
40 Hinc Gætulæ urbes, genus insuperabile bello,
Et Numidæ infreni cingunt, et inhospita Syrtis ;
Hinc deserta siti regio, latèque furentes
Barcæi. Quid bella Tyro surgentia dicam,
Germanique minas ?
Dîs equidem auspicibus reor, et Junone secundâ,
Hùc cursum Iliacas vento tenuisse carinas.
Quam tu urbem, soror, hanc cernes ! quæ surgere regna
Conjugio tali ! Teucrûm comitantibus armis,
Punica se quantis attollet gloria rebus !

50 Tu modò posce deos veniam, sacrisque litatis,
Indulge hospitio, causasque innecte morandi;
Dùm pelago desævit hiems, et aquosus Orion,
Quassatæque rates, et non tractabile cœlum. »

La nourrice de Phèdre l'engage également, quoique par des motifs beaucoup moins légitimes, à se livrer sans contrainte à son amour, qu'elle attribue à l'arrêt des destins:

Ἀλλ', ὦ φίλη παῖ, λῆγε μὲν κακῶν φρενῶν,
λῆξον δ' ὑβρίζουσ'· οὐ γὰρ ἄλλο πλὴν ὕβρις
τάδ' ἐστί, κρείσσω δαιμόνων εἶναι θέλειν.
τόλμα δ' ἐρῶσα· θεὸς ἐβουλήθη τάδε.

Hippolyte, v. 478.

Racine a imité ces vers dans la réponse d'OEnone à Phèdre (*Phèdre*, act. I, sc. 5). Ovide a profité avant lui de l'entretien de Didon et de sa sœur, dans les monologues de Médée et de Scylla (*Métam. VII*, v. 11, et *VIII*, v. 44).

★

His dictis incensum animum inflammavit amore,
Spemque dedit dubiæ menti, solvitque pudorem.
Principiò delubra adeunt, pacemque per aras
Exquirunt; mactant lectas de more bidentes
Legiferæ Cereri, Phœboque, patrique Lyæo,
Junoni antè omnes, cui vincla jugalia curæ.
60 ·Ipsa, tenens dextrâ pateram, pulcherrima Dido
Candentis vaccæ media inter cornua fundit;
Aut antè ora deûm pingues spatiatur ad aras,
Instauratque diem donis, pecudumque reclusis
Pectoribus inhians, spirantia consulit exta.
Heu vatum ignaræ mentes! quid vota furentem,

Études grecq. IIe Partie.

Quid delubra juvant? Est mollis flamma medullas
Intereà, et tacitum vivit sub pectore vulnus.
Uritur infelix Dido, totâque vagatur
Urbe furens : qualis conjectâ cerva sagittâ,
70 Quam procul incautam nemora inter Cressia fixit
Pastor agens telis, liquitque volatile ferrum
Nescius; illa fugâ silvas saltusque peragrat
Dictæos : hæret lateri lethalis arundo.
Nunc media Ænean secum per mœnia ducit,
Sidoniasque ostentat opes, urbemque paratam :
Incipit effari, mediâque in voce resistit.
Nunc eadem, labente die, convivia quærit,
Iliacosque iterùm demens audire labores
Exposcit, pendetque iterùm narrantis ab ore.
80 Pòst, ubi digressi, lumenque obscura vicissim
Luna premit, suadentque cadentia sidera somnos,
Sola domo mœret vacuâ, stratisque relictis
Incubat : illum absens absentem auditque videtque ;
Aut gremio Ascanium, genitoris imagine capta,
Detinet, infandum si fallere possit amorem.
Non cœptæ assurgunt turres; non arma juventus
Exercet, portusve, aut propugnacula bello
Tuta parant : pendent opera interrupta, minæque
Murorum ingentes, æquataque machina cœlo.

Cet admirable morceau brille autant par la beauté des vers que par la vérité des sentiments. La comparaison de la biche percée d'un trait mortel, est une heureuse imitation de ce passage d'Homère peignant Ulysse blessé par les Troyens :

Τρῶες ἕπονθ', ὡσεί τε δαφοινοὶ θῶες ὄρεσφιν
ἀμφ' ἕλαφον κεραὸν βεβλημένον, ὅντ' ἔβαλ' ἀνὴρ

ἰῷ ἀπὸ νευρῆς· τὸν μέν τ' ἤλυξε πόδεσσιν
φεύγων, ὄφρ' αἷμα λιαρόν, καὶ γούνατ' ὀρώρῃ·
αὐτὰρ ἐπειδὴ τόνγε δαμάσσεται ὠκὺς ὀϊστός,
ὠμοφάγοι μιν θῶες ἐν οὔρεσι δαρδάπτουσιν.
IL. XI, v. 474.

Tous les autres détails appartiennent à Virgile, et n'ont point de modèle dans l'antiquité grecque. Apollonius a plus d'éclat, mais beaucoup moins de sensibilité dans la peinture de l'amour de Médée. Il l'indique par des traits épars, presque toujours agréables, mais n'offrant nulle part un résumé aussi frappant que celui que nous avons sous les yeux. Ses passages les plus remarquables sont l'entretien de Médée et de sa sœur (*Argon. III, v.* 645), et son entrevue avec Jason, dont nous transcrirons ici quelques vers, ceux où la jeune princesse lui remet l'antidote qui doit le rendre invulnérable :

Ὡς φάτο κυδαίνων· ἡ δ' ἐγκλιδὸν ὄσσε βαλοῦσα
νεκτάρεον μείδησ'· ἐχύθη δέ οἱ ἔνδοθι θυμὸς
αἴνῳ ἀειρομένης, καὶ ἀνέδρακεν ὄμμασιν ἄντην·
οὐδ' ἔχεν ὅ ττι πάροιθεν ἔπος προτιμυθήσαιτο,
ἀλλ' ἄμυδις μενέαινεν ἀολλέα πάντ' ἀγορεῦσαι.
προπρὸ δ' ἀφειδήσασα θυώδεος ἔξελε μίτρης
φάρμακον· αὐτὰρ ὅ γ' αἶψα χεροῖν ὑπέδεκτο γεγηθώς.
καί νύ κέ οἱ καὶ πᾶσαν ἀπὸ στηθέων ἀρύσασα
ψυχὴν ἐγγυάλιξεν ἀγαλλομένη χατέοντι·
τοῖος ἀπὸ ξανθοῖο κρήατος Αἰσονίδαο
στράπτεν ἔρως ἡδεῖαν ἀπὸ φλόγα· τῆς δ' ἀμαρυγὰς
ὀφθαλμῶν ἥρπαζεν· ἰαίνετο δὲ φρένας εἴσω
τηκομένη, οἷόν τε περὶ ῥοδέεσσιν ἐέρση
τήκεται ἠώοισιν ἰαινομένη φαέεσσιν.
ἄμφω δ' ἄλλοτε μέν τε κατ' οὔδεος ὄμματ' ἔρειδον
αἰδόμενοι, ὁτὲ δ' αὖτις ἐπὶ σφίσι βάλλον ὀπωπάς,
ἱμερόεν φαιδρῇσιν ὑπ' ὀφρύσι μειδιόωντες.
Argon. III, v. 1008

On lira avec plaisir la scène entière dans le texte d'Apollonius (v. 948 à 1145). Catulle, son premier imitateur, retrace aussi avec beaucoup d'élégance, mais avec moins de force que Virgile, les sentiments d'Ariane pour Thésée :

> Non priùs ex illo flagrantia declinavit
> Lumina, quàm cuncto concepit pectore flammam
> Funditùs, atque imis exarsit tota medullis.
> Heu miserè exagitans immiti corde furores,
> Sancte puer, curis hominum qui gaudia misces,
> Quæque regis Golgos, quæque Idaliam frondosam,
> Qualibus incensam jactâstis mente puellam
> Fluctibus, in flavo sæpè hospite suspirantem !
> Quantos illa tulit languenti corde timores !
> Quantùm sæpè magis fulgore expalluit auri,
> Quùm sævum cupiens contrà contendere monstrum,
> Aut mortem oppeteret Theseus, aut præmia laudis.
> Non ingrata tamen frustrà munuscula divis
> Promittens, tacito suspendit vota labello.
> *Noces de Thétis, v.* 91.

La plus belle imitation qui ait été faite de ces différents morceaux est sans contredit celle de Racine dans la peinture de l'amour de Phèdre (*act. I, sc.* 3). Le caractère d'Armide ne permettoit point au Tasse de suivre ici les traces de Virgile.

II.

Quam simul ac tali persensit peste teneri
Cara Jovis conjux, nec famam obstare furori,
Talibus aggreditur Venerem Saturnia dictis :
« Egregiam verò laudem et spolia ampla refertis
Tuque puerque tuus ! magnum et memorabile nomen,
Una dolo divûm si fœmina victa duorum est !
Nec me adeò fallit, veritam te mœnia nostra,

Suspectas habuisse domos Carthaginis altæ.
Sed quis erit modus ? aut quò nunc certamina tanta ?
Quin potiùs pacem æternam pactosque hymenæos
100 Exercemus ? Habes totâ quod mente petisti :
Ardet amans Dido, traxitque per ossa furorem.
Communem hunc ergò populum, paribusque regamus
Auspiciis ; liceat Phrygio servire marito,
Dotalesque tuæ Tyrios permittere dextræ. »
Olli, sensit enim simulatâ mente locutam,
Quò regnum Italiæ Libycas averteret oras,
Sic contrà est ingressa Venus : « Quis talia demens
Abnuat, aut tecum malit contendere bello ?
Si modò, quod memoras, factum fortuna sequatur.
110 Sed fatis incerta feror si Jupiter unam
Esse velit Tyriis urbem Trojâque profectis,
Misceríve probet populos, aut fœdera jungi.
Tu conjux : tibi fas animum tentare precando.
Perge, sequar. » Tùm sic excepit regia Juno :
« Mecum erit iste labor : nunc quâ ratione quod instat
Confieri possit, paucis, adverte, docebo.
Venatum Æneas unàque miserrima Dido
In nemus ire parant, ubi primos crastinus ortus
Extulerit Titan, radiisque retexerit orbem.
120 His ego nigrantem commixtâ grandine nimbum,
Dum trepidant alæ, saltusque indagine cingant,
Desuper infundam, et tonitru cœlum omne ciebo.
Diffugient comites, et nocte tegentur opacâ ;
Speluncam Dido, dux et Trojanus eamdem
Devenient : adero, et, tua si mihi certa voluntas,
Connubio jungam stabili, propriamque dicabo.
Hîc Hymenæus erit. » Non adversata petenti
Annuit, atque dolis risit Cytherea repertis.

ÉNÉIDE.

Cet entretien de Junon et de Vénus rappelle celui des deux déesses au 14me. chant de l'Iliade (*v.* 187). Virgile a profité de la fiction d'Homère pour préparer le dénoûment de ce livre, agrandi encore par l'imposante perspective de la rivalité de Rome et de Carthage. Les anciens, grâce au système de la mythologie, trouvoient toujours des excuses pour les fautes des mortels, qu'ils rejetoient tantôt sur le courroux d'une divinité, tantôt sur l'influence d'une fatalité irrésistible. Ainsi dans la tragédie d'Euripide, Phèdre et Hippolyte meurent victimes de la haine de Vénus; dans le poëme des Argonautes, Médée est entraînée vers Jason par Junon, Minerve et l'Amour. Les modernes, suivant leur exemple, ont tiré parti de ce ressort épique autant que le permettoit la vraisemblance. Nous voyons dans la *Jérusalem*, Renaud soumis à Armide par les forces magiques des enfers; dans la *Henriade*, la Discorde et l'Amour se réunissant pour retenir Henri IV auprès de Gabrielle, et dans *Télémaque*, l'incident d'une chasse accomplissant la vengeance de Vénus.

Oceanum intereà surgens Aurora relinquit.
130It portis jubare exorto delecta juventus;
    Retia rara, plagæ, lato venabula ferro,
    Massylique ruunt equites, et odora canum vis.
    Reginam thalamo cunctantem ad limina primi
    Pœnorum exspectant; ostroque insignis et auro
    Stat sonipes, ac fræna ferox spumantia mandit.
    Tandem progreditur, magnâ stipante catervâ,
    Sidoniam picto chlamydem circumdata limbo;
    Cui pharetra ex auro, crines nodantur in aurum,
    Aurea purpuream subnectit fibula vestem.

Les préparatifs de cette chasse sont décrits avec beaucoup d'art. On admire surtout la peinture de ce coursier superbe rongeant le frein qu'il blanchit d'écume, d'après cette belle comparaison d'Eschyle :

Ἵππος χαλινῶν ὡς κατασθαίμων, μένει,
ὅστις βοὴν σάλπιγγος ὁρμαίνει μένων.

Les Sept Chefs, v. 393.

Le portrait de Didon surpasse en richesse toutes les parures des princesses grecques; il rappelle la toilette de Junon, au 14me. chant de l'Iliade (*v.* 169). On remarque plus de simplicité, mais non moins de grâce dans le costume de Calypso accompagnant Ulysse :

Αὐτὴ δ' ἀργύφεον φᾶρος μέγα ἕννυτο νύμφη,
λεπτὸν, καὶ χαρίεν · περὶ δὲ ζώνην βάλετ' ἰξύϊ
καλὴν, χρυσείην · κεφαλῇ δ' ἐπέθηκε καλύπτρην.

Od. V, v. 230.

Les descriptions d'Homère et de Virgile réunies ont fourni au Tasse et à Fénélon leurs portraits d'Armide et de Calypso (*Jérusalem. ch. IV. st.* 29.). *Télémaque* (*liv. VII.*).

★

140   Nec non et Phrygii comites, et lætus Iulus,
   Incedunt. Ipse antè alios pulcherrimus omnes
   Infert se socium Æneas, atque agmina jungit.
   Qualis, ubi hibernam Lyciam Xanthique fluenta
   Deserit, ac Delum maternam invisit Apollo,
   Instauratque choros, mixtique altaria circùm
   Cretesque Dryopesque fremunt, pictique Agathyrsi :
   Ipse jugis Cynthi graditur; mollique fluentem
   Fronde premit crinem fingens, atque implicat auro ;
   Tela sonant humeris. Haud illo segnior ibat
150 Æneas : tantum egregio decus enitet ore.

La comparaison d'Enée avec le dieu du jour, qui correspond à celle du 1er. livre où Didon est comparée à Diane, a été inspirée à Virgile par cette peinture de Jason :

Οἷος δ' ἐκ νηοῖο θυώδεος εἶσιν Ἀπόλλων
Δῆλον ἀν' ἠγαθέην, ἠὲ Κλάρον, ἢ ὅγε Πυθώ,
ἢ Λυκίην εὐρεῖαν, ἐπὶ Ξάνθοιο ῥοῇσι·
τοῖος ἀνὰ πληθὺν δήμου κίεν.

Argon. I, v. 307.

L'auteur des Argonautiques a encore développé cette idée au 2me. chant de son poëme, où Apollon lui-même apparoît aux héros :

Τοῖσι δὲ Λητοῦς υἱός, ἀνερχόμενος Λιβύηθεν
τῆλ' ἐπ' ἀπείρονα δῆμον Ὑπερβορέων ἀνθρώπων,
ἐξεφάνη· χρύσεοι δὲ παρειάων ἑκάτερθε
πλοχμοὶ βοτρυόεντες ἐπερρώοντο κιόντι·
λαιῇ δ' ἀργύρεον νῶμα βιόν, ἀμφὶ δὲ νώτοις
ἰοδόκη τετάνυστο κατωμαδόν· ἡ δ' ὑπὸ ποσσὶ
σείετο νῆσος ὅλη, κλύζεν δ' ἐπὶ κύματα χέρσῳ.

Argon. II, v. 674.

Voyez encore (*Argon. I, v.* 536), la même comparaison appliquée à Orphée. Le dernier trait, le retentissement de l'arc, est tiré du tableau d'Homère qui l'attribue avec plus de justesse à Apollon irrité :

Βῆ δὲ κατ' Οὐλύμποιο καρήνων, χωόμενος κῆρ,
τόξ' ὤμοισιν ἔχων ἀμφηρεφέα τε φαρέτρην·
ἔκλαγξαν δ' ἄρ' ὀϊστοὶ ἐπ' ὤμων χωομένοιο,
αὐτοῦ κινηθέντος· ὁ δ' ἤϊε νυκτὶ ἐοικώς.

Il. I, v. 44.

★

Postquam altos ventum in montes, atque invia lustra,
Ecce feræ saxi dejectæ vertice capræ
Decurrêre jugis : aliâ de parte patentes
Transmittunt cursu campos atque agmina cervi
Pulverulenta fugâ glomerant, montesque relinquunt.
At puer Ascanius mediis in vallibus acri
Gaudet equo : jàmque hos cursu, jàm præterit illos ;
Spumantemque dari pecora inter inertia votis
Optat aprum, aut fulvum descendere monte leonem.

Cette courte mais brillante description, dans laquelle on remarque avec plaisir l'ardeur martiale du jeune Ascagne, est bien supérieure à l'esquisse du même genre tracée par Homère au 19me. chant de l'Odyssée, dans le récit de la blessure d'Ulysse :

Ἥλιος μὲν ἔπειτα νέον προσέβαλλεν ἀρούρας,
ἐξ ἀκαλαρρείταο βαθυρρόου Ὠκεανοῖο·
οἱ δ' ἐς βῆσσαν ἵκανον ἐπακτῆρες· πρὸ δ' ἄρ' αὐτῶν
ἴχνη ἐρευνῶντες κύνες ᾖσαν· αὐτὰρ ὄπισθεν
υἱέες Αὐτολύκου· μετὰ τοῖσι δὲ δῖος Ὀδυσσεὺς
ἤϊεν ἄγχι κυνῶν, κραδάων δολιχόσκιον ἔγχος.

Od. XIX, v. 433.

Ovide a imité Virgile dans la chasse du sanglier de Calydon, et dans l'épisode de Circé et de Picus (*Métam. VIII*, v. 329, et *XIV*, v. 342). Fénélon et Voltaire ont également profité de sa description (*Télémaque, liv. VII*) (*Henriade*, ch. *IX*, v. 130).

★

160 Intereà magno misceri murmure cœlum
Incipit : insequitur commixtâ grandine nimbus.
Et Tyrii comites passim, et Trojana juventus,

Dardaniusque nepos Veneris, diversa per agros
Tecta metu petiêre ; ruunt de montibus amnes.
Speluncam Dido, dux et Trojanus eamdem
Deveniunt. Prima et Tellus, et pronuba Juno
Dant signum ; fulsère ignes, et conscius æther
Connubii ; summoque ululârunt vertice nymphæ.
Ille dies primus lethi primusque malorum
170 Causa fuit ; neque enim specie famâve movetur,
Nec jam furtivum Dido meditatur amorem :
Conjugium vocat ; hoc prætexit nomine culpam.

Les dieux, les éléments, la nature entière se réunissent pour célébrer l'hymen de Didon et d'Enée, et les grandes images que le poëte emploie dans cette circonstance sont autant de symboles allégoriques des cérémonies nuptiales des anciens. Apollonius décrit aussi avec pompe l'hymen de Médée et de Jason dans le sanctuaire des nymphes de Corcyre, où fut déposée la toison d'or :

Χρύσεον αἰγλῆεν κῶας βάλον, ὄφρα πέλοιτο
τιμήεις ὁ γάμος καὶ ἀοίδιμος· ἄνθεα δέ σφι
νύμφαι ἀμεργόμεναι λευκοῖς ἐνὶ ποικίλα κόλποις
ἐσφόρεον· πάσας δὲ, πυρὸς ὣς, ἄμφεπεν αἴγλη.
. . . .
αἱ μέν τ' Αἰγαίου ποταμοῦ καλέοντο θύγατρες·
αἱ δ' ὄρεος κορυφὰς Μελιτηίου ἀμφενέμοντο·
αἱ δ' ἔσαν ἐκ πεδίων ἀλσηίδες. ὦρσε γὰρ αὐτὴ
Ἥρη Ζηνὸς ἄκοιτις, Ἰήσονα κυδαίνουσα.

Argon. IV, v. 1142 et 1149.

III.

Extemplò Libyæ magnas it Fama per urbes,
Fama, malum quo non aliud velocius ullum.
Mobilitate viget, viresque acquirit eundo;
Parva metu primò, mox sese attollit in auras,
Ingrediturque solo, et caput inter nubila condit.
Illam Terra parens, irâ irritata deorum,
Extremam, ut perhibent, Cœo Enceladoque sororem
180 Progenuit, pedibus celerem et pernicibus alis.
Monstrum horrendum, ingens; cui, quot sunt corpore
Tot vigiles oculi subter, mirabile dictu!   [plumæ,
Tot linguæ, totidem ora sonant, tot subrigit aures.
Nocte volat cœli medio terræque, per umbram
Stridens, nec dulci declinat lumina somno.
Luce sedet custos, aut summi culmine tecti,
Turribus aut altis, et magnas territat urbes;
Tam ficti pravique tenax quàm nuntia veri.

Le premier vers de ce portrait de la Renommée est traduit littéralement d'Homère :

Οσσα δ' ἄρ' ἄγγελος ὦκα κατὰ πτόλιν ᾤχετο πάντῃ ·
Od. XXIV, v. 412.

L'image sublime de son accroissement progressif, appliquée dans la Bible à l'Ange exterminateur, est celle de la Discorde dans l'Iliade :

Ητ' ὀλίγη μὲν πρῶτα κορύσσεται, αὐτὰρ ἔπειτα
οὐρανῷ ἐστήριξε κάρη, καὶ ἐπὶ χθονὶ βαίνει.
Il. IV, v. 442.

Le reste du tableau appartient à Virgile, car la littérature grecque n'offre aucune autre description de la déesse que ces vers didactiques d'Hésiode :

Φήμη γάρ τε κακὴ πέλεται, κούφη μὲν ἀεῖραι
ῥεῖα μάλ', ἀργαλέη δὲ φέρειν, χαλεπὴ δ' ἀποθέσθαι.
φήμη δ' οὔτις πάμπαν ἀπόλλυται, ἥν τινα πολλοὶ
λαοὶ φημίζουσι· θεός νύ τίς ἐστὶ καὶ αὐτή.

OEuvres et Jours, v. 759.

L'idée de Virgile a été heureusement développée par Ovide, dans le Palais de la Renommée (*Métam. XII, v.* 39). Boileau et Voltaire en ont également profité au 2me. chant du *Lutrin* (*v.* 1) et au 8me. de la *Henriade* (*v.* 480); mais personne n'en a tiré un plus brillant parti que J.-B. Rousseau dans les deux premières strophes de son ode *au prince Eugène* (*liv. III*).

 Hæc tùm multiplici populos sermone replebat
190 Gaudens, et pariter facta atque infecta canebat:
 Venisse Æneam, Trojano à sanguine cretum,
 Cui se pulchra viro dignetur jungere Dido;
 Nunc hiemem inter se luxu, quàm longa, fovere,
 Regnorum immemores, turpique cupidine captos.
 Hæc passim dea fœdo virûm diffundit in ora.
  Protinùs ad regem cursus detorquet Iarban,
 Incenditque animum dictis, atque aggerat iras.
 Hic Ammone satus, raptâ Garamantide nymphâ,
 Templa Jovi centum latis immania regnis,
200 Centum aras posuit, vigilemque sacraverat ignem,

Excubias divûm æternas, pecudumque cruore
Pingue solum, et variis florentia limina sertis.
Isque amens animi, et rumore accensus amaro,
Dicitur antè aras, media inter numina divûm,
Multa Jovem manibus supplex orâsse supinis :
« Jupiter omnipotens, cui nunc Maurusia pictis
Gens epulata toris Lenæum libat honorem,
Aspicis hæc? An te, genitor, cùm fulmina torques,
Nequidquam horremus? cæcique in nubibus ignes
210 Terrificant animos, et inania murmura miscent?
Fœmina, quæ, nostris errans in finibus, urbem
Exiguam pretio posuit, cui littus arandum,
Cuique loci leges dedimus, connubia nostra
Reppulit, ac dominum Æneah in regna recepit!
Et nunc ille Paris, cum semiviro comitatu,
Mæoniâ mentum mixtrâ, crinemque madentem
Subnexus, rapto potitur : nos munera templis
Quippe tuis ferimus, famamque fovemus inanem. »

Iarbas, roi de Mauritanie, avoit vainement sollicité la main de Didon, et selon le récit des historiens, ce fut pour échapper à son pouvoir que cette princesse se donna la mort. Les cent temples élevés dans ses états et fumants d'un encens éternel rappellent ceux d'Apollon dans l'hymne de Callimaque (*v.* 79). Son invocation à Jupiter correspond à celle de Minerve, au 5me. chant de l'Odyssée, dont le poëte suit ici la marche, autant que le permet son sujet, en donnant aux deux discours le même résultat, celui de soustraire un héros à l'amour :

Ζεῦ πάτερ, ἠδ' ἄλλοι μάκαρες θεοὶ αἰὲν ἐόντες,
μήτις ἔτι πρόφρων, ἀγανὸς καὶ ἤπιος ἔστω
σκηπτοῦχος βασιλεὺς, μηδὲ φρεσὶν αἴσιμα εἰδώς,

ἀλλ' αἰεὶ χαλεπός τ' εἴη, καὶ αἴσυλα ῥέζοι·
ὡς οὔτις μέμνηται Ὀδυσσῆος θείοιο
λαῶν, οἷσιν ἄνασσε, πατὴρ δ' ὣς ἤπιος ἦεν.

OD. V, v. 7.

Dans l'imitation latine, Iarbas s'applique à lui-même l'éloge de piété que Minerve donne à Ulysse, en faisant tomber sur Enée tout le poids de la haine que la déesse voue à Calypso. Les traits avilis sous lesquels il peint le fils de Vénus rappellent ce portrait de Pâris au 3me. chant de l'Iliade :

Κεῖνος ὅγ' ἐν θαλάμῳ καὶ δινωτοῖσι λέχεσσιν,
κάλλεΐ τε στίλβων καὶ εἵμασιν· οὐδέ κε φαίης
ἀνδρὶ μαχησάμενον τόνγ' ἐλθεῖν, ἀλλὰ χορόνδε
ἔρχεσθ', ἠὲ χοροῖο νέον λήγοντα καθίζειν.

IL. III, v. 391.

Talibus orantem dictis arasque tenentem
220 Audiit omnipotens, oculosque ad mœnia torsit
Regia, et oblitos famæ melioris amantes.
Tum sic Mercurium alloquitur, ac talia mandat :
« Vade age, nate, voca Zephyros, et labere pennis;
Dardaniumque ducem, Tyriâ Carthagine qui nunc
Exspectat, fatisque datas non respicit urbes,
Alloquere, et celeres defer mea dicta per auras.
Non illum nobis genitrix pulcherrima talem
Promisit, Graiûmque ideò bis vindicat armis;
Sed fore qui gravidam imperiis belloque frementem
230 Italiam regeret, genus alto à sanguine Teucri
Proderet, ac totum sub leges mitteret orbem.
Si nulla accendit tantarum gloria rerum,
Nec super ipse suâ molitur laude laborem,

LIVRE IV.

Ascanione pater Romanas invidet arces ?
Quid struit ? aut quâ spe inimicâ in gente moratur ?
Nec prolem Ausoniam, et Lavinia respicit arva ?
Naviget : hæc summa est ; hic nostri nuntius esto. »

On admire avec raison dans cet ordre de Jupiter la légèreté du premier vers, supérieurement imité de ces mots de l'Iliade : Βάσκ' ἴθι, οὖλε Ὄνειρε, θοὰς ἐπὶ νῆας Ἀχαιῶν. (*Il. II, v.* 8). Mais l'idée principale du discours est encore tirée de l'épisode de Calypso, où Jupiter, sensible aux reproches de Minerve, ordonne à Mercure de hâter le départ d'Ulysse :

Ἦ ῥα, καὶ Ἑρμείαν, φίλον υἱόν, ἀντίον ηὔδα·
« Ἑρμεία, σὺ γὰρ αὖτε τά τ' ἄλλα πὲρ ἄγγελός ἐσσι,
νύμφῃ ἐϋπλοκάμῳ εἰπεῖν νημερτέα βουλὴν,
νόστον Ὀδυσσῆος ταλασίφρονος, ὥς κε νέηται,
οὔτε θεῶν πομπῇ, οὔτε θνητῶν ἀνθρώπων·
ἀλλ' ὅγ' ἐπὶ σχεδίης πολυδέσμου πήματα πάσχων
ἤματι κ' εἰκοστῷ Σχερίην ἐρίβωλον ἵκοιτο,
Φαιήκων ἐς γαῖαν, οἳ ἀγχίθεοι γεγάασιν. »

OD. V, v. 28.

★

Dixerat. Ille patris magni parere parabat
Imperio : et primùm pedibus talaria nectit
240 Aurea, quæ sublimem alis, sive æquora suprà,
Seu terram, rapido pariter cum flamine portant.
Tùm virgam capit : hâc animas ille evocat Orco
Pallentes, alias sub tristia Tartara mittit ;
Dat somnos adimitque, et lumina morte resignat.
Illâ fretus agit ventos, et turbida tranat
Nubila. Jamque volans apicem et latera ardua cernit
Atlantis duri, cœlum qui vertice fulcit ;

Atlantis, cinctum assiduè cui nubibus atris
Piniferum caput et vento pulsatur et imbri;
250 Nix humeros infusa tegit; tùm flumina mento
Præcipitant senis, et glacie riget horrida barba.
Hîc primùm paribus nitens Cyllenius alis
Constitit; hinc toto princeps se corpore ad undas
Misit, avi similis quæ circùm littora, circùm
Piscosos scopulos, humilis volat æquora juxtà.
Haud aliter, terras inter cœlumque, legebat
Littus arenosum Libyæ, ventosque secabat,
Materno veniens ab avo Cyllenia proles.

Les quinze vers de cette description qui représentent l'appareil et le vol de Mercure, sont traduits littéralement du passage d'Homère qui suit immédiatement celui que nous venons de citer :

Ὡς ἔφατ'· οὐδ' ἀπίθησε διάκτορος Ἀργειφόντης·
αὐτίκ' ἔπειθ' ὑπὸ ποσσὶν ἐδήσατο καλὰ πέδιλα,
ἀμβρόσια, χρύσεα, τά μιν φέρον ἠμὲν ἐφ' ὑγρὴν,
ἠδ' ἐπ' ἀπείρονα γαῖαν, ἅμα πνοιῆς ἀνέμοιο.
εἵλετο δὲ ῥάβδον, τῇ τ' ἀνδρῶν ὄμματα θέλγει,
ὧν ἐθέλει, τοὺς δ' αὖτε καὶ ὑπνώοντας ἐγείρει.
τὴν μετὰ χερσὶν ἔχων πέτετο κρατὺς Ἀργειφόντης·
Πιερίην δ' ἐπιβὰς, ἐξ αἰθέρος ἔμπεσε πόντῳ.
σεύατ' ἔπειτ' ἐπὶ κῦμα, λάρῳ ὄρνιθι ἐοικὼς,
ὅστε κατὰ δεινοὺς κόλπους ἁλὸς ἀτρυγέτοιο
ἰχθῦς ἀγρώσσων, πυκινὰ πτερὰ δεύεται ἅλμῃ·
τῷ ἴκελος πολέεσσιν ὀχήσατο κύμασιν Ἑρμῆς.

Od. V, v. 43.

On trouve encore ces mêmes vers au 24me. chant de l'Iliade, où Mercure vient à la rencontre de Priam, pour le conduire à la tente d'Achille (*Il. XXIV, v.* 339.)

Quant à la peinture de l'Atlas, elle a exercé tous les anciens poëtes. Homère a parlé le premier de ce colosse qu'il suppose père de Calypso :

Ἄτλαντος θυγάτηρ ὀλοόφρονος, ὅς τε θαλάσσης
πάσης βένθεα οἶδεν, ἔχει δέ τε κίονας αὐτὸς
μακράς, αἵ γαῖάν τε καὶ οὐρανὸν ἀμφὶς ἔχουσι.

Od. I, v. 52.

Hésiode, qui le fait naître de Japet, rapporte également sa révolte et son supplice :

Ἄτλας δ' οὐρανὸν εὐρὺν ἔχει κρατερῆς ὑπ' ἀνάγκης,
πείρασιν ἐν γαίης, πρόπαρ Ἑσπερίδων λιγυφώνων
ἑστηώς, κεφαλῇ τε καὶ ἀκαμάτοισι χέρεσσι·
ταύτην γάρ οἱ μοῖραν ἐδάσσατο μητίετα Ζεύς.

Théogonie, v. 517.

La même image se trouve dans le *Prométhée* d'Eschyle (*v*. 347), dans l'*Hippolyte* d'Euripide (*v*. 755), et dans les *Métamorphoses* (*ch. IV, v.* 656). C'est elle qui a inspiré au Camoëns sa sublime prosopopée du Génie des Tempêtes (*Lusiade, ch. I*).

Le message de Mercure a été imité par le Tasse dans celui de l'ange Gabriel (*Jérusalem, ch. I, st.* 12), et par Milton dans celui de Raphaël (*Paradis, ch. V, v.* 246).

★

Ut primùm alatis tetigit magalia plantis,
260 Æneam fundantem arces ac tecta novantem
Conspicit; atque illi stellatus iaspide fulvâ
Ensis erat, Tyrioque ardebat murice læna,
Demissa ex humeris, dives quæ munera Dido
Fecerat, et tenui telas discreverat auro.
Continuò invadit : « Tu nunc Carthaginis altæ

Fundamenta locas, pulchramque uxorius urbem
Exstruis? heu regni rerumque oblite tuarum!
Ipse deûm tibi me claro demittit Olympo
Regnator, cœlum et terras qui numine torquet,
270 Ipse hæc ferre jubet celeres mandata per auras :
Quid struis? aut quâ spe Libycis teris otia terris?
Si te nulla movet tantarum gloria rerum,
Nec super ipse tuâ moliris laude laborem,
Ascanium surgentem et spes hæredis Iüli
Respice, cui regnum Italiæ Romanaque tellus
Debentur. » Tali Cyllenius ore locutus
Mortales visus medio sermone reliquit,
Et procul in tenuem ex oculis evanuit auram.

L'arrivée de Mercure est suivie dans l'Odyssée de la description de la grotte de Calypso, ornement étranger au plan de Virgile, mais dont il a en quelque sorte compensé les beautés par l'élégant portrait de l'amant de Didon. Mercure expose ensuite son message à la déesse, et lui ordonne de hâter le départ d'Ulysse, dont Jupiter lui-même protège les destinées.

Τὸν νῦν σ' ἠνώγει ἀποπεμπέμεν, ὅ ττι τάχιστα·
οὐ γάρ οἱ τῇδε αἶσα φίλων ἄπο νόσφιν ὀλέσθαι,
ἀλλ' ἔτι οἱ μοῖρ' ἐστὶ φίλους τ' ἰδέειν, καὶ ἱκέσθαι
οἶκον ἐς ὑψόροφον καὶ ἑὴν ἐς πατρίδα γαῖαν.

OD. V, v. 112.

★

At verò Æneas aspectu obmutuit amens,
280 Arrectæque horrore comæ, et vox faucibus hæsit.
Ardet abire fugâ, dulcesque relinquere terras,
Attonitus tanto monitu imperioque deorum.
Heu quid agat? quo nunc reginam ambire furentem

Audeat affatu ? quæ prima exordia sumat ?
Atque animum nunc hùc celerem, nunc dividit illùc,
In partesque rapit varias, perque omnia versat.
Hæc alternanti potior sententia visa est.
Mnesthea, Sergestumque vocat, fortemque Cloanthum;
Classem aptent taciti, socios ad littora cogant,
290 Arma parent, et, quæ sit rebus causa novandis,
Dissimulent; sese intereà, quandò optima Dido
Nesciat, et tantos rumpi non speret amores,
Tentaturum aditus, et quæ mollissima fandi
Tempora, quis rebus dexter modus. Ociùs omnes
Imperio læti parent, ac jussa facessunt.

Calypso, en entendant les paroles de Mercure, éclate en plaintes contre les dieux (*Od. V, v.* 116). Enée, au contraire, fidèle à son caractère, se soumet à leur volonté suprême, mais il regrette cette reine infortunée qui lui a donné son empire et son cœur. Cependant la gloire des Troyens et les hautes destinées d'Ascagne doivent l'emporter sur sa reconnoissance, et cette lutte de deux devoirs opposés, cette force impérieuse qui l'entraîne, diminuent l'espèce de défaveur que sa retraite doit lui attirer, et servent, sinon à l'excuser, du moins à le rendre moins blâmable.

D'ailleurs si la résolution d'Enée donne quelque prise à la critique, le poëte a su amplement compenser ce défaut par l'admirable entrevue qui en est la suite. Didon y tient deux discours, tous deux animés par l'éloquence de la passion, mais offrant des nuances pleines de délicatesse. Dans le premier Didon espère encore : il est tendre, passionné, entremêlé de plaintes et de prières. Le second, au contraire, provoqué par la résistance d'Enée, respire tout le feu de la colère, toute l'indignation d'une amante outragée. Malgré le pathétique que Virgile y a prodigué, il a su réserver des traits plus forts encore pour la terrible imprécation qui suit le départ d'Enée. Le fond de ces trois discours, qui réunissent toutes les gradations de l'amour le plus tendre à la haine la plus implacable, se trouve au 4me. chant des Argonautiques, dans les reproches de Médée à Jason. Virgile a joint à cette imitation quelques traits de l'épisode de Calypso et de la tragédie de Médée, et des emprunts assez fréquents, quelquefois même des vers entiers de l'Ariane.

IV.

At regina dolos, quis fallere possit amantem!
Præsensit, motusque excepit prima futuros,
Omnia tuta timens : eadem impia Fama furenti
Detulit armari classem, cursumque parari.
300 Sævit inops animi, totamque incensa per urbem
Bacchatur ; qualis commotis excita sacris
Thyias, ubi audito stimulant trieterica Baccho
Orgia, nocturnusque vocat clamore Cithæron.
Tandem his Æneam compellat vocibus ultrò :
« Dissimulare etiam sperâsti, perfide, tantum
Posse nefas, tacitusque meâ decedere terrâ ?
Nec te noster amor, nec te data dextera quondam,
Nec moritura tenet crudeli funere Dido ?
Quin etiam hiberno moliris sidere classem,
310 Et mediis properas aquilonibus ire per altum,
Crudelis ! Quid ? si non arva aliena domosque
Ignotas peteres, et Troja antiqua maneret,
Troja per undosum peteretur classibus æquor ?
Mene fugis ? Per ego has lacrymas dextramque tuam, te,
Quando aliud mihi jam miseræ nihil ipsa reliqui,
Per connubia nostra, per inceptos hymenæos ;

Si benè quid de te merui, fuit aut sibi quidquam
Dulce meum, miserere domûs labentis, et istam,
Oro, si quis adhúc precibus locus, exue mentem !
320 Te propter Libycæ gentes Nomadumque tyranni
Odêre; infensi Tyrii ; te propter eumdem
Exstinctus pudor, et, quâ solâ sidera adibam,
Fama prior. Cui me moribundam deseris, hospes
Hoc solum nomen quoniam de conjuge restat !
Quid moror ? an mea Pygmalion dùm mœnia frater
Destruat, aut captam ducat Gætulus Iarbas ?
Saltem si qua mihi de te suscepta fuisset
Antè fugam soboles ; si quis mihi parvulus aulâ
Luderet Æneas, qui te tantùm ore referret,
330 Non equidem omninò capta ac deserta viderer ! »

Le poëte, comme nous l'avons observé, a modelé cet éloquent discours sur les compositions d'Euripide, d'Apollonius et de Catulle. Nous allons indiquer ces différents rapprochements en commençant par les vers de ce dernier, et en remontant successivement à la source des beautés dramatiques, que Virgile a distribuées dans le rôle de Didon.

Après l'avoir représentée furieuse du départ prochain de son amant, semblable à une Bacchante s'élançant aux orgies, suivant la belle image de Catulle que nous aurons occasion de citer, il imite le début d'Ariane reprochant à Thésée son criminel départ :

Siccine me patriis avectam, perfide, ab oris,
Perfide deserto liquisti in littore Theseu?
Siccine discedens neglecto numine divûm,
Immemor ah ! devota domum perjuria portas ?
Nullane res potuit crudelis flectere mentis
Consilium? tibi nulla fuit clementia præstò,
Immite ut nostrî vellet miserescere pectus ?

Noces de Thétis, v. 13.

Apollonius commence de la même manière le discours de Médée à Jason, qui venoit de conclure un traité avec Apsyrte :

Αἰσονίδη, τίνα τήνδε συναρτύνασθε μενοινὴν
ἀμφ' ἐμοί ; ἠέ σε πάγχυ λαθιφροσύναις ἐνέηκαν
ἀγλαΐαι, τῶν δ' οὔ τι μεταπρέπῃ, ὅσσ' ἀγόρευες
χρειοῖ ἐνισχόμενος ; πoῦ τοι Διὸς Ἱκεσίοιο
ὅρκια ; ποῦ δὲ μελιχραὶ ὑποσχέσιες βεβάασιν ;

Argon. IV, v. 355.

Les trois poëtes ont développé le texte d'Euripide :

Φεῦ δεξιὰ χείρ, ἧς σὺ πόλλ' ἐλαμβάνου,
καὶ τῶνδε γονάτων, ὡς μάτην κεχρώσμεθα
κακοῦ πρὸς ἀνδρὸς, ἐλπίδων δ' ἡμάρτομεν !

Médée, v. 496.

Didon retrace ensuite à Enée les dangers auxquels il s'expose, et appuie sa prière sur l'hymen sacré qui les unit. On retrouve ici ces paroles d'Ariane :

At non hæc quondam nobis promissa dedisti
Voce, mihi non hæc miseræ sperare jubebas :
Sed connubia læta, sed optatos hymenæos.

Thétis, v. 139.

Tecmesse, dans l'*Ajax* de Sophocle, fait valoir les mêmes droits à son époux :

Καί σ' ἀντιάζω πρός τ' ἐφεστίου Διὸς,
εὐνῆς τε τῆς σῆς, ἧς ξυνηλλάχθης ἐμοὶ,
μή μ' ἀξιώσῃς βάξιν ἀλγεινὴν λαβεῖν
τῶν σῶν ὑπ' ἐχθρῶν, χειρίαν ἀφείς τινι.

Ajax furieux, v. 492.

L'idée primitive se retrouve au 15me. chant de l'Iliade, dans le serment de Junon à Jupiter :

Σή θ' ἱερὴ κεφαλὴ, καὶ νωΐτερον λέχος αὐτῶν
κουρίδιον, τὸ μὲν οὐκ ἂν ἐγὼ ποτε μὰψ ὀμόσαιμι.

Il. XV, v. 39.

Enfin la reine représente à Enée tous les sacrifices qu'elle a faits à son amour, et le sort affreux qu'il lui prépare en la laissant seule, sans appui, à la merci de ses ennemis. Ariane et Médée tiennent le même langage :

Certè ego te in medio versantem turbine lethi
Eripui, et potiùs germanum amittere crevi,
Quàm tibi fallaci supremo in tempore deessem.
Pro quo dilaceranda feris dabor, alitibusque
Præda, neque injectâ tumulabor mortua terrâ.

Thétis, v. 149.

Πάτρην τε, κλέα τε μεγάρων, αὐτούς τε τοκῆας
νοσφισάμην, τά μοι ἦεν ὑπέρτατα· τηλόθι δ' οἴη
λυγρῇσι κατὰ πόντον ἅμ' ἀλκυόνεσσι φορεῦμαι,
σῶν ἕνεκεν καμάτων, ἵνα μοι σόος ἀμφί τε βουσὶν,
ἀμφί τε γηγενέεσσιν ἀναπλήσειας ἀέθλους.
. . . .
σχέτλιε, εἴ κεν δή με κασιγνήτοιο δικάσσῃ
ἔμμεναι οὗτος ἄναξ, τῷ ἐπίσχετε τάσδ' ἀλεγεινὰς
ἄμφω συνθεσίας, πῶς ἵξομαι ὄμματα πατρός;

Argon. IV, v. 361 et 376.

Le germe de ces vers se retrouve également dans la tragédie d'Euripide :

Αὐτὴ δὲ, πατέρα καὶ δόμους προδοῦσ' ἐμοὺς,
τὴν Πηλιῶτιν εἰς Ἰωλκὸν ἱκόμην
ξὺν σοὶ, πρόθυμος μᾶλλον ἢ σοφωτέρα·

Πελίαν τ' ἀπέκτειν', ὥσπερ ἄλγιστον θανεῖν,
παίδων ὑπ' αὐτοῦ, πάντα τ' ἐξεῖλον φόβον.
καὶ ταῦθ' ὑφ' ἡμῶν, ὦ κάκιστ' ἀνδρῶν, παθὼν,
προΰδωκας ἡμᾶς· καινὰ δ' ἐκτήσω λέχη.

Médée, v. 483.

Quant aux vœux maternels de Didon, ils rappellent ces vers charmants de Catulle :

> Torquatus volo parvolus,
> Matris è gremio suæ
> Porrigens teneras manus,
> Dulce rideat ad patrem
> Semihiante labello.
> *Epithalame de Julie et de Manlius.*

Le Tasse après s'être abandonné à son imagination dans la première partie de l'épisode d'Armide, est revenu dans la seconde à l'imitation de Virgile. L'entrevue d'Armide et de Renaud prêt à retourner au camp des Chrétiens, est traduite presque littéralement de celle d'Enée et de Didon. Le poète italien a ajouté au premier discours d'Armide, quelques vers de Catulle qui n'ont pas été imités par Virgile (*Jérusalem*, ch. *XVI*, st. 44).

★

Dixerat. Ille Jovis monitis immota tenebat
Lumina, et obnixus curam sub corde premebat.
Tandem pauca refert : « Ego te, quæ plurima fando
Enumerare vales, numquam, regina, negabo
Promeritam ; nec me meminisse pigebit Elisæ,
Dum memor ipse meî, dum spiritus hos reget artus.
Pro re pauca loquar. Neque ego hanc abscondere furto
Speravi, ne finge, fugam ; nec conjugis umquam

Prætendi tædas, aut hæc in fœdera veni.
330 Me si fata meis paterentur ducere vitam
Auspiciis, et sponte meâ componere curas,
Urbem Trojanam primùm dulcesque meorum
Relliquias colerem, Priami tecta alta manerent,
Et recidiva manu posuissem Pergama victis.
Sed nunc Italiam magnam Grynæus Apollo,
Italiam Lyciæ jussêre capessere sortes :
Hic amor, hæc patria est. Si te Carthaginis arces
Phœnissam, Libycæque aspectus detinet urbis,
Quæ tandem Ausoniâ Teucros considere terrâ
350 Invidia est? Et nos fas extera quærere regna.
Me patris Anchisæ, quoties humentibus umbris
Nox operit terras, quoties astra ignea surgunt,
Admonet in somnis et turbida terret imago.
Me puer Ascanius, capitisque injuria cari,
Quem regno Hesperiæ fraudo et fatalibus arvis.
Nunc etiam interpres divûm, Jove missus ab ipso,
(Testor utrumque caput) celere mandata per auras
Detulit : ipse deum manifesto in lumine vidi
Intrantem muros, vocemque his auribus hausi.
360 Desine meque tuis incendere teque querelis ;
Italiam non sponte sequor. »

Malgré la justesse des motifs allégués ici par Enée, on convient unanimement que ce discours est trop dur, et indigne d'un cœur généreux, qui auroit dû donner au moins quelques larmes à une douleur qu'il avoit seul fait naître. Du reste, Apollonius et Euripide n'ont pas été plus heureux dans la réponse de Jason à Médée. Le premier déshonore son héros par le projet du meurtre d'Apsyrte (*Argon. IV, v.* 395) ; l'autre lui fait alléguer les raisons les plus ridicules pour justifier son hymen avec la fille de Créon (*Médée, v.* 522).

La réponse qu'Homère prête à Ulysse est plus satisfaisante, quoique d'ailleurs le discours de Calypso soit incomparablement au-dessous de celui de Didon (*Od. V, v.* 214). Virgile a placé dans ce passage deux autres imitations du poëte grec, la première est la peinture de l'immobilité d'Enée, semblable à Ulysse en présence de Pénélope :

Θυμῷ μὲν γοόωσαν ἑὴν ἐλέαιρε γυναῖκα,
ὀφθαλμοὶ δ' ὡσεὶ κέρα ἔστασαν, ἠὲ σίδηρος,
ἀτρέμας ἐν βλεφάροισι· δόλῳ δ' ὅγε δάκρυα κεῦθεν.

OD. XIX, v. 210.

L'autre qui termine le discours du héros, est tirée des paroles de Priam à Hécube, s'opposant à son départ pour le camp des Grecs :

Μή μ' ἐθέλοντ' ἰέναι κατερύκανε, μηδέ μοι αὐτὴ
ὄρνις ἐνὶ μεγάροισι κακὸς πέλευ· οὐδέ με πείσεις.
εἰ μὲν γάρ τίς μ' ἄλλος ἐπιχθονίων ἐκέλευεν,
ἢ οἳ μάντιές εἰσι, θυοσκόοι, ἢ ἱερῆες,
ψεῦδός κεν φαῖμεν, καὶ νοσφιζοίμεθα μᾶλλον·
νῦν δ', αὐτὸς γὰρ ἄκουσα θεοῦ, καὶ ἐσέδρακον ἄντην,
εἶμι, καὶ οὐχ ἅλιον ἔπος ἔσσεται.

IL. XXIV, v. 218.

Le Tasse a mieux observé les convenances que Virgile dans les paroles de Renaud à Armide (*Jérusalem*, ch. *XVI,* st. 53). Boileau a parodié les vers latins au 2me. chant du *Lutrin* (*v.* 12).

*

Talia dicentem jamdudùm aversa tuetur,
Huc illuc volvens oculos, totumque pererrat
Luminibus tacitis, et sic accensa profatur :

« Nec tibi diva parens, generis nec Dardanus auctor,
Perfide; sed duris genuit te cautibus horrens
Caucasus, Hyrcanæque admôrunt ubera tigres.
Nam quid dissimulo ? aut quæ me ad majora reservo ?
Num fletu ingemuit nostro ? num lumina flexit ?
370 Num lacrymas victus dedit ? aut miseratus amantem est ?
Quæ quibus anteferam ? Jamjam nec maxima Juno,
Nec Saturnius hæc oculis pater aspicit æquis;
Nusquam tuta fides. Ejectum littore, egentem
Excepi, et regni demens in parte locavi ;
Amissam classem, socios à morte reduxi.
Heu furiis incensa feror ! Nunc augur Apollo,
Nunc Lyciæ sortes, nunc et Jove missus ab ipso
Interpres divûm fert horrida jussa per auras.
Scilicet is superis labor est ; ea cura quietos
Sollicitat ! Neque te teneo, neque dicta refello :
380 I, sequere Italiam ventis ; pete regna per undas.
Spero equidem mediis, si quid pia numina possunt,
Supplicia hausurum scopulis, et nomine Dido
Sæpè vocaturum. Sequar atris ignibus absens ;
Et, cùm frigida mors animâ seduxerit artus,
Omnibus umbra locis adero ; dabis, improbe, pœnas.
Audiam, et hæc manes veniet mihi fama sub imos. »
His medium dictis sermonem abrumpit, et auras
Ægra fugit, seque ex oculis avertit et aufert ;
390 Linquens multa metu cunctantem, et multa parantem
Dicere. Suscipiunt famulæ, collapsaque membra
Marmoreo referunt thalamo, stratisque reponunt.

Ce second discours de Didon respire tout l'emportement de la fureur. Ses regards peignent déjà ce qui se passe en son âme. Elle éclate enfin, et refuse à Enée l'honneur d'être issu d'une déesse; il n'est plus à ses yeux qu'un monstre sauvage, comme Thésée l'est aux yeux d'Ariane :

> Quænam te genuit solâ sub rupe leæna?
> Quod mare conceptum spumantibus expuit undis?
> Quæ Syrtis, quæ Scylla vorax, quæ vasta Charybdis?
> Talia qui reddis pro dulci præmia vitâ.
>
> *Thétis*, v. 154.

Les deux poëtes ont puisé cette idée dans les reproches de Patrocle à Achille, persistant dans son ressentiment :

> Νηλεές! οὐκ ἄρα σοίγε πατὴρ ἦν ἱππότα Πηλεύς,
> οὐδὲ Θέτις μήτηρ· γλαυκὴ δέ σε τίκτε θάλασσα,
> πέτραι τ' ἠλίβατοι· ὅτι τοι νόος ἐστὶν ἀπηνής.
>
> Il. XVI, v. 33.

Didon se représente ensuite le calme insultant de son amant, l'inutilité de ses larmes, le mépris de ses prières; elle accuse les dieux d'injustice, en se rappelant la grandeur de ses bienfaits, et parle dans cet endroit le langage de Calypso, dans sa réponse à l'ordre de Mercure :

> Τὸν μὲν ἐγὼν ἐσάωσα περὶ τρόπιος βεβαῶτα
> οἶον· ἐπεί οἱ νῆα θοὴν ἀργῆτι κεραυνῷ
> Ζεὺς ἔλσας ἔκεασσε μέσῳ ἐνὶ οἴνοπι πόντῳ·
> ἔνθ' ἄλλοι μὲν πάντες ἀπέφθιθον ἐσθλοὶ ἑταῖροι,
> τὸν δ' ἄρα δεῦρ' ἄνεμός τε φέρων καὶ κῦμα πέλασσε.
> τὸν μὲν ἐγὼ φίλεόν τε καὶ ἔτρεφον, ἠδὲ ἔφασκον
> θήσειν ἀθάνατον καὶ ἀγήραον ἤματα πάντα.
> ἀλλ' ἐπεὶ οὔπως ἐστὶ Διὸς νόον αἰγιόχοιο
> οὔτε παρὲξ ἐλθεῖν ἄλλον θεόν, οὐδ' ἁλιῶσαι,
> ἐρρέτω, εἴ μιν κεῖνος ἐποτρύνει καὶ ἀνώγει
> πόντον ἐπ' ἀτρύγετον· πέμψω δέ μιν οὔπη ἔγωγε.
>
> Od. V, v. 130.

Enfin après avoir taxé d'imposture ces nombreux oracles allégués par Enée, elle reprend toute la fierté de l'indifférence. Elle lui permet de fuir, comme Agamemnon à Achille (*Il. I, v.* 173):
Φεῦγε μάλ', εἴ τοι θυμὸς ἐπέσσυται ! mais elle invoque sur lui la vengeance des Furies, comme Médée sur Jason dans le poëme d'Apollonius:

. . . . Οὔ κεν θυμηδέα νόστον ἕλοιο·
μὴ τόγε παμβασίλεια Διὸς τελέσειεν ἄκοιτις
ᾗ ἐπικυδιάεις. μνήσαιο δέ κέν ποτ' ἐμεῖο,
στρευγόμενος καμάτοισι· δέρος δέ τοι ἶσον ὀνείροις
οἴχοιτ' εἰς Ἔρεβος μεταμώνιον. ἐκ δέ τε πάτρης
αὐτίκ' ἐμαί σ' ἐλάσειαν Ἐριννύες· οἷα καὶ αὐτὴ
σῇ πάθον ἀτροπίῃ. τὰ μὲν οὐ θέμις ἀκράαντα
ἐν γαίῃ πεσέειν· μάλα γὰρ μέγαν ἥλιτες ὅρκον.

Argon. IV, v. 381.

Le germe de cette idée se retrouve aussi dans Euripide :

Οὐ γάρ, μὰ τὴν δέσποιναν, ἣν ἐγὼ σέβω
μάλιστα πάντων, καὶ ξύνεργον εἱλόμην,
Ἑκάτην, μυχοῖς ναίουσαν ἑστίας ἐμῆς,
χαίρων τις αὐτῶν τοὐμὸν ἀλγυνεῖ κέαρ.
πικροὺς ἐγώ σφι καὶ λυγροὺς θήσω γάμους,
πικρὸν δὲ κῆδος, καὶ φυγὰς ἐμὰς χθονός.

Médée, v. 396.

Ce second discours a été traduit par le Tasse beaucoup plus fidèlement que l'autre, dans les dernières paroles d'Armide à Renaud (*Jérusalem, ch. XVI, st.* 57). Racine l'a aussi pris pour modèle dans le monologue d'Hermione (*Andromaque, act. V, sc.* 1), et Fénélon dans les invectives de Calypso (*Télémaque, liv. VII*).

V.

At pius Æneas, quamquam lenire dolentem
Solando cupit, et dictis avertere curas,
Multa gemens, magnoque animum labefactus amore,
Jussa tamen divûm exsequitur, classemque revisit.
Tùm verò Teucri incumbunt, et littore celsas
Deducunt toto naves : natat uncta carina ;
Frondentesque ferunt remos et robora silvis
Infabricata, fugæ studio.
Migrantes cernas, totâque ex urbe ruentes.
Ac veluti ingentem formicæ farris acervum
Cùm populant, hiemis memores, tectoque reponunt :
It nigrum campis agmen, prædamque per herbas
Convectant calle angusto ; pars grandia trudunt
Obnixæ frumenta humeris, pars agmina cogunt,
Castigantque moras ; opere omnis semita fervet.

Ce tableau animé d'une navigation prochaine rappelle l'endroit de l'Iliade, où les Grecs, trompés par Agamemnon, se préparent à retourner dans leur patrie :

Ὡς δ' ὅτε κινήσει Ζέφυρος βαθὺ λήϊον ἐλθών,
λάβρος ἐπαιγίζων, ἐπί τ' ἠμύει ἀσταχύεσσιν·
ὣς τῶν πᾶσ' ἀγορὴ κινήθη· τοὶ δ' ἀλαλητῷ
νῆας ἐπ' ἐσσεύοντο, ποδῶν δ' ὑπένερθε κονίη
ἵστατ' ἀειρομένη. τοὶ δ' ἀλλήλοισι κέλευον,
ἅπτεσθαι νηῶν, ἠδ' ἑλκέμεν εἰς ἅλα δῖαν·
οὐρούς τ' ἐξεκάθαιρον· αὐτὴ δ' οὐρανὸν ἷκεν
οἴκαδε ἱεμένων· ὑπὸ δ' ᾕρεον ἕρματα νηῶν.

IL. II, v. 147.

La comparaison des fourmis appartient à Apollonius qui l'applique aux Argonautes, rassemblés autour de la fontaine des Hespérides ; mais il ne lui a pas donné, à beaucoup près, le même développement que Virgile.

Ὡς δ' ὁπότε στεινὴν περὶ χεραμὸν εἰλίσσονται
γειομόροι μύρμηκες ὁμιλαδόν, ἢ ὅτε μυῖαι
ἀμφ' ὀλίγην μέλιτος γλυκεροῦ λίβα πεπτηυῖαι
ἄπλητον μεμάασιν ἐπήτριμοι· ὣς τότ' ἀολλεῖς
πετραίῃ Μινύαι περὶ πίδακι δινεύεσκον.

Argon. IV, v. 1452.

*

Quis tibi nunc, Dido, cernenti talia sensus!
Quosve dabas gemitus, cùm littora fervere latè
410 Prospiceres arce ex summâ, totumque videres
Misceri antè oculos tantis clamoribus æquor!
Improbe amor, quid non mortalia pectora cogis!
Ire iterùm in lacrymas, iterùm tentare precando
Cogitur, et supplex animos submittere amori :
Ne quid inexpertum frustrà moritura relinquat.
« Anna, vides toto properari littore circùm ;
Undique convenêre ; vocat jam carbasus auras ;
Puppibus et læti nautæ imposuêre coronas.
Hunc ego si potui tantum sperare dolorem,
420 Et perferre, soror, potero. Miseræ hoc tamen unum
Exsequere, Anna, mihi ; solam nam perfidus ille
Te colere, arcanos etiam ●●● credere sensus ;
Sola viri molles aditus et tempora nôras.
I, soror, atque hostem supplex affare superbum :
Non ego cum Danaïs Trojanam exscindere gentem
Aulide juravi, classemve ad Pergama misi ;
Nec patris Anchisæ cinerem manesve revelli.
Cur mea dicta negat duras demittere in aures ?
Quò ruit ? Extremum hoc miseræ det munus amanti :

430 Exspectet facilemque fugam, ventosque ferentes.
Non jam conjugium antiquum, quod prodidit, oro,
Nec pulchro ut Latio careat, regnumque relinquat :
Tempus inane peto, requiem spatiumque furori ;
Dum mea me victam doceat fortuna dolere.
Extremam hanc oro veniam, miserere sororis,
Quam mihi cùm dederit, cumulatam morte remittam. »

L'apostrophe à l'amour, au commencement de ce morceau, est imité de ces vers d'Apollonius sur le meurtre d'Apsyrte par Médée :

Σχέτλι' Ἔρως, μέγα πῆμα, μέγα στύγος ἀνθρώποισιν,
ἐκ σέθεν οὐλόμεναί τ' ἔριδες, στοναχαί τε, γόοι τε,
ἄλγεά τ' ἄλλ' ἐπὶ τοῖσιν ἀπείρονα τετρήχασι·
δυσμενέων ἐπὶ παισὶ κορύσσεο, δαῖμον, ἀερθεὶς
οἷος Μηδείῃ στυγερὴν φρεσὶν ἔμβαλες ἄτην.

Argon. IV, v. 445.

Rien de plus touchant que le ministère d'Anne, transmettant à Enée les dernières paroles de sa sœur. Ariane, qui n'étoit pas retenue comme Didon par l'éclat importun de son rang, s'abaisse à des vœux encore plus modestes :

Si tibi non cordi fuerant connubia nostra,
Sæva quod horrebas prisci præcepta parentis,
Attamen in vestras potuisti ducere sedes,
Quæ tibi jucundo fam[...]r serva labore,
Candida permulcens [...]dis vestigia lymphis,
Purpureâve tuum consternens veste cubile.

Thétis, v. 158.

La résignation apparente de Didon a été heureusement reproduite par Racine dans les ordres de Phèdre à OEnone (*Phèdre*, act. III, sc. 1), et surtout dans les paroles d'Hermione à Pyrrhus (*Andromaque*, act. IV, sc. 5).

★

Talibus orabat, talesque miserrima fletus
Fertque refertque soror : sed nullis ille movetur
Fletibus, aut voces ullas tractabilis audit ;
440 Fata obstant, placidasque viri deus obstruit aures.
Ac velut annoso validam cùm robore quercum
Alpini Boreæ, nunc hinc, nunc flatibus illinc
Eruere inter se certant ; it stridor, et alté
Consternunt terram, concusso stipite, frondes ;
Ipsa hæret scopulis ; et quantùm vertice ad auras
Æthereas, tantùm radice in Tartara tendit :
Haud secùs assiduis hinc atque hinc vocibus heros
Tunditur, et magno persentit pectore curas ;
Mens immota manet, lacrymæ volvuntur inanes.

L'image du chêne qui s'élève jusqu'au ciel et dont les racines touchent aux enfers se trouve déjà au 2me. livre des Géorgiques (*v.* 291), où nous avons cité le texte d'Homère (*Il. VIII, v.* 16, *et XII, v.* 131). Mais la comparaison entière semble ici se rapprocher davantage de cet autre passage de l'Iliade appliqué aux compagnons de Patrocle :

Ὡς δ' Εὖρός τε Νότος τ' ἐριδαίνετον ἀλλήλοιιν
οὔρεος ἐν βήσσης, βαθέην πελεμιζέμεν ὕλην,
φηγόν τε, μελίην τε, τανύφλοιόν τε κράνειαν,
αἵτε πρὸς ἀλλήλας ἔβαλον τανυήκεας ὄζους
ἠχῇ θεσπεσίῃ, πάταγος δέ τε ἀγνυμενάων·
ὡς Τρῶες καὶ Ἀχαιοὶ ἐπ' ἀλλήλοισι θορόντες
δῄουν, οὐδ' ἕτεροι μνώοντ' ὀλοοῖο φόβοιο.

IL. XVI, v. 765.

★

Etudes grecq. IIe Partie.

450 Tùm verò infelix fatis exterrita Dido
Mortem orat, tædet cœli convexa tueri.
Quò magis inceptum peragat, lucemque relinquat,
Vidit, thuricremis cùm dona imponeret aris,
Horrendum dictu! latices nigrescere sacros,
Fusaque in obscœnum se vertere vina cruorem.
Hoc visum nulli, non ipsi effata sorori.
Præterea fuit in tectis de marmore templum
Conjugis antiqui, miro quod honore colebat,
Velleribus niveis et festâ fronde revinctum.
460 Hinc exaudiri voces et verba vocantis
Visa viri, nox cùm terras obscura teneret;
Solaque culminibus ferali carmine bubo
Sæpe queri, et longas in fletum ducere voces.
Multaque præterea vatum prædicta priorum
Terribili monitu horrificant. Agit ipse furentem
In somnis ferus Æneas : semperque relinqui
Sola sibi, semper longam incomitata videtur
Ire viam, et Tyrios desertâ quærere terrâ.
Eumenidum veluti demens videt agmina Pentheus,
470 Et solem geminum, et duplices se ostendere Thebas;
Aut Agamemnonius scenis agitatus Orestes,
Armatam facibus matrem et serpentibus atris
Cùm fugit, ultricesque sedent in limine Diræ.

Didon a perdu tout espoir, rien désormais ne l'attache à la vie, et une foule de fantômes sinistres viennent effrayer son imagination. C'est ainsi qu'Apollonius peint Médée craignant la vengeance de son père, après la victoire des Argonautes :

Τρέσσεν δ', ἠύτε τις κούφη κεμὰς, ἥν τε βαθείης
τάρφεσιν ἐν ξυλόχοιο κυνῶν ἐφόβησεν ὁμοκλή.
αὐτίκα γὰρ νημερτὲς ὀΐσσατο, μή μιν ἀρωγὴν
ληθέμεν, αἶψα δὲ πᾶσαν ἀναπλήσειν κακότητα.

τάρβει δ' ἀμφιπόλους ἐπιΐστορας· ἐν δέ οἱ ὄσσε
πλῆντο πυρός, δεινὸν δὲ περιβρομέεσκον ἀκουαί.
πυκνὰ δὲ λαυκανίης ἐπεμάσσατο, πυκνὰ δὲ κουρὶξ
ἑλκομένη πλοκάμους, γοερῇ βρυχήσατ' ἀνίῃ.

Argon. IV, v. 12.

Le tableau admirable de Virgile contraste parfaitement, tant pour le choix des images que pour le rhythme des vers, avec celui de l'amour de Didon (v. 54 et suiv.); l'un peint toutes les illusions de l'espérance; l'autre toutes les terreurs du désespoir. Le songe qui le termine a sans doute été inspiré au poëte par ce fragment de la *Vestale* d'Ennius:

    Nam me visus homo pulcher per amœna salicta
    Et ripas raptare, locosque novos; ita sola
    Post illud, germana soror, errare videbar,
    Tardaque vestigare et quærere te, neque posse
    Corde capessere: semita nulla pedem stabilibat.

Enfin la malheureuse Didon est réduite à l'état de Penthée et d'Oreste, qu'Euripide et Eschyle nous représentent livrés à la vengeance des Furies:

Καὶ μὴν ὁρᾶν μοι δύο μὲν ἡλίους δοκῶ,
δισσὰς δὲ Θήβας, καὶ πόλισμ' ἑπτάστομον.

Bacchantes, v. 918.

Οὐκ εἰσὶ δόξαι τῶνδε πημάτων ἐμοί,
σαφῶς γὰρ αἵδε μητρὸς ἔγκοτοι κύνες.

Choëphores, v. 1046.

VI.

Ergo ubi concepit furias evicta dolore,
Decrevitque mori, tempus secum ipsa modumque
Exigit, et mœstam dictis aggressa sororem,

Consilium vultu tegit, ac spem fronte serenat :
« Inveni, germana, viam, gratare sorori,
Quæ mihi reddat eum, vel eo me solvat amantem.
480 Oceani finem juxtà solemque cadentem,
Ultimus Æthiopum locus est, ubi maximus Atlas
Axem humero torquet stellis ardentibus aptum.
Hinc mihi Massylæ gentis monstrata sacerdos,
Hesperidum templi custos, epulasque draconi
Quæ dabat, et sacros servabat in arbore ramos,
Spargens humida mella soporiferumque papaver.
Hæc se carminibus promittit solvere mentes
Quas velit, ast aliis duras immittere curas;
Sistere aquam fluviis, et vertere sidera retrò ;
490 Nocturnosque ciet manes : mugire videbis
Sub pedibus terram, et descendere montibus ornos.
Testor, cara deos, et te, germana, tuumque
Dulce caput, magicas invitam accingier artes.
Tu secreta pyram tecto interiore sub auras
Erige, et arma viri, thalamo quæ fixa reliquit
Impius, exuviasque omnes, lectumque jugalem
Quo perii, superimponas. Abolere nefandi
Cuncta viri monumenta jubet monstratque sacerdos. »
Hæc effata silet; pallor simul occupat ora.
500 Non tamen Anna novis prætexere funera sacris
Germanam credit, nec tantos mente furores
Concipit, aut graviora timet quàm morte Sichæi.
Ergò jussa parat.

La description que Didon fait à sa sœur du jardin des Hespérides, dont la prêtresse doit célébrer son dernier sacrifice, présente les mêmes détails que celle d'Apollonius qui y fait aborder les Argonautes :

Πλαζόμενοι ἷξον δ᾽ ἱερὸν πέδον, ᾧ ἔνι Λάδων
εἰσέτι που χθιζὸν παγχρύσεα ῥύετο μῆλα
χώρῳ ἐν Ἄτλαντος, χθόνιος ὄφις· ἀμφὶ δὲ νύμφαι
Ἑσπερίδες ποίπνυον, ἐφίμερον ἀείδουσαι.

Argon. IV, v. 1396.

Le portrait de la prêtresse elle-même est tracé sur celui de Médée :

Κούρη τις μεγάροισιν ἐνιτρέφετ᾽ Αἰήταο,
τὴν Ἑκάτη περίαλλα θεὰ δάε τεχνήσασθαι
φάρμαχ᾽, ὅσ᾽ ἤπειρός τε φύει καὶ νήχυτον ὕδωρ.
τοῖσι καὶ ἀκαμάτοιο πυρὸς μειλίσσετ᾽ ἀϋτμήν,
καὶ ποταμοὺς ἵστησιν ἄφαρ κελαδεινὰ ῥέοντας,
ἄστρα τε καὶ μήνης ἱερῆς ἐπέδησε κελεύθους.

Argon. III, v. 528.

Mais ce que Virgile ne doit à personne, c'est l'appareil touchant dont la reine entoure son bûcher funéraire, couvert des dépouilles de tout ce qu'elle a de plus cher, et surtout cette pâleur mortelle qui trahit son effroi, et prépare les scènes lugubres qui vont suivre.

*

At regina, pyrâ penetrali in sede sub auras
Erectâ ingenti, tædis atque ilice sectâ,
Intenditque locum sertis, et fronde coronat
Funereâ ; super exuvias, ensemque relictum,
Effigiemque toro locat, haud ignara futuri.
Stant aræ circùm ; et crines effusa sacerdos
510 Ter centum sonat ore deos, Erebumque, Chaosque,
Tergeminamque Hecaten, tria virginis ora Dianæ.
Sparserat et latices simulatos fontis Averni.
Falcibus et messæ ad lunam quæruntur ahenis
Pubentes herbæ, nigri cum lacte veneni.

Quæritur et nascentis equi de fronte revulsus
Et matri præreptus amor.
Ipsa, molâ manibusque piis, altaria juxtà,
Unum exuta pedem vinclis, in veste recinctâ,
Testatur moritura deos, et conscia fati
520 Sidera; tùm, si quod non æquo fœdere amantes
Curæ numen habet, justumque memorque precatur.

Les principaux détails de ce sacrifice sont tirés, selon Macrobe, d'une tragédie de Sophocle, intitulée les *Magiciennes*, dont il ne reste que quelques vers. Mais nous possédons un brillant modèle du tableau de Virgile dans la 2.me. Idylle de Théocrite, transcrite en entier dans nos remarques sur les Bucoliques, et regardée par Racine comme la plus belle peinture de l'amour. Le poëte latin l'a imitée, comme l'on sait, dans sa 8.me. Eglogue, par laquelle il a préludé, en quelque sorte, à la composition de ce livre, dont elle réunit les traits les plus frappants. Apollonius a aussi tracé la description d'un sacrifice magique, célébré par Médée pour cueillir l'herbe de Prométhée qui doit rendre Jason invulnérable. Malgré la différence du sujet, on peut le rapprocher de celui de Didon :

Σαρκὶ νεοτμήτῳ ἐναλιγκίη ἔπλετο ῥίζα,
τῆς, οἵην τ' ἐν ὄρεσσι κελαινὴν ἰκμάδα φηγοῦ,
Κασπίῃ ἐνὶ κόχλῳ ἀμήσατο φαρμάσσεσθαι·
ἑπτὰ μὲν ἀενάοισι λοεσσαμένη ὑδάτεσσιν,
ἑπτάκι δὲ Βριμὼ κουροτρόφον ἀγκαλέσασα,
Βριμὼ νυκτιπόλον, χθονίην, ἐνέροισιν ἄνασσαν,
λυγαίῃ ἐνὶ νυκτὶ, σὺν ὀρφναίοισι φάρεσσι.
μυκηθμῷ δ' ὑπένερθεν ἐρεμνὴ σείετο γαῖα,
ῥίζης τεμνομένης Τιτηνίδος· ἔστενε δ' αὐτὸς
Ἰαπετοῖο πάϊς ὀδύνῃ πέρι θυμὸν ἀλύων.

Argon. III, v. 857.

*

Nox erat, et placidum carpebant fessa soporem
Corpora per terras, silvæque et sæva quiêrant
Æquora; cùm medio volvuntur sidera lapsu ;
Cùm tacet omnis ager; pecudes, pictæque volucres,
Quæque lacus latè liquidos, quæque aspera dumis
Rura tenent, somno positæ sub nocte silenti
Lenibant curas, et corda oblita laborum.
   At non infelix animi Phœnissa; neque unquam
530 Solvitur in somnos, oculisve aut pectore noctem
Accipit: ingeminant curæ, rursùsque resurgens
Sævit amor, magnoque irarum fluctuat æstu.

Ce contraste imposant du silence de la nuit avec l'agitation des passions humaines n'a pas échappé au pinceau d'Homère qui représente Jupiter méditant pendant la nuit au sommet de l'Olympe (*Il. II, v.* 1), Agamemnon veillant seul dans le camp des Grecs après la défaite de son armée (*Il. X, v.* 1), et Pénélope pleurant son époux au milieu de ses femmes endormies (*Od. XX, v.* 57). Le premier développement de ces images se retrouve dans cette strophe d'Alcman, conservée par Apollonius le grammairien :

Εὕδουσιν δ' ὀρέων κορυφαί τε καὶ φάραγγες,
πρώωνες ἠδὲ καὶ χαράδραι·
φῦλα δέ θ', ἑρπετά θ', ὅσσα τρέφει μέλαινα γαῖα,
θῆρες ὀρεσκῴοί τε καὶ γένος μελισσῶν·
καὶ κνώδαλ' ἐν βενθέσσι πορφυρᾶς ἁλός·
εὕδουσιν δ' οἰωνῶν φῦλα τανυπτερύγων.

La *Simèthe* de Théocrite doit aussi ses plus grandes beautés à cette disposition locale si vivement exprimée dans ces vers :

Ἠνίδε σιγᾷ μὲν πόντος, σιγῶντι δ' ἀῆται·
ἁ δ' ἐμὰ οὐ σιγᾷ στέρνων ἔντοσθεν ἀνία.

Idylle II, v. 38.

Mais aucun auteur n'a donné à cette idée autant d'extension qu'Apollonius de Rhodes, dont les vers, déjà traduits par Varron, ont servi ici de modèle à Virgile :

Νὺξ μὲν ἔπειτ' ἐπὶ γαῖαν ἄγε κνέφας· οἱ δ' ἐνὶ πόντῳ
ναῦται εἰς Ἑλίκην τε καὶ ἀστέρας Ὠρίωνος
ἔδρακον ἐκ νηῶν· ὕπνοιο δὲ καί τις ὁδίτης
ἤδη, καὶ πυλαωρὸς ἐέλδετο· καί τινα παίδων
μητέρα τεθνεώτων ἀδινὸν περὶ κῶμ' ἐκάλυπτεν·
οὐδὲ κυνῶν ὑλακὴ ἔτ' ἀνὰ πτόλιν, οὐ θρόος ἦεν
ἠχήεις· σιγὴ δὲ κελαινομένην ἔχεν ὄρφνην.
ἀλλὰ μάλ' οὐ Μήδειαν ἐπὶ γλυκερὸς λάβεν ὕπνος.
πολλὰ γὰρ Αἰσονίδαο πόθῳ μελεδήματ' ἔγειρε
δειδυῖαν ταύρων κρατερὸν μένος, οἷσιν ἔμελλε
φθίσθαι ἀεικελίῃ μοίρῃ κατὰ νειὸν Ἄρηος.
πυκνὰ δέ οἱ κραδίη στηθέων ἔντοσθεν ἔθυεν.
ἠελίου ὥς τίς τε δόμοις ἐνιπάλλεται αἴγλη
ὕδατος ἐξανιοῦσα, τὸ δὴ νέον ἠὲ λέβητι,
ἠέ που ἐν γαυλῷ κέχυται· ἡ δ' ἔνθα καὶ ἔνθα
ὠκείῃ στροφάλιγγι τινάσσεται ἀΐσσουσα·
ὣς δὲ καὶ ἐν στήθεσσι κέαρ ἐλελίζετο κούρης.

Argon. III, v. 744.

Rien de plus gracieux que cette dernière comparaison que Virgile a reproduite dans la méditation d'Enée, au commencement du 8me. livre. Le tableau entier a été imité, après lui, par presque tous les poëtes épiques : par l'Arioste dans le songe de Roland (*ch. VIII, st.* 79); par le Tasse dans Godefroi et dans Argillan (*ch. II, st.* 97, *et ch. VIII, st.* 57); par Milton dans la soirée de l'Eden (*ch. IV, v.* 598), et surtout par J.-B. Rousseau dans l'admirable cantate de *Circé*.

★

Sic adeò insistit, secumque ita corde volutat :
« En quid ago? rursusne procos irrisa priores
Experiar? Nomadumque petam connubia supplex,
Quos ego sum toties jàm dedignata maritos?
Iliacas igitur classes atque ultima Teucrûm
Jussa sequar? quiane auxilio juvat antè levatos,
Et benè apud memores veteris stat gratia facti?
540 Quis me autem, fac velle, sinet? ratibusque superbis
Invisam accipiet? Nescis heu, perdita, necdùm
Laomedonteæ sentis perjuria gentis!
Quid tùm? sola fugâ nautas comitabor ovantes?
An Tyriis omnique manu stipata meorum
Inferar? et quos Sidoniâ vix urbe revelli,
Rursùs agam pelago, et ventis dare vela jubebo?
Quin morere, ut merita es, ferroque averte dolorem.
Tu lacrymis evicta meis, tu prima furentem
His, germana, malis oneras, atque objicis hosti.
550 Non licuit thalami expertem sine crimine vitam
Degere more feræ, tales nec tangere curas!
Non servata fides cineri promissa Sichæo! »

Cette affreuse perplexité qui déchire le cœur de Didon, est exprimée dans ces paroles d'Ariane :

Nam quò me referam? quali spe perdita nitar?
Isthmon, eosne petam montes, ah! gurgite lato
Discernens pontum truculentum ubi dividit æquor?
An patris auxilium sperem, quemne ipsa reliqui
Respersum juvenem fraternâ cæde secuta?
Conjugis an fido consoler memet amore?
Quine fugit lentos incurvans gurgite remos!
Præntereà littus, nullo sola insula tecto;
Nec patet egressus pelagi cingentibus undis!

Nulla fugæ ratio, nullæ spes, omnia muta,
Omnia sunt deserta, ostentant omnia lethum!

Thétis, v. 177.

Médée tient le même langage, à la suite du morceau que nous venons de transcrire :

Δειλὴ ἐγὼ νῦν, ἔνθα κακῶν, ἢ ἔνθα γένωμαι,
πάντῃ μοι φρένες εἰσὶν ἀμήχανοι· οὐδέ τις ἀλκὴ
πήματος· ἀλλ' αὔτως φλέγει ἔμπεδον. ὡς ὄφελόν γε
Ἀρτέμιδος κραιπνοῖσι πάρος βελέεσσι δαμῆναι,
πρὶν τόν γ' εἰσιδέειν, πρὶν Ἀχαιΐδα γαῖαν ἱκέσθαι
Χαλκιόπης υἷας· τοὺς μὲν θεὸς, ἤ τις Ἐριννὺς
ἄμμι πολυκλαύτους δεῦρ' ἤγαγε κεῖθεν ἀνίας.
φθίσθω ἀεθλεύων, εἴ οἱ κατὰ νειὸν ὀλέσθαι
μοῖρα πέλει. πῶς γάρ κεν ἐμοὺς λελάθοιμι τοκῆας
φάρμακα μησαμένη; ποῖον δ' ἐπὶ μῦθον ἐνίψω;
τίς δὲ δόλος, τίς μῆτις ἐπίκλοπος ἔσσετ' ἀρωγῆς;

Argon. III, v. 771.

Elle dit également à Jason dans la tragédie d'Euripide :

Νῦν ποῖ τράπωμαι; πότερα πρὸς πατρὸς δόμους,
οὓς σοὶ προδοῦσα καὶ πάτραν, ἀφικόμην;
ἢ πρὸς ταλαίνας Πελιάδας; καλῶς γ' ἂν οὖν
δέξαιντό μ' οἴκοις, ὧν πατέρα κατέκτανον.
ἔχει γὰρ οὕτω· τοῖς μὲν οἴκοθεν φίλοις
ἐχθρὰ καθέστηχ'· οὓς δέ μ' οὐκ ἐχρῆν κακῶς
δρᾶν, σοὶ χάριν φέρουσα, πολεμίους ἔχω.

Médée, v. 502.

Le germe de tous ces discours se retrouve dans l'*Ajax* de Sophocle, qui, honteux de son égarement, se représente la perte de son honneur, et finit, comme Didon, par se dévouer à la mort (*Ajax furieux*, v. 457). Les reproches de la reine à sa sœur sont ceux de Phèdre à sa nourrice (*Hippolyte*, v. 689), imités par Racine (*Phèdre*, act. IV, sc. 6).

VII.

Tantos illa suo rumpebat pectore questus.
Æneas celsâ in puppi, jàm certus eundi,
Carpebat somnos, rebus jàm ritè paratis.
Huic se forma dei vultu redeuntis eodem
Obtulit in somnis, rursùsque ita visa monere est;
Omnia Mercurio similis, vocemque, coloremque,
Et crines flavos, et membra decora juventæ :
560« Nate deâ, potes hoc sub casu ducere somnos ?
Nec quæ circumstent te deindè pericula cernis ?
Demens! nec zephyros audis spirare secundos ?
Illa dolos dirumque nefas in pectore versat,
Certa mori, varioque irarum fluctuat æstu.
Non fugis hinc præceps, dùm præcipitare potestas ?
Jàm mare turbari trabibus, sævasque videbis
Collucere faces, jàm fervere littora flammis,
Si te his attigerit terris Aurora morantem.
Eia age, rumpe moras : varium et mutabile semper
570Fœmina. » Sic fatus nocti se immiscuit atræ.

On blâme d'un commun accord l'inconvenance de ce sommeil d'Enée, reposant paisiblement dans son vaisseau, tandis que Didon se livre au désespoir. Sans doute le poëte l'a cru nécessaire pour amener la seconde apparition de Mercure, imitée de celle du même dieu à Priam, endormi dans la tente d'Achille :

Ἄλλοι μέν ῥα θεοί τε καὶ ἀνέρες ἱπποκορυσταὶ
εὗδον παννύχιοι, μαλακῷ δεδμημένοι ὕπνῳ·

ἀλλ' οὐχ Ἑρμείαν ἐριούνιον ὕπνος ἔμαρπτεν,
ὁρμαίνοντ' ἀνὰ θυμόν, ὅπως Πρίαμον βασιλῆα
νηῶν ἐκ πέμψειε, λαθὼν ἱεροὺς πυλαωρούς.
στῆ δ' ἄρ' ὑπὲρ κεφαλῆς, καί μιν πρὸς μῦθον ἔειπεν·
« Ὦ γέρον, οὔ νύ τι σοίγε μέλει κακόν, οἷον ἔθ' εὕδεις
ἀνδράσιν ἐν δηΐοισιν, ἐπεί σ' εἴασεν Ἀχιλλεύς.
καὶ νῦν μὲν φίλον υἱὸν ἐλύσαο, πολλὰ δ' ἔδωκας·
σεῖο δέ κε ζωοῦ καὶ τρὶς τόσα δοῖεν ἄποινα
παῖδες τοὶ μετόπισθε λελειμμένοι, αἴ κ' Ἀγαμέμνων
γνοίη σ' Ἀτρείδης, γνώωσι δὲ πάντες Ἀχαιοί. »

IL. XXIV, v. 677.

Le dernier vers de Virgile est traduit d'Euripide : Ὁρᾶτ', ἄπιστον ὡς γυναικεῖον γένος (*Iphig. en Taur.*, v. 1309). Quant au portrait de Mercure, imité d'Homère (*Il. II, v.* 57, *et XXIV, v.* 347), il a produit chez les modernes une foule de copies, représentant des messagers célestes. Les plus remarquables sont l'ange du Tasse (*Jérusalem*, ch. *I*, st. 13); ceux de Milton (*Paradis*, ch. *III, v.* 624 et 636); et celui de Klopstock (*Messiade*, ch. *IX, v.* 485).

★

Tum verò Æneas, subitis exterritus umbris,
Corripit è somno corpus, sociosque fatigat :
« Præcipites vigilate, viri, et considite transtris ;
Solvite vela citi. Deus æthere missus ab alto,
Festinare fugam, tortosque incidere funes
Ecce iterùm stimulat. Sequimur te, sancte deorum
Quisquis es, imperioque iterùm paremus ovantes.
Adsis ô! placidusque juves, et sidera cœlo
Dextra feras! » Dixit, vaginâque eripit ensem
580 Fulmineum, strictoque ferit retinacula ferro.

Idem omnes simul ardor habet; rapiuntque, ruuntque;
Littora deseruere : latet sub classibus æquor ;
Adnixi torquent spumas, et cœrula verrunt.

Ce départ d'Enée de Carthage correspond à celui de Jason, quittant les rives de la Colchide, après la conquête de la Toison d'or :

« Μηκέτι νῦν χάζεσθε, φίλοι, πάτρηνδε νέεσθαι
ἤδη γὰρ χρειώ, τῆς εἵνεκα τήνδ' ἀλεγεινὴν
ναυτιλίην ἔτλημεν, ὀϊζύϊ μοχθίζοντες,
εὐπαλέως κούρης ὑπὸ δήνεσι κεκράανται.
τὴν μὲν ἐγὼν ἐθέλουσαν ἀνάξομαι οἴκαδ' ἄκοιτιν
κουριδίην · ἀτὰρ ὕμμες, Ἀχαιΐδος οἷά τε πάσης]
αὐτῶν θ' ὑμείων ἐσθλὴν ἐπαρωγὸν ἐοῦσαν,
σώετε. δὴ γάρ που μάλ' ὀΐομαι εἶσιν ἐρύξων
Αἰήτης ὁμάδῳ πόντονδ' ἴμεν ἐκ ποταμοῖο. »
. . . .
Ὣς φάτο, δῦνέ τε τεύχε' ἀρήϊα · τοὶ δ' ἰάχησαν
θεσπέσιον μεμαῶτες. ὁ δὲ ξίφος ἐκ κολεοῖο
σπασσάμενος, πρυμναῖα νεὼς ἀπὸ πείσματ' ἔκοψεν.
ἄγχι δὲ παρθενικῆς κεκορυθμένος ἰθυντῆρι
Ἀγκαίῳ παρέβασκεν · ἐπείγετο δ' εἰρεσίῃ νηῦς,
σπερχομένων ἄμοτον ποταμοῦ ἄφαρ ἐκτὸς ἐλάσσαι.

Argon. IV, v. 190 et 206.

Et jàm prima novo spargebat lumine terras
Tithoni croceum linquens Aurora cubile.
Regina è speculis ut primùm albescere lucem
Vidit, et æquatis classem procedere velis,
Littoraque et vacuos sensit sine remige portus:

Terque quaterque manu pectus percussa decorum,
590 Flaventesque abscissa comas : « Proh Jupiter ! ibit
Hic, ait, et nostris illuserit advena regnis?
Non arma expedient, totâque ex urbe sequentur,
Diripientque rates alii navalibus? Ite,
Ferte citi flammas, date vela, impellite remos.
Quid loquor? aut ubi sum? quæ mentem insania mutat?
Infelix Dido! nunc te fata impia tangunt :
Tùm decuit, cùm sceptra dabas. En dextra fidesque,
Quem secum patrios aiunt portare Penates!
Quem subiisse humeris confectum ætate parentem !
600 Non potui abreptum divellere corpus, et undis
Spargere? non socios, non ipsum absumere ferro
Ascanium, patriisque epulandum apponere mensis?
Verùm anceps pugnæ fuerat fortuna? Fuisset.
Quem metui moritura? Faces in castra tulissem,
Implessemque foros flammis, natumque patremque
Cum genere extinxem, memet super ipsa dedissem....
Sol, qui terrarum flammis opera omnia lustras,
Tuque harum interpres curarum et conscia Juno,
Nocturnisque Hecate triviis ululata per urbes,
610 Et Diræ ultrices, et di morientis Elisæ,
Accipite hæc, meritumque malis advertite numen,
Et nostras audite preces! Si tangere portus
Infandum caput ac terris adnare necesse est,
Et sic fata Jovis poscunt, hic terminus hæret :
At bello audacis populi vexatus et armis,
Finibus extorris, complexu avulsus Iüli,
Auxilium imploret, videatque indigna suorum
Funera; nec, cùm se sub leges pacis iniquæ
Tradiderit, regno aut optatâ luce fruatur;
620 Sed cadat ante diem, mediâque inhumatus arenâ.

Hæc precor; hanc vocem extremam cum sanguine fundo.
Tùm vos ô Tyrii, stirpem et genus omne futurum
Exercete odiis, cinerique hæc mittite nostro
Munera : nullus amor populis, nec fœdera sunto.
Exoriare aliquis nostris ex ossibus ultor,
Qui face Dardanios ferroque sequare colonos,
Nunc, olim, quocumque dabunt se tempore vires,
Littora littoribus contraria, fluctibus undas
Imprecor, arma armis ; pugnent ipsique nepotes. »

Tout l'intérêt qu'inspirent les amours de Médée dans le poëme d'Apollonius, cesse au moment du départ de Jason, qui la dérobe à la vengeance de son père. La fuite d'Enée est au contraire pour Virgile une nouvelle source de beautés dramatiques. Les derniers vœux de Didon joints à son entrevue avec Enée, forment le plus parfait modèle d'éloquence sentimentale que nous ait transmis l'antiquité. Nous allons rapprocher ce troisième chef-d'œuvre des productions qui l'ont précédé.

La situation de Didon trahie, abandonnée, est exactement semblable à celle d'Ariane. C'est donc au tableau de Catulle que nous devons comparer les premiers vers de Virgile peignant l'attitude de la reine de Carthage. Nous la trouverons plus majestueuse, mais peut-être moins attendrissante que celle de l'amante de Thésée :

Quem procul ex algâ mœstis Minoïs ocellis
Saxea ut effigies bacchantis prospicit Evœ,
Prospicit, et magnis curarum fluctuat undis.
Non flavo retinens subtilem vertice mitram
Non contecta levi velatum pectus amictu,
Non tereti strophio lactantes vincta papillas ;
Omnia quæ toto delapsa è corpore passim
Ipsius antè pedes fluctus salis allidebat.

Sed neque tùm mitræ, neque tùm fluitantis amictus
Illa vicem curans, toto te pectore, Theseu,
Toto animo, totâ prodebat perdita mente.

Thétis, v. 60.

Les circonstances locales ne permettoient pas à Virgile d'imiter toute la vivacité de ce tableau; mais il a exprimé en paroles ce qu'il n'a pu mettre en action. Quelle force et quelle vérité dans cette première exclamation de Didon, qui peint si bien son orgueil offensé ! Enée s'est joué de son autorité; elle se croit entourée de ses sujets, elle les appelle aux armes par ce vers imité de l'Iliade :

Οἴσετε πῦρ, ἅμα δ' αὐτοὶ ἀολλέες ὄρνυτ' ἀϋτήν.

IL. XV, v. 718.

Mais bientôt elle voit son égarement, elle reconnoît qu'elle est foible et isolée, qu'elle s'est ravi le droit de commander. Ce beau mouvement reproduit par Racine dans *Bajazet* (*act. IV, sc. 5*) se retrouve également dans Catulle :

Sed quid ego ignaris nequicquam conqueror auris,
Externata malo, quæ nullis sensibus auctæ
Nec missas audire queunt, nec reddere voces ?
Ille autem propè jam mediis versatur in undis,
Nec quisquam apparet vacuâ mortalis in algâ.

Thétis, v. 164.

Comparant ensuite à la conduite d'Enée tout ce que la renommée a publié de lui (passage imité par Voltaire dans *Zaïre*, *act. IV, sc. 5*), elle sent redoubler son indignation, et exprime les souhaits les plus atroces, tels que ceux d'Hécube contre Achille :

. . . . Τοῦ ἐγὼ μέσον ἧπαρ ἔχοιμι
ἐσθέμεναι προσφῦσα· τότ' ἄντιτα ἔργα γένοιτο
παιδὸς ἐμοῦ !

IL. XXIV, v. 212.

Et ceux de Médée contre Jason :

Αὐτὴ ξίφος λαβοῦσα, κεἰ μέλλω θανεῖν,
κτενῶ σφε· τόλμης δ' εἶμι πρὸς τὸ καρτερόν.

Médée, v. 394.

Ὡς φάτ' ἀναζείουσα βαρὺν χόλον· ἴετο δ' ἥγε
νῆα καταφλέξαι, διά τ' ἔμπεδα πάντα κεάσσαι,
ἐν δὲ πεσεῖν αὐτὴ μαλερῷ πυρί.

Argon. IV, v. 391.

Enfin revenue à elle-même, et concentrant toute sa fureur dans une sombre mélancolie, Didon prononce cette fameuse imprécation dont l'harmonie lugubre peint toute la haine de Rome et de Carthage. C'est aussi par une imprécation contre Thésée que se termine le discours d'Ariane :

> Non tamen antè mihi languescent lumina morte
> Nec priùs à fesso secedent corpore sensus,
> Quàm justam à divis exposcam prodita mulctam,
> Cœlestumque fidem postremâ comprecer horâ.
> Quarè facta virûm mulctantes vindice pœnâ
> Eumenides, quibus anguineo redimita capillo
> Frons exspirantes præportat pectoris iras,
> Hùc hùc adventate : meas audite querelas,
> Quas ego, væ miseræ! extremis proferre medullis
> Cogor inops, ardens, amenti cæca furore.
> Quæ quoniam verè nascuntur pectore ab imo,
> Vos nolite pati nostrum vanescere luctum :
> Sed quali solam Theseus me mente reliquit,
> Tali mente, deæ, funestet seque suosque.

Thétis, v. 188.

On trouve une prédiction analogue dans la Médée d'Euripide (*v.* 1383), et surtout dans l'invocation d'Ajax contre les Atrides :

> Καλῶ δ' ἀρωγοὺς τὰς ἀεί τε παρθένους,
> ἀεί θ' ὁρώσας πάντα τὰν βροτοῖς πάθη,
> σεμνὰς Ἐριννῦς τανύποδας, μαθεῖν ἐμὲ,
> πρὸς τῶν Ἀτρειδῶν ὡς διόλλυμαι τάλας.
> καὶ σφᾶς κακοὺς κάκιστα καὶ πανωλέθρους
> ξυναρπάσειαν· ὥσπερ εἰσορῶσ' ἐμὲ,
> αὐτοσφαγῆ πίπτοντα, τὼς αὐτοσφαγεῖς
> πρὸς τῶν φιλίστων ἐκγόνων ὀλοίατο.
>
> Ajax furieux, v. 835.

Virgile a joint à l'imitation de ces morceaux celle de deux passages d'Homère dont la réunion forme le texte de ses vers. Le premier est le serment des chefs grecs avant le combat de Pâris et de Ménélas ; l'autre est l'invocation de Polyphème contre Ulysse :

> Ζεῦ πάτερ, Ἴδηθεν μεδέων, κύδιστε, μέγιστε,
> ἠέλιός θ', ὃς πάντ' ἐφορᾷς, καὶ πάντ' ἐπακούεις,
> καὶ ποταμοὶ καὶ γαῖα, καὶ οἳ ὑπένερθε καμόντας
> ἀνθρώπους τίνυσθον, ὅτις κ' ἐπίορκον ὀμόσσῃ,
> ὑμεῖς μάρτυροι ἔστε, φυλάσσετε δ' ὅρκια πιστά !
> . . . .
> Κλῦθι Ποσείδαον, γαιήοχε, κυανοχαῖτα·
> εἰ ἐτεόν γε σός εἰμι, πατὴρ δ' ἐμός εὔχεαι εἶναι,
> δὸς μὴ Ὀδυσσῆα πτολιπόρθιον οἴκαδ' ἱκέσθαι
> υἱὸν Λαέρτεω, Ἰθάκῃ ἔνι οἰκί' ἔχοντα.
> ἀλλ' εἴ οἱ μοῖρ' ἐστὶ φίλους τ' ἰδέειν, καὶ ἱκέσθαι,
> οἶκον ἐϋκτίμενον καὶ ἑὴν ἐς πατρίδα γαῖαν,
> ὀψὲ κακῶς ἔλθοι, ὀλέσας ἀπὸ πάντας ἑταίρους,
> νηὸς ἐπ' ἀλλοτρίης, εὕροι δ' ἐν πήματα οἴκῳ.
>
> Il. III, v. 276, et Od. IX, v. 528.

L'application de ces derniers vers est d'autant plus juste dans les paroles de Didon, qu'Enée ne régna que trois ans en Italie, et qu'il disparut dans le fleuve Numicius sans qu'on pût retrouver son corps. A cette circonstance qui concerne particulièrement son héros, le poëte en ajoute une plus importante. Didon lègue sa vengeance à toute sa postérité ; elle prédit de son lit de mort la lutte sanglante des deux républiques ; et, pour adoucir son agonie, ses yeux ont lu dans l'avenir, et y ont vu naître Annibal.

Ovide a imité Virgile dans les plaintes de Scylla dédaignée par Minos (*Métam. VIII, v.* 104). Le Tasse a également reproduit une partie de ses vers dans l'imprécation d'Armide, suivie de l'embrasement du palais de l'Amour (*Jérusalem*, (*ch. XVI, st.* 63).

*

630 Hæc ait, et partes animum versabat in omnes,
   Invisam quærens quam primùm abrumpere lucem.
   Tùm breviter Barcen nutricem affata Sichæi,
   Namque suam patriâ antiquâ cinis ater habebat :
   « Annam, cara mihi nutrix, hùc siste sororem ;
   Dic corpus properet fluviali spargere lymphâ,
   Et pecudes secum, et monstrata piacula ducat ;
   Sic veniat : tuque ipsa piâ tege tempora vittâ.
   Sacra Jovi Stygio, quæ ritè incepta paravi,
   Perficere est animus, finemque imponere curis,
640 Dardaniique rogum capitis permittere flammæ. »
   Sic ait. Illa gradum studio celerabat anili.

Didon, arrivée à l'instant fatal, éloigne tous les témoins pour consommer son sacrifice. Le zèle empressé de la vieille Barcé, rappelle celui d'Euryclée recevant les ordres d'Ulysse après le massacre des prétendants, et annonçant à Pénélope le retour de son époux:

Αὐτὰρ ὅγε προσέειπε φίλην τροφὸν Εὐρύκλειαν·
« Οἶσε θέειον, γρηΰ, κακῶν ἄκος, οἶσε δέ μοι πῦρ,
ὄφρα θεειώσω μέγαρον· σὺ δὲ Πηνελόπειαν
ἐλθεῖν ἐνθάδ᾽ ἄνωχθι, σὺν ἀμφιπόλοισι γυναιξίν·
πάσας δ᾽ ὄτρυνον δμωὰς κατὰ δῶμα νέεσθαι. »
. . . .
Γρηῢς δ᾽ εἰς ὑπερῷ᾽ ἀνεβήσατο καγχαλόωσα
δεσποίνῃ ἐρέουσα φίλον πόσιν ἔνδον ἐόντα·
γούνατα δ᾽ ἐρρώσαντο, πόδες δ᾽ ὑπερικταίνοντο.
Od. XXII, v. 480; et XXIII, v. 1.

Ajax, dans Sophocle, cache également son suicide sous le prétexte d'une purification (*Ajax furieux*, v. 646). Mais c'est de la mort de Déjanire, dans les *Trachiniennes* du même auteur, que Virgile a emprunté son tableau final.

VIII.

At trepida, et cœptis immanibus effera Dido,
Sanguineam volvens aciem, maculisque trementes
Interfusa genas, et pallida morte futurâ,
Interiora domûs irrumpit limina, et altos
Conscendit furibunda rogos, ensemque recludit
Dardanium, non hos quæsitum munus in usus!
Hic, postquàm Iliacas vestes notumque cubile
Conspexit, paulùm lacrymis et mente morata,
650 Incubuitque toro, dixitque novissima verba :

« Dulces exuviæ, dùm fata deusque sinebant,
Accipite hanc animam, meque his exsolvite curis.
Vixi, et, quem dederat cursum fortuna, peregi ;
Et nunc magna meî sub terras ibit imago.
Urbem præclaram statui ; mea mœnia vidi ;
Ulta virum, pœnas inimico à fratre recepi :
Felix ! heu nimiùm felix, si littora tantùm
Nunquam Dardaniæ tetigissent nostra carinæ ! »
Dixit, et, os impressa toro : « Moriemur inultæ !
660 Sed moriamur, ait : sic, sic juvat ire sub umbras.
Hauriat hunc oculis ignem crudelis ab alto
Dardanus, et nostræ secum ferat omina mortis. »

Sophocle, dans le récit d'une esclave, représente la femme d'Hercule inconsolable d'avoir perdu le héros par le présent funeste de Nessus, montant comme Didon sur le lit nuptial, et y faisant ses adieux à la vie :

Ἔκλαιεν ἡ δύστηνος εἰσορωμένη,
αὐτὴ τὸν αὑτῆς δαίμον' ἀνακαλουμένη,
καὶ τὰς ἄπαιδας ἐς τὸ λοιπὸν οὐσίας.
ἐπεὶ δὲ τῶνδ' ἔληξεν, ἐξαίφνης σφ' ὁρῶ
τὸν Ἡράκλειον θάλαμον εἰσορμωμένην.
κἀγὼ λαθραῖον ὄμμ' ἐπεσκιασμένη
ἐφρούρουν· ὁρῶ δὲ τὴν γυναῖκα δεμνίοις
τοῖς Ἡρακλείοις στρωτὰ βάλλουσαν φάρη.
ὅπως δ' ἐτέλεσε τοῦτ', ἐπενθοροῦσ' ἄνω
καθέζετ' ἐν μέσοισιν εὐναστηρίοις,
καὶ δακρύων ῥήξασα θερμὰ νάματα,
ἔλεξεν· Ὦ λέχη τε καὶ νυμφεῖ' ἐμά,
τὸ λοιπὸν ἤδη χαίρεθ', ὡς ἔμ' οὔ ποτε
δέξεσθ' ἔτ', ἐν κοίταισι ταῖς δ' εὐνήτριαν.

τοσαῦτα φωνήσασα, συντόνῳ χερί
λύει τὸν αὐτῆς πέπλον, ᾧ χρυσήλατος
προὔκειτο μαστῶν περονίς · ἐκ δ᾽ ἐλώπισε
πλευρὰν ἅπασαν, ὠλένην τ᾽ εὐώνυμον.

Trachiniennes, v. 911.

Euripide a placé les mêmes détails dans le touchant récit du dévouement d'Alceste (*Alceste*, *v*. 150 à 210). Mais malgré la perfection de ces deux morceaux, celui de Virgile leur est encore supérieur. Ce portrait de Didon furieuse, déjà entourée des ombres de la mort, son attendrissement à la vue du glaive fatal, ce regard qu'elle jette sur le passé, enfin ce sentiment de honte et de désespoir que lui inspire le souvenir d'Énée, sont des images d'une énergie inimitable. Le dernier regret exprimé par Didon se retrouve dans le discours d'Ariane :

Jupiter omnipotens! utinam ne tempore primo
Gnossia Cecropiæ teligissent littora puppes;
Indomito nec dira ferens stipendia tauro,
Perfidus in Cretam religâsset navita funem!

Thétis, *v*. 171.

★

Dixerat : atque illam media inter talia ferro
Collapsam aspiciunt comites, ensemque cruore
Spumantem, sparsasque manus. It clamor ad alta
Atria; concussam bacchatur fama per urbem;
Lamentis, gemituque, et fœmineo ululatu
Tecta fremunt, resonat magnis plangoribus æther :
Non aliter quàm si immissis ruat hostibus omnis
670 Carthago, aut antiqua Tyros, flammæque furentes
Culmina perque hominum volvantur perque deorum.

Audiit exanimis, trepidoque exterrita cursu,
Unguibus ora soror fœdans, et pectora pugnis,
Per medios ruit, ac morientem nomine clamat :
« Hoc illud, germana, fuit? me fraude petebas?
Hoc rogus iste mihi, hoc ignes aræque parabant?
Quid primùm deserta querar? comitemne sororem
Sprevisti moriens? eadem me ad fata vocasses :
Idem ambas ferro dolor, atque eadem hora tulisset.
680 His etiam struxi manibus, patriosque vocavi
Voce deos, sic te ut positâ, crudelis, abessem?
Exstinxi te meque, soror, populumque, patresque
Sidonios, urbemque tuam! Date, vulnera lymphis
Abluam, et, extremus si quis super halitus errat,
Ore legam. » Sic fata gradus evaserat altos,
Semianimemque sinu germanam amplexa fovebat
Cum gemitu, atque atros siccabat veste cruores.
Illa graves oculos conata attollere, rursùs
Deficit : infixum stridet sub pectore vulnus.
690 Ter sese attollens cubitoque adnixa levavit;
Ter revoluta toro est, oculisque errantibus alto
Quæsivit cœlo lucem, ingemuitque repertâ.

Cette peinture du deuil général de Carthage, ces plaintes de la sœur de Didon, ces derniers efforts de la reine expirante, sont encore des imitations supérieures des poëtes grecs. Le premier de ces tableaux est tiré de la désolation de Troie à la vue d'Hector traîné dans la poussière :

Ὤμωξεν δ' ἐλεεινὰ πατὴρ φίλος, ἀμφὶ δὲ λαοὶ
κωκυτῷ τ' εἴχοντο καὶ οἰμωγῇ κατὰ ἄστυ·
τῷ δὲ μάλιστ' ἄρ' ἔην ἐναλίγκιον, ὡς εἰ ἅπασα
Ἴλιος ὀφρυόεσσα πυρὶ σμύχοιτο κατ' ἄκρης.

Il. XXII, v. 408.

La suite des vers latins correspond au passage de Sophocle, où l'esclave peint la mort de Déjanire et les regrets de son fils Hyllus:

Κἀγὼ δρομαία βᾶσ', ὅσονπερ ἔσθενον,
τῷ παιδὶ φράζω τῆς τεχνωμένης τάδε.
κἀν ᾧ τὸ κεῖσε δεῦρό τ' ἐξορμώμεθα,
ὁρῶμεν αὐτὴν ἀμφιπλῆγι φασγάνῳ
πλευρὰν ὑφ' ἧπαρ καὶ φρένας πεπληγμένην.
ἰδὼν δ' ὁ παῖς ᾤμωξεν. ἔγνω γὰρ τάλας
τοὔργον κατ' ὀργὴν ὡς ἐφάψειεν τόδε,
ὄψ' ἐκδιδαχθεὶς τῶν κατ' οἶκον, οὕνεκα
ἄκουσα πρὸς τοῦ θηρὸς ἔρξειεν τάδε.
κἀνταῦθ' ὁ παῖς δύστηνος οὔτ' ὀδυρμάτων
ἐλείπετ' οὐδὲν, ἀμφί νιν γοώμενος,
οὔτ' ἀμφιπίπτων στόμασιν, ἀλλὰ πλευρόθεν
πλευρὰν παρείς, ἔκειτο πόλλ' ἀναστένων,
ὥς νιν ματαίως αἰτίᾳ βάλοι κακῇ·
κλαίων ὅθ' οὕνεκ' ἐκ δυεῖν ἔσοιθ' ἅμα,
πατρός τ' ἐκείνης τ', ὠρφανισμένος βίου.

Trachiniennes, v. 929.

On trouve aussi le même sentiment dans les adieux de Briséis à Patrocle (*Il. XIX*, *v.* 282), dans la mort d'Alceste (*Alceste*, *v.* 203), et surtout dans les plaintes de Jocaste et d'Antigone sur les corps d'Étéocle et de Polynice:

Ὡς γὰρ πεσόντε παῖδ' ἐλειπέτην βίον,
ἐν τῷδε μήτηρ ἡ τάλαινα προσπιτνεῖ.
τετρωμένους δ' ἰδοῦσα καιρίας σφαγάς,
ᾤμωξεν· ὦ τέκν', ὑστέρα βοηδρόμος
πάρειμι· προσπιτνοῦσα δ' ἐν μέρει, τέκνα
ἔκλα', ἐθρήνει τὸν πολὺν μαστῶν πόνον
στένουσ', ἀδελφή θ' ἡ παρασπίζουσ' ὁμ...

ὦ γηροβοσκὼ μητρὸς, ὦ γάμους ἐμοὺς
προδόντ' ἀδελφὼ φιλτάτω. στέρνων δ' ἄπο
φύσημ' ἀνεὶς δύστλητον Ἐτεοκλῆς ἄναξ
ἤκουσε μητρὸς, κἀπιθεὶς ὑγρὰν χέρα,
φωνὴν μὲν οὐκ ἀφῆκεν, ὀμμάτων δ' ἄπο
προσεῖπε δακρύοις, ὥστε σημῆναι φίλα.

Phéniciennes, v. 1443.

Ce sont ces derniers vers qui ont inspiré à Virgile la belle peinture de l'agonie de Didon, une des plus expressives qu'ait produites la poésie. On y reconnoît aussi une application sublime de ce passage d'Apollonius où Médée balance entre l'amour et le devoir :

Ἤτοι ὅτ' ἰθύσειεν, ἔρυκέ μιν ἔνδοθεν αἰδώς·
αἰδοῖ δ' εἰργομένην θρασὺς ἵμερος ὀτρύνεσκε.
τρὶς μὲν ἐπειρήθη, τρὶς δ' ἔσχετο, τέτρατον αὖτις
λέκτροισι πρηνὴς ἐνικάππεσεν εἰλιχθεῖσα.

Argon. III, v. 652.

★

Tum Juno omnipotens, longum miserata dolorem,
Difficilesque obitus, Irim demisit Olympo,
Quæ luctantem animam, nexosque resolveret artus.
Nam quia nec fato, meritâ nec morte peribat,
Sed misera antè diem, subitoque accensa furore,
Nondùm illi flavum Proserpina vertice crinem
Abstulerat, Stygioque caput damnaverat Orco.
700 Ergò Iris, croceis per cœlum roscida pennis,
Mille trahens varios adverso sole colores,
Devolat, et suprà caput adstitit : « Hunc ego Diti
Sacrum jussa fero, teque isto corpore solvo. »
Sic ait, et dextrâ crinem secat ; omnis et unà
Dilapsus calor, atque in ventos vita recessit.

La coutume superstitieuse des anciens de couper le cheveu fatal est ici ennoblie par Virgile, qui donne cet emploi à la messagère des dieux envoyée par Junon elle-même. Les paroles qu'elle prononce sur Didon sont celles par lesquelles la Mort dévoue Alceste :

Η δ' οὖν γυνὴ κάτεισιν εἰς ᾅδου δόμους.
στείχω δ' ἐπ' αὐτήν, ὡς κατάρξομαι ξίφει·
ἱερὸς γὰρ οὗτος τῶν κατὰ χθονὸς Θεῶν,
ὅτου τόδ' ἔγχος κρατὸς ἁγνίσει τρίχα.

Alceste, v. 73.

ÉNÉIDE.

LIVRE CINQUIÈME.

SOMMAIRE.

Jeux funéraires.

I. Apothéose d'Anchise.
II. Joute navale.
III. Course a pied.
IV. Combat du ceste.
V. Combat de l'arc.
VI. Jeu de Troie.
VII. Incendie des vaisseaux.
VIII. Fondation de Ségeste.
IX. Apparition de Neptune.

Imité du 23me. chant de l'Iliade.

ÉNÉIDE.
LIVRE CINQUIÈME.

1.

Interea medium Æneas jàm classe tenebat
Certus iter, fluctusque atros aquilone secabat,
Mœnia respiciens, quæ jam infelicis Elisæ
Collucent flammis. Quæ tantum accenderit ignem
Causa latet; duri magno sed amore dolores
Polluto, notumque furens quid fœmina possit,
Triste per augurium Teucrorum pectora ducunt.

Enée quitte les rives de Carthage, emportant le pressentiment de la mort tragique de Didon. Il se dirige vers l'Italie, mais bientôt les vents contraires le forcent de relâcher à Drépane, auprès du tombeau d'Anchise. Les jeux qu'il célèbre en son honneur font le sujet de ce cinquième chant, entièrement imité du vingt-troisième de l'Iliade, qui contient les funérailles de Patrocle. L'image du bûcher de Didon aperçu de la haute mer rappelle la comparaison du bouclier d'Achille (*Il. XIX*, *v.* 375).

★

Ut pelagus tenuêre rates, nec jàm ampliùs ulla
Occurrit tellus, maria undique et undique cœlum,
10 Olli cæruleus suprà caput astitit imber,

Noctem hiememque ferens, et inhorruit unda tenebris.
Ipse gubernator puppi Palinurus ab altâ :
« Heu ! quianam tanti cinxerunt æthera nimbi ?
Quidve, pater Neptune, paras ? » Sic deindè locutus,
Colligere arma jubet, validisque incumbere remis,
Obliquatque sinus in ventum, ac talia fatur :
« Magnanime Ænea, non, si mihi Jupiter auctor
Spondeat, hoc sperem Italiam contingere cœlo.
Mutati transversa fremunt, et vespere ab atro
20 Consurgunt venti, atque in nubem cogitur aër.
Nec nos obniti contrà, nec tendere tantùm
Sufficimus : superat quoniam fortuna, sequamur,
Quòque vocat vertamus iter. Nec littora longè
Fida reor fraterna Erycis, portusque Sicanos,
Si modò ritè memor servata remetior astra. »
Tùm pius Æneas : « Equidem sic poscere ventos
Jam dudùm, et frustrà cerno te tendere contrà :
Flecte viam velis. An sit mihi gratior ulla,
Quòve magis fessas optem demittere naves,
30 Quàm quæ Dardanium tellus mihi servat Acesten,
Et patris Anchisæ gremio complectitur ossa ? »
  Hæc ubi dicta, petunt portus, et vela secundi
Intendunt zephyri : fertur cita gurgite classis,
Et tandem læti notæ advertuntur arenæ.
At procul excelso miratus vertice montis
Adventum sociasque rates, occurrit Acestes,
Horridus in jaculis et pelle Libystidis ursæ,
Troïa Criniso conceptum flumine mater
Quem genuit. Veterum non immemor ille parentum
40 Gratatur reduces, et gazâ lætus agresti
Excipit, ac fessos opibus solatur amicis.

LIVRE V. 303

La description de tempête qui ouvre ce morceau, et qui se trouve déjà au troisième livre (v. 192), est traduite littéralement de ces vers de l'Odyssée :

Ἀλλ' ὅτε δὴ τὴν νῆσον ἐλείπομεν, οὐδέ τις ἄλλη
φαίνετο γαιάων, ἀλλ' οὐρανὸς, ἠδὲ θάλασσα,
δὴ τότε κυανέην νεφέλην ἔστησε Κρονίων
νηὸς ὑπὲρ γλαφυρῆς· ἤχλυσε δὲ πόντος ὑπ' αὐτῆς.
ἡ δ' ἔθει οὐ μάλα πολλὸν ἐπὶ χρόνον· αἶψα γὰρ ἦλθε
κεκληγὼς Ζέφυρος, μεγάλῃ σὺν λαίλαπι θύων.

Od. XII, v. 403.

On reconnoît aussi dans l'exclamation de Palinure, ces mots d'Ulysse au moment de son naufrage :

Οἵοισιν νεφέεσσι περιστέφει οὐρανὸν εὐρὺν
Ζεὺς, ἐτάραξε δὲ πόντον, ἐπισπέρχουσι δ' ἄελλαι
παντοίων ἀνέμων· νῦν μοι σῶς αἰπὺς ὄλεθρος!

Od. V, v. 303.

Le port de Drépane où abordent les Troyens (auj. *Trapani del Monte*), est situé sur la côte occidentale de la Sicile, près du promontoire de Lilybée, au pied du mont Éryx, ainsi nommé de l'athlète Éryx, fils de Vénus et de Butès (*Argon. IV, v.* 911). La ville de Drépane et son territoire étoient alors gouvernés par Ségeste ou Aceste, qui s'y étoit établi depuis la ruine de Troie. Selon le récit de l'historien Denys, d'accord avec celui de Virgile, ce prince étoit fils d'une Troyenne exilée par Laomédon, et transportée en Sicile sur les bords du fleuve Crinise. Quand Priam monta sur le trône, Aceste retourna dans sa patrie et combattit contre les Grecs; mais après leur victoire, il revint en Sicile avec Hélyme, dont le poëte fait mention dans la suite de ce livre. Le costume sauvage qu'il lui suppose rappelle celui d'Ancée dans le poëme d'Apollonius :

Βῆ δ' ὅγε Μαιναλίης ἄρκτου δέρος, ἀμφίτομόν τε
δεξιτερῇ πάλλων πέλεκυν μέγαν·

Argon. I, v. 168.

*

Postera cùm primo stellas oriente fugârat
Clara dies, socios in cœtum littore ab omni
Advocat Æneas, tumulique ex aggere fatur :
« Dardanidæ magni, genus alto à sanguine divûm,
Annuus exactis completur mensibus orbis,
Ex quo relliquias divinique ossa parentis
Condidimus terrâ, mœstasque sacravimus aras.
Jamque dies, ni fallor, adest, quem semper acerbum,
50 Semper honoratum, sic dî voluistis, habebo.
Hunc ego Gætulis agerem si syrtibus exsul,
Argolicove mari deprensus, et urbe Mycenæ,
Annua vota tamen solemnesque ordine pompas
Exsequerer, strueremque suis altaria donis.
Nunc ultrò ad cineres ipsius et ossa parentis,
Haud equidem sine mente, reor, sine numine divûm,
Adsumus, et portus delati intramus amicos.
Ergò agite, et lætum cuncti celebremus honorem.
Poscamus ventos, atque hæc me sacra quotannis
60 Urbe velit positâ templis sibi ferre dicatis.
Bina boum vobis Trojâ generatus Acestes
Dat numero capita in naves : adhibete penates
Et patrios epulis, et quos colit hospes Acestes.
Prætereà, si nona diem mortalibus almum
Aurora extulerit, radiisque retexerit orbem,

Prima citæ Teucris ponam certamina classis ;
Quique pedum cursu valet, et qui viribus audax,
Aut jaculo incedit melior levibusque sagittis,
Seu crudo fidit pugnam committere cæstu ;
70 Cuncti adsint, meritæque exspectent præmia palmæ.
Ore favete omnes, et tempora cingite ramis. »

Ce discours, qui sert d'annonce à la célébration des funérailles d'Anchise, est un de ceux qui font le plus d'honneur au caractère d'Enée. La tendresse filiale qu'il respire n'est pas moins touchante que l'amitié d'Achille pour Patrocle. Aussi le poëte y a-t-il transporté les expressions mêmes du héros grec, lorsqu'après la mort d'Hector, sur le point de pénétrer dans Troie, il s'arrête au milieu de sa victoire, pour aller ensevelir le corps de son ami :

Κεῖται πὰρ νήεσσι νέκυς ἄκλαυτος, ἄθαπτος,
Πάτροκλος· τοῦ δ' οὐκ ἐπιλήσομαι, ὄφρ' ἂν ἔγωγε
ζωοῖσιν μετέω, καί μοι φίλα γούνατ' ὀρώρῃ.
εἰ δὲ θανόντων περ καταλήθοντ' εἰν ἀΐδαο,
αὐτὰρ ἐγὼ καὶ κεῖθι φίλου μεμνήσομ' ἑταίρου.
νῦν δ' ἄγ', ἀείδοντες παιήονα, κοῦροι Ἀχαιῶν,
νηυσὶν ἔπι γλαφυρῇσι νεώμεθα, τόνδε δ' ἄγωμεν.

Il. XXII, v. 386.

En revenant au camp, il fait rendre hommage à Patrocle par tous ses Thessaliens sous les armes, et ordonne comme Enée un sacrifice funèbre :

Μὴ δή πω ὑπ' ὄχεσφι λυώμεθα μώνυχας ἵππους,
ἀλλ' αὐτοῖς ἵπποισι καὶ ἅρμασιν ἆσσον ἰόντες,
Πάτροκλον κλαίωμεν· ὃ γὰρ γέρας ἐστὶ θανόντων.
αὐτὰρ ἐπεί κ' ὀλοοῖο τεταρπώμεσθα γόοιο,
ἵππους λυσάμενοι δορπήσομεν ἐνθάδε πάντες.

Il. XXIII, v. 7.

Sic fatus, velat maternâ tempora myrto.
Hoc Helymus facit, hoc ævi maturus Acestes,
Hoc puer Ascanius; sequitur quos cætera pubes.
Ille è concilio multis cum millibus ibat,
Ad tumulum, magnâ medius comitante catervâ,
Hîc duo rite mero libans carchesia baccho
Fundit humi, duo lacte novo, duo sanguine sacro;
Purpureosque jacit flores, ac talia fatur :
80 « Salve, sancte parens, iterùm salvete recepti
Nequidquam cineres, animæque umbræque paternæ.
Non licuit fines Italos, fataliaque arva,
Nec tecum Ausonium, quicumque est, quærere Tibrim. »

Ces libations offertes par Énée en invoquant le nom de son père, rappellent les libations d'Achille auprès du bûcher de Patrocle :

Τοῖσι δὲ Πηλείδης ἀδινοῦ ἐξῆρχε γόοιο,
χεῖρας ἐπ' ἀνδροφόνους θέμενος στήθεσσιν ἑταίρου·
« Χαῖρέ μοι, ὦ Πάτροκλε, καὶ εἰν ἀΐδαο δόμοισιν ! »
. . . .
Χρυσέου ἐκ κρητῆρος, ἑλὼν δέπας ἀμφικύπελλον,
οἶνον ἀφυσσάμενος χαμάδις χέε, δεῦε δὲ γαῖαν,
ψυχὴν κικλήσκων Πατροκλῆος δειλοῖο.

Il., XXIII, v. 17 et 219.

★

Dixerat hæc, adytis cùm lubricus anguis ab imis
Septem ingens gyros, septena volumina traxit,
Amplexus placidè tumulum, lapsusque per aras;
Cæruleæ cui terga notæ, maculosus et auro
Squamam incendebat fulgor, ceu nubibus arcus

Mille trahit varios adverso sole colores.
90 Obstupuit visu Æneas : ille agmine longo
Tandem inter pateras et levia pocula serpens,
Libavitque dapes, rursùsque innoxius imo
Successit tumulo, et depasta altaria liquit.

L'apparition de ce serpent, garant céleste de la divinité d'Anchise, paroît faire allusion à l'apothéose de Jules César, qui fut marquée par une comète. On peut lui comparer, pour la perfection des détails, la fameuse apparition du serpent prophétique à l'armée grecque assemblée en Aulide (imitée par Cicéron au 2me. livre de la *Divination*, et par Ovide, *Métam. XII, v.* 11, et *XV, v.* 669):

Χθιζά τε καὶ πρώϊζ᾽, ὅτ᾽ ἐς Αὐλίδα νῆες Ἀχαιῶν
ἠγερέθοντο, κακὰ Πριάμῳ καὶ Τρωσὶ φέρουσαι·
ἡμεῖς δ᾽ ἀμφὶ περὶ κρήνην ἱεροὺς κατὰ βωμοὺς
ἔρδομεν ἀθανάτοισι τελήεσσας ἑκατόμβας
καλῇ ὑπὸ πλατανίστῳ, ὅθεν ῥέεν ἀγλαὸν ὕδωρ.
ἔνθ᾽ ἐφάνη μέγα σῆμα· δράκων ἐπὶ νῶτα δαφοινός,
σμερδαλέος, τόν ῥ᾽ αὐτὸς Ὀλύμπιος ἧκε φάωσδε·
βωμοῦ ὑπαΐξας, πρός ῥα πλατάνιστον ὄρουσεν.
ἔνθα δ᾽ ἔσαν στρουθοῖο νεοσσοί, νήπια τέκνα,
ὄζῳ ἐπ᾽ ἀκροτάτῳ, πετάλοις ὑποπεπτηῶτες,
ὀκτώ· ἀτὰρ μήτηρ ἐνάτη ἦν, ἣ τέκε τέκνα.
ἔνθ᾽ ὅ γε τοὺς ἐλεεινὰ κατήσθιε τετριγῶτας·
μήτηρ δ᾽ ἀμφεποτᾶτο ὀδυρομένη φίλα τέκνα·
τὴν δ᾽ ἐλελιξάμενος πτέρυγος λάβεν ἀμφιαχυῖαν.
αὐτὰρ ἐπεὶ κατὰ τέκν᾽ ἔφαγε στρουθοῖο καὶ αὐτήν,
τὸν μὲν ἀρίζηλον θῆκεν θεός, ὅσπερ ἔφηνεν·
λᾶαν γάρ μιν ἔθηκε Κρόνου παῖς ἀγκυλομήτεω.

IL. II, v. 303.

Hoc magis inceptos genitori instaurat honores,
Incertus geniumve loci, famulumve parentis,
Esse putet : cædit binas de more bidentes,
Totque sues, totidem nigrantes terga juvencos;
Vinaque fundebat pateris, animamque vocabat
Anchisæ magni, manesque Acheronte remissos.
100 Nec non et socii, quæ cuique est copia, læti
Dona ferunt, onerantque aras, mactantque juvencos,
Ordine ahena locant alii, fusique per herbam
Subjiciunt verubus prunas, et viscera torrent.

Toutes ces cérémonies se retrouvent dans le repas funèbre des Thessaliens :

Κὰδ δ' ἶζον παρὰ νηὶ ποδώκεος Αἰακίδαο,
μυρίοι· αὐτὰρ ὁ τοῖσι τάφον μενοεικέα δαίνυ.
πολλοὶ μὲν βόες ἀργοὶ ὀρέχθεον ἀμφὶ σιδήρῳ
σφαζόμενοι, πολλοὶ δ' ὄϊες καὶ μηκάδες αἶγες·
πολλοὶ δ' ἀργιόδοντες ὕες, θαλέθοντες ἀλοιφῇ,
εὑόμενοι τανύοντο διὰ φλογὸς Ἡφαίστοιο·
πάντῃ δ' ἀμφὶ νέκυν κοτυλήρυτον ἔρρεεν αἷμα.

Il. XXIII, v. 28.

Enfin les Troyens voient luire la neuvième aurore : tout se prépare pour la célébration des jeux. Les habitants de la Sicile, attirés par la renommée de leurs hôtes, accourent en foule sur le rivage, et viennent prendre part à cette solennité.

Ici commence cette magnifique composition d'Homère, que Virgile s'est appropriée, en luttant, selon sa coutume, avec toute la supériorité de son talent, contre les entraves de l'imitation. Le poëte grec, dans les funérailles de Patrocle, décrit successivement huit exercices : la course des chars, le ceste, la lutte, la course à pied, le combat singulier, le disque, l'arc et le javelot. Virgile en a réduit le nombre à cinq; il a remplacé la course des chars par le spectacle d'une joûte navale, plus intéressant pour un peuple navigateur; dans la course à pied et le combat de l'arc, il s'est contenté d'une imitation fidèle, mais il a laissé loin de lui son modèle dans la description du pugilat. Il a substitué aux quatre autres jeux des évolutions de cavalerie exécutées par la jeunesse troyenne, réunie sous les ordres d'Ascagne, et a donné à cette idée ingénieuse les plus heureux développements. Mais s'il s'est généralement élevé au-dessus d'Homère par la richesse du style et la pompe de la représentation, il est resté bien au-dessous de lui dans le choix des personnages. Tous ses concurrents sont inconnus; trois ou quatre seulement se distinguent dans la suite du poëme; les autres n'y reparoissent plus ou n'y tiennent qu'un rang secondaire. Le chantre d'Achille, au contraire, en faisant descendre dans l'arène des héros caractérisés par leurs exploits, tels que les deux Ajax, Diomède, Ulysse, Ménélas, Agamemnon, excite bien plus vivement notre curiosité, et nous fait prendre part à leur victoire. En résumé sa composition est plus hardie, plus vaste, plus énergique; elle présente des scènes plus naturelles, des situations plus intéressantes; celle de Virgile a plus de variété, de grâce et d'harmonie.

II.

Exspectata dies aderat, nonamque serenâ
Auroram Phaëtontis equi jàm luce vehebant;
Famaque finitimos et clari nomen Acestæ
Excierat: læto complerant littora cœtu,
Visuri Æneadas, pars et certare parati.

Munera principiò antè oculos, circoque locantur
In medio : sacri tripodes, viridesque coronæ,
Et palmæ, pretium victoribus, armaque, et ostro
Perfusæ vestes, argenti aurique talenta ;
Et tuba commissos medio canit aggere ludos.

L'épisode d'Homère commence de la même manière, par
l'ouverture du cirque, et l'énumération des prix :

Χεύαντες δὲ τὸ σῆμα, πάλιν κίον. αὐτὰρ Ἀχιλλεὺς
αὐτοῦ λαὸν ἔρυκε, καὶ ἵζανεν εὐρὺν ἀγῶνα·
νηῶν δ' ἔκφερ' ἄεθλα, λέβητάς τε, τρίποδάς τε,
ἵππους θ', ἡμιόνους τε, βοῶν τ' ἴφθιμα κάρηνα,
ἠδὲ γυναῖκας εὐζώνους, πολιόν τε σίδηρον.

Il. XXIII, v. 257.

Le premier jeu décrit par le poëte grec est, comme nous
l'avons vu, la course des chars, qui occupe seule plus d'es‑
pace que tous les autres jeux réunis (*Il. XXIII, v.* 262 à
651). Sophocle, à son exemple, en a donné une description
pompeuse dans la mort supposée d'Oreste (*Electre, v.* 680).
Virgile ne voulant pas s'exposer à cette double concurrence,
débute ici par une joûte navale. Mais en changeant les locа‑
lités, il a conservé avec une scrupuleuse exactitude la marche,
les incidents, le dénoûment de la course des chars d'Homère,
imitée après lui par Stace (*Thébaïde, ch. VI*), par Quintus
(*Paralipomènes, ch. IV*), par Nonnus (*Dionysiaques,
ch. XXXVII*), et enfin par Fénélon (*Télémaque, liv. V*).
Nous allons en donner l'analyse :

Achille propose les prix : on voit s'avancer cinq athlètes :
Eumèle, Diomède, Ménélas, Antiloque et Mérion. Après les con‑
seils de Nestor à son fils et l'indication de la borne, les chars

s'élancent dans la carrière. Eumèle a d'abord l'avantage, grâce à la protection d'Apollon, mais il est bientôt renversé par Minerve qui assure la victoire à Diomède. Ménélas et Antiloque se suivent de près : ce dernier, après avoir excité ses chevaux, profite d'un passage difficile, et devance son rival en exposant sa vie. Cependant l'éloignement des combattants fait naître entre Idoménée et Ajax, fils d'Oïlée, un défi et une querelle apaisés par Achille. Diomède revient vainqueur, et après lui Antiloque, Ménélas, Mérion et Eumèle. Achille, touché du sort d'Eumèle, veut lui donner le second prix : Antiloque s'y oppose; mais bientôt Ménélas accuse le jeune guerrier de l'avoir vaincu par la ruse; celui-ci reconnoît ses torts, et son repentir désarme le roi de Sparte. Le dernier prix est offert à Nestor comme un gage de la vénération des Grecs, et le vieillard, en l'acceptant, regrette les forces de sa jeunesse.

On verra par la suite de la comparaison que des quatre athlètes troyens, Cloanthe correspond à Diomède, Mnesthée à Antiloque, Gyas à Ménélas, et Sergeste à Eumèle.

★

 Prima pares ineunt gravibus certamina remis
Quatuor ex omni delectæ classe carinæ.
Velocem Mnestheus agit acri remige Pristin,
 Mox Italus Mnestheus, genus à quo sanguine Memmi;
Ingentemque Gyas ingenti mole Chimæram,
 Urbis opus, triplici pubes quam Dardana versu
120 Impellunt, terno consurgunt ordine remi;
 Sergestusque, domus tenet à quo Sergia nomen,
Centauro invehitur magnâ, Scyllâque Cloanthus
Cæruleâ, genus undè tibi, Romane Cluenti.

Virgile fait d'abord comme Homère l'énumération de ses combattants, auxquels il a su donner quelque importance en faisant descendre d'eux les principales familles de Rome. Il les caractérise par la forme de leurs vaisseaux, comme Homère par la généalogie de leurs coursiers:

Ὡς φάτο Πηλείδης· ταχέες δ' ἱππῆες ἄγερθεν.
ὦρτο πολὺ πρῶτος μὲν ἄναξ ἀνδρῶν Εὔμηλος,
Ἀδμήτου φίλος υἱός, ὃς ἱπποσύνῃ ἐκέκαστο·
τῷ δ' ἐπὶ Τυδείδης ὦρτο κρατερὸς Διομήδης,
ἵππους δὲ Τρῳοὺς ὕπαγε ζυγὸν, οὕς ποτ' ἀπηύρα
Αἰνείαν, ἀτὰρ αὐτὸν ὑπεξεσάωσεν Ἀπόλλων.
τῷ δ' ἄρ ἐπ' Ἀτρείδης ὦρτο ξανθὸς Μενέλαος
διογενής, ὑπὸ δὲ ζυγὸν ἤγαγεν ὠκέας ἵππους,
Αἴθην τὴν Ἀγαμεμνονέην, τὸν ἑόν τε Πόδαργον·
τὴν Ἀγαμέμνονι δῶκ' Ἀγχισιάδης Ἐχέπωλος
δῶρ', ἵνα μή οἱ ἕποιθ' ὑπὸ Ἴλιον ἠνεμόεσσαν,
ἀλλ' αὐτοῦ τέρποιτο μένων· μέγα γάρ οἱ ἔδωκεν
Ζεὺς ἄφενος, ναῖεν δ' ὅγ' ἐν εὐρυχόρῳ Σικυῶνι·
τὴν ὅγ' ὑπὸ ζυγὸν ἦγε, μέγα δρόμου ἰσχανόωσαν.
Ἀντίλοχος δὲ τέταρτος ἐΰτριχας ὡπλίσαθ' ἵππους,.
Νέστορος ἀγλαὸς υἱός, ὑπερθύμοιο ἄνακτος,
τοῦ Νηληϊάδαο· Πυλοιγενέες δέ οἱ ἵπποι
ὠκύποδες φέρον ἅρμα. πατὴρ δέ οἱ ἄγχι παραστὰς
μυθεῖτ' εἰς ἀγαθὰ φρονέων, νοέοντι καὶ αὐτῷ.
. . . .
Μηριόνης δ' ἄρα πέμπτος ἐΰτριχας ὡπλίσαθ' ἵππους.

Il. XXIII, v. 287 et 351.

Est procul in pelago saxum spumantia contrà
Littora, quod tumidis submersum tunditur olim
Fluctibus, hiberni condunt ubi sidera Cori;

Tranquillo silet, immotâque attollitur undâ
Campus, et apricis statio gratissima mergis.
Hic viridem Æneas frondenti ex ilice metam
130 Constituit signum nautis pater, undè reverti
Scirent, et longos ubi circumflectere cursus.

Le rocher que désigne Virgile se reconnoît encore de nos jours dans la rade de Drépane, à quinze cents toises environ du port. Sa description répond à celle de la borne d'Achille :

Εστηκε ξύλον αὗον, ὅσον τ' ὄργυι', ὑπὲρ αἴης,
ἢ δρυὸς, ἢ πεύκης, τὸ μὲν οὐ καταπύθεται ὄμβρῳ·
λᾶε δὲ τοῦ ἑκάτερθεν ἐρηρέδαται δύο λευκώ,
ἐν ξυνοχῇσιν ὁδοῦ· λεῖος δ' ἱππόδρομος ἀμφίς·
ἤ τευ σῆμα βροτοῖο πάλαι κατατεθνηῶτος,
ἢ τόγε νύσσα τέτυκτο ἐπὶ προτέρων ἀνθρώπων,
καὶ νῦν τέρματ' ἔθηκε ποδάρκης δῖος Ἀχιλλεύς.

Il. XXIII, v. 327.

Les vers latins paroissent imités ici de ces préparatifs des Argonautes pour lancer leur vaisseau, d'après les ordres de Jason :

Η ῥα, καὶ εἰς ἔργον πρῶτος τράπεθ'· οἱ δ' ἐπανέσταν
πειθόμενοι· ἀπὸ δ' εἴματ' ἐπήτριμα νήσαντο
λείῳ ἐπὶ πλαταμῶνι, τὸν οὐκ ἐπέβαλλε θάλασσα
κύμασι, χειμερίη δὲ πάλαι ἀποέκλυσεν ἄλμη.

Argon. I, v. 363.

★

Tùm loca sorte legunt, ipsique in puppibus auro
Ductores longè effulgent ostroque decori.
Cætera populeâ velatur fronde juventus,
Nudatosque humeros oleo perfusa nitescit.
Considunt transtris, intentaque brachia remis,

Intenti exspectant signum, exsultantiaque haurit
Corda pavor pulsans, laudumque arrecta cupido.
Indè, ubi clara dedit sonitum tuba, finibus omnes,
140 Haud mora, prosiluêre suis; ferit aethera clamor
Nauticus; adductis spumant freta versa lacertis.
Infindunt pariter sulcos, totumque dehiscit
Convulsum remis rostrisque tridentibus æquor.
Non tàm præcipites bijugo certamine campum
Corripuêre, ruuntque effusi carcere currus;
Nec sic immissis aurigæ undantia lora
Concussêre jugis, pronique in verbera pendent.
Tùm plausu fremituque virûm studiisque faventum
Consonat omne nemus, vocemque inclusa volutant
150 Littora; pulsati colles clamore resultant.

On peut rapprocher cette riche description du départ des chars dans Homère :

Στὰν δὲ μεταστοιχεί· σήμηνε δὲ τέρματ' Ἀχιλλεὺς,
τηλόθεν ἐν λείῳ πεδίῳ· παρὰ δὲ σκοπὸν εἶσεν
ἀντίθεον Φοίνικα, ὀπάονα πατρὸς ἑοῖο,
ὡς μεμνέῳτο δρόμου, καὶ ἀληθείην ἀποείποι.
οἱ δ' ἅμα πάντες ἐφ' ἵπποιιν μάστιγας ἄειραν,
πέπληγόν θ' ἱμᾶσιν, ὁμόκλησάν τ' ἐπέεσσιν,
ἐσσυμένως· οἱ δ' ὦκα διέπρησσον πεδίοιο,
νόσφι νεῶν, ταχέως· ὑπὸ δὲ στέρνοισι κονίη
ἵστατ' ἀειρομένη, ὥστε νέφος, ἠὲ θύελλα·
χαῖται δ' ἐρρώαντο μετὰ πνοιῆς ἀνέμοιο.
ἅρματα δ' ἄλλοτε μὲν χθονὶ πίλνατο πουλυβοτείρῃ,
ἄλλοτε δ' ἀΐξασκε μετήορα· τοὶ δ' ἐλατῆρες
ἕστασαν ἐν δίφροισι· πάτασσε δὲ θυμὸς ἑκάστου,
νίκης ἱεμένων· κέκλοντο δὲ οἷσιν ἕκαστος
ἵπποις. οἱ δὲ πέτοντο κονίοντες πεδίοιο.

Il. XXIII, v. 358.

Voici le même tableau dans Sophocle :

Στάντες δ', ἅς' αὐτοὺς οἱ τεταγμένοι βραβῆς
κλήροις ἔπηλαν, καὶ κατέστησαν δίφρους,
χαλκῆς ὑπαὶ σάλπιγγος ᾖξαν· οἱ δ' ἅμα
ἵπποις ὁμοκλήσαντες, ἡνίας χεροῖν
ἔσεισαν· ἐν δὲ πᾶς ἐμεστώθη δρόμος
κτύπου κροτητῶν ἁρμάτων· κόνις δ' ἄνω
φορεῖθ'. ὁμοῦ δὲ πάντες ἀναμεμιγμένοι
ἔδοντο κέντρων οὐδὲν, ὡς ὑπερβάλοι
χνόας τις αὐτῶν καὶ φρυάγμαθ' ἱππικά.
ὁμοῦ γὰρ ἀμφὶ νῶτα καὶ τροχῶν βάσεις
ἤφριζον, εἰσέβαλλον ἱππικαὶ πνοαί.

Electre, v. 709.

Virgile a reproduit littéralement ces deux passages au 3me. livre des Géorgiques (v. 103). Ici il ne les emploie que comme accessoires, en profitant, pour ce qui précède, de la belle comparaison de l'Odyssée appliquée au vaisseau Phéacien qui ramène Ulysse dans sa patrie :

Ἔνθ' οἱ ἀνακλινθέντες ἀνερροῖβδουν ἅλα πηδῷ·
καὶ τῷ νήδυμος ὕπνος ἐπὶ βλεφάροισιν ἔπιπτε,
νήγρετος, ἥδιστος, θανάτῳ ἄγχιστα ἐοικώς.
ἡ δ', ὥστ' ἐν πεδίῳ τετράοροι ἄρσενες ἵπποι,
πάντες ἅμ' ὁρμηθέντες ὑπὸ πληγῇσιν ἱμάσθλης,
ὑψόσ' ἀειρόμενοι, ῥίμφα πρήσσουσι κέλευθον·
ὡς ἄρα τῆς πρύμνη μὲν ἀείρετο, κῦμα δ' ὄπισθε
πορφύρεον μέγα θῦε πολυφλοίσβοιο θαλάσσης.

Od. XIII, v. 78.

*

Effugit ante alios, primusque elabitur undis.
Turbam inter fremitumque Gyas ; quem deinde Cloan
Consequitur, melior remis, sed pondere pinus

Tarda tenet. Post hos æquo discrimine Pristis
Centaurusque locum tendunt superare priorem.
Et nunc Pristis habet, nunc victam præterit ingens
Centaurus; nunc unà ambæ junctisque feruntur
Frontibus, et longâ sulcant vada salsa carinâ.

Les vaisseaux sont lancés, et le poëte nous montre les jeunes rivaux se suivant de près, s'efforçant de se dépasser tour-à-tour, comme Homère peint Eumèle et Diomède à la tête de la file des chars :

Ἀλλ' ὅτε δὴ πύματον τέλεον δρόμον ὠκέες ἵπποι
ἂψ ἐφ' ἁλὸς πολιῆς, τότε δὴ ἀρετή γε ἑκάστου
φαίνετ', ἄφαρ δ' ἵπποισι τάθη δρόμος · ὦκα δ' ἔπειτα
αἱ Φηρητιάδαο ποδώκεες ἔκφερον ἵπποι.
τὰς δὲ μετ' ἐξέφερον Διομήδεος ἄρσενες ἵπποι,
Τρώϊοι · οὐδέ τι πολλὸν ἄνευθ' ἔσαν, ἀλλὰ μάλ' ἐγγύς ·
αἰεὶ γὰρ δίφρου ἐπιβησομένοισιν εἴκτην.
πνοιῇ δ' Εὐμήλοιο μετάφρενον εὐρέε τ' ὤμω
θέρμετ' · ἐπ' αὐτῷ γὰρ κεφαλὰς καταθέντε πετέσθην.

IL. XXIII, v. 373.

Sophocle établit la même concurrence entre Oreste et l'athlète Athénien (*Electre*, v. 754).

.

★

Jamque propinquabant scopulo, metamque tenebant
160 Cùm princeps medioque Gyas in gurgite victor
Rectorem navis compellat voce Menœten :
« Quò tantùm mihi dexter abis ? huc dirige cursum :
Littus ama, et lævas stringat sine palmula cautes ;
Altum alii teneant. » Dixit; sed cæca Menœtes

Saxa timens, proram pelagi detorquet ad undas.
« Quò diversus abis ? » iterùm : « Pete saxa Menœte, »
Cum clamore Gyas revocabat; et ecce Cloanthum
Respicit instantem tergo, et propiora tenentem.
Ille inter navemque Gyæ scopulosque sonantes
170 Radit iter lævum interior, subitòque priorem
Præterit, et metis tenet æquora tuta relictis.
Tùm verò exarsit juveni dolor ossibus ingens,
Nec lacrymis caruêre genæ; segnemque Menœten,
Oblitus decorisque sui sociûmque salutis,
In mare præcipitem puppi deturbat ab altâ.
Ipse gubernaclo rector subit, ipse magister :
Hortaturque viros, clavumque ad littora torquet.
At gravis, ut fundo vix tandem redditus imo est,
Jàm senior, madidâque fluens in veste, Menœtes,
180 Summa petit scopuli, siccâque in rupe resedit.
Illum et labentem Teucri et risêre natantem,
Et salsos rident revomentem pectore fluctus.

Ce premier incident remplace celui qu'Homère fait naître entre Ménélas et Antiloque, engagés tous deux dans un passage étroit. Les récits commencent de la même manière, et offrent presque les mêmes expressions :

Ῥωχμὸς ἔην γαίης, ᾗ χειμέριον ἀλὲν ὕδωρ
ἐξέρρηξεν ὁδοῖο, βάθυνε δὲ χῶρον ἅπαντα·
τῇ ῥ' εἶχεν Μενέλαος, ἁματροχιὰς ἀλεείνων.
Ἀντίλοχος δὲ παρατρέψας ἔχε μώνυχας ἵππους
ἐκτὸς ὁδοῦ, ὀλίγον δὲ παρακλίνας ἐδίωκεν.
Ἀτρείδης δ' ἔδδεισε, καὶ Ἀντιλόχῳ ἐγεγώνει·
« Ἀντίλοχ', ἀφραδέως ἱππάζεαι· ἀλλ' ἄνεχ' ἵππους!
στεινωπὸς γὰρ ὁδός, τάχα δ' εὐρυτέρῃ παρελάσσεις·
μήπως ἀμφοτέρους δηλήσεαι, ἅρματι κύρσας. »

Ὣς ἔφατ'· Ἀντίλοχος δ' ἔτι καὶ πολὺ μᾶλλον ἔλαυνεν,
κέντρῳ ἐπισπέρχων, ὡς οὐκ ἀΐοντι ἐοικώς.
ὅσσα δὲ δίσκου οὖρα κατωμαδίοιο πέλονται,
ὅντ' αἰζηὸς ἀφῆκεν ἀνήρ, πειρώμενος ἥβης,
τόσσον ἐπιδραμέτην· αἱ δ' ἠρώησαν ὀπίσσω
Ἀτρείδεω· αὐτὸς γὰρ ἑκὼν μεθέηκεν ἐλαύνειν.

Il. XXIII, v. 420.

Virgile a dû nécessairement s'écarter d'Homère dans le dénoûment de cette aventure. Le portrait qu'il fait du pauvre Ménète est celui d'Ulysse sortant du milieu des eaux :

Ὀψὲ δὲ δή ῥ' ἀνέδυ, στόματος δ' ἐξέπτυσεν ἅλμην
πικρήν, ἥ οἱ πολλὴ ἀπὸ κρατὸς κελάρυζεν.
ἀλλ' οὐδ' ὣς σχεδίης ἐπελήθετο, τειρόμενός περ,
ἀλλὰ μεθορμηθεὶς ἐν κύμασιν, ἐλλάβετ' αὐτῆς·
ἐν μέσσῃ δὲ κάθιζε, τέλος θανάτου ἀλεείνων.

Od. V, v. 322.

*

Hîc læta extremis spes est accensa duobus,
Sergesto Mnestheoque, Gyan superare morantem.
Sergestus capit antè locum, scopuloque propinquat;
Nec totâ tamen ille prior præeunte carinâ;
Parte prior, partem rostro premit æmula Pristis.
At mediâ socios incedens nave per ipsos
Hortatur Mnestheus : « Nunc, nunc insurgite remis,
190 Hectorei socii, Trojæ quos sorte supremâ
Delegi comites; nunc illas promite vires,
Nunc animos, quibus in Gætulis syrtibus usi,
Ionioque mari, Maleæque sequacibus undis.
Non jam prima peto Mnestheus, neque vincere certo;
Quamquàm ô! sed superent quibus hoc, Neptune, de-
Extremos pudeat rediisse : hoc vincite cives.   [disti,

Et prohibete nefas. » Olli certamine summo
Procumbunt: vastis tremit ictibus ærea puppis,
Subtrahiturque solum; tùm creber anhelitus artus
200 Aridaque ora quatit; sudor fluit undique rivis.

C'est ainsi qu'immédiatement avant les vers que nous avons transcrits, Antiloque anime ses chevaux en s'efforçant d'atteindre Ménélas :

Τῷ δ' ἄρ' ἐπ' Ἀτρείδης εἶχε ξανθὸς Μενέλαος.
Ἀντίλοχος δ' ἵπποισιν ἐκέκλετο πατρὸς ἑοῖο·
« Ἔμβητον, καὶ σφῶϊ τιταίνετον ὅττι τάχιστα !
ἤτοι μὲν κείνοισιν ἐριζέμεν οὔτι κελεύω,
Τυδείδεω ἵπποισι δαΐφρονος, οἷσιν Ἀθήνη
νῦν ὤρεξε τάχος, καὶ ἐπ' αὐτῷ κῦδος ἔθηκεν.
ἵππους δ' Ἀτρείδαο κιχάνετε, μηδὲ λίπησθον,
καρπαλίμως, μὴ σφῶϊν ἐλεγχείην καταχεύῃ
Αἴθη, θῆλυς ἐοῦσα· τίη λείπεσθε, φέριστοι; »
. . . .
Ὣς ἔφαθ'· οἱ δὲ ἄνακτος ὑποδδείσαντες ὁμοκλήν,
μᾶλλον ἐπιδραμέτην ὀλίγον χρόνον. αἶψα δ' ἔπειτα
στεῖνος ὁδοῦ κοίλης ἴδεν Ἀντίλοχος μενεχάρμης.

IL. XXIII, v. 401 et 417.

Les efforts que font les compagnons de Mnesthée pour précipiter la marche de leur vaisseau, rappellent cet endroit du poëme d'Apollonius, où les Argonautes guidés par Euphème, franchissent les roches Cyanées :

Εὔφημος δ' ἀνὰ πάντας ἰὼν βοάασκεν ἑταίρους,
ἐμβαλέειν κώπῃσιν ὅσον σθένος· οἱ δ' ἀλαλητῷ
κόπτον ὕδωρ. ὅσσον δὲ παρείκαθε νηῦς ἐρέτῃσι,
δὶς τόσον ἂψ ἀπόρουσεν· ἐπεγνάμπτοντο δὲ κῶπαι,
ἠΰτε καμπύλα τόξα, βιαζομένων ἡρώων.

Argon. II, v. 588.

★

Attulit ipse viris optatum casus honorem :
Namque furens animi dùm proram ad saxa suburget
Interior, spatioque subit Sergestus iniquo,
Infelix saxis in procurrentibus hæsit.
Concussæ cautes, et acuto in murice remi
Obnixi crepuêre, illisaque prora pependit.
Consurgunt nautæ, et magno clamore morantur;
Ferratasque trudes et acutâ cuspide contos
Expediunt, fractosque legunt in gurgite remos.
210 At lætus Mnestheus, successuque acrior ipso,
Agmine remorum celeri, ventisque vocatis,
Prona petit maria, et pelago decurrit aperto.
Qualis speluncâ subitò commota columba,
Cui domus et dulces latebroso in pumice nidi,
Fertur in arva volans, plausumque exterrita pennis
Dat tecto ingentem; mox aëre lapsa quieto,
Radit iter liquidum, celeres neque commovet alas :
Sic Mnestheus, sic ipsa fugâ secat ultima Pristis
Æquora, sic illam fert impetus ipse volantem.
220 Et primùm in scopulo luctantem deserit alto
Sergestum, brevibusque vadis, frustràque vocantem
Auxilia, et fractis discentem currere remis.
Indè Gyan ipsamque ingenti mole Chimæram
Consequitur : cedit, quoniam spoliata magistro est.

L'accident de Sergeste correspond à celui d'Eumèle. Minerve relève elle-même le fouet de Diomède, qu'Apollon lui avoit arraché, et brise le char du fils d'Admète, comme le vaisseau de Sergeste se brise contre les rochers. Mais il y a bien loin de la fiction d'Homère, incompatible avec la dignité des dieux, à l'incident pittoresque de Virgile. On en jugera par la comparaison, d'autant plus facile à établir que le résultat final est le même :

Οὐδ' ἄρ' Ἀθηναίην ἐλεφηράμενος λάθ' Ἀπόλλων
Τυδεΐδην, μάλα δ' ὦκα μετέσσυτο ποιμένα λαῶν·
δῶκε δέ οἱ μάστιγα, μένος δ' ἵπποισιν ἐνῆκεν.
ἡ δὲ μετ' Ἀδμήτου υἱὸν κοτέουσ' ἐβεβήκει,
ἵππειον δέ οἱ ἦξε θεὰ ζυγόν· αἱ δέ οἱ ἵπποι
ἀμφὶς ὁδοῦ δραμέτην, ῥυμὸς δ' ἐπὶ γαῖαν ἐλύσθη.
αὐτὸς δ' ἐκ δίφροιο παρὰ τροχὸν ἐξεκυλίσθη,
ἀγκῶνάς τε περιδρύφθη, στόμα τε, ῥῖνάς τε·
θρυλλίχθη δὲ μέτωπον ἐπ' ὀφρύσι· τὼ δέ οἱ ὄσσε
δακρυόφι πλῆσθεν, θαλερὴ δέ οἱ ἔσχετο φωνή.
Τυδείδης δὲ παρατρέψας ἔχε μώνυχας ἵππους,
πολλὸν τῶν ἄλλων ἐξάλμενος· ἐν γὰρ Ἀθήνη
ἵπποις ἧκε μένος, καὶ ἐπ' αὐτῷ κῦδος ἔθηκεν.

Il. XXIII, v. 388.

On donnera sans doute la préférence au passage correspondant de Sophocle, qui peint la chute et la mort d'Oreste (*Electre*, *v.* 741). Cependant il est encore inférieur aux vers latins, embellis surtout par la charmante comparaison de la colombe, dont Homère a conçu la première idée (*Od. XIII*, *v.* 86), développée par Apollonius dans la marche du navire Argo :

Αὐτίκα δ' οἵγ', ἀνέμοιο κατασπέρχοντος ἔβησαν
νῆ' ἔπι· κὰδ δ' ἄρα λαῖφος ἐρυσσάμενοι τανύοντο
ἐς πόδας ἀμφοτέρους· ἡ δ' ἐς πέλαγος πεφόρητο
ἐντενές, ἠΰτε τίς τε δι' ἠέρος ὑψόθι κίρκος
ταρσὸν ἐφεὶς πνοιῇ, φέρεται ταχύς, οὐδὲ τινάσσει
ῥιπήν, εὐκήλοισιν ἐνευδιόων πτερύγεσσι.

Argon. II, v. 932.

★

Solus jamque ipso superest in fine Cloanthus,
Quem petit, et summis adnixus viribus urget.
Tùm verò ingeminat clamor, cunctique sequentem
Instigant studiis, resonatque fragoribus æther.
Hi proprium decus et partum indignantur honorem,
230 Ni teneant, vitamque volunt pro laude pacisci;
Hos successus alit : possunt, quia posse videntur.
Et fors æquatis cepissent præmia rostris,
Ni palmas ponto tendens utrasque Cloanthus
Fudissetque preces, divosque in vota vocasset :
« Di, quibus imperium est pelagi, quorum æquora curro,
Vobis lætus ego hoc candentem in littore taurum
Constituam antè aras, voti reus, extaque salsos
Porriciam in fluctus, et vina liquentia fundam. »
Dixit, eumque imis sub fluctibus audiit omnis
240 Nereidum Phorcique chorus, Panopeaque virgo;
Et pater ipse manu magnâ Portunus euntem
Impulit : illa noto citiùs volucrique sagittâ
Ad terram fugit, et portu se condidit alto.

La lutte qui s'établit ici entre Mnesthée et Cloanthe, l'invocation de ce dernier, les encouragements de la multitude, sont imités du défi d'Ajax et d'Ulysse dans la course à pied d'Homère (*v.* 765). Mais nous ne pouvons mieux comparer la victoire de Cloanthe qu'au retour triomphal de Diomède à la fin de la course des chars :

Ὣς φάτο· Τυδείδης δὲ μάλα σχεδὸν ἦλθε διώκων,
μάστι δ' αἰὲν ἔλαυνε κατωμαδόν· οἱ δέ οἱ ἵπποι
ὑψόσ' ἀειρέσθην ῥίμφα πρήσσοντε κέλευθον.
αἰεὶ δ' ἡνίοχον κονίης ῥαθάμιγγες ἔβαλλον·
ἅρματα δὲ, χρυσῷ πεπυκασμένα κασσιτέρῳ τε,
ἵπποις ὠκυπόδεσσιν ἐπέτρεχον· οὐδέ τι πολλὴ

γίγνετ' ἐπισσώτρων ἁρματροχιὴ κατόπισθεν
ἐν λεπτῇ κονίῃ· τὼ δὲ σπεύδοντε πετέσθην.
στῆ δὲ μέσῳ ἐν ἀγῶνι· πολὺς δ' ἀνεκήκιεν ἱδρὼς
ἵππων, ἔκ τε λόφων καὶ ἀπὸ στέρνοιο χαμᾶζε.
αὐτὸς δ' ἐκ δίφροιο χαμαὶ θόρε παμφανόωντος,
κλῖνε δ' ἄρα μάστιγα ποτὶ ζυγόν · οὐδὲ μάτησεν
ἴφθιμος Σθένελος, ἀλλ' ἐσσυμένως λάβ' ἄεθλον.

IL. XXIII, v. 499.

Virgile ne pouvant reproduire tout l'éclat de ce tableau, a tâché du moins d'en approcher par sa concision élégante. Son énumération des dieux marins se retrouve dans ce vers de l'Anthologie : Νηρῆος Φόρκου τε χορὸς Πανόπειά τε κούρη. L'image de Portunus accélérant lui-même le vaisseau de Cloanthe, est tirée primitivement de l'Iliade, où Jupiter précipite la marche d'Hector (*Il. XV, v.* 694). Mais elle est plus particulièrement imitée ici du passage d'Argo à travers les roches Cyanées :

Καὶ τότ' Ἀθηναίη στιβαρῆς ἀντέσπασε πέτρης
σκαιῇ, δεξιτερῇ δὲ διαμπερὲς ὦσε φέρεσθαι.
ἡ δ' ἰκέλη πτερόεντι μετήορος ἔσσυτ' ὀϊστῷ.

Argon. II, v. 598.

★

Tum satus Anchisâ, cunctis ex more vocatis,
Victorem magnâ præconis voce Cloanthum
Declarat, viridique advelat tempora lauro ;
Muneraque in naves, ternos optare juvencos,
Vinaque, et argenti magnum dat ferre talentum.
Ipsis præcipuos ductoribus addit honores.
250 Victori chlamydem auratam, quam plurima circùm
Purpura Mæandro duplici Melibœa cucurrit ;

Intextusque puer frondosâ regius Idâ
Veloces jaculo cervos cursuque fatigat
Acer, anhelanti similis, quem præpes ab Idâ
Sublimem pedibus rapuit Jovis armiger uncis;
Longævi palmas nequidquam ad sidera tendunt
Custodes, sævitque canum latratus in auras.
At, qui deindè locum tenuit virtute secundum,
Levibus huic hamis consertam auroque tricilem
260 Loricam, quam Demoleo detraxerat ipse
Victor apud rapidum Simoënta sub Ilio alto,
Donat habere viro, decus et tutamen in armis.
Vix illam famuli Phegeus Sagarisque ferebant.
Multiplicem, connixi humeris; indutus at olim
Demoleus cursu palantes Troas agebat.
Tertia dona facit geminos ex ære lebetas,
Cymbiaque argento perfecta atque aspera signis.

Les vainqueurs d'Homère sont Diomède, Antiloque, Ménélas et Mérion; ceux de Virgile sont Cloanthe, Mnesthée et Gyas. La description de leurs prix qui suit ici la clôture de la joûte forme le début de la course des chars :

Ἱππεῦσιν μὲν πρῶτα ποδώκεσιν ἀγλά' ἄεθλα
θῆκε γυναῖκα ἄγεσθαι ἀμύμονα ἔργ' εἰδυῖαν,
καὶ τρίποδ' ὠτώεντα δυωκαιεικοσίμετρον,
τῷ πρώτῳ· ἀτὰρ αὖ τῷ δευτέρῳ ἵππον ἔθηκεν
ἑξέτε', ἀδμήτην, βρέφος ἡμίονον κυέουσαν·
αὐτὰρ τῷ τριτάτῳ ἄπυρον κατέθηκε λέβητα,
καλὸν, τέσσαρα μέτρα κεχανδότα, λευκὸν ἔθ' αὕτως·
τῷ δὲ τετάρτῳ θῆκε δύω χρυσοῖο τάλαντα·
πέμπτῳ δ' ἀμφίθετον φιάλην ἀπύρωτον ἔθηκεν.

IL. XXIII, v. 262.

Les prix des concurrents d'Homère sont, comme on le voit, d'un travail moins exquis que ceux des compagnons d'Énée. On n'y trouve surtout rien qui approche de la riche tunique phrygienne, représentant Ganymède enlevé par l'aigle de Jupiter. Mais le poëte grec a prouvé dans d'autres circonstances qu'il savoit aussi dessiner les costumes, notamment dans l'armure d'Agamemnon (*Il. XI, v.* 15), et dans la broderie du manteau d'Ulysse (*Od. XIX, v.* 225). Les deux autres prix de Virgile ont même des copies d'Homère (*Il. XXIII, v.* 560 et 267).

★

 Jamque adeò donati omnes, opibusque superbi,
 Puniceis ibant evincti tempora tæniis,
270 Cùm sævo è scopulo multâ vix arte revulsus,
 Amissis remis, atque ordine debilis uno,
 Irrisam sine honore ratem Sergestus agebat.
 Qualis sæpè viæ deprensus in aggere serpens,
 Ærea quem obliquum rota transiit, aut gravis ictu
 Seminecem liquit saxo lacerumque viator;
 Nequidquam longos fugiens dat corpore tortus,
 Parte ferox, ardensque oculis, et sibila colla
 Arduus attollens : pars vulnere clauda retentat
 Nexantem nodos, seque in sua membra plicantem.
280 Tali remigio navis se tarda movebat ;
 Vela facit tamen, et plenis subit ostia velis.
 Sergestum Æneas promisso munere donat,
 Servatam ob navem lætus sociosque reductos.
 Olli serva datur, operum haud ignara Minervæ
 Cressa genus, Pholoë, geminique sub ubere nati.

Eumèle, dans l'Iliade, revient comme Sergeste, traînant avec effort son char renversé :

Υἱὸς δ' Ἀδμήτοιο πανύστατος ἤλυθεν ἄλλων,
ἕλκων ἅρματα καλά, ἐλαύνων πρόσσοθεν ἵππους.

IL. XXIII, v. 532.

Mais qu'il y a loin de cette esquisse au brillant tableau de Virgile ! La comparaison du serpent blessé pour peindre le bâtiment naufragé n'est pas moins admirable que celle de la colombe, pour marquer la course rapide de Mnesthée. Elle se retrouve comme celle-ci sous une forme encore imparfaite dans Apollonius, qui représente le navire Argo cherchant l'issue du lac Triton :

Ὡς δὲ δράκων σκολιὴν εἰλιγμένος ἔρχεται οἶμον,
εὖτε μιν ὀξύτατον θάλπει σέλας ἠελίοιο·
ῥοίζῳ δ' ἔνθα καὶ ἔνθα κάρη στρέφει, ἐν δέ οἱ ὄσσε
σπινθαρύγεσσι πυρὸς ἐναλίγκια μαιμώοντι
λάμπεται, ὄφρα μυχόνδε διὰ ῥωχμοῖο δύηται·
ὣς Ἀργὼ λίμνης στόμα ναύπορον ἐξερέουσα
ἀμφεπόλει δηναιὸν ἐπὶ χρόνον. αὐτίκα δ' Ὀρφεὺς
κέκλετ' Ἀπόλλωνος τρίποδα μέγαν ἔκτοθι νηὸς
δαίμοσιν ἐγγενέταις νόστῳ ἔπι μείλια θέσθαι.

Argon. IV, v. 1541.

Enée donne un prix à Sergeste pour le consoler de sa défaite, comme Achille en offre un à Eumèle (*v*. 534); mais Homère a tiré de cet incident une scène éminemment dramatique que Virgile a placée dans la course à pied.

La course à pied, le quatrième des jeux de l'Iliade, tient le second rang dans l'Enéide. Elle présente, comme la joûte navale, une imitation fidèle du texte grec, dont voici l'analyse. Achille propose les prix, disputés par trois concurrents : Ajax, fils d'Oilée, Ulysse et Antiloque. Ajax part le premier, et est suivi de près par Ulysse. Au moment d'arriver au but, le roi d'Ithaque implore le secours de Minerve ; Ajax tombe et Ulysse est vainqueur. Virgile a embelli cet exposé si simple par la peinture de l'amitié de Nisus et d'Euryale, destinés à jouer un rôle héroïque dans la suite du poëme. La contestation produite par le stratagème de Nisus, est tirée, comme nous le verrons, de la course des chars. Le reste des deux tableaux est exactement semblable. La composition d'Homère a été imitée après Virgile, par Stace, Quintus de Smyrne et Nonnus.

~~~~~~

III.

Hoc pius Æneas misso certamine tendit
Gramineum in campum, quem collibus undique curvis
Cingebant silvæ ; mediâque in valle theatri
Circus erat, quo se multis cum millibus heros
290 Consessu medium tulit, exstructoque resedit.
Hîc, qui forté velint rapido contendere cursu,
Invitat pretiis animos, et præmia ponit.
Undique conveniunt Teucri, mixtique Sicani :
Nisus et Euryalus primi ;
Euryalus formâ insignis viridique juventâ,
Nisus amore pio pueri : quos deindè secutus
Regius egregiâ Priami de stirpe Diores :
Hunc Salius simul et Patron ; quorum alter Acarnan,
Alter ab Arcadio Tegeææ sanguine gentis :
300 Tùm duo Trinacrii juvenes, Helymus Panopesque,
Assueti silvis, comites senioris Acestæ :
Multi præterea quos fama obscura recondit.
Æneas quibus in mediis sic deindè locutus :

« Accipite hæc animis, lætasque advertite mentes.
Nemo ex hoc numero mihi non donatus abibit :
Gnossia bina dabo levato lucida ferro
Spicula, cælatamque argento ferre bipennem.
Omnibus hic erit unus honos : tres præmia primi
Accipient, flavâque caput nectentur olivâ.
310 Primus equum phaleris insignem victor habeto.
Alter Amazoniam pharetram, plenamque sagittis
Threïciis, lato quam circumplectitur auro
Balteus, et tereti subnectit fibula gemmâ.
Tertius Argolicâ hâc galeâ contentus abito. »

Virgile dans cette première partie s'est écarté de la marche d'Homère qui énumère d'abord les récompenses, cite ensuite les paroles d'Achille et nomme enfin les concurrents :

Πηλείδης δ' αἶψ' ἄλλα τίθει ταχυτῆτος ἄεθλα,
ἀργύρεον κρητῆρα, τετυγμένον· ἓξ δ' ἄρα μέτρα
χάνδανεν, αὐτὰρ κάλλει ἐνίκα πᾶσαν ἐπ' αἶαν
πολλόν· ἐπεὶ Σιδόνες πολυδαίδαλοι εὖ ἤσκησαν,
Φοίνικες δ' ἄγον ἄνδρες ἐπ' ἠεροειδέα πόντον,
στῆσαν δ' ἐν λιμένεσσι, Θόαντι δὲ δῶρον ἔδωκαν·
υἱὸς δὲ Πριάμοιο Λυκάονος ὦνον ἔδωκεν
Πατρόκλῳ ἥρωϊ Ἰησονίδης Εὔνηος.
καὶ τὸν Ἀχιλλεὺς θῆκεν ἄεθλιον οὗ ἑτάροιο,
ὅστις ἐλαφρότατος ποσσὶ κραιπνοῖσι πέλοιτο·
δευτέρῳ αὖ βοῦν θῆκε μέγαν καὶ πίονα δημῷ·
ἡμιτάλαντον δὲ χρυσοῦ λοισθήϊ' ἔθηκεν.
στῆ δ' ὀρθός, καὶ μῦθον ἐν Ἀργείοισιν ἔειπεν·
« ὄρνυσθ', οἳ καὶ τούτου ἀέθλου πειρήσεσθε! »
ὣς ἔφατ'· ὤρνυτο δ' αὐτίκ' Ὀϊλῆος ταχὺς Αἴας,
ἂν δ' Ὀδυσεὺς πολύμητις, ἔπειτα δὲ Νέστορος υἱός,
Ἀντίλοχος· ὁ γὰρ αὖτε νέους ποσὶ πάντας ἐνίκα.

Il., XXIII, v. 740.

Hæc ubi dicta, locum capiunt, signoque repentè
Corripiunt spatia audito, limenque relinquunt
Effusi nimbo similes; simul ultima signant.
Primus abit, longèque antè omnia corpora Nisus
Emicat, et ventis et fulminis ocior alis.
320 Proximus huic, longo sed proximus intervallo,
Insequitur Salius : spatio pòst deindè relicto
Tertius Euryalus.
Euryalumque Helymus sequitur : quo deindè sub ipso
Ecce volat, calcemque terit jam calce Diores,
Incumbens humero; spatia et si plura supersint,
Transeat elapsus prior, ambiguumve relinquat.

Le poëte grec suit ici le même ordre; seulement Virgile a transporté à Hélyme et Diorès ce qu'il dit d'Ajax et d'Ulysse :

Στὰν δὲ μεταστοιχεί· σήμηνε δὲ τέρματ' Ἀχιλλεύς,
τοῖσι δ' ἀπὸ νύσσης τέτατο δρόμος· ὦκα δ' ἔπειτα
ἔκφερ' Οἰλιάδης· ἐπὶ δ' ὤρνυτο δῖος Ὀδυσσεὺς
ἄγχι μάλ'· ὡς ὅτε τίς τε γυναικὸς ἐϋζώνοιο
στήθεός ἐστι κανών, ὅντ' εὖ μάλα χερσὶ τανύσσῃ,
πηνίον ἐξέλκουσα παρὲκ μίτον, ἀγχόθι δ' ἴσχει
στήθεος· ὣς Ὀδυσεὺς θέεν ἐγγύθεν· αὐτὰρ ὄπισθεν
ἴχνια τύπτε πόδεσσι, πάρος κόνιν ἀμφιχυθῆναι·
κὰδ δ' ἄρα οἱ κεφαλῆς χέ' ἀϋτμένα δῖος Ὀδυσσεύς,
αἰεὶ ῥίμφα θέων· ἴαχον δ' ἐπὶ πάντες Ἀχαιοί
νίκης ἱεμένῳ, μάλα δὲ σπεύδοντι κέλευον.

Il. XXIII, v. 757.

★

Jamque ferè spatio extremo fessique sub ipsum
Finem adventabant, levi cùm sanguine Nisus
Labitur infelix; cæsis ut fortè juvencis
330 Fusus humi viridesque super madefecerat herbas.

Hîc juvenis, jàm victor ovans, vestigia presso
Haud tenuit titubata solo; sed pronus in ipso
Concidit immundoque fimo sacroque cruore.
Non tamen Euryali, non ille oblitus amorum :
Nam sese opposuit Salio per lubrica surgens ;
Ille autem spissâ jacuit revolutus arenâ.
Emicat Euryalus, et munere victor amici
Prima tenet, plausuque volat fremituque secundo.
Post Helymus subit, et nunc tertia palma Diores.

Virgile applique ici à Nisus et Salius ce qu'Homère dit de l'accident d'Ajax. Euryale doit sa victoire à l'artifice de son ami; Ulysse à la protection de Minerve :

Ἀλλ' ὅτε δὴ πύματον τέλεον δρόμον, αὐτίκ' Ὀδυσσεὺς
εὔχετ' Ἀθηναίῃ γλαυκώπιδι ὃν κατὰ θυμόν ·
« κλῦθι, θεά, ἀγαθή μοι ἐπίρροθος ἐλθὲ ποδοῖιν! »
ὣς ἔφατ' εὐχόμενος · τοῦ δ' ἔκλυε Παλλὰς Ἀθήνη ·
γυῖα δ' ἔθηκεν ἐλαφρά, πόδας καὶ χεῖρας ὕπερθεν.
ἀλλ' ὅτε δὴ τάχ' ἔμελλον ἐπαΐξασθαι ἄεθλον,
ἔνθ' Αἴας μὲν ὄλισθε θέων, βλάψεν γὰρ Ἀθήνη,
τῇ ῥα βοῶν κέχυτ' ὄνθος ἀποκταμένων ἐριμύκων,
οὓς ἐπὶ Πατρόκλῳ πέφνεν πόδας ὠκὺς Ἀχιλλεύς ·
ἐν δ' ὄνθου βοέου πλῆτο στόμα τε ῥῖνάς τε.
κρητῆρ' αὖτ' ἀνάειρε πολύτλας δῖος Ὀδυσσεύς,
ὡς ἦλθε φθάμενος · ὁ δὲ βοῦν ἕλε φαίδιμος Αἴας.

Il. XXIII, v. 768.

★

340 Hîc totum caveæ consessum ingentis, et ora
Prima patrum magnis Salius clamoribus implet
Ereptumque dolo reddi sibi poscit honorem.
Tutatur favor Euryalum, lacrymæque decoræ
Gratior et pulchro veniens in corpore virtus.

Adjuvat, et magnâ proclamat voce Diores,
Qui subiit palmæ, frustràque ad præmia venit
Ultima, si primi Salio redduntur honores.
Tùm pater Æneas: « Vestra, inquit, munera vobis
Certa manent, pueri; et palmam movet ordine nemo:
350 Me liceat casum miserari insontis amici. »
Sic fatus, tergum Gætuli immane leonis
Dat Salio, villis onerosum atque unguibus aureis.
Hic Nisus : « Si tanta, inquit, sunt præmia victis,
Et te lapsorum miseret, quæ munera Niso
Digna dabis, primam merui qui laude coronam,
Ni me, quæ Salium, fortuna inimica tulisset ? »
Et simul his dictis faciem ostentabat, et udo
Turpia membra fimo. Risit pater optimus olli,
Et clypeum efferri jussit, Didymaonis artes,
360 Neptuni sacro Danais de poste refixum.
Hoc juvenem egregium præstanti munere donat.

A la fin de la course des chars, Achille, touché de la disgrâce d'Eumèle, veut lui donner le second prix. Antiloque s'y oppose, et Achille offre alors comme Enée un don extraordinaire au guerrier malheureux, en laissant subsister l'ordre des récompenses.

Ὣς ἔφαθ'· οἱ δ' ἄρα πάντες ἐπήνεον, ὡς ἐκέλευεν,
καί νύ κέν οἱ πόρεν ἵππον, ἐπήνησαν γὰρ Ἀχαιοί,
εἰ μὴ ἄρ' Ἀντίλοχος, μεγαθύμου Νέστορος υἱός,
Πηλείδην Ἀχιλῆα δίκῃ ἠμείψατ' ἀναστάς·

« Ὦ Ἀχιλεῦ, μάλα τοι κεχολώσομαι, αἴ κε τελέσσῃς
τοῦτο ἔπος· μέλλεις γὰρ ἀφαιρήσεσθαι ἄεθλον,
τὰ φρονέων, ὅτι οἱ βλάβεν ἅρματα καὶ ταχέ' ἵππω,
αὐτός τ' ἐσθλὸς ἐών· ἀλλ' ὤφελεν ἀθανάτοισιν
εὔχεσθαι· τό κεν οὔτι πανύστατος ἦλθε διώκων.

εἰ δέ μιν οἰκτείρεις, καί τοι φίλος ἔπλετο θυμῷ,
ἔστι τοι ἐν κλισίῃ χρυσὸς πολύς, ἔστι δὲ χαλκός,
καὶ πρόβατ', εἰσὶ δέ τοι δμωαὶ καὶ μώνυχες ἵπποι·
τῶν οἱ ἔπειτ' ἀνελὼν δόμεναι καὶ μεῖζον ἄεθλον,
ἠὲ καὶ αὐτίκα νῦν, ἵνα σ' αἰνήσωσιν Ἀχαιοί.
τὴν δ' ἐγὼ οὐ δώσω· περὶ δ' αὐτῆς πειρηθήτω,
ἀνδρῶν ὅς κ' ἐθέλῃσιν ἐμοὶ χείρεσσι μάχεσθαι. »

Ὣς φάτο· μείδησεν δὲ ποδάρκης δῖος Ἀχιλλεύς,
χαίρων Ἀντιλόχῳ, ὅτι οἱ φίλος ἦεν ἑταῖρος·
καί μιν ἀμειβόμενος ἔπεα πτερόεντα προσηύδα·

« Ἀντίλοχ', εἰ μὲν δή με κελεύεις οἴκοθεν ἄλλο
Εὐμήλῳ ἐπιδοῦναι, ἐγὼ δέ κε καὶ τὸ τελέσσω,
δώσω οἱ θώρηκα, τὸν Ἀστεροπαῖον ἀπηύρων,
χάλκεον, ᾧ πέρι χεῦμα φαεινοῦ κασσιτέροιο
ἀμφιδεδίνηται· πολέος δέ οἱ ἄξιος ἔσται. »

IL. XXIII, v. 539.

Virgile n'a pu reproduire ici le dénoûment de cette scène. A peine le fougueux Antiloque a-t-il obtenu sa demande, que Ménélas se lève, et l'accuse de l'avoir supplanté. Cet incident fournit au poëte une belle peinture de caractères. La présomption d'Antiloque, la sévère justice de Ménélas, le repentir du jeune guerrier, et surtout l'attendrissement de son rival qui lui rend volontairement le prix, sont des situations non moins intéressantes que l'amitié de Nisus et d'Euryale. Les paroles que Virgile prête à Nisus sont celles d'Ajax après la victoire d'Ulysse :

Στῆ δὲ κέρας μετὰ χερσὶν ἔχων βοὸς ἀγραύλοιο,
ὄνθον ἀποπτύων, μετὰ δ' Ἀργείοισιν ἔειπεν·
« ὢ πόποι, ἦ μ' ἔβλαψε θεὰ πόδας, ἢ τὸ πάρος περ,
μήτηρ ὥς, Ὀδυσῆϊ παρίσταται ἠδ' ἐπαρήγει. »
ὣς ἔφαθ'· οἱ δ' ἄρα πάντες ἐπ' αὐτῷ ἡδὺ γέλασσαν.

IL. XXIII, v. 780.

Virgile passe maintenant au combat du ceste, le second des jeux de l'Iliade, dans lequel il a fait preuve d'une grande supériorité. Voici l'analyse du récit d'Homère : Achille propose les prix du pugilat; Epéus, guerrier féroce, se présente, et jure d'exterminer son adversaire; Euryale, encouragé par Diomède, ose seul s'avancer contre lui. Après une courte résistance, l'infortuné succombe sous les coups d'Epéus, et ses compagnons l'emportent mourant dans son vaisseau. Virgile n'a tiré de ce tableau que le commencement et la fin de sa composition; le reste se retrouve en partie au 8me. chant de l'Odyssée. Il a aussi profité des combats de Pollux et d'Amycus dans Apollonius et dans Théocrite; mais il a surpassé tous ses modèles, tant pour la force et l'harmonie des vers, que par la vérité des situations. Le combat du ceste a été décrit après lui par Valérius Flaccus (*Argonautiques*, ch. *IV*), par Stace, Quintus de Smyrne, Nonnus et Fénélon.

IV.

Post, ubi confecti cursus, et dona peregit :
« Nunc, si cui virtus animusque in pectore præsens,
Adsit, et evinctis attollat brachia palmis. »
Sic ait, et geminum pugnæ proponit honorem :
Victori velatum auro vittisque juvencum;
Ensem, atque insignem galeam, solatia victo.
Nec mora, continuò vastis cum viribus effert
Ora Dares, magnoque virûm se murmure tollit;
370 Solus qui Paridem solitus contendere contrà,
Idemque ad tumulum quo maximus occubat Hector
Victorem Buten immani corpore, qui se
Bebryciâ veniens Amyci de gente ferebat,

Perculit, et fulvâ moribundum extendit arenâ.
Talis prima Dares caput altum in prælia tollit,
Ostenditque humeros latos, alternaque jactat
Brachia protendens, et verberat ictibus auras.
Quæritur huic alius, nec quisquam ex agmine tanto
Audet adire virum, manibusque inducere cæstus.
380 Ergò alacris, cunctosque putans excedere palmâ,
Æneæ stetit antè pedes, nec plura moratus,
Tùm lævâ taurum cornu tenet, atque ita fatur :
« Nate deâ, si nemo audet se credere pugnæ,
Quæ finis standi ? quò me decet usque teneri ?
Ducere dona jube. » Cuncti simul ore fremebant
Dardanidæ, reddique viro promissa jubebant.

Les deux récits commencent de la même manière. L'arrogance de l'athlète grec est encore plus révoltante ; elle respire toute la brutalité des temps barbares :

Αὐτὰρ ὁ πυγμαχίης ἀλεγεινῆς θῆκεν ἄεθλα·
ἡμίονον ταλαεργὸν ἄγων κατέδησ' ἐν ἀγῶνι
ἑξέτε', ἀδμήτην, ἥτ' ἀλγίστη δαμάσασθαι·
τῷ δ' ἄρα νικηθέντι τίθει δέπας ἀμφικύπελλον.
στῆ δ' ὀρθὸς, καὶ μῦθον ἐν Ἀργείοισιν ἔειπεν·

« Ἀτρείδη τε, καὶ ἄλλοι ἐϋκνήμιδες Ἀχαιοί,
ἄνδρε δύω περὶ τῶνδε κελεύομεν, ὥπερ ἀρίστω,
πὺξ μάλ' ἀνασχομένω πεπληγέμεν. ᾧ δέ κ' Ἀπόλλων
δώῃ καμμονίην, γνώωσι δὲ πάντες Ἀχαιοί,
ἡμίονον ταλαεργὸν ἄγων κλισίηνδε νεέσθω·
αὐτὰρ ὁ νικηθεὶς δέπας οἴσεται ἀμφικύπελλον. »

Ὣς ἔφατ'· ὤρνυτο δ' αὐτίκ' ἀνὴρ ἠΰς τε μέγας τε,
εἰδὼς πυγμαχίης, υἱὸς Πανοπῆος Ἐπειός·
ἅψατο δ' ἡμιόνου ταλαεργοῦ, φώνησέν τε·

« Ἆσσον ἴτω, ὅστις δέπας οἴσεται ἀμφικύπελλον·
ἡμίονον δ' οὔ φημι τιν' ἀξέμεν· ἄλλον Ἀχαιῶν,
πυγμῇ νικήσαντ'· ἐπεὶ εὔχομαι εἶναι ἄριστος.
ἦ οὐχ ἅλις, ὅττι μάχης ἐπιδεύομαι; οὐδ' ἄρα πως ἦν
ἐν πάντεσσ' ἔργοισι δαήμονα φῶτα γενέσθαι.
ὧδε γὰρ ἐξερέω, τὸ δὲ καὶ τετελεσμένον ἔσται·
ἀντικρὺ χρόα τε ῥήξω, σύν τ' ὀστέ' ἀράξω.
κηδεμόνες δέ οἱ ἐνθάδ' ἀολλέες αὖθι μενόντων,
οἵ κέ μιν ἐξοίσουσιν, ἐμῆς ὑπὸ χερσὶ δαμέντα. »

Il. XXIII, v. 653.

★ ⁕

Hic gravis Entellum dictis castigat Acestes,
Proximus ut viridante toro consederat herbæ :
« Entelle, heroum quondam fortissime frustrà,
390 Tantane tàm patiens nullo certamine tolli
Dona sines? ubi nunc nobis deus ille, magister
Nequidquam memoratus, Eryx? ubi fama per omnem
Trinacriam, et spolia illa tuis pendentia tectis? »
Ille sub hæc : « Non laudis amor, nec gloria cessit
Pulsa metu, sed enim gelidus tardante senectâ
Sanguis hebet, frigentque effœtæ in corpore vires.
Si mihi, quæ quondam fuerat, quâque improbus iste
Exsultat fidens, si nunc foret illa juventa,
Haud equidem pretio inductus pulchroque juvenco
400 Venissem; nec dona moror. » Sic deindè locutus,
In medium geminos immani pondere cæstus
Projecit, quibus acer Eryx in prælia suetus
Ferre manum, duroque intendere brachia tergo.
Obstupuêre animi : tantorum ingentia septem
Terga boum plumbo insuto ferroque rigebant.
Antè omnes stupet ipse Dares, longèque recusat;

Magnamimusque Anchisiades et pondus, et ipsa
Huc illuc vinclorum immensa volumina versat.
Tum senior tales referebat pectore voces :
410« Quid si quis cæstus ipsius et Herculis arma
Vidisset, tristemque hoc ipso in littore pugnam ?
Hæc germanus Eryx quondam tuus arma gerebat;
Sanguine cernis adhuc fractoque infecta cerebro.
His magnum Alciden contra stetit; his ego suetus,
Dum melior vires sanguis dabat, æmula necdum
Temporibus geminis canebat sparsa senectus.
Sed si nostra Dares hæc Troïus arma recusat,
Idque pio sedet Æneæ, probat auctor Acestes,
Æquemus pugnas : Erycis tibi terga remitto;
420 Solve metus; et tu Trojanos exue cæstus. »
Hæc fatus, duplicem ex humeris dejecit amictum
Et magnos membrorum artus, magna ossa, lacertosque
Exuit, atque ingens media consistit arena.

Virgile, dans cette seconde partie, a beaucoup amplifié le texte de l'Iliade. Homère se contente de quelques vers pour peindre Euryale, le rival d'Epéus, excité au combat par Diomède :

Ὡς ἔφαθ'· οἱ δ' ἄρα πάντες ἀκὴν ἐγένοντο σιωπῇ.
Εὐρύαλος δέ οἱ οἶος ἀνίστατο, ἰσόθεος φώς,
Μηκιστέος υἱὸς, Ταλαϊονίδαο ἄνακτος,
ὅς ποτε Θήβασδ' ἦλθε δεδουπότος Οἰδιπόδαο
ἐς τάφον· ἔνθα δὲ πάντας ἐνίκα Καδμείωνας.
τὸν μὲν Τυδείδης δουρικλυτὸς ἀμφεπονεῖτο,
θαρσύνων ἔπεσιν, μέγα δ' αὐτῷ βούλετο νίκην.
ζῶμα δέ οἱ πρῶτον παρακάββαλεν, αὐτὰρ ἔπειτα
δῶκεν ἱμάντας ἐϋτμήτους βοὸς ἀγραύλοιο.

IL. XXIII, v. 676.

Entelle, que Virgile oppose à Darès, fut le fondateur d'une des trois villes de Sicile mentionnées par Lycophron (*Cassandre*, v. 964). Les reproches que lui adresse Aceste rappellent ceux d'Enée à Pandarus (*Il. V*, v. 171). Mais la disposition entière de la scène, la réponse du vieil athlète, la preuve qu'il donne de sa vigueur en jetant dans l'arène deux cestes énormes, enfin son courageux défi, sont imités plus particulièrement du 8me. chant de l'Odyssée, où Ulysse, assistant aux jeux des Phéaciens, se décide à accepter le combat, irrité des sarcasmes d'Euryale :

Τὸν δ' αὖτ' Εὐρύαλος ἀπαμείβετο, νείκεσε τ' ἄντην·
« Οὐ γάρ σ' οὐδὲ, ξεῖνε, δαήμονι φωτὶ εἴσκω
ἄθλων, οἷά τε πολλὰ μετ' ἀνθρώποισι πέλονται·
ἀλλὰ τῷ, ὅς θ' ἅμα νηῒ πολυκληῗδι θαμίζων,
ἀρχὸς ναυτάων, οἵτε πρηκτῆρες ἔασιν,
φόρτου τε μνήμων, καὶ ἐπίσκοπος ᾖσιν ὁδαίων,
κερδέων θ' ἁρπαλέων· οὐδ' ἀθλητῆρι ἔοικας. »
Τὸν δ' ἄρ' ὑπόδρα ἰδὼν προσέφη πολύμητις Ὀδυσσεύς·
. . . .
« Ὤρινάς μοι θυμὸν ἐνὶ στήθεσσι φίλοισιν,
εἰπὼν οὐ κατὰ κόσμον· ἐγὼ δ' οὐ νῆϊς ἀέθλων,
ὡς σύ γε μυθεῖαι, ἀλλ' ἐν πρώτοισιν ὀΐω
ἔμμεναι, ὄφρ' ἥβῃ τε πεποίθεα, χερσί τ' ἐμῇσι.
νῦν δ' ἔχομαι κακότητι καὶ ἄλγεσι· πολλὰ γὰρ ἔτλην,
ἀνδρῶν τε πτολέμους, ἀλεγεινά τε κύματα πείρων·
ἀλλὰ καὶ ὣς κακὰ πολλὰ παθὼν, πειρήσομ' ἀέθλων·
θυμοδακὴς γὰρ μῦθος· ἐπώτρυνας δέ με εἰπών. »
Ἦ ῥὰ, καὶ αὐτῷ φάρει ἀναΐξας λάβε δίσκον
μείζονα καὶ παχέτον, στιβαρώτερον οὐκ ὀλίγον περ,
ἢ οἵῳ Φαίηκες ἐδίσκεον ἀλλήλοισι.
τόν ῥα περιστρέψας ἧκε στιβαρῆς ἀπὸ χειρός·
βόμβησεν δὲ λίθος· κατὰ δ' ἔπτηξαν ποτὶ γαίῃ

Etudes grecq. IIe Partie.

Φαίηκες δολιχήρετμοι, ναυσίκλυτοι ἄνδρες,
λᾶος ὑπαὶ ῥιπῆς· ὁ δ' ὑπέρπτατο σήματα πάντων.
Od. VIII, v. 158 et 178.

Le combat d'Eryx dont parle Entelle, est celui que ce héros soutint contre Hercule, qui le tua après trois luttes successives. Enfin le portrait d'Entelle lui-même est calqué sur celui d'Ulysse se disposant à terrasser Irus :

Ὡς ἔφαθ'· οἱ δ' ἄρα πάντες ἐπήνεον · αὐτὰρ Ὀδυσσεὺς
ζώσατο μὲν ῥάκεσιν περὶ μήδεα, φαῖνε δὲ μηροὺς
καλούς τε, μεγάλους τε, φάνεν δέ οἱ εὐρέες ὦμοι,
στήθεά τε, στιβαροί τε βραχίονες · αὐτὰρ Ἀθήνη
ἄγχι παρισταμένη μέλε' ἤλδανε ποιμένι λαῶν.
Od. XVIII, v. 65.

★

Tùm satus Anchisâ cæstus pater extulit æquos,
Et paribus palmas amborum innexuit armis.
Constitit in digitos extemplò arrectus uterque,
Brachiaque ad superas interritus extulit auras ;
Abduxère retro longè capita ardua ab ictu,
Immiscentque manus manibus, pugnamque lacessunt.
420 Ille pedum melior motu, fretusque juventâ ;
Hic membris et mole valens : sed tarda trementi
Genua labant, vastos quatit æger anhelitus artus.
Multa viri nequidquam inter se vulnera jactant,
Multa cavo lateri ingeminant, et pectore vastos
Dant sonitus, erratque aures et tempora circùm
Crebra manus, duro crepitant sub vulnere malæ.
Stat gravis Entellus, nisuque immotus eodem,
Corpore tela modò atque oculis vigilantibus exit.

Ille, velut celsam oppugnat qui molibus urbem,
440 Aut montana sedet circùm castella sub armis,
Nunc hos, nunc illos aditus, omnemque pererrat
Arte locum, et variis assultibus irritus urget.
  Ostendit dextram insurgens Entellus, et altè
Extulit : ille ictum venientem à vertice velox
Prævidit, celerique elapsus corpore cessit.
Entellus vires in ventum effudit, et ultrò
Ipse gravis graviterque ad terram pondere vasto
Concidit : ut quondam cava concidit, aut Erymantho,
Aut Idâ in magnâ, radicibus eruta pinus.
450 Consurgunt studiis Teucri et Trinacria pubes ;
  It clamor cœlo, primusque accurrit Acestes,
Æquævumque ab humo miserans attollit amicum.
At non tardatus casu, neque territus heros,
Acrior ad pugnam redit, ac vim suscitat ira ;
Tùm pudor incendit vires, et conscia virtus :
Præcipitemque Daren ardens agit æquore toto,
Nunc dextrâ ingeminans ictus, nunc ille sinistrâ.
Nec mora, nec requies : quàm multâ grandine nimbi
Culminibus crepitant, sic densis ictibus heros
460 Creber utrâque manu pulsat versatque Dareta.
  Tùm pater Æneas procedere longiùs iras,
Et sævire animis Entellum haud passus acerbis ;
Sed finem imposuit pugnæ, fessumque Dareta
Eripuit, mulcens dictis, ac talia fatur :
« Infelix, quæ tanta animum dementia cepit ?
Non vires alias, conversaque numina sentis ?
Cede deo. » Dixitque, et prælia voce diremit.
  Ast illum fidi æquales, genua ægra trahentem,
Jactantemque utroque caput, crassumque cruorem

470 Ore ejectantem, mixtosque in sanguine dentes,
　Ducunt ad naves, galeamque ensemque vocati,
　Accipiunt; palmam Entello taurumque relinquunt.
　　Hic victor, superans animis, tauroque superbus :
« Nate deâ, vosque hæc, inquit, cognoscite Teucri,
Et mihi quæ fuerint juvenili in corpore vires,
Et quâ servetis revocatum à morte Dareta. »
　Dixit, et adversi contrà stetit ora juvenci,
Qui donum adstabat pugnæ; durosque reductâ
Libravit dextrâ media inter cornua cæstus
480 Arduus, effractoque illisit in ossa cerebro.
　　Sternitur, exanimisque tremens procumbit humi bos.
Ille super tales effundit pectore voces :
« Hanc tibi, Eryx, meliorem animam pro morte Daretis
Persolvo; hìc victor cæstus artemque repono. »

La suite de la description d'Homère qui représente proprement le combat, n'est qu'une foible esquisse de celle de Virgile :

Τὼ δὲ ζωσαμένω βήτην ἐς μέσσον ἀγῶνα·
ἄντα δ' ἀνασχομένω χερσὶ στιβαρῇσιν ἅμ' ἄμφω,
σύν ῥ' ἔπεσον, σὺν δέ σφι βαρεῖαι χεῖρες ἔμιχθεν.
δεινὸς δὲ χρόμαδος γενύων γένετ', ἔῤῥεε δ' ἱδρὼς
πάντοθεν ἐκ μελέων· ἐπὶ δ' ὤρνυτο δῖος Ἐπειός,
κόψε δὲ παπτήναντα παρήϊον· οὐδ' ἄρ' ἔτι δὴν
ἑστήκειν· αὐτοῦ γὰρ ὑπήριπε φαίδιμα γυῖα.
ὡς δ' ὅθ' ὑπὸ φρικὸς Βορέω ἀναπάλλεται ἰχθὺς
θῖν' ἐν φυκιόεντι, μέγα δέ ἑ κῦμα κάλυψεν·
ὣς πληγεὶς ἀνέπαλτ'. αὐτὰρ μεγάθυμος Ἐπειὸς
χερσὶ λαβὼν ὤρθωσε· φίλοι δ' ἀμφέσταν ἑταῖροι,
οἵ μιν ἄγον δι' ἀγῶνος ἐφελκομένοισι πόδεσσιν,

αἷμα παχὺ πτύοντα, κάρη βάλλονθ' ἑτέρωσε·
κὰδ δ' ἀλλοφρονέοντα μετὰ σφίσιν εἷσαν ἄγοντες·
αὐτοὶ δ' οἰχόμενοι κόμισαν δέπας ἀμφικύπελλον.

Il. XXIII, v. 685.

On voit qu'outre la brièveté des détails, Homère a encore le désavantage de violer ici les convenances en faisant triompher Epéus. Virgile, au contraire, après avoir fait craindre un instant pour Entelle, lui donne bientôt une nouvelle vigueur, et punit par ses mains l'arrogance de Darès. L'intérêt de son récit provient surtout de l'ingénieux contraste qu'il a établi entre les deux athlètes, en opposant l'immobile fermeté d'Entelle à l'agilité impuissante de son rival. Cette distinction n'existe pas dans Homère, mais elle a été sentie par Apollonius et Théocrite, qui ont décrit tous deux d'une manière remarquable le combat de Pollux et d'Amycus. Leurs tableaux n'ont pas été inutiles à Virgile ; voici le début d'Apollonius :

Οἱ δ' ἐπεὶ οὖν ἱμᾶσι διασταδὸν ἠρτύναντο,
αὐτίκ' ἀνασχόμενοι ῥεθέων προπάροιθε βαρείας
χεῖρας, ἐπ' ἀλλήλοισι μένος φέρον ἀντιόωντες.
ἔνθα δὲ Βεβρύκων μὲν ἄναξ, ἅτε κῦμα θαλάσσης
τρηχὺ θοῇ ἐπὶ νηῒ κορύσσεται, ἡ δ' ὑπὸ τυτθὸν
ἰδρείῃ πυκινοῖο κυβερνητῆρος ἀλύσκει,
ἱεμένου φορέεσθαι ἔσω τοίχοιο κλύδωνος,
ὣς ὅγε Τυνδαρίδην φοβέων ἕπετ', οὐδέ μιν εἴα
δηθύνειν. ὁ δ' ἄρ' αἰὲν ἀνούτατος ἦν διὰ μῆτιν
ἀΐσσοντ' ἀλέεινεν· ἀπηνέα δ' αἶψα νοήσας
πυγμαχίην, ᾗ κάρτος ἀάατος, ᾗ τε χερείων,
τῇ ῥ' ἄμοτον καὶ χερσὶν ἐναντία χεῖρας ἔμιξεν.

Argon. II, v. 67.

Voici dans ces deux auteurs le récit de la mort d'Amycus. Dans Apollonius :

Ενθα δ' έπειτ' Άμυκος μὲν ἐπ' ἀκροτάτοισιν ἀερθεὶς
βουτύπος οἷα, πόδεσσι, τανύσσατο, καδδὲ βαρεῖαν
χεῖρ' ἐπί οἱ πελέμιξεν· ὁ δ' ἀίξαντος ὑπέστη,
κρᾶτα παρακλίνας, ὤμῳ δ' ἀνεδέξατο πῆχυν
τυτθόν· ὁ δ' ἄγχ' αὐτοῖο παρ' ἐκ γόνυ γουνὸς ἀμείβων
κόψε μεταίγδην ὑπὲρ οὔατος, ὀστέα δ' εἴσω
ῥῆξεν· ὁ δ' ἀμφ' ὀδύνῃ γνὺξ ἤριπεν· οἱ δ' ἰάχησαν
ἥρωες Μινύαι· τοῦ δ' ἀθρόος ἔκχυτο θυμός.

Argon. II, v. 90.

Dans Théocrite :

Ἤτοι ὅγε ῥέξαι τι λιλαιόμενος μέγα ἔργον,
σκαιῇ μὲν σκαιὴν Πολυδεύκεος ἔλλαβε χεῖρα,
δοχμὸς ἀπὸ προβολῆς κλινθείς· ἑτέρα δ' ἐπιβαίνων,
δεξιτερῆς ἤνεγκεν ἀπαὶ λαγόνος πλατὺ γυῖον.
καί κε τυχὼν ἔβλαψεν Ἀμυκλαίων βασιλῆα·
ἀλλ' ὅγ' ὑπεξανέδυ κεφαλῇ· στιβαρᾷ δ' ἄρα χειρὶ
πλᾶξεν ὑπὸ σκαιὸν κρόταφον, καὶ ἐπέμπεσεν ὤμῳ·
ἐκ δ' ἐχύθη μέλαν αἷμα θοῶς κροτάφοιο χανόντος.
λαιῇ δὲ στόμα τύψε, πυκνοὶ δ' ἀράβησαν ὀδόντες·
αἰεὶ δ' ὀξυτέρῳ πιτύλῳ δαλεῖτο πρόσωπον,
μέχρι συνηλοίησε παρήϊα· πᾶς δ' ἐπὶ γαῖαν
κεῖτ' ἀλλοφρονέων, καὶ ἀνέσχεθε, νῖκος ἀπαυδῶν,
ἀμφοτέρας ἅμα χεῖρας, ἐπεὶ θανάτου σχεδὸν ἦεν.

Idylle XXII, v. 118.

On reconnoît encore dans la composition latine deux réminiscences de l'Iliade : la première dans la chute d'Entelle comparée à celle d'un arbre (*Il. XIV, v.* 414); l'autre dans les paroles d'Énée à Darès, traduites de celles d'Agamemnon à Ménélas (*Il. VII, v.* 107). Quant au dernier exploit du vieil athlète faisant à son maître hommage de sa victoire, elle est de l'invention de Virgile. Le vers imitatif peignant la lourde chute du bœuf peut se comparer à un passage analogue, où Thrasymède, fils de Nestor, offre un sacrifice à Minerve :

Αὐτίκα Νέστορος υἱὸς, ὑπέρθυμος Θρασυμήδης,
ἤλασεν ἄγχι στάς· πέλεκυς δ' ἀπέκοψε τένοντας
αὐχενίους, λῦσεν δὲ βοὸς μένος.

Od. III, v. 448.

Le jeu de l'arc, le septième de l'Iliade, vient faire ici une heureuse diversion au combat meurtrier du ceste. Virgile a donné à ce tableau beaucoup moins d'étendue qu'au précédent. Il s'est presque contenté de traduire élégamment le texte d'Homère, qui est lui-même d'une extrême simplicité. Achille propose les prix de l'arc; Teucer et Mérion se présentent. Teucer tire le premier sans invoquer Apollon, et rompt les liens de la colombe; Mérion implore le secours du dieu, et atteint l'oiseau dans les airs. Virgile a mieux observé la progression ; il a embelli quelques détails, quoiqu'il soit resté inférieur dans d'autres, et a conclu par un incident tiré de la course des chars. Le combat de l'arc se trouve également dans Stace, Quintus de Smyrne et Nonnus.

V.

Protinus Æneas celeri certare sagittâ
Invitat qui fortè velint, et præmia ponit ;
Ingentique manu malum de nave Seresti
Erigit, et volucrem trajecto in fune columbam,
Quô tendant ferrum, malo suspendit ab alto.
490 Convenêre viri, dejectamque ærea sortem
Accepit galea : et primus clamore secundo
Hyrtacidæ antè omnes exit locus Hippocoontis.

344 ÉNÉIDE.

Quem modò navali Mnestheus certamine victor
Consequitur, viridi Mnestheus evinctus olivâ.
Tertius Eurytion, tuus, ô clarissime, frater,
Pandare, qui quondam jussus confundere fœdus,
In medios telum torsisti primus Achivos.
Extremus galeâque imâ subsidit Acestes,
Ausus et ipse manu juvenum tentare laborem.

Virgile, en retranchant l'énumération des prix, un peu monotone dans Homère, a mieux diversifié l'attitude de ses combattants, comme on le verra par la comparaison :

Αὐτὰρ ὁ τοξευτῆσι τίθει ἰόεντα σίδηρον,
κὰδ δ' ἐτίθει δέκα μὲν πελέκεας, δέκα δ' ἡμιπέλεκκα·
ἱστὸν δ' ἔστησεν νηὸς κυανοπρώροιο
τηλοῦ ἐπὶ ψαμάθοις· ἐκ δὲ τρήρωνα πέλειαν
λεπτῇ μηρίνθῳ δῆσεν ποδός, ἧς ἄρ' ἀνώγει
τοξεύειν. « Ὃς μέν κε βάλῃ τρήρωνα πέλειαν,
πάντας ἀειράμενος πελέκεας, οἶκόνδε φερέσθω·
ὃς δέ κε μηρίνθοιο τύχῃ, ὄρνιθος ἁμαρτών,
ἥσσων γὰρ δὴ κεῖνος, ὁ δ' οἴσεται ἡμιπέλεκκα. »
Ὣς ἔφατ'· ὦρτο δ' ἔπειτα βίη Τεύκροιο ἄνακτος,
ἂν δ' ἄρα Μηριόνης, θεράπων ἐὺς Ἰδομενῆος.
κλήρους δ' ἐν κυνέῃ χαλκήρεϊ πάλλον ἑλόντες.

IL. XXIII, v. 850.

500   Tùm validis flexos incurvant viribus arcus
    Pro se quisque viri, et depromunt tela pharetris:
    Primaque per cœlum nervo stridente sagitta
    Hyrtacidæ juvenis volucres diverberat auras;
    Et venit, adversique infigitur arbore mali.
    Intremuit malus, tinnuitque exterrita pennis

Ales, et ingenti sonuerunt omnia plausu.
Pòst acer Mnestheus adducto constitit arcu,
Alta petens, pariterque oculos telumque tetendit.
Ast ipsam miserandus avem contingere ferro
510 Non valuit : nodos et vincula linea rupit,
Queis innexa pedem malo pendebat ab alto.
Illa notos atque atra volans in nubila fugit.
Tùm rapidus jam dudùm arcu contenta parato
Tela tenens, fratrem Eurytion in vota vocavit,
Jàm vacuo lætam cœlo speculatus, et alis
Plaudentem nigrâ figit sub nube columbam.
Decidit exanimis, vitamque reliquit in astris
Æthereis, fixamque refert delapsa sagittam.

La description d'Homère est moins bien graduée, mais la chute de la colombe présente des détails pleins de vérité qui n'ont point été égalés par Virgile :

Τεῦκρος δὲ πρῶτος κλήρῳ λάχεν · αὐτίκα δ' ἰὸν
ἧκεν ἐπικρατέως, οὐδ' ἠπείλησεν ἄνακτι
ἀρνῶν πρωτογόνων ῥέξειν κλειτὴν ἑκατόμβην.
ὄρνιθος μὲν ἅμαρτε · μέγηρε γάρ οἱ τόγ' Ἀπόλλων ·
αὐτὰρ ὁ μήρινθον βάλε πὰρ πόδα, τῇ δέδετ' ὄρνις ·
ἀντικρὺ δ' ἀπὸ μήρινθον τάμε πικρὸς ὀϊστός.
ἡ μὲν ἔπειτ' ἤϊξε πρὸς οὐρανόν, ἡ δὲ παρείθη
μήρινθος ποτὶ γαῖαν · ἀτὰρ κελάδησαν Ἀχαιοί.
σπερχόμενος δ' ἄρα Μηριόνης ἐξείρυσε χειρὸς
τόξον · ἀτὰρ δὴ ὀϊστὸν ἔχεν πάλαι, ὡς ἴθυνεν.
αὐτίκα δ' ἠπείλησεν ἑκηβόλῳ Ἀπόλλωνι
ἀρνῶν πρωτογόνων ῥέξειν κλειτὴν ἑκατόμβην.
ὕψι δ' ὑπὸ νεφέων εἶδε τρήρωνα πέλειαν ·
τῇ ῥ' ὅγε δινεύουσαν ὑπὸ πτέρυγος βάλε μέσσην ·
ἀντικρὺ δὲ διῆλθε βέλος · τὸ μὲν ἂψ ἐπὶ γαίῃ

πρόσθεν Μηριόναο πάγη ποδός· αὐτὰρ ἡ ὄρνις
ἱστῷ ἐφεζομένη νηὸς κυανοπρώροιο,
αὐχέν' ἀπεκρέμασεν, σὺν δὲ πτερὰ πυκνὰ λίασθεν.
ὠκὺς δ' ἐκ μελέων θυμὸς πτάτο, τῆλε δ' ἀπ' αὐτοῦ
κάππεσε· λαοὶ δ' αὖ θηεῦντό τε, θάμβησάν τε.
ἂν δ' ἄρα Μηριόνης πελέκεας δέκα πάντας ἄειρεν,
Τεῦκρος δ' ἡμιπέλεκκα φέρεν κοίλας ἐπὶ νῆας.

Il. XXIII, v. 862.

★

Amissâ solus palmâ superabat Acestes :
520 Qui tamen aërias telum contorsit in auras,
Ostentans artem pariter, arcumque sonantem.
Hic oculis subitum objicitur magnoque futurum
Augurio monstrum : docuit post exitus ingens,
Seraque terrifici cecinerunt omina vates.
Namque volans liquidis in nubibus arsit arundo,
Signavitque viam flammis, tenuesque recessit
Consumpta in ventos : cœlo ceu sæpè refixa
Transcurrunt, crinemque volantia sidera ducunt.
Attonitis hæsère animis, superosque precati,
530 Trinacrii Teucrique viri : nec maximus omen
Abnuit Æneas, sed lætum amplexus Acesten,
Muneribus cumulat magnis, ac talia fatur :
« Sume, pater; nam te voluit rex magnus Olympi
Talibus auspiciis exsortem ducere honorem.
Ipsius Anchisæ longævi hoc munus habebis,
Cratera impressum signis, quem Thracius olim
Anchisæ genitori in magno munere Cisseus
Ferre sui dederat monumentum et pignus amoris. »
Sic fatus, cingit viridanti tempora lauro,
540 Et primum antè omnes victorem appellat Acesten.

LIVRE V.   347

Nec bonus Eurytion prælato invidit honori,
Quamvis solus avem cœlo dejecit ab alto.
Proximus ingreditur donis, qui vincula rupit;
Extremus, volucri qui fixit arundine malum.

L'embrasement de la flèche d'Aceste est à la fois le présage de l'incendie des vaisseaux et des guerres futures de la Sicile. Les paroles d'Enée au vieux roi sont celles qu'Achille adresse à Nestor en lui offrant, après la course des chars, une coupe destinée à être le cinquième prix:

Μηριόνης δ' ἀνάειρε δύω χρυσοῖο τάλαντα,
τέτρατος, ὡς ἔλασεν. πέμπτον δ' ὑπελείπετ' ἄεθλον
ἀμφίθετος φιάλη· τὴν Νέστορι δῶκεν Ἀχιλλεύς,
Ἀργείων ἀν' ἀγῶνα φέρων, καὶ ἔειπε παραστάς·
« Τῆ νῦν, καί σοι τοῦτο, γέρον, κειμήλιον ἔστω,
Πατρόκλοιο τάφου μνῆμ' ἔμμεναι. οὐ γὰρ ἔτ' αὐτὸν
ὄψει ἐν Ἀργείοισι· δίδωμι δέ τοι τόδ' ἄεθλον
αὔτως· οὐ γὰρ πύξ γε μαχήσεαι, οὐδὲ παλαίσεις,
οὐδέ τ' ἀκοντιστὺν ἐσδύσεαι, οὐδὲ πόδεσσιν
θεύσεαι· ἤδη γὰρ χαλεπὸν κατὰ γῆρας ἐπείγει. »
IL. XXIII, v. 614.

Outre ces quatre jeux imités par Virgile, le poëte grec en a décrit quatre autres : la lutte, le combat singulier, celui du disque et celui du javelot. On trouve une admirable peinture de la lutte au 8ᵐᵉ. livre de l'Enéide, dans le combat d'Hercule et de Cacus, imité par Ovide dans celui d'Achéloüs (*Métam.* IX, *v.* 27), par Lucain dans celui d'Antée (*Pharsale* IV, *v.* 593), et après eux par Stace, Silius Italicus, Quintus de Smyrne et Nonnus, qui ont également traduit ou amplifié tous les autres jeux de l'Iliade. Virgile leur a substitué ici un combat simulé de cavalerie, exercice usité dans l'ancienne Rome où il étoit connu sous le nom de jeu de Troie, et renouvelé par Auguste avec toute la magnificence d'un triomphe à l'occasion de la dédicace du temple de César. Cet élégant tableau devoit avoir d'autant plus de prix aux yeux de l'empereur et du peuple romain, qu'il consacroit par un souvenir respectable une époque récente de leur histoire, et montroit dans les honneurs rendus aux mânes d'Anchise une image de l'apothéose de César.

VI.

At pater Æneas, nondùm certamine misso,
Custodem ad sese comitemque impubis Iuli
Epytiden vocat, et fidam sic fatur ad aurem :
« Vade age, et Ascanio, si jàm puerile paratum
Agmen habet secum, cursusque instruxit equorum,
550 Ducat avo turmas, et sese ostendat in armis,
Dic, » ait. Ipse omnem longo decedere circo
Infusum populum, et campos jubet esse patentes.
  Incedunt pueri, pariterque ante ora parentum
Frænatis lucent in equis : quos omnis euntes
Trinacriæ mirata fremit Trojæque juventus.
Omnibus in morem tonsâ coma pressa coronâ;
Cornea bina ferunt præfixo hastilia ferro;
Pars leves humero pharetras; it pectore summo
Flexilis obtorti per collum circulus auri.
560 Tres equitum numero turmæ, ternique vagantur
Ductores; pueri bis seni quemque secuti,
Agmine partito fulgent, paribusque magistris.

LIVRE V.

Una acies juvenum, ducit quam parvus ovantem
Nomen avi referens Priamus, tua clara, Polite,
Progenies, auctura Italos; quem Thracius albis
Portat equus bicolor maculis, vestigia primi
Alba pedis, frontemque ostentans arduus albam.
Alter Atys, genus undè Atii duxêre Latini ;
Parvus Atys, pueroque puer dilectus Iulo.
570 Extremus, formâque antè omnes pulcher Iulus
Sidonio est invectus equo, quem candida Dido
Esse sui dederat monumentum et pignus amoris.
Cætéra Trinacriis pubes senioris Acestæ
Fertur equis.

Excipiunt plausu pavidos, gaudentque tuentes
Dardanidæ, veterumque agnoscunt ora parentum.
Postquam omnem læti consessum oculosque suorum
Lustravêre in equis, signum clamore paratis
Epytides longè dedit, insonuitque flagello.
580 Olli discurrêre pares, atque agmina terni
Diductis solvêre choris, rursùsque vocati
Convertêre vias, infestaque tela tulêre.
Indè alios ineunt cursus aliosque recursus
Adversis spatiis, alternosque orbibus orbes
Impediunt, pugnæque cient simulacra sub armis :
Et nunc terga fugâ nudant, nunc spicula vertunt
Infensi, factâ pariter nunc pace feruntur.
Ut quondam Cretâ fertur labyrinthus in altâ
Parietibus textum cæcis iter, ancipitemque
590 Mille viis habuisse dolum, quà signa sequendi
Falleret indeprensus et irremeabilis error.
Haud aliter Teucrûm nati vestigia cursu
Impediunt, texuntque fugas et prælia ludo,

Delphinûm similes, qui per maria humidâ nando
Carpathium Libycumque secant, luduntque per undas.
Hunc morem, hos cursus, atque hæc certamina pri-
Ascanius, longam muris cùm cingeret Albam, [mus
Rettulit, et priscos docuit celebrare Latinos,
Quo puer ipse modo, secum quo Troïa pubes :
600 Albani docuêre suos : hinc maxima porrò
Accepit Roma, et patrium servavit honorem;
Trojaque nunc pueri, Trojanum dicitur agmen.

Le fils d'Epytus, qui préside à ce dernier jeu, est le héraut Périphas, mentionné par Homère dans l'apparition d'Apollon à Énée (*Il. XVII, v.* 323). A son signal, la phalange s'avance partagée en trois escadrons, suivant la distribution des jeux troyens d'Auguste, dans lesquels Tibère, encore enfant, commandoit la premiere compagnie. Les trois chefs nommés par Virgile sont Priam, Atys et Ascagne. Le premier fonda dans le Latium la ville de Politorium. Les deux autres sont représentés comme unis d'une tendre amitié : allusion délicate à Auguste qui descendoit des Atiens et des Jules, sa mère étant fille d'Atius Balbus et nièce de Jules César. Les évolutions commencent ensuite, et sont peintes avec une grâce inimitable. On ne peut mieux les comparer qu'à la danse guerrière des Crétois dont Homère a orné le bouclier d'Achille, et qu'il assimile, comme le poëte latin, aux détours du fameux labyrinthe :

Ἐν δὲ χορὸν ποίκιλλε περικλυτὸς Ἀμφιγυήεις,
τῷ ἴκελον, οἷόν ποτ' ἐνὶ Κνωσῷ εὐρείῃ
Δαίδαλος ἤσκησεν καλλιπλοκάμῳ Ἀριάδνῃ.
ἔνθα μὲν ἠΐθεοι καὶ παρθένοι ἀλφεσίβοιαι
ὠρχεῦντ', ἀλλήλων ἐπὶ καρπῷ χεῖρας ἔχοντες.

τῶν δ᾽ αἱ μὲν λεπτὰς ὀθόνας ἔχον, οἱ δὲ χιτῶνας
εἴατ᾽ ἐϋννήτους, ἦκα στίλβοντας ἐλαίῳ·
καί ῥ᾽ αἱ μὲν καλὰς στεφάνας ἔχον, οἱ δὲ μαχαίρας
εἶχον χρυσείας ἐξ ἀργυρέων τελαμώνων.
οἱ δ᾽ ὁτὲ μὲν θρέξασκον ἐπισταμένοισι πόδεσσιν
ῥεῖα μάλ᾽, ὡς ὅτε τις τροχὸν ἄρμενον ἐν παλάμῃσιν
ἑζόμενος κεραμεὺς πειρήσεται, αἴ κε θέῃσιν·
ἄλλοτε δ᾽ αὖ θρέξασκον ἐπὶ στίχας ἀλλήλοισιν.
πολλὸς δ᾽ ἱμερόεντα χορὸν περιΐσταθ᾽ ὅμιλος,
τερπόμενοι· μετὰ δέ σφιν ἐμέλπετο θεῖος ἀοιδός,
φορμίζων· δοιὼ δὲ κυβιστητῆρε κατ᾽ αὐτούς,
μολπῆς ἐξάρχοντες, ἐδίνευον κατὰ μέσσους.

Il. XVIII, v. 590.

On peut encore rapprocher de ce tableau les courses curules de l'armée grecque autour des tombeaux de Patrocle et d'Achille (*Il. XXIII, v.* 12; *Od. XXIV, v.* 68). Virgile a aussi profité de quelques vers de Catulle (*Noces de Thétis, v.* 112); mais l'élégante comparaison des dauphins appartient à Apollonius qui désigne ainsi les Néréides voguant autour du navire Argo :

Ενθα σφιν κοῦραι Νηρηΐδες ἄλλοθεν ἄλλαι
ἤντεον· ἡ δ᾽ ὄπιθε πτέρυγος θίγε πηδαλίοιο
δῖα Θέτις· πλαγκτῇσι δ᾽ ἐνὶ σπιλάδεσσιν ἔρυσσαν.
ὡς δ᾽ ὁπόταν δελφῖνες ὑπὲξ ἁλὸς εὐδιόωντες
σπερχομένην ἀγεληδὸν ἑλίσσωνται περὶ νῆα,
ἄλλοτε μὲν προπάροιθεν ὁρώμενοι, ἄλλοτ᾽ ὄπισθεν
ἄλλοτε παρβολάδην, ναύτῃσι δὲ χάρμα τέτυκται·
ὡς αἳ ὑπεκπροθέουσαι ἐπήτριμοι εἱλίσσοντο
Ἀργώῃ περὶ νηΐ, Θέτις δ᾽ ἴθυνε κελεύθους.

Argon. IV, v. 920.

Pendant la célébration de cette fête solennelle, l'implacable Junon médite une nouvelle vengeance. Iris se rend par son ordre sur le rivage solitaire où les Troyennes pleuroient la mort d'Anchise, et fait succéder à la pompe du spectacle une scène d'épouvante et d'horreur.

~~~~~~

VII.

Hâc celebrata tenùs sancto certamina patri;
Hîc primùm fortuna fidem mutata novavit.
Dùm variis tumulo referunt solemnia ludis,
Irim de cœlo misit Saturnia Juno
Iliacam ad classem, ventosque aspirat eunti,
Multa movens, necdùm antiquum saturata dolorem.
Illa viam celerans per mille coloribus arcum,
610 Nulli visa, cito decurrit tramite virgo.
Conspicit ingentem concursum, et littora lustrans,
Desertosque videt portus classemque relictam.

On peut comparer le vol mystérieux d'Iris (imité par Milton dans la descente d'Uriel, *Paradis perdu*, ch. *IV*, v. 555) à l'apparition de Minerve au 4me. chant de l'Iliade, où elle vient par l'ordre de Jupiter rallumer la guerre entre les Grecs et les Troyens :

Ὡς εἰπὼν, ὤτρυνε πάρος μεμαυῖαν Ἀθήνην·
βῆ δὲ κατ' Οὐλύμποιο καρήνων ἀΐξασα.
οἷον δ' ἀστέρα ἧκε Κρόνου παῖς ἀγκυλομήτεω,
ἢ ναύτῃσι τέρας, ἠὲ στρατῷ εὐρέϊ λαῶν,

λαμπρόν· τοῦ δέ τε πολλοὶ ἀπὸ σπινθῆρες ἵενται·
τῷ εἰκυῖ᾽ ἤϊξεν ἐπὶ χθόνα Παλλὰς Ἀθήνη,
κὰδ δ᾽ ἔθορ᾽ ἐς μέσσον· θάμβος δ᾽ ἔχεν εἰσορόωντας.

IL. IV, v. 73.

*

At procul in solâ secretæ Troades actâ
Amissum Anchisen flebant, cunctæque profundum
Pontum aspectabant flentes : « Heu ! tot vada fessis
Et tantùm superesse maris ! » vox omnibus una.
Urbem orant, tædet pelagi perferre laborem.
Ergò inter medias sese, haud ignara nocendi,
Conjicit, et faciemque deæ vestemque reponit :
620 Fit Beroë, Tmarii conjux longæva Dorycli,
Cui genus, et quondam nomen, natique fuissent;
Ac sic Dardanidûm mediam se matribus infert :
« O miseræ, quas non manus, inquit, Achaïca bello
Traxerit ad lethum, patriæ sub mœnibus ! ô gens
Infelix, cui te exitio fortuna reservat ?
Septima post Trojæ excidium jàm vertitur æstas,
Cùm freta, cùm terras omnes, tot inhospita saxa,
Sideraque emensæ ferimur, dùm per mare magnum
Italiam sequimur fugientem, et volvimur undis.
630 Hîc Erycis fines fraterni, atque hospes Acestes :
Quid prohibet muros jacere, et dare civibus urbem ?
O patria, et rapti nequidquam ex hoste penates !
Nullane jàm Trojæ dicentur mœnia ? nusquam
Hectoreos amnes, Xanthum et Simoënta videbo ?
Quin agite, et mecum infaustas exurite puppes.
Nam mihi Cassandræ per somnum vatis imago
Ardentes dare visa faces : Hîc quærite Trojam,

Etudes grecq. IIe Partie.

Hic domus est, inquit, vobis. Jam tempus agi res,
Nec tantis mora prodigiis : en quatuor aræ
640 Neptuno; deus ipse faces animumque ministrat. »

Les vœux des Troyennes déplorant leur exil, les yeux fixés sur l'immensité des mers, rappellent les gémissements d'Ulysse dans l'île de Calypso :

Ἤματα δ' ἐν πέτρῃσι καὶ ἠϊόνεσσι καθίζων,
δάκρυσι καὶ στοναχῇσι καὶ ἄλγεσι θυμὸν ἐρέχθων,
πόντον ἐπ' ἀτρύγετον δερκέσκετο, δάκρυα λείβων.

Od. V, v. 156.

On reconnoît encore son langage, son affection constante pour sa patrie dans les plaintes de la fausse Béroë. Mais Virgile a su leur donner un charme mélancolique qu'aucun auteur profane n'a égalé. On ne le retrouve que dans le sublime cantique des tribus juives captives à Babylone, traduit par Racine dans le 1er. chœur d'*Esther* :

Ἐπὶ τῶν ποταμῶν Βαβυλῶνος ἐκεῖ ἐκαθίσαμεν, καὶ ἐκλαύσαμεν ἐν τῷ μνησθῆναι ἡμᾶς τῆς Σιών.
Ἐπὶ ταῖς ἰτέαις ἐν μέσῳ αὐτῆς ἐκρεμάσαμεν τὰ ὄργανα ἡμῶν.
Ὅτι ἐκεῖ ἐπηρώτησαν ἡμᾶς οἱ αἰχμαλωτεύσαντες ἡμᾶς, λόγους ᾠδῶν, καὶ οἱ ἀπαγαγόντες ἡμᾶς, ὕμνον· Ἄσατε ἡμῖν ἐκ τῶν ᾠδῶν Σιών.
Πῶς ᾄσωμεν τὴν ᾠδὴν Κυρίου ἐπὶ γῆς ἀλλοτρίας;
Ἐὰν ἐπιλάθωμαί σου Ἱερουσαλήμ, ἐπιλησθείη ἡ δεξιά μου.
Κολληθείη ἡ γλῶσσά μου τῷ λάρυγγί μου, ἐὰν μή σου μνησθῶ· ἐὰν μὴ προανατάξωμαι τὴν Ἱερουσαλὴμ ὡς ἐν ἀρχῇ τῆς εὐφροσύνης μου.

Psaume 136.

★

Hæc memorans, prima infensum vi corripit ignem,
Sublatâque procul dextrâ connixa coruscat,
Et jacit. Arrectæ mentes, stupefactaque corda

Iliadum. Hîc una è multis, quæ maxima natu,
Pyrgo, tot Priami natorum regia nutrix :
« Non Beroë vobis, non hæc Rhœteïa, matres,
Est Dorycli conjux : divini signa decoris
Ardentesque notate oculos; qui spiritus illi,
Qui vultus, vocisve sonus, vel gressus eunti.
650 Ipsa egomet dudùm Beroën digressa reliqui
Ægram, indignantem tali quòd sola careret
Munere, nec meritos Anchisæ inferret honores. »
Hæc effata.
At matres, primò ancipites, oculisque malignis
Ambiguæ spectare rates, miserum inter amorem
Præsentis terræ, fatisque vocantia regna :
Cùm dea se paribus per cœlum sustulit alis,
Ingentemque fugâ secuit sub nubibus arcum.
Tùm verò attonitæ monstris, actæque furore,
660 Conclamant, rapiuntque focis penetralibus ignem;
Pars spoliant aras, frondem ac virgulta facesque
Conjiciunt : furit immissis vulcanus habenis
Transtra per, et remos, et pictas abiete puppes.

Le discours de Pyrgo à ses compagnes, et la disparition miraculeuse de la déesse, se retrouvent au 13me. chant de l'Iliade, où Neptune s'élève dans les airs à la vue des deux Ajax qu'il vient d'encourager sous les traits de Calchas:

Η, καὶ σκηπανίῳ γαιήοχος Ἐννοσίγαιος
ἀμφοτέρω κεκοπὼς πλῆσεν μένεος κρατεροῖο·
γυῖα δ' ἔθηκεν ἐλαφρά, πόδας καὶ χεῖρας ὕπερθεν.
αὐτὸς δ' ὥστ' ἴρηξ ὠκύπτερος ὦρτο πέτεσθαι,
ὅς ῥά τ' ἀπ' αἰγίλιπος πέτρης περιμήκεος ἀρθείς,
ὁρμήσῃ πεδίοιο διώκειν ὄρνεον ἄλλο·
ὣς ἀπὸ τῶν ἤϊξε Ποσειδάων ἐνοσίχθων.

τοῖιν δ' ἔγνω πρόσθεν Ὀϊλῆος ταχὺς Αἴας,
αἶψα δ' ἄρ' Αἴαντα προσέφη Τελαμώνιον υἱόν·
« Αἶαν· ἐπεί τις νῶϊ θεῶν, οἳ Ὄλυμπον ἔχουσιν,
μάντεϊ εἰδόμενος κέλεται παρὰ νηυσὶ μάχεσθαι,
οὐδ' ὅγε Κάλχας ἐστὶ, θεοπρόπος οἰωνιστής·
ἴχνια γὰρ μετόπισθε ποδῶν ἠδὲ κνημάων
ῥεῖ' ἔγνων ἀπιόντος· ἀρίγνωτοι δὲ θεοί περ. »

Il., XIII, v. 59.

La fureur des femmes troyennes dépouillant les autels, rappelle celle des Bacchantes s'élançant à la poursuite de Penthée (*Bacchantes*, v. 1078).

Du reste, cet embrasement des vaisseaux est fondé sur un souvenir historique. Il est raconté, avec des circonstances différentes, par Strabon, Apollodore et Lycophron. Ce dernier prétend que des vaisseaux grecs, poussés par la tempête sur les côtes d'Italie, furent brûlés par une captive troyenne, punie ensuite du plus cruel supplice :

Σήταια τλῆμον, σοὶ δὲ πρὸς πέτραις μόρος
μίμνει δυσαίων, ἔνθα γυιούχοις πέδαις
οἴκτιστα χαλκείησιν ὀργυιωμένη
θανῇ, πυρὶ φλέξασα δεσποτῶν στόλον.

Cassandre, v. 1075.

*

Nuntius Anchisæ ad tumulum cuneosque theatri
Incensas perfert naves Eumelus, et ipsi
Respiciunt atram in nimbo volitare favillam.
Primus et Ascanius, cursus ut lætus equestres
Ducebat, sic acer equo turbata petivit

Castra, nec exanimes possunt retinere magistri.
670 « Quis furor iste novus ? quò nunc, quò tenditis, inquit,
Heu miseræ cives ? non hostem inimicaque castra
Argivûm, vestras spes uritis. En ego vester
Ascanius. » Galeam antè pedes projecit inanem,
Quâ ludo indutus belli simulacra ciebat.
Accelerat simul Æneas, simul agmina Teucrûm.
Ast illæ diversa metu per littora passim
Diffugiunt, silvasque et sicubi concava furtim
Saxa petunt : piget incepti, lucisque ; suosque
Mutatæ agnoscunt, excussaque pectore Juno est.
680 Sed non idcircò flammæ atque incendia vires
Indomitas posuêre : udo sub robore vivit
Stuppa vomens tardum fumum, lentusque carinas
Est vapor, et toto descendit corpore pestis ;
Nec vires heroum infusaque flumina prosunt.
Tùm pius Æneas humeris abscindere vestem,
Auxilioque vocare deos, et tendere palmas :
« Jupiter omnipotens, si nondùm exosus ad unum
Trojanos, si quid pietas antiqua labores
Respicit humanos, da flammam evadere classi
690 Nunc, pater, et tenues Teucrûm res eripe letho,
Vel tu, quod superest, infesto fulmine morti,
Si mereor, demitte, tuâque hîc obrue dextrâ. »
Vix hæc ediderat, cùm effusis imbribus atra
Tempestas sine more furit, tonitruque tremiscunt
Ardua terrarum et campi ; ruit æthere toto
Turbidus imber aquâ, densisque nigerrimus austris ;
Implenturque super puppes, semiusta madescunt
Robora : restinctus donec vapor omnis ; et omnes,
Quatuor amissis, servatæ à peste carinæ.

Toute cette description est pleine de mouvement. Rien de
si vrai que cet élan d'Ascagne, cette frayeur subite des
Troyennes, et surtout cette invocation d'Enée à Jupiter,
imitée de celle de Nestor au moment de la déroute des Grecs,
et reproduite par le Tasse dans la prière de Godefroi (*Jérusalem,*
ch. *XIII*, st. 70).

Ὡς οἱ μὲν παρὰ νηυσὶν ἐρητύοντο μένοντες,
ἀλλήλοισί τε κεκλόμενοι, καὶ πᾶσι θεοῖσιν
χεῖρας ἀνίσχοντες, μεγάλ᾽ εὐχετόωντο ἕκαστος·
Νέστωρ αὖτε μάλιστα γερήνιος, οὖρος Ἀχαιῶν,
εὔχετο, χεῖρ᾽ ὀρέγων εἰς οὐρανὸν ἀστερόεντα·

« Ζεῦ πάτερ, εἴποτέ τίς τοι ἐν Ἀργεΐ περ πολυπύρῳ
ἢ βοὸς ἢ ὄϊος κατὰ πίονα μηρία καίων,
εὔχετο νοστῆσαι, σὺ δ᾽ ὑπέσχεο καὶ κατένευσας·
τῶν μνῆσαι, καὶ ἄμυνον, Ὀλύμπιε, νηλεὲς ἦμαρ·
μηδ᾽ οὕτω Τρώεσσιν ἔα δάμνασθαι Ἀχαιούς. »

Ὡς ἔφατ᾽ εὐχόμενος· μέγα δ᾽ ἔκτυπε μητίετα Ζεύς,
ἀράων ἀΐων Νηληϊάδαο γέροντος.

IL. XV, v. 367.

VIII.

700   At pater Æneas, casu concussus acerbo,
       Nunc huc ingentes, nunc illuc pectore curas
       Mutabat, versans Siculisne resideret arvis
       Oblitus fatorum, Italasne capesseret oras.
       Tum senior Nautes, unum Tritonia Pallas
       Quem docuit, multâque insignem reddidit arte,
       Hæc responsa dabat, vel quæ portenderet ira
       Magna deûm, vel quæ fatorum posceret ordo.

Isque his Ænean solatus vocibus infit :
« Nate deâ, quò fata trahunt retrahuntque, sequamur :
710Quidquid erit, superanda omnis fortuna ferendo est.
Est tibi Dardanius divinæ stirpis Acestes :
Hunc cape consiliis socium, et conjunge volentem.
Huic trade amissis superant qui navibus, et quos
Pertæsum magni incepti rerumque tuarum est ;
Longævosque senes, ac fessas æquore matres,
Et quidquid tecum invalidum metuensque pericli est,
Delige, et his habeant terris sine mœnia fessi.
Urbem appellabunt permisso nomine Acestam. »

Le sage Nautès qui, inspiré par Minerve, donne un conseil si salutaire à Enée, est le même qui, selon Denys d'Halicarnasse, rapporta en Italie la statue du Palladium, conservée dans le Capitole, et confiée à la famille Nautia. Son portrait rappelle celui de Calchas :

Κάλχας Θεστορίδης, οἰωνοπόλων ὄχ' ἄριστος·
ὃς ᾔδη τά τ' ἐόντα, τά τ' ἐσσόμενα, πρό τ' ἐόντα,
καὶ νήεσσ' ἡγήσατ' Ἀχαιῶν Ἴλιον εἴσω,
ἣν διὰ μαντοσύνην, τήν οἱ πόρε Φοῖβος Ἀπόλλων.
IL. I, v. 69.

★

Talibus incensus dictis senioris amici;
720Tùm verò in curas animus diducitur omnes.
Et nox atra polum bigis subvecta tenebat.
Visa dehinc cœlo facies delapsa parentis
Anchisæ, subitò tales effundere voces :
« Nate, mihi vitâ quondam, dùm vita manebat,
Care magis, nate Iliacis exercite fatis,
Imperio Jovis hùc venio, qui classibus ignem

Depulit, et cœlo tandem miseratus ab alto est.
Consiliis pare, quæ nunc pulcherrima Nautes
Dat senior : lectos juvenes, fortissima corda,
730 Defer in Italiam : gens dura atque aspera cultu
Debellanda tibi Latio est. Ditis tamen antè
Infernas accede domos, et Averna per alta
Congressus pete, nate, meos : non me impia namque
Tartara habent, tristes umbræ ; sed amœna piorum
Concilia Elysiumque colo : hùc casta Sibylla
Nigrantum multo pecudum te sanguine ducet.
Tùm genus omne tuum, et, quæ dentur mœnia, disces.
Jamque vale : torquet medios nox humida cursus,
Et me sævus equis oriens afflavit anhelis. »
740 Dixerat, et tenues fugit, ceu fumus, in auras.
Æneas : « Quò deindè ruis? quò proripis ? inquit ;
Quem fugis ? aut quis te nostris complexibus arcet ? »
Hæc memorans cinerem et sopitos suscitat ignes ;
Pergameumque Larem, et canæ penetralia Vestæ,
Farre pio, et plenâ supplex veneratur acerrâ.

Cette apparition d'Anchise a le double avantage de sanctionner l'établissement de la colonie, et de motiver la descente d'Enée aux enfers, déjà annoncée par Hélénus. Cette heureuse transition a été imitée par le Tasse dans l'apparition de Hugues à Godefroi (*Jérusalem*, ch. *XIV*, st. 1), et par Fénélon dans la descente de Télémaque (*liv. XVIII*). Le sacrifice aux dieux Lares se retrouve dans ces vers d'Eschyle :

Ἐπεὶ δ' ἀνέστην, καὶ χεροῖν καλλιρρόου
ἔψαυσα πηγῆς, ξὺν θυηπόλῳ χερὶ
βωμῷ προσέστην, ἀποτροποῖσι δαίμοσι
θέλουσα θῦσαι πέλανον, ὧν τέλη τάδε.

Perses, v. 201.

★

LIVRE V. 361

 Extemplò socios primumque arcessit Acesten,
Et Jovis imperium, et cari præcepta parentis
Edocet, et quæ nunc animo sententia constet.
Haud mora consiliis, nec jussa recusat Acestes.
750Transcribunt urbi matres, populumque volentem
 Deponunt, animos nil magnæ laudis egentes.
Ipsi transtra novant, flammisque ambesa reponunt
Robora navigiis, aptant remosque rudentesque;
Exigui numero, sed bello vivida virtus.
Intereà Æneas urbem designat aratro,
Sortitusque domos, hoc Ilium, et hæc loca Trojam
Esse jubet. Gaudet regno Trojanus Acestes,
Indicitque forum, et patribus dat jura vocatis.
 Tùm vicina astris Erycino in vertice sedes
760Fundatur Veneri Idaliæ, tumuloque sacerdos
 Ac lucus latè sacer additur Anchisæo.

La fondation de la ville de Ségeste dans le voisinage de Drépane, est confirmée par Denys d'Halicarnasse qui attribue encore à Enée celle de la ville d'Elyma, ainsi que l'érection d'un autel et d'un temple, que Virgile suppose être celui de Vénus Erycine. Il paroît cependant, d'après Strabon et Diodore de Sicile, que ce temple, qui reçut pendant une longue suite de siècles les hommages des Sicaniens, des Carthaginois et des Romains, remontoit à une origine plus ancienne, et fut seulement visité par Enée qui l'enrichit de nombreuses offrandes. Le bois sacré d'Anchise fait allusion au temple de César élevé à Rome par Auguste après la bataille d'Actium.

★

Jamque dies epulata novem gens omnis, et aris
Factus honos : placidi straverunt æquora venti,
Creber et aspirans rursùs vocat Auster in altum.
Exoritur procurva ingens per littora fletus;
Complexi inter se noctemque diemque morantur.
Ipsæ jàm matres, ipsi quibus aspera quondam
Visa maris facies, et non tolerabile numen,
Ire volunt, omnemque fugæ perferre laborem.
770 Quos bonus Æneas dictis solatur amicis,
Et consanguineo lacrymans commendat Acestæ.
Tres Eryci vitulos, et tempestatibus agnam,
Cædere deindè jubet, solvique ex ordine funem.
Ipse, caput tonsæ foliis evinctus olivæ,
Stans procul in prorâ, pateram tenet, extaque salsos
Porricit in fluctus, ac vina liquentia fundit.
Prosequitur surgens à puppi ventus euntes;
Certatim socii feriunt mare, et æquora verrunt.

La douleur des Troyennes au moment de la séparation rappelle celle des femmes de Lemnos au départ des Argonautes :

Ἀλλ' αὔτως ἀγορῆθεν ἐπαρτίζοντο νέεσθαι
σπερχόμενοι· ταὶ δέ σφιν ἐπέδραμον, εὖτ' ἐδάησαν.
ὡς δ' ὅτε λείρια καλὰ περιβρομέουσι μέλισσαι
πέτρης ἐκχύμεναι σιμβληΐδος, ἀμφὶ δὲ λειμὼν
ἑρσήεις γάνυται, ταὶ δὲ γλυκὺν ἄλλοτε ἄλλον
καρπὸν ἀμέργουσι πεποτημέναι· ὣς ἄρα ταί γε
ἐνδυκὲς ἀνέρας ἀμφὶ κινυρόμεναι προχέοντο,
χερσί τε καὶ μύθοισιν ἐδεικανόωντο ἕκαστον,
εὐχόμεναι μακάρεσσιν ἀπήμονα νόστον ὀπάσσαι.

Argon. I, v. 877.

Le sacrifice et les libations d'Enée sont tirés du départ de Télémaque pour Pylos :

Δησάμενοι δ' ἄρα ὅπλα θοὴν ἀνὰ νῆα μέλαιναν,
στήσαντο κρητῆρας ἐπιστεφέας οἴνοιο·
λεῖβον δ' ἀθανάτοισι θεοῖς αἰειγενέτῃσιν,
ἐκ πάντων δὲ μάλιστα Διὸς γλαυκώπιδι κούρῃ.
παννυχίη μέν ῥ' ἥγε καὶ ἠῶ πεῖρε κέλευθον.

Od. II, v. 430.

IX.

At Venus intereà Neptunum, exercita curis,
780 Alloquitur, talesque effundit pectore questus :
« Junonis gravis ira, et inexsaturabile pectus
Cogunt me, Neptune, preces descendere in omnes :
Quam nec longa dies, pietas nec mitigat ulla ;
Nec Jovis imperio fatisve infracta quiescit.
Non mediâ de gente Phrygum exedisse nefandis
Urbem odiis satis est, pœnam traxisse per omnem
Relliquias ; Trojæ cineres atque ossa peremptæ
Insequitur : causas tanti sciat illa furoris.
Ipse mihi nuper Libycis tu testis in undis
790 Quam molem subitò excierit : maria omnia cœlo
Miscuit, Æoliis nequidquam freta procellis,
In regnis hoc ausa tuis.
Proh scelus ! ecce etiam Trojanis matribus actis,
Exussit fœdè puppes, et classe subegit
Amissâ, socios ignotæ linquere terræ.
Quod superest, oro, liceat dare tuta per undas
Vela tibi, liceat Laurentem attingere Tibrim ;
Si concessa peto, si dant ea mœnia Parcæ. »

Tùm Saturnius hæc domitor maris edidit alti :
800 « Fas omne est, Cytherea, meis te fidere regnis,
Undè genus ducis : merui quoque; sæpè furores
Compressi et rabiem tantam cœlique marisque.
Nec minor in terris, Xanthum Simoëntaque testor,
Æneæ mihi cura tui : cùm Troïa Achilles
Examinata sequens impingeret agmina muris,
Millia multa daret letho, gemerentque repleti
Amnes, nec reperire viam atque evolvere posset
In mare se Xanthus; Pelidæ tunc ego forti
Congressum Ænean, nec dîs nec viribus æquis,
810 Nube cavâ eripui, cuperem cùm vertere ab imo
Structa meis manibus perjuræ mœnia Trojæ.
Nunc quoque mens eadem perstat mihi, pelle timores;
Tutus, quos optas, portus accedet Averni.
Unus erit tantùm, amissum quem gurgite quæret;
Unum pro multis dabitur caput.

Enée est sur le point d'aborder en Italie, au terme désiré de son voyage, et deux puissantes divinités s'unissent pour accomplir ce grand événement. La haine de Junon contre les Troyens, si vivement exprimée par Vénus, a déjà été peinte par Homère :

Δαιμονίη, τί νύ σε Πρίαμος Πριάμοιό τε παῖδες
τόσσα κακὰ ῥέζουσιν, ὅτ' ἀσπερχὲς μενεαίνεις
Ἰλίου ἐξαλαπάξαι ἐϋκτίμενον πτολίεθρον;
εἰ δὲ σύγ' εἰσελθοῦσα πύλας καὶ τείχεα μακρὰ,
ὠμὸν βεβρώθοις Πρίαμον Πριάμοιό τε παῖδας,
ἄλλους τε Τρῶας, τότε κεν χόλον ἐξακέσαιο.

IL. IV. v. 31.

La réponse de Neptune rappelle l'endroit de l'Iliade où les exploits d'Achille encombrent le Xanthe, qui s'écrie au 21me. chant :

Πλήθει γὰρ δή μοι νεκύων ἐρατεινὰ ῥέεθρα·
οὐδέ τί πῃ δύναμαι προχέειν ῥόον εἰς ἅλα δῖαν,
στεινόμενος νεκύεσσι· σὺ δὲ κτείνεις ἀϊδήλως.

Il. XXI, v. 218.

Ce fut alors que le dieu des mers déroba Enée à la fureur d'Achille à laquelle il s'étoit exposé à l'instigation d'Apollon :

Αἰνείαν δ' ἔσσευεν ἀπὸ χθονὸς ὑψόσ' ἀείρας·
πολλὰς δὲ στίχας ἡρώων, πολλὰς δὲ καὶ ἵππων
Αἰνείας ὑπεράλτο, θεοῦ ἀπὸ χειρὸς ὀρούσας.

Il. XX, v. 325.

La construction des murs de Troie par Neptune et Apollon est également rapportée dans l'Iliade (*ch. XXI, v.* 446).

*

His ubi læta deæ permulsit pectora dictis,
Jungit equos auro genitor, spumantiaque addit
Fræna feris, manibusque omnes effundit habenas.
Cœruleo per summa levis volat æquora curru ;
820 Subsidunt undæ, tumidumque sub axe tonanti
Sternitur æquor aquis, fugiunt vasto æthere nimbi.
Tùm variæ comitum facies : immania cete,
Et senior Glauci chorus, Inoüsque Palæmon,
Tritonesque citi, Phorcique exercitus omnis.
Læva tenent Thetis, et Melite, Panopeaque virgo,
Nesæe, Spioque, Thaliaque, Cymodoceque.

Hic patris Æneæ suspensam blanda vicissim
Gaudia pertentant mentem : jubet ociùs omnes
Attolli malos, intendi brachia velis.
830Unà omnes fecére pedem, pariterque sinistros,
Nunc dextros solvére sinus; unà ardua torquent
Cornua, detorquentque : ferunt sua flamina classem.
Princeps antè omnes densum Palinurus agebat
Agmen; ad hunc alii cursum contendere jussi.

Le commencement de cette description est imité du beau tableau d'Homère qui peint les trois pas gigantesques de Neptune et son char volant sur les flots. Malgré sa versification harmonieuse, Virgile n'a pu approcher ici de la hauteur sublime de son modèle :

Αὐτίκα δ' ἐξ ὄρεος κατεβήσετο παιπαλόεντος,
κραιπνὰ ποσὶ προβιβάς· τρέμε δ' οὔρεα μακρὰ καὶ ὕλη
ποσσὶν ὑπ' ἀθανάτοισι Ποσειδάωνος ἰόντος.
τρὶς μὲν ὀρέξατ' ἰών, τὸ δὲ τέτρατον ἵκετο τέκμωρ,
Αἰγάς· ἔνθα δέ οἱ κλυτὰ δώματα βένθεσι λίμνης,
χρύσεα, μαρμαίροντα τετεύχαται, ἄφθιτα αἰεί.
ἔνθ' ἐλθὼν, ὑπ' ὄχεσφι τιτύσκετο χαλκόποδ' ἵππω,
ὠκυπέτα, χρυσέῃσιν ἐθείρῃσιν κομόωντε.
χρυσὸν δ' αὐτὸς ἔδυνε περὶ χροΐ· γέντο δ' ἱμάσθλην
χρυσείην, εὔτυκτον, ἑοῦ δ' ἐπεβήσετο δίφρου·
βῆ δ' ἐλάαν ἐπὶ κύματ'· ἄταλλε δὲ κήτε' ὑπ' αὐτοῦ
πάντοθεν ἐκ κευθμῶν, οὐδ' ἠγνοίησεν ἄνακτα·
γηθοσύνῃ δὲ θάλασσα διίστατο· τοὶ δ' ἐπέτοντο
ῥίμφα μάλ', οὐδ' ὑπένερθε διαίνετο χάλκεος ἄξων.
IL. XIII, v. 17.

Le poëte latin a ajouté à l'imitation de ces vers quelques traits du cortége de Thétis (*Il. XVIII*, v. 39, *et Argon. IV*, v. 930), reproduits par Fénélon dans la peinture du char d'Amphitrite (*Télémaque*, *liv. IV*). Quant à la seconde partie, qui représente les manœuvres de la flotte troyenne, elle est tirée du voyage de Télémaque à Pylos, que nous aurons occasion de citer au 8me. livre (v. 86). On peut aussi en rapprocher le départ triomphal des Argonautes :

Οἱ δ', ὥστ' ἠΐθεοι Φοίβῳ χορὸν ἢ ἐνὶ Πυθοῖ,
ἤ που ἐν Ὀρτυγίῃ, ἢ ἐφ' ὕδασιν Ἰσμηνοῖο
στησάμενοι, φόρμιγγος ὑπαὶ περὶ βωμὸν ὁμαρτῆ
ἐμμελέως κραιπνοῖσι πέδον ῥήσσωσι πόδεσσιν·
ὣς οἱ ὑπ' Ὀρφῆος κιθάρῃ πέπληγον ἐρετμοῖς
πόντου λάβρον ὕδωρ, ἐπὶ δὲ ῥόθια κλύζοντο·
ἀφρῷ δ' ἔνθα καὶ ἔνθα κελαινὴ ἐκήκιεν ἅλμη,
δεινὸν μορμύρουσα ἐρισθενέων μένει ἀνδρῶν.
στράπτε δ' ὑπ' ἠελίῳ φλογὶ εἴκελα νηὸς ἰούσης
τεύχεα· μακραὶ δ' αἰὲν ἐλευκαίνοντο κέλευθοι,
ἀτραπὸς ὣς χλοεροῖο διειδομένη πεδίοιο.
πάντες δ' οὐρανόθεν λεῦσσον θεοὶ ἤματι κείνῳ
νῆα, καὶ ἡμιθέων ἀνδρῶν μένος, οἳ τότ' ἄριστοι
πόντον ἐπιπλώεσκον· ἐπ' ἀκροτάτῃσι δὲ νύμφαι
Πηλιάδες κορυφῇσιν ἐθάμβεον εἰσορόωσαι
ἔργον Ἀθηναίης Ἰτωνίδος, ἠδὲ καὶ αὐτοὺς
ἥρωας χείρεσσιν ἐπικραδάοντας ἐρετμά.

Argon. I, v. 536.

★

Jamque feré mediam cœli nox humida metam
Contigerat; placidâ laxârant membra quiete
Sub remis fusi per dura sedilia nautæ :
Cùm levis æthereis delapsus Somnus ab astris
Aëra dimovit tenebrosum, et dispulit umbras,
840 Te, Palinure, petens, tibi tristia somnia portans

Insonti ; puppique deus consedit in altâ,
Phorbanti similis, fuditque has ore loquelas :
« Iaside Palinure, ferunt ipsa æquora classem,
Æquatæ spirant auræ ; datur hora quieti :
Pone caput, fessosque oculos furare labori.
Ipse ego paulisper pro te tua munera inibo. »
Cui vix attollens Palinurus lumina fatur :
« Mene salis placidi vultum fluctusque quietos
Ignorare jubes? mene huic confidere monstro ?
850 Ænean credam quid enim fallacibus austris,
Et cœli toties deceptus fraude sereni ? »
Talia dicta dabat, clavumque affixus et hærens
Nusquam amittebat, oculosque sub astra tenebat.
Ecce deus ramum Lethæo rore madentem,
Vique soporatum Stygiâ, super utraque quassat
Tempora, cunctantique natantia lumina solvit.
Vix primos inopina quies laxaverat artus,
Et super incumbens, cum puppis parte revulsâ,
Cumque gubernaclo, liquidas projecit in undas
860 Præcipitem, ac socios nequidquam sæpè vocantem;
Ipse volans tenues se sustulit ales ad auras.

Le poëte profite d'une antique tradition qui plaçoit à Vélia, port de Lucanie, le tombeau du pilote d'Enée, pour tourner contre lui le ressentiment des dieux. Le Troyen Phorbas, dont le Sommeil emprunte ici les traits, est nommé dans l'Iliade (*ch. XIV, v.* 490). La réponse que lui fait Palinure rappelle ces vers de Lucrèce sur les premiers humains :

Nec poterat quemquam placidi pellacia ponti
Subdola pellicere in fraudem ridentibus undis;
Improba navigii ratio tùm cæca jacebat.
Poëme de la Nature, liv. V.

Du reste sa mort correspond exactement à celle de Phrontis, pilote de Ménélas, qui, suivant le récit d'Homère, périt à Sunium sous les flèches d'Apollon :

Ἀλλ' ὅτε Σούνιον ἱρὸν ἀφικόμεθ', ἄκρον Ἀθηνῶν,
ἔνθα κυβερνήτην Μενελάου Φοῖβος Ἀπόλλων
οἷς ἀγανοῖς βελέεσσιν ἐποιχόμενος κατέπεφνε,
πηδάλιον μετὰ χερσὶ θεούσης νηὸς ἔχοντα,
Φρόντιν Ὀνητορίδην, ὃς ἐκαίνυτο φῦλ' ἀνθρώπων
νῆα κυβερνῆσαι, ὁπότε σπέρχοιεν ἄελλαι.
Od. III, v. 278.

Tiphys, pilote des Argonautes, périt également pendant la traversée (*Argon. II, v.* 851).

★

Currit iter tutum non secius æquore classis,
Promissisque patris Neptuni interrita fertur.
Jamque adeò scopulos Sirenum advecta subibat,
Difficiles quondam, multorumque ossibus albos ;
Tùm rauca assiduo longè sale saxa sonabant :
Cùm pater amisso fluitantem errare magistro
Sensit, et ipse ratem nocturnis rexit in undis,
Multa gemens, casuque animum concussus amici :
870« O nimiùm cœlo et pelago confise sereno,
Nudus in ignotâ, Palinure, jacebis arenâ ! »

Le passage d'Ulysse devant l'île des Sirènes est ingénieusement raconté par Homère (*Od. XII*, v. 166). On sait que le héros boucha avec de la cire les oreilles de ses compagnons, qu'il se fit attacher lui-même au mât de son vaisseau, et que les Sirènes, outrées de dépit, se précipitèrent dans la mer. Voici comment Circé peint à Ulysse le sort des malheureux attirés par leurs chants :

Σειρῆνας μὲν πρῶτον ἀφίξεαι, αἵ ῥά τε πάντας
ἀνθρώπους θέλγουσιν, ὅ τις σφέας εἰσαφίκηται.
ὅστις ἀϊδρείη πελάσῃ καὶ φθόγγον ἀκούσῃ
Σειρήνων, τῷ δ' οὔτι γυνὴ, καὶ νήπια τέκνα,
οἴκαδε νοστήσαντι, παρίσταται, οὐδὲ γάνυνται.
ἀλλά τε Σειρῆνες λιγυρῇ θέλγουσιν ἀοιδῇ,
ἥμεναι ἐν λειμῶνι· πολὺς δ' ἀμφ' ὀστεόφιν θὶς
ἀνδρῶν πυθομένων, περὶ δὲ ῥινοὶ μινύθουσιν.

OD. XII, v. 39.

Les Argonautes échappent aux mêmes dangers (*Argon. IV*, v. 891). Les rochers des Sirènes dont parle ici Virgile sont les îles *Galli*, dans le golfe de Salerne. Denys d'Halicarnasse fait aborder Enée à l'île de Leucosie, à l'autre extrémité du même golfe, d'où il se dirigea vers la côte de Baies.

ÉNÉIDE.

LIVRE SIXIÈME.

SOMMAIRE.

Descente d'Énée aux Enfers.

I. Oracle de la Sibylle.
II. Funérailles de Misène.
III. Entrée des Enfers.
IV. Ombre de Palinure.
V. Ombre de Didon.
VI. Ombre de Déiphobe.
VII. Description du Tartare.
VIII. Description de l'Élysée.
IX. Postérité d'Énée.

Imité du 11me. chant de l'Odyssée.

ÉNÉIDE.
LIVRE SIXIÈME.

I.

Sic fatur lacrymans, classique immittit habenas,
Et tandem Euboicis Cumarum allabitur oris.
Obvertunt pelago proras; tùm dente tenaci
Ancora fundabat naves, et littora curvæ
Prætexunt puppes. Juvenum manus emicat ardens
Littus in Hesperium: quærit pars semina flammæ
Abstrusa in venis silicis; pars densa ferarum
Tecta rapit, silvas; inventaque flumina monstrat.

Énée, doublant le promontoire de Misène, aborde enfin à Cumes, la plus ancienne colonie grecque fondée en Italie. C'est là qu'auprès du lac Averne s'élève l'antre de la Sibylle dont le pouvoir prophétique doit dévoiler ses destinées, et favoriser sa descente aux enfers. Les préparatifs du débarquement se retrouvent dans l'arrivée des Argonautes en Mysie:

Ενθα δ' επειθ' οι μεν ξυλα καγκανα, τοι δε λεχαιην
φυλλαδα λειμωνων φερον ασπετον αμησαντες,
στορνυσθαι· τοι δ' αμφι πυρηια δινευεσκον·
οι δ' οινον κρητηρσι κερων, πονεοντο τε δαιτα,
Εκβασιω ρεξαντες υπο κνεφας Απολλωνι.

Argon. I, v. 1182.

*

At pius Æneas arces quibus altus Apollo
10 Præsidet, horrendæque procul secreta Sibyllæ,
Antrum immane, petit: magnam cui mentem animum-
Delius inspirat vates, aperitque futura. [que
Jàm subeunt Triviæ lucos atque aurea tecta.
Dædalus, ut fama est, fugiens Minoïa regna,
Præpetibus pennis ausus se credere cœlo,
Insuetum per iter gelidas enavit ad arctos,
Chalcidicâque levis tandem super adstitit arce.
Redditus his primùm terris, tibi, Phœbe, sacravit
Remigium alarum, posuitque immania templa.
20 In foribus lethum Androgeo : tùm pendere pœnas
Cecropidæ jussi, miserum! septena quotannis
Corpora natorum; stat ductis sortibus urna.
Contrà elata mari respondet Gnossia tellus.
Hîc crudelis amor tauri, suppostaque furto
Pasiphaë, mixtumque genus, prolesque biformis
Minotaurus inest, Veneris monumenta nefandæ.
Hîc labor ille domûs et inextricabilis error :
Magnum reginæ sed enim miseratus amorem
Dædalus, ipse dolos tecti ambagesque resolvit.
50 Cæca regens filo vestigia. Tu quoque magnam
Partem opere in tanto, sineret dolor, Icare, haberes.
Bis conatus erat casus effingere in auro :
Bis patriæ cecidêre manus. Quin protinùs omnia
Perlegerent oculis, ni jàm præmissus Achates
Afforet, atque unà Phœbi Triviæque sacerdos.
Deïphobe Glauci, fatur quæ talia regi ;
« Non hoc ista sibi tempus spectacula poscit :
Nunc grege de intacto septem mactare juvencos
Præstiterit, totidem lectas de more bidentes. »

Énée se rend au temple d'Apollon, monument immortel de la reconnoissance de Dédale, lorsque, fuyant la tyrannie de Minos, cet artiste célèbre fut accueilli en Sicile. La décoration de l'édifice rappelle celle du temple de Delphes, décrite par Euripide dans la tragédie d'*Ion* (*v.* 193). L'histoire de Thésée et d'Ariane, gravée ici par Dédale, est tirée de ces vers de Catulle :

    Nam perhibent olim crudeli peste coactam
    Androgoneæ pœnas exsolvere cædis,
    Electos juvenes simul et decus innuptarum
    Cecropiam solitam esse dapem dare Minotauro.
    Queis augusta malis cùm mœnia vexarentur,
    Ipse suum Theseus pro caris corpus Athenis,
    Projicere optavit potiùs, quàm talia Cretam
    Funera Cecropiæ, nec funera, portarentur.
    . . . .
    Indè pedem sospes multâ cum laude reflexit
    Errabunda regens tenui vestigia filo,
    Ne labyrintheis è flexibus egredientem
    Tecti frustraretur inobservabilis error.

                                        Noces de Thétis, *v.* 76 *et* 112.

Ovide a raconté dans le plus grand détail la fuite de Dédale et d'Icare (*Métam. VIII, v.* 183); mais ni lui ni Catulle n'ont su peindre comme Virgile la douleur paternelle triomphant du génie.

Le poëte après cette description, dont le témoignage de Strabon atteste l'exactitude, fait paroître aux yeux d'Énée la Sibylle Déiphobe, la troisième des prêtresses inspirées à qui les anciens aient accordé ce titre. Elles étoient au nombre de dix, désignées par le nom de leur patrie : Delphes, Erythrée, Cumes en Italie, Samos, Cumes en Ionie, l'Hellespont, la Libye, la Perse, la Phrygie et Tibur.

                                      *

40 Talibus affata Ænean (nec sacra morantur
Jussa viri) Teucros vocat alta in templa sacerdos.
Excisum Euboïcæ latus ingens rupis in antrum,
Quò lati ducunt aditus centum, ostia centum,
Undè ruunt totidem voces, responsa Sibyllæ.
Ventum erat ad limen, cùm virgo : « Poscere fata
Tempus, ait : deus, ecce deus. » Cui talia fanti
Antè fores, subitò non vultus, non color unus,
Non comptæ mansêre comæ ; sed pectus anhelum
Et rabie fera corda tument ; majorque videri,
50 Nec mortale sonans, afflata est numine quandò
Jàm propiore dei. « Cessas in vota precesque,
Tros, ait Ænea ? cessas ? neque enim antè dehiscent
Attonitæ magna ora domûs. » Et talia fata,
Conticuit. Gelidus Teucris per dura cucurrit
Ossa tremor, fuditque preces rex pectore ab imo :
    « Phœbe, graves Trojæ semper miserate labores,
Dardana qui Paridis direxti tela manusque
Corpus in Æacidæ ; magnas obeuntia terras
Tot maria intravi, duce te, penitùsque repostas
60 Massylûm gentes, prætentaque syrtibus arva ;
Jàm tandem Italiæ fugientis prendimus oras :
Hâc Trojana tenùs fuerit fortuna secuta.
Vos quoque Pergameæ jàm fas est parcere genti,
Dîque deæque omnes, quibus obstitit Ilium, et ingens
Gloria Dardaniæ. Tuque, ô sanctissima vates,
Præscia venturi, da, non indebita posco
Regna meis fatis, Latio considere Teucros,
Errantesque deos, agitataque numina Trojæ.
Tùm Phœbo et Triviæ solido de marmore templum
70 Instituam, festosque dies de nomine Phœbi.
    Te quoque magna manent regnis penetralia nostris :

Hic ego namque tuas sortes, arcanaque fata
Dicta meæ genti, ponam, lectosque sacrabo,
Alma, viros : foliis tantùm ne carmina manda,
Ne turbata volent rapidis ludibria ventis,
Ipsa canas, oro. » Finem dedit ore loquendi.

At, Phœbi nondùm patiens, immanis in antro
Bacchatur vates, magnum si pectore possit
Excussisse deum : tantò magis ille fatigat
80 Os rabidum, fera corda domans, fingitque premendo.
Ostia jamque domûs patuêre ingentia centum
Sponte suâ, vatisque ferunt responsa per auras :
« O tandem magnis pelagi defuncte periclis !
Sed terrâ graviora manent. In regna Lavinî
Dardanidæ venient, mitte hanc de pectore curam ;
Sed non et venisse volent : bella, horrida bella,
Et Tibrim multo spumantem sanguine cerno.
Non Simoïs tibi, nec Xanthus, nec Dorica castra
Defuerint : alius Latio jàm partus Achilles,
90 Natus et ipse deâ ; nec Teucris addita Juno
Usquam aberit. Quem tu supplex in rebus egenis,
Quas gentes Italûm, aut quas non oraveris urbes !
Causa mali tanti, conjux iterùm hospita Teucris,
Externique iterùm thalami.
Tu ne cede malis : sed contrâ audentior ito,
Quàm tua te fortuna sinet. Via prima salutis,
Quod minimè reris, Graiâ pandetur ab urbe. »

Cette scène sublime d'inspiration prophétique fait d'autant plus d'honneur au pinceau de Virgile, qu'il n'en a point trouvé de modèle dans ce qui nous reste de l'antiquité grecque. On ne peut comparer à l'enthousiasme de Déiphobe les froids discours de la Sibylle de Delphes dans Eschyle et dans Euripide (*Euménides*, v. 1) (*Ion*, v. 1335), ni même le début de l'hymne de Callimaque que nous avons transcrit au 3me. livre (v. 90). Les seuls morceaux qui s'en rapprochent, quoiqu'avec une infériorité marquée, sont les prédictions de Cassandre dans l'*Agamemnon* d'Eschyle (*v*. 1072) et dans les *Troyennes* d'Euripide (*v*. 310), et le portrait de Cassandre elle-même dans l'*Iphigénie* du même auteur :

Τὰν Κασσάνδραν ἵν᾽ ἀκούω
ῥίπτειν ξανθοὺς πλοκάμους,
χλωροκόμῳ στεφάνῳ δάφνας
κοσμηθεῖσαν, ὅταν θεοῦ
μαντόσυνοι πνεύσωσ᾽ ἀνάγκαι.

Iphig. en Aulide, v. 763.

On connoît la belle imitation de J. B. Rousseau dans les quatre premières strophes de l'Ode *au comte du Luc*. Les vœux exprimés par Enée font allusion à différens traits de l'histoire romaine, tels que la garde des livres Sibyllins confiée à dix pontifes, les jeux Apollinaires institués pendant les guerres puniques, et le temple d'Apollon élevé par Auguste en mémoire de la bataille d'Actium.

Quant à la prédiction de la Sibylle annonçant à Enée les sanglants exploits de Turnus, elle n'a été surpassée chez les modernes que par la prophétie de Joad, puisée par Racine dans le texte d'Isaïe (*Athalie*, act. III, sc. 7). Les vers de Virgile respirent cette ardeur belliqueuse qui animoit les conquérants du monde ; les paroles de l'interprète sacré ont la majesté inaltérable de l'arbitre suprême des destinées humaines.

★

Talibus ex adyto dictis Cumæa Sibylla
Horrendas canit ambages, antroque remugit,
100 Obscuris vera involvens : ea fræna furenti

Concutit, et stimulos sub pectore vertit Apollo.
Ut primùm cessit furor, et rabida ora quiêrunt,
Incipit Æneas heros : « Non ulla laborum,
O virgo, nova mî facies inopinave surgit;
Omnia præcepi, atque animo mecum antè peregi.
Unum oro : quandò hîc inferni janua regis
Dicitur, et tenebrosa palus Acheronte refuso :
Ire ad conspectum cari genitoris et ora
Contingat; doceas iter, et sacra ostia pandas.
110 Illum ego per flammas et mille sequentia tela
Eripui his humeris, medioque ex hoste recepi;
Ille meum comitatus iter, maria omnia mecum,
Atque omnes pelagique minas cœlique ferebat
Invalidus, vires ultrà sortemque senectæ.
Quin, ut te supplex peterem et tua limina adirem,
Idem orans mandata dabat. Natique patrisque,
Alma, precor, miserere : potes namque omnia; nec te
Nequidquam lucis Hecate præfecit Avernis.
Si potuit manes arcessere conjugis Orpheus
120 Treïciâ fretus citharâ fidibusque canoris :
Si fratrem Pollux alternâ morte redemit,
Itque reditque viam toties : quid Thesea magnum,
Quid memorem Alciden ? et mî genus ab Jove summo. »
Talibus orabat dictis, arasque tenebat;
Cùm sic orsa loqui vates : « Sate sanguine divûm,
Tros Anchisiade, facilis descensus Averno;
Noctes atque dies patet atri janua Ditis :
Sed revocare gradum, superasque evadere ad auras
Hoc opus, hic labor est. Pauci, quos æquus amavit
130 Jupiter, aut ardens evexit ad æthera virtus,
Dis geniti potuêre. Tenent media omnia silvæ.
Cocytusque sinu labens circumfluit atro.

Quòd si tantus amor menti, si tanta cupido est
Bis Stygios innare lacus, bis nigra videre
Tartara, et insano juvat indulgere labori,
Accipe quæ peragenda priùs. Latet arbore opacâ
Aureus et foliis et lento vimine ramus,
Junoni infernæ dictus sacer : hunc tegit omnis
Lucus, et obscuris claudunt convallibus umbræ.
140 Sed non antè datur telluris operta subire,
Auricomos quàm quis decerpserit arbore fœtus.
Hoc sibi pulchra suum ferri Proserpina munus
Instituit. Primo avulso non deficit alter
Aureus, et simili frondescit virga metallo.
Ergò altè vestiga oculis, et ritè repertum
Carpe manu : namque ipse volens facilisque sequetur,
Si te fata vocant; aliter non viribus ullis
Vincere, nec duro poteris convellere ferro.
Præterea jacet exanimum tibi corpus amici,
150 Heu nescis ! totamque incestat funere classem ;
Dum consulta petis nostroque in limine pendes.
Sedibus hunc refer antè suis, et conde sepulcro.
Duc nigras pecudes : ea prima piacula sunto.
Sic demùm lucos Stygios, regna invia vivis,
Aspicies. » Dixit, pressoque obmutuit ore.

Les sentiments les plus touchants succèdent dans ce second entretien aux terribles effets d'une force surnaturelle. L'exemple des demi-dieux sur lesquels Enée appuie sa demande, rappelle cette énumération de Moschus dans l'éloge funèbre de Bion :

Δακρυχέων τεὸν οἶτον ὀδύρομαι. εἰ δυνάμαν δὲ,
ὡς Ὀρφεὺς καταβὰς ποτὶ Τάρταρον, ὥς ποκ' Ὀδυσσεὺς,
ὡς πάρος Ἀλκείδας, κἠγὼ τάχ' ἂν ἐς δόμον ἦλθον
Πλουτέος.

Id. III, v. 122.

Homère a aussi dit de Castor et Pollux, dans quatre vers imités par Virgile :

Τοὺς ἄμφω ζωοὺς κατέχει φυσίζοος αἶα·
οἳ καὶ νέρθεν γῆς τιμὴν πρὸς Ζηνὸς ἔχοντες,
ἄλλοτε μὲν ζώουσ' ἑτερήμεροι, ἄλλοτε δ' αὖτε
τεθνᾶσιν, τιμὴν δὲ λελόγχασ' ἶσα θεοῖσι.

Od. XI, v. 300.

La réponse de la Sibylle à Énée correspond au passage d'Homère dans lequel Circé indique à Ulysse les moyens de pénétrer dans l'Érèbe, et les libations qu'il doit offrir aux mânes. Voici le commencement de son discours :

Διογενὲς Λαερτιάδη, πολυμήχαν' Ὀδυσσεῦ,
μή τί τοι ἡγεμόνος γε ποθὴ παρὰ νηΐ μελέσθω.
ἱστὸν δὲ στήσας, ἀνὰ δ' ἱστία λευκὰ πετάσσας
ἧσθαι· τὴν δέ κέ τοι πνοιὴ Βορέαο φέρῃσιν.
ἀλλ' ὁπότ' ἂν δὴ νηΐ δι' ὠκεανοῖο περήσῃς,
ἔνθ' ἀκτή τε λάχεια καὶ ἄλσεα Περσεφονείης,
μακραί τ' αἴγειροι, καὶ ἰτέαι ὠλεσίκαρποι,
νῆα μὲν αὐτοῦ κέλσαι ἐπ' ὠκεανῷ βαθυδίνῃ,
αὐτὸς δ' εἰς Ἀΐδεω ἰέναι δόμον εὐρώεντα.

Od. X, v. 504.

Virgile a remplacé les détails du sacrifice par la fiction du rameau d'or, qu'il a su lier intimement aux funérailles de Misène, préludant ainsi par une cérémonie lugubre à l'imposant spectacle des enfers.

II.

Æneas mœsto defixus lumina vultu
Ingreditur, linquens antrum, cæcosque volutat
Eventus animo secum : cui fidus Achates
It comes, et paribus curis vestigia figit.
160 Multa inter sese vario sermone serebant :
Quem socium exanimem vates, quod corpus human-
Diceret. Atque illi Misenum in littore sicco, [dum
Ut venêre, vident indignâ morte peremptum ;
Misenum Æoliden, quo non præstantior alter
Ære ciere viros, martemque accendere cantu.
Hectoris hic magni fuerat comes, Hectora circùm
Et lituo pugnas insignis obibat et hastâ.
Postquam illum vitâ victor spoliavit Achilles,
Dardanio Æneæ sese fortissimus heros
170 Addiderat socium, non inferiora secutus.
Sed tum fortè cavâ dùm personat æquora conchâ,
Demens! et cantu vocat in certamina divos,
Æmulus exceptum Triton, si credere dignum est,
Inter saxa virum spumosâ immerserat undâ.
Ergò omnes magno circùm clamore fremebant ;
Præcipuè pius Æneas. Tùm jussa Sibyllæ,
Haud mora, festinant flentes ; aramque sepulcri
Congerere arboribus, cœloque educere certant.
Itur in antiquam silvam, stabula alta ferarum :
180 Procumbunt piceæ ; sonat icta securibus ilex ;
Fraxineæque trabes, cuneis et fissile robur
Scinditur ; advolvunt ingentes montibus ornos.

LIVRE VI.   383

Le trompette Misène, dont Virgile fait ici le compagnon d'Hector, n'est cité nulle part dans l'Iliade; mais son nom est célèbre dans les antiquités de l'Italie. Sa punition rappelle celle du poëte thrace Thamyris, prédécesseur d'Homère (*Il. II*, *v.* 594), et celle de l'archer Eurytus, qui défia également les dieux (*Od. VIII, v.* 226).

Les derniers vers par lesquels Virgile décrit la construction du bûcher, sont tirés de ce passage d'Ennius:

 Incedunt: arbusta præalta securibu' cædunt;
Percellunt magnas quercus; exciditur ilex;
Fraxinu' frangitur, atque abies consternitur alta;
Pinus proceras pervertunt: omne sonabat
Arbustum fremitu silvaï frondosaï.
      Annales, liv. VI.

Ces détails, brillamment développés par Lucain dans la destruction du bois sacré de Marseille (*Pharsale, ch. III, v.* 399), et par le Tasse dans le bois de Palestine (*Jérusalem, ch. III, st.* 75), se trouvent originairement dans les funérailles de Patrocle:

Μυρομένοισι δὲ τοῖσι φάνη ῥοδοδάκτυλος ἠώς
ἀμφὶ νέκυν ἐλεεινόν. ἀτὰρ κρείων Ἀγαμέμνων
οὐρῆάς τ' ὤτρυνε καὶ ἀνέρας, ἀξέμεν ὕλην,
πάντοθεν ἐκ κλισιέων· ἐπὶ δ' ἀνὴρ ἐσθλὸς ὀρώρει,
Μηριόνης, θεράπων ἀγαπήνορος Ἰδομενῆος.
οἱ δ' ἴσαν, ὑλοτόμους πελέκεας ἐν χερσὶν ἔχοντες,
σειράς τ' εὐπλέκτους· πρὸ δ' ἄρ' οὐρῆες κίον αὐτῶν·
πολλὰ δ' ἄναντα, κάταντα, πάραντά τε, δόχμιά τ' ἦλθον·
ἀλλ' ὅτε δὴ κνημοὺς προσέβαν πολυπίδακος Ἴδης,
αὐτίκ' ἄρα δρῦς ὑψικόμους τανᾳήκεϊ χαλκῷ
τάμνον ἐπειγόμενοι· ταὶ δὲ μεγάλα κτυπέουσαι
πίπτον· τὰς μὲν ἔπειτα διαπλήσσοντες Ἀχαιοί,
ἔκδεον ἡμιόνων· ταὶ δὲ χθόνα ποσσὶ δατεῦντο,
ἐλδόμεναι πεδίοιο, διὰ ῥωπήϊα πυκνά.
πάντες δ' ὑλοτόμοι φιτροὺς φέρον· ὣς γὰρ ἀνώγει

Μηριόνης, θεράπων ἀγαπήνορος Ἰδομενῆος.
κὰδ δ' ἄρ' ἐπ' ἀκτῆς βάλλον ἐπισχερώ, ἔνθ' ἄρ' Ἀχιλλεὺς
φράσσατο Πατρόκλῳ μέγα ἠρίον, ἠδὲ οἷ αὐτῷ.

IL. XXIII, v. 109.

★

Nec non Æneas opera inter talia primus
Hortatur socios, paribusque accingitur armis.
Atque hæc ipse suo tristi cum corde volutat,
Aspectans silvam immensam, et sic voce precatur :
« Si nunc se nobis ille aureus arbore ramus
Ostendat nemore in tanto ! quandò omnia verè
Heu nimiùm de te vates, Misene, locuta est. »
190 Vix ea fatus erat, geminæ cùm fortè columbæ
Ipsa sub ora viri cœlo venêre volantes,
Et viridi sedêre solo. Tùm maximus heros
Maternas agnoscit aves, lætusque precatur :
« Este duces, ô, si qua via est, cursumque per auras
Dirigite in lucos, ubi pinguem dives opacat
Ramus humum. Tuque, ô, dubiis ne defice rebus,
Diva parens. » Sic effatus, vestigia pressit,
Observans quæ signa ferant, quò tendere pergant.
Pascentes illæ tantùm prodire volando,
200 Quantùm acie possent oculi servare sequentum.
Indè, ubi venêre ad fauces graveolentis Averni,
Tollunt se celeres, liquidumque per aëra lapsæ
Sedibus optatis geminæ super arbore sidunt,
Discolor undè auri per ramos aura refulsit.
Quale solet silvis brumali frigore viscum
Fronde virere novâ, quod non sua seminat arbos,
Et croceo fœtu teretes circumdare truncos :
Talis erat species auri frondentis opacâ

Ilice, sic leni crepitabat bractea vento.
210 Corripit Æneas extemplò, avidusque refringit
 Cunctantem, et vatis portat sub tecta Sibyllæ.

L'apparition des colombes de Vénus fait allusion à l'oracle de Dodone, dont deux de ces oiseaux étoient les interprètes (*Trachiniennes*, *v.* 172). Elle rappelle aussi le passage d'Apollonius où une colombe est sauvée par Jason (*Argon. III*, *v.* 540), et plus particulièrement encore ces vers d'Homère, où Minerve envoie un augure favorable à Diomède et Ulysse marchant vers les tentes de Rhésus :

Τὼ δ' ἐπεὶ οὖν ὅπλοισιν ἔνι δεινοῖσιν ἐδύτην,
βάν ῥ' ἰέναι, λιπέτην δὲ κατ' αὐτόθι πάντας ἀρίστους.
τοῖσι δὲ δεξιὸν ἧκεν ἐρωδιὸν ἐγγὺς ὁδοῖο
Παλλὰς Ἀθηναίη· τοὶ δ' οὐκ ἴδον ὀφθαλμοῖσιν
νύκτα δι' ὀρφναίην, ἀλλὰ κλάγξαντος ἄκουσαν.
χαῖρε δὲ τῷ ὄρνιθ' Ὀδυσεύς, ἠρᾶτο δ' Ἀθήνῃ·
Κλῦθί μευ, αἰγιόχοιο Διὸς τέκος, ἥτε μοι αἰεὶ
ἐν πάντεσσι πόνοισι παρίστασαι, οὐδέ σε λήθω
κινύμενος, νῦν αὖτε μάλιστά με φίλαι, Ἀθήνη·
δὸς δὲ πάλιν ἐπὶ νῆας εὐκλείας ἀφικέσθαι,
ῥέξαντας μέγα ἔργον, ὅ κε Τρώεσσι μελήσει. »

Il. X, v. 272.

L'élégante comparaison du rameau d'or avec le gui sacré du chêne, peut s'assimiler aux fruits du jardin des Hespérides (*Argon. IV*, *v.* 1398), et surtout à la toison d'or aperçue par Jason et Médée :

Τὼ δὲ δι' ἀτραπιτοῖο μεθ' ἱερὸν ἄλσος ἵκοντο,
φηγὸν ἀπειρεσίην διζημένω, ἦ ἔπι κῶας
βέβλητο, νεφέλῃ ἐναλίγκιον, ἥ τ' ἀνιόντος
ἠελίου φλογερῇσιν ἐρεύθεται ἀκτίνεσσιν.

Argon. IV, v. 123.

★

Études grecq. IIe Partie.

Nec minùs intereà Misenum in littore Teucri
Flebant, et cineri ingrato suprema ferebant.
Principio pinguem tædis et robore secto
Ingentem struxêre pyram : cui frondibus atris
Intexunt latera, et ferales antè cupressos
Constituunt, decorantque super fulgentibus armis.
Pars calidos latices et ahena undantia flammis
Expediunt, corpusque lavant frigentis et ungunt.
220 Fit gemitus : tùm membra toro defleta reponunt,
Purpureasque super vestes, velamina nota,
Conjiciunt; pars ingenti subiêre feretro,
Triste ministerium ! et subjectam more parentum
Aversi tenuêre facem : congesta cremantur
Thurea dona, dapes, fuso crateres olivo.
Postquam collapsi cineres, et flamma quievit,
Relliquias vino et bibulam lavêre favillam,
Ossaque lecta cado texit Corynæus aheno.
Idem ter socios purâ circumtulit undâ,
230 Spargens rore levi et ramo felicis olivæ,
Lustravitque viros, dixitque novissima verba.
At pius Æneas ingenti mole sepulcrum
Imponit, suaque arma viro, remumque, tubamque,
Monte sub aërio, qui nunc Misenus ab illo
Dicitur, æternumque tenet per sæcula nomen.

Toutes ces cérémonies religieuses se retrouvent dans les funérailles de Patrocle, commencées dès le 18ᵐᵉ. chant de l'Iliade (v. 343), et terminées au 23ᵐᵉ.

Αὐτίκα λαὸν μὲν σκέδασεν κατὰ νῆας ἐΐσας·
κηδεμόνες δὲ παρ᾽ αὖθι μένον, καὶ νήεον ὕλην·
ποίησαν δὲ πυρὴν ἑκατόμπεδον ἔνθα καὶ ἔνθα,

LIVRE VI. 587

ἐν δὲ πυρῇ ὑπάτῃ νεκρὸν θέσαν, ἀχνύμενοι κῆρ.
πολλὰ δὲ ἴφια μῆλα καὶ εἰλίποδας ἕλικας βοῦς
πρόσθε πυρῆς ἔδερόν τε καὶ ἄμφεπον· ἐκ δ' ἄρα πάντων
δημὸν ἑλών, ἐκάλυψε νέκυν μεγάθυμος Ἀχιλλεὺς
ἐς πόδας ἐκ κεφαλῆς, περὶ δὲ δρατὰ σώματα νήει·
ἐν δ' ἐτίθει μέλιτος καὶ ἀλείφατος ἀμφιφορῆας.
. . . .
ἐν δὲ πυρὸς μένος ἧκε σιδήρεον, ὄφρα νέμοιτο.
ᾤμωξέν τ' ἄρ' ἔπειτα, φίλον δ' ὀνόμηνεν ἑταῖρον.
. . . .
πρῶτον μὲν κατὰ πυρκαϊὴν σβέσαν αἴθοπι οἴνῳ,
ὅσσον ἐπὶ φλὸξ ἦλθε, βαθεῖα δὲ κάππεσε τέφρη·
κλαίοντες δ' ἑτάροιο ἐνηέος ὀστέα λευκὰ
ἄλλεγον ἐς χρυσέην φιάλην καὶ δίπλακα δημόν·
ἐν κλισίῃσι δὲ θέντες, ἑανῷ λιτὶ κάλυψαν·
τορνώσαντο δὲ σῆμα, θεμείλιά τε προβάλοντο
ἀμφὶ πυρήν· εἶθαρ δὲ χυτὴν ἐπὶ γαῖαν ἔχευαν.
  Il. XXIII, v. 162, 177 et 250.

L'aspersion des eaux lustrales n'est pas mentionnée dans Homère, mais elle se retrouve dans ce vers de Théocrite sur la purification du palais d'Alcmène :

Θαλλῷ ἐπιρραίνειν ἐστεμμένον ἀβλαβὲς ὕδωρ.
  Idylle XXIV, v. 96.

Enfin le modèle du tombeau de Misène, surmonté de son clairon et de sa rame, est tracé dans celui d'Elpénor, au 11me. chant de l'Odyssée :

Αὐτὰρ ἐπεὶ νεκρός τ' ἐκάη καὶ τεύχεα νεκροῦ,
τύμβον χεύαντες, καὶ ἐπὶ στήλην ἐρύσαντες,
πήξαμεν ἀκροτάτῳ τύμβῳ εὐῆρες ἐρετμόν.
  Od. XII, v. 13.

* 25

Le cap Misène, cité par Denys d'Halicarnasse et tous les géographes romains comme ayant reçu son nom du compagnon d'Enée, étoit situé au sud-ouest de *Pouzzol*, à peu de distance du lac Averne.

Ici commence le bel épisode de la descente d'Enée aux enfers, dans lequel Virgile a su allier aux rêves brillants du paganisme les dogmes épurés de la morale et les destinées de l'empire romain. Homère l'a précédé ici comme dans toutes ses autres compositions. L'évocation des ombres au 11me. chant de l'Odyssée, où Ulysse consulte le devin Tirésias, est remplie de traits énergiques dont le chantre d'Auguste a profité. Il en a même tiré ses scènes les plus intéressantes ; les quatre apparitions successives de Palinure, Didon, Déiphobe et Anchise sont calquées sur celles d'Elpénor, Ajax, Agamemnon et Anticlée. Mais ce qu'il ne doit qu'à lui-même, c'est l'admirable distribution de ce vaste édifice. Ulysse se contente d'évoquer les ombres qui se présentent séparément à ses regards ; Enée nous fait pénétrer avec lui jusqu'au centre de la terre ; nous y reconnoissons la place de chaque mortel ; nous y voyons les supplices réservés au crime et les récompenses qui attendent la vertu. Ces idées consolantes d'une philosophie religieuse, ces principes immuables de l'immortalité de l'âme et d'une juste rétribution après cette vie, que le poëte a puisés dans les écrits de Platon, et surtout dans la *Vision d'Hérus* qui termine le traité de la *République*, donnent à sa description un grand avantage sur celle d'Homère, où tout est vague et confus, où les justes ne paroissent pas plus heureux que les méchants ; où le crime est puni, sans que la vertu soit récompensée. Mais ce qui achève d'assurer sa supériorité, c'est la brillante revue de la postérité d'Enée ; conception neuve et vraiment originale qui a fait de ce sixième livre le modèle de l'épopée moderne.

La descente aux enfers a été imitée par Fénélon aux livres 18 et 19 de *Télémaque*, et par Voltaire au chant 7 de la *Henriade*. Le Tasse et Milton en ont semé une foule de traits dans leurs ouvrages ; mais personne n'en a tiré un parti plus remarquable que le sombre auteur de la *Divine Comédie*. Le Dante, en profitant du plan de Virgile, a conservé tous les priviléges de l'invention. Il n'a appuyé sur lui que la base de son hardi monument, et l'a peuplé à sa manière des fantômes de son imagination. S'il est incomparablement inférieur au poëte latin pour la pureté du style et de la sage distribution des détails, il le surpasse par sa mordante énergie, et mérite, malgré ses écarts, de lui être souvent comparé.

~~~~~~

III.

His actis, properè exsequitur præcepta Sibyllæ.
Spelunca alta fuit, vastoque immanis hiatu,
Scrupea, tuta lacu nigro nemorumque tenebris ;
Quam super haud ullæ poterant impunè volantes
240 Tendere iter pennis : talis sese halitus atris
Faucibus effundens supera ad convexa ferebat ;
Undè locum Graii dixerunt nomine Avernum.
Quatuor hic primùm nigrantes terga juvencos
Constituit, frontique invergit vina sacerdos ;
Et summas carpens media inter cornua setas,
Ignibus imponit sacris, libamina prima,
Voce vocans Hecaten, cœloque ereboque potentem.
Supponunt alii cultros, tepidumque cruorem
Suscipiunt pateris. Ipse atri velleris agnam
250 Æneas matri Eumenidum, magnæque sorori
Ense ferit, sterilemque tibi, Proserpina, vaccam.
Tùm Stygio regi nocturnas inchoat aras,

Et solida imponit taurorum viscera flammis,
Pingue super oleum infundens ardentibus extis.
   Ecce autem primi sub lumina solis et ortus,
Sub pedibus mugire solum, et juga cœpta moveri
Silvarum, visæque canes ululare per umbram,
Adventante deâ. « Procul, ô, procul este profani,
Conclamat vates, totoque absistite luco;
260 Tuque invade viam, vaginâque eripe ferrum :
Nunc animis opus, Ænea, nunc pectore firmo. »
Tantùm effata, furens antro se immisit aperto :
Ille ducem haud timidis vadentem passibus æquat.

Virgile place la porte des enfers dans un antre près de l'Averne, marais infect des environs de Cumes. Il attribue à ses exhalaisons sulfureuses la force d'asphyxier les oiseaux dans les airs, transportant ici l'image du rocher de Scylla (*Od. XII, v.* 62), et celle des bouches de l'Eridan (*Argon. IV, v.* 601).

L'auteur de l'Odyssée relègue l'entrée fatale dans le pays des Cimmériens, situé aux sources de l'Océan. Ulysse, parti de l'île d'AEa, y arrive après un jour de navigation, et offre un sacrifice funèbre, semblable à celui de la Sibylle :

Ἡμεῖς δ' ὅπλα ἕκαστα πονησάμενοι κατὰ νῆα,
ἥμεθα· τὴν δ' ἄνεμός τε, κυβερνήτης τ' ἴθυνεν.
τῆς δὲ πανημερίης τέταθ' ἱστία ποντοπορούσης,
δύσετο τ' ἠέλιος, σκιόωντό τε πᾶσαι ἀγυιαί.
ἡ δ' ἐς πείραθ' ἵκανε βαθυρρόου ὠκεανοῖο·
ἔνθα δὲ Κιμμερίων ἀνδρῶν δῆμός τε πόλις τέ,
ἠέρι καὶ νεφέλῃ κεκαλυμμένοι· οὐδέ ποτ' αὐτοὺς
ἠέλιος φαέθων ἐπιδέρκεται ἀκτίνεσσιν,
οὐδ' ὁπότ' ἂν στείχῃσι πρὸς οὐρανὸν ἀστερόεντα,
οὐδ' ὅταν ἂψ ἐπὶ γαῖαν ἀπ' οὐρανόθεν προτράπηται·
ἀλλ' ἐπὶ νὺξ ὀλοὴ τέταται δειλοῖσι βροτοῖσι.

νῆα μὲν ἔνθ᾽ ἐλθόντες ἐκέλσαμεν· ἐκ δὲ τὰ μῆλα
εἱλόμεθ᾽· αὐτοὶ δ᾽ αὖτε παρὰ ῥόον ὠκεανοῖο
ᾔομεν, ὄφρ᾽ ἐς χῶρον ἀφικόμεθ᾽, ὃν φράσε Κίρκη·
ἔνθ᾽ ἱερήϊα μὲν Περιμήδης, Εὐρύλοχός τε,
εἶχον· ἐγὼ δ᾽ ἄορ ὀξὺ ἐρυσσάμενος παρὰ μηροῦ,
βόθρον ὄρυξα, ὅσον τε πυγούσιον, ἔνθα καὶ ἔνθα·
ἀμφ᾽ αὐτῷ δὲ χοὰς χέομεν πᾶσιν νεκύεσσιν,
πρῶτα μελικρήτῳ, μετέπειτα δὲ ἡδέϊ οἴνῳ,
τὸ τρίτον αὖθ᾽ ὕδατι· ἐπὶ δ᾽ ἄλφιτα λευκὰ πάλυνον.
πολλὰ δὲ γουνούμην νεκύων ἀμενηνὰ κάρηνα,
ἐλθὼν εἰς Ἰθάκην, στεῖραν βοῦν, ἥτις ἀρίστη,
ῥέξειν ἐν μεγάροισι, πυρήν τ᾽ ἐμπλησέμεν ἐσθλῶν·
Τειρεσίῃ δ᾽ ἀπάνευθεν ὄϊν ἱερευσέμεν οἴῳ
παμμέλαν᾽, ὃς μήλοισι μεταπρέπει ἡμετέροισι.

Od. XI, v. 9.

Mais les prodiges qui accompagnent les libations d'Enée se retrouvent plus particulièrement dans le sacrifice magique de Jason, imité par le Dante (*Enfer, ch. III, v.* 130), et par Fénélon (*Télémaque, liv. XVIII*) :

Πῦρ ὑπένερθεν ἱεὶς, ἐπὶ δὲ μιγάδας χέε λοιβὰς,
Βριμὼ κικλήσκων Ἑκάτην ἐπαρωγὸν ἀέθλων·
καί ῥ᾽ ὁ μὲν ἀγκαλέσας πάλιν ἔστιχεν· ἡ δ᾽ ἀΐουσα
κευθμῶν ἐξ ὑπάτων δεινὴ θεὸς ἀντεβόλησεν
ἱροῖς Αἰσονίδαο· πέριξ δέ μιν ἐστεφάνωντο
σμερδαλέοι δρυΐνοισι μετὰ πτόρθοισι δράκοντες·
στράπτε δ᾽ ἀπειρέσιον δαΐδων σέλας· ἀμφὶ δὲ τήνγε
ὀξείῃ ὑλακῇ χθόνιοι κύνες ἐφθέγγοντο.
πίσεα δ᾽ ἔτρεμε πάντα κατὰ στίβον· αἱ δ᾽ ὀλόλυξαν
νύμφαι ἑλειονόμοι ποταμηΐδες, αἳ περὶ κείνην
Φάσιδος εἰαμενὴν Ἀμαρυντίου εἱλίσσονται.

Argon. III, v. 1210.

Enfin l'exclamation de la prêtresse rappelle la formule des initiations : ἑκάς, ἑκάς ὅστις ἀλιτρός, (Callimaque. *Hymne à Apollon*, v. 2).

*

Di quibus imperium est animarum, umbræque silen-
Et Chaos et Phlegethon, loca nocte tacentia latè, [tes,
Sit mihi fas audita loqui ; sit, numine vestro,
Pandere res altâ terrâ et caligine mersas.
    Ibant obscuri solâ sub nocte per umbram,
Perque domos Ditis vacuas, et inania regna :
270 Quale per incertam lunam sub luce malignâ
Est iter in silvis, ubi cœlum condidit umbrâ
Jupiter, et rebus nox abstulit atra colorem.
    Vestibulum antè ipsum, primisque in faucibus Orci
Luctus, et ultrices posuêre cubilia Curæ;
Pallentesque habitant Morbi, tristisque Senectus,
Et Metus, et malesuada Fames, ac turpis Egestas,
Terribiles visu formæ; Lethumque, Laborque,
Tum consanguineus Lethi Sopor, et mala mentis
Gaudia; mortiferumque adverso in limine Bellum,
280 Ferreique Eumenidum thalami, et Discordia demens,
Vipereum crinem vittis innexa cruentis.
In medio ramos annosaque brachia pandit
Ulmus opaca, ingens, quam sedem Somnia vulgò
Vana tenere ferunt, foliisque sub omnibus hærent.
Multaque prætereà variarum monstra ferarum,
Centauri in foribus stabulant, Scyllæque biformes,
Et centumgeminus Briareus, ac bellua Lernæ,
Horrendùm stridens, flammisque armata Chimæra,
Gorgones, Harpyiæque, et forma tricorporis umbræ.

290 Corripit hîc subitâ trepidus formidine ferrum
  Æneas, strictamque aciem venientibus offert ;
  Et, ni docta comes tenues sine corpore vitas
  Admoneat volitare cavâ sub imagine formæ,
  Irruat, et frustrà ferro diverberet umbras.

Après la majestueuse invocation du poëte, l'enfer s'ouvre à nos regards, et nous voyons sur le seuil de cette triste demeure tous les fléaux de l'humanité, tous les ministres de la mort. La Théogonie d'Hésiode n'a pas été moins utile à Virgile que l'évocation de l'Odyssée, pour la disposition générale de son tableau. C'est au poëte béotien qu'il doit l'énumération de tous ces maux personnifiés, dont il peuple l'entrée des enfers, et qu'Hésiode suppose fils de la Nuit et de la Discorde :

Νὺξ δ' ἔτεκε στυγερόν τε Μόρον καὶ Κῆρα μέλαιναν,
καὶ Θάνατον· τέκε δ' Ὕπνον, ἔτικτε δὲ φῦλον Ὀνείρων.
. . . .
τίκτε δὲ καὶ Νέμεσιν, πῆμα θνητοῖσι βροτοῖσι,
Νὺξ ὀλοή· μετὰ τὴν δ' Ἀπάτην τέκε καὶ Φιλότητα,
Γῆράς τ' οὐλόμενον, καὶ Ἔριν τέκε καρτερόθυμον.
αὐτὰρ Ἔρις στυγερὴ τέκε μὲν Πόνον ἀλγινόεντα,
Λήθην τε, Λοιμόν τε, καὶ Ἄλγεα δακρυόεντα,
Ὑσμίνας τε, Φόνους τε, Μάχας τ', Ἀνδροκτασίας τε,
Νείκεά τε, ψευδῆς τε Λόγους, Ἀμφιλογίας τε,
Δυσνομίην, Ἄτην τε, συνήθεας ἀλλήλοισιν.

Théog. v. 211 et 223.

On remarque, au milieu de tous ces fantômes allégoriques, l'arbre des Songes, imité de l'Iliade (*ch. XIV, v.* 286). C'est encore de la Théogonie que sont tirés tous les monstres qui l'entourent : les Centaures, les deux Scylla, le géant Briarée, l'hydre de Lerne, la Chimère, les Gorgones, les Harpies, et l'ombre de Géryon (*Théogonie*, *v*. 149, 313, 319, 274, 267 et 287). Leur histoire, détaillée dans les Métamorphoses d'Ovide, est devenue un des lieux communs de la poësie. Le Dante en a hérissé les approches de son Enfer, en les revêtant de formes encore plus horribles. Le Tasse les a tous fait comparoître dans le grand conseil tenu par Lucifer (*Jérusalem*, ch. *IV*, st. 5). Fénélon et Voltaire ne les ont pas oubliés dans la descente de Télémaque et d'Henri IV, mais ils leur ont donné des traits plus naturels; Voltaire surtout, en remplaçant les maux personnifiés par la peinture des vices du cœur humain, s'est montré le digne émule de Virgile (*Henriade*, ch. *VII*, *v*. 145).

★

Hinc via Tartarei quæ fert Acherontis ad undas :
Turbidus hîc cœno vastâque voragine gurges
Æstuat, atque omnem Cocyto eructat arenam.
Portitor has horrendus aquas et flumina servat
Terribili squalore Charon, cui plurima mento
500 Canities inculta jacet ; stant lumina flammâ ;
Sordidus ex humeris nodo dependet amictus.
Ipse ratem conto subigit, velisque ministrat,
Et ferrugineâ subvectat corpora cymbâ ;
Jam senior, sed cruda deo viridisque senectus.
Huc omnis turba ad ripas effusa ruebat,
Matres atque viri, defunctaque corpora vitâ
Magnanimûm heroum, pueri, innuptæque puellæ,
Impositique rogis juvenes antè ora parentum:
Quàm multa in silvis autumni frigore primo
510 Lapsa cadunt folia ; aut ad terram gurgite ab alto
Quàm multæ glomerantur aves, ubi frigidus annus
Trans pontum fugat, et terris immittit apricis.
Stabant orantes primi transmittere cursum,

LIVRE VI.

Tendebantque manus, ripæ ulterioris amore.
Navita sed tristis nunc hos, nunc accipit illos;
Ast alios longè submotos arcet arenâ.

Le passage irrévocable et la jonction des trois fleuves infernaux sont également indiqués par Homère, dans les avis de Circé à Ulysse :

Ενθα μὲν εἰς Ἀχέροντα Πυριφλεγέθων τὲ ῥέουσι,
Κώκυτός θ᾽, ὃς δὴ Στυγὸς ὕδατος ἐστιν ἀπορρώξ,
πέτρη τὲ, ξύνεσίς τε δύω ποταμῶν ἐριδούπων.
Od. X, v. 513.

Le poëte parle aussi dans l'Iliade du fleuve fatal qu'il faut traverser pour arriver au séjour des ombres : cette fiction, originaire des bords du Nil, étoit déjà répandue de son temps. Mais ni Homère, ni Hésiode ne nomment le nocher des enfers; le ministère de Charon est une invention des siècles postérieurs. Aristophane et Euripide sont les premiers qui l'aient mis en scène :

Ὁρῶ δίκωπον, ὁρῶ σκάφος,
νεκύων δὲ πορθμεὺς, ἔχων χέρ᾽ ἐπὶ κοντῷ,
Χάρων μ᾽ ἤδη καλεῖ.
Alceste, v. 258.

Quant à l'énumération des ombres qui se pressent autour de la barque, elle est traduite littéralement de l'Odyssée, comme nous l'avons déjà vu au 4ᵐᵉ. livre des Géorgiques (v. 471).

Τοὺς δ᾽ ἐπεὶ εὐχωλῇσι λιτῇσί τε, ἔθνεα νεκρῶν,
ἐλλισάμην, τὰ δὲ μῆλα λαβὼν ἀπεδειροτόμησα
ἐς βόθρον, ῥέε δ᾽ αἷμα κελαινεφές· αἱ δ᾽ ἀγέροντο
ψυχαὶ ὑπ᾽ ἐξ ἐρέβευς νεκύων κατατεθνειώτων,
νύμφαι τ᾽, ἠΐθεοί τε, πολύτλητοί τε γέροντες,
παρθενικαί τ᾽ ἀταλαὶ, νεοπενθέα θυμὸν ἔχουσαι·

πολλοὶ δ' οὐτάμενοι χαλκήρεσιν ἐγχείῃσιν,
ἄνδρες ἀρηΐφατοι, βεβροτωμένα τεύχε' ἔχοντες.

Od. XI, v. 34.

La comparaison des oiseaux est aussi imitée d'Homère (*Il. III*, *v.* 3); celle de la chute des feuilles, souvent employée dans l'Ecriture sainte, se retrouve dans l'entrevue de Diomède et de Glaucus (*Il. VI*, *v.* 146), et dans ce passage du dénombrement des vaisseaux :

Ἔσταν δ' ἐν λειμῶνι Σκαμανδρίῳ ἀνθεμόεντι,
μυρίοι, ὅσσα τε φύλλα καὶ ἄνθεα γίγνεται ὥρῃ.

Il. II, v. 467.

*

    Æneas, miratus enim, motusque tumultu :
« Dic, ait, ô virgo, quid vult concursus ad amnem ?
Quidve petunt animæ ? vel quo discrimine ripas
320 Hæ linquunt, illæ ramis vada livida verrunt ? »
    Olli sic breviter fata est longæva sacerdos :
« Anchisâ generate, deûm certissima proles,
Cocyti stagna alta vides, Stygiamque paludem,
Di cujus jurare timent et fallere numen.   [est
Hæc omnis, quam cernis, inops inhumataque turba
Portitor ille, Charon : hi quos vehit unda, sepulti.
Nec ripas datur horrendas et rauca fluenta
Transportare priùs, quàm sedibus ossa quiêrunt.
Centum errant annos, volitantque hæc littora circùm ;
330 Tùm demùm admissi stagna exoptata revisunt. »

Le dogme des anciens sur la nécessité des funérailles pour être admis dans le séjour du repos, est déjà consacré par Homère dans l'apparition de Patrocle à Achille :

Θάπτε με ὅττι τάχιστα, πύλας Ἀΐδαο περήσω.
τῆλέ με εἴργουσι ψυχαί, εἴδωλα καμόντων,
οὐδέ μέ πω μίσγεσθαι ὑπὲρ ποταμοῖο ἐῶσιν·
ἀλλ᾽ αὔτως ἀλάλημαι ἀν᾽ εὐρυπυλὲς Ἄϊδος δῶ.

Il. XXIII, v. 71.

C'est encore sur cette même croyance qu'est fondé l'entretien d'Ulysse avec Elpénor, qui, abandonné sans sépulture dans le palais de Circé, lui apparoît le premier sur les bords de l'Achéron, et le conjure de l'ensevelir. Virgile, développant cet épisode, en a formé celui de Palinure.

~~~~~~

IV.

Constitit Anchisâ satus, et vestigia pressit,
Multa putans, sortemque animo miseratus iniquam.
Cernit ibi mœstos, et mortis honore carentes,
Leucaspim, et Lyciæ ductorem classis Oronten,
Quos simul à Trojâ ventosa per æquora vectos
Obruit auster, aquâ involvens navemque virosque.
Ecce gubernator sese Palinurus agebat,
Qui Libyco nuper cursu, dùm sidera servat,
Exciderat puppi, mediis effusus in undis.
340 Hunc ubi vix multâ mœstum cognovit in umbrâ,
Sic prior alloquitur: « Quis te, Palinure, deorum
Eripuit nobis, medioque sub æquore mersit?
Dic age; namque mihi fallax haud antè repertus,
Hoc uno responso animum delusit Apollo,
Qui fore te ponto incolumem, finesque canebat
Venturum Ausonios: en hæc promissa fides est? »

Elpénor avoit péri au moment du départ d'Ulysse, en se laissant tomber du haut d'un toît. Le héros grec aperçoit son ombre et lui exprime les mêmes regrets qu'Enée :

Πρώτη δὲ ψυχὴ Ἐλπήνορος ἦλθεν ἑταίρου·
οὐ γάρ πω ἐτέθαπτο ὑπὸ χθονὸς εὐρυοδείης·
σῶμα γὰρ ἐν μεγάρῳ Κίρκης κατελείπομεν ἡμεῖς
ἄκλαυστον καὶ ἄθαπτον· ἐπεὶ πόνος ἄλλος ἔπειγε.
τὸν μὲν ἐγὼ δάκρυσα ἰδὼν, ἐλέησά τε θυμῷ,
καί μιν φωνήσας ἔπεα πτερόεντα προσηύδων·
« Ἐλπῆνορ, πῶς ἦλθες ὑπὸ ζόφον ἠερόεντα;
ἔφθης πεζὸς ἐὼν, ἢ ἐγὼ σὺν νηΐ μελαίνῃ. »

OD. XI, v. 51.

★

Ille autem : « Neque te Phœbi cortina fefellit,
Dux Anchisiade, nec me deus æquore mersit.
Namque gubernaclum multâ vi fortè revulsum,
350 Cui datus hærebam custos, cursusque regebam,
Præcipitans traxi mecum. Maria aspera juro
Non ullum pro me tantum cepisse timorem,
Quàm tua ne spoliata armis, excussa magistro,
Deficeret tantis navis surgentibus undis.
Tres notus hibernas immensa per æquora noctes
Vexit me violentus aquâ : vix lumine quarto
Prospexi Italiam, summâ sublimis ab undâ.
Paulatim adnabam terræ, jàm tuta tenebam :
Ni gens crudelis madidâ cum veste gravatum,
360 Prensantemque uncis manibus capita aspera montis,
Ferro invasisset, prædamque ignara putasset.
Nunc me fluctus habet, versantque in littore venti.
Quod te per cœli jucundum lumen et auras,
Per genitorem oro, per spes surgentis Iuli,

Eripe me his, invicte, malis! aut tu mihi terram
Injice, namque potes, portusque require Velinos;
Aut tu, si qua via est, si quam tibi diva creatrix
Ostendit (neque enim, credo, sine numine divûm
Flumina tanta paras, Stygiamque innare paludem),
370 Da dextram misero, et tecum me tolle per undas,
Sedibus ut saltem placidis in morte quiescam. »

Le commencement du récit de Palinure, sa lutte contre les vagues et contre les rochers, se retrouve dans le naufrage d'Ulysse sur la côte des Phéaciens :

Ενθα δύω νύκτας, δύο δ' ἤματα κύματι πηγῷ
πλάζετο· πολλὰ δέ οἱ κραδίη προτιόσσετ' ὄλεθρον.
ἀλλ' ὅτε δὴ τρίτον ἦμαρ ἐΰπλοκαμος τέλεσ' ἠώς,
καί τότ' ἔπειτ' ἄνεμος μὲν ἐπαύσατο, ἠδὲ γαλήνη
ἔπλετο νηνεμίη· ὁ δ' ἄρα σχεδὸν εἴσιδε γαῖαν,
ὀξὺ μάλα προϊδών, μεγάλου ὑπὸ κύματος ἀρθείς.
. . . .
ἀμφοτέρῃσι δὲ χερσὶν ἐπεσσύμενος λάβε πέτρης,
τῆς ἔχετο στενάχων, εἵως μέγα κῦμα παρῆλθε.
καὶ τὸ μὲν ὣς ὑπάλυξε· παλιρρόθιον δέ μιν αὖτις
πλῆξεν ἐπεσσύμενον, τηλοῦ δέ μιν ἔμβαλε πόντῳ.
ὡς δ' ὅτε πουλύποδος θαλάμης ἐξελκομένοιο
πρὸς κοτυληδονόφιν πυκιναὶ λάϊγγες ἔχονται,
ὣς τοῦ πρὸς πέτρῃσι θρασειάων ἀπὸ χειρῶν
ῥινοὶ ἀπέδρυφθεν· τὸν δὲ μέγα κῦμα κάλυψεν.

Od. V, v. 388 et 428.

Ses prières à Énée sont traduites de celles d'Elpénor :

Νῦν δέ σε τῶν ὄπιθεν γουνάζομαι οὐ παρεόντων,
πρός τ' ἀλόχου καὶ πατρός, ὅ σ' ἔτρεφε τυτθὸν ἐόντα,
Τηλεμάχου θ', ὃν μοῦνον ἐνὶ μεγάροισιν ἔλειπες·

οἶδα γὰρ, ὡς ἐνθένδε κιὼν δόμου ἐξ Ἀΐδαο,
νῆσον ἐς Αἰαίην σχήσεις ἐυεργέα νῆα·
ἔνθα σ' ἔπειτα, ἄναξ, κέλομαι μνήσασθαι ἐμεῖο,
μή μ' ἄκλαυστον, ἄθαπτον, ἰὼν ὄπιθεν καταλείπειν,
νοσφισθείς, μή τοί τι θεῶν μήνιμα γένωμαι·
ἀλλά με κακκῆαι σὺν τεύχεσιν, ἅσσα μοί ἐστιν,
σῆμα τέ μοι χεῦαι, πολιῆς ἐπὶ θινὶ θαλάσσης,
ἀνδρὸς δυστήνοιο, καὶ ἐσσομένοισι πυθέσθαι·
ταῦτά τέ μοι τελέσαι, πῆξαί τ' ἐπὶ τύμβῳ ἐρετμόν,
τῷ καὶ ζωὸς ἔρεσσον, ἐὼν μετ' ἐμοῖς ἑτάροισιν.

Od. XI, v. 66.

★

Talia fatus erat, cœpit cùm talia vates :
« Undè hæc, ô Palinure, tibi tàm dira cupido?
Tu Stygias inhumatus aquas amnemque severum
Eumenidum aspicies ? ripamve injussus abibis?
Desine fata deûm flecti sperare precando.
Sed cape dicta memor, duri solatia casûs :
Nam tua finitimi longè latèque per urbes
Prodigiis acti cœlestibus, ossa piabunt;
380 Et statuent tumulum, et tumulo solemnia mittent;
Æternumque locus Palinuri nomen habebit. »
His dictis curæ emotæ, pulsusque parumper
Corde dolor tristi : gaudet cognomine terrâ.

La réponse de la Sibylle à Palinure fait allusion à un trait historique. Les habitants de Vélia, sur la côte desquels il avoit péri, attribuant la peste dont ils étoient affligés à la vengeance de son ombre irritée, lui élevèrent un tombeau, et donnèrent au promontoire voisin le nom de *cap Palinure*, qu'il conserve encore aujourd'hui.

★

Ergò iter inceptum peragunt, fluvioque propinquant.
Navita quos jàm indè ut Stygiâ prospexit ab undâ
Per tacitum nemus ire, pedemque advertere ripæ,
Sic prior aggreditur dictis, atque increpat ultrò :
« Quisquis es, armatus qui nostra ad flumina tendis,
Fare age quid venias, jàm istinc et comprime gressum.
390 Umbrarum hic locus est, Somni, Noctisque sopóræ :
Corpora viva nefas Stygiâ vectare carinâ.
Nec verò Alciden me sum lætatus euntem
Accepisse lacu, nec Thesea Pirithoïumque,
Dis quamquam geniti atque invicti viribus essent.
Tartareum ille manu custodem in vincla petivit,
Ipsius à solio regis, traxitque trementem ;
Hi dominam Ditis thalamo deducere adorti. »

Enée et la Sibylle s'avancent vers l'Achéron ; les menaces que leur fait le terrible nocher sont une imitation ennoblie d'une scène d'Aristophane :

Τίς εἰς ἀνάπαυλας ἐκ κακῶν καὶ πραγμάτων
τίς εἰς τὸ Λήθης πεδίον ;

Grenouilles, v. 187.

La victoire d'Hercule sur Cerbère est mentionnée dans l'évocation de l'Odyssée, où Hercule lui-même la raconte à Ulysse :

Καί ποτέ μ᾽ ἐνθάδ᾽ ἔπευψε κύν᾽ ἄξοντ᾽· οὐ γὰρ ἔτ᾽ ἄλλον
φράζετο τοῦδέ τί μοι χαλεπώτερον εἶναι ἄεθλον,
τὸν μὲν ἐγὼν ἀνένεικα καὶ ἤγαγον ἐξ ἀΐδαο·
Ἑρμείας δέ μ᾽ ἔπεμψεν, ἰδὲ γλαυκῶπις Ἀθήνη.

Od. XI, v. 622.

Elle est également rapportée dans l'Iliade (ch. VIII, v. 367). Mais Homère ne parle nulle part de la tentative de Thésée et de Pirithoüs, Euripide est le premier qui y fasse allusion dans l'*Hercule furieux* (v. 620), et dans les *Héraclides* (v. 219).

★

Quæ contrà breviter fata est Amphrysia vates :
« Nullæ hîc insidiæ tales, absiste moveri ;
400 Nec vim tela ferunt : licet ingens janitor antro
Æternùm latrans exsangues terreat umbras ;
Casta licet patrui servet Proserpina limen.
Troïus Æneas, pietate insignis et armis,
Ad genitorem imas Erebi descendit ad umbras.
Si te nulla movet tantæ pietatis imago,
At ramum hunc (aperit ramum qui veste latebat)
Agnoscas ». Tumidâ ex irâ tùm corda residunt.
Nec plura his. Ille admirans venerabile donum
Fatalis virgæ, longo post tempore visum,
410 Cœruleam advertit puppim, ripæque propinquat.
Indè alias animas, quæ per juga longa sedebant,
Deturbat, laxatque foros ; simul accipit alveo
Ingentem Ænean : gemuit sub pondere cymba
Sutilis, et multam accepit rimosa paludem.
Tandem trans fluvium incolumes vatemque virumque
Informi limo glaucâque exponit in ulvâ.

Charon apaisé par la réponse de la Sibylle, reçoit Enée dans la barque fatale. Elle s'enfonce sous le poids du héros, comme au 5ᵐᵉ. chant de l'Iliade, le char de Diomède plie sous le poids de Minerve :

Ἡ δ' ἐς δίφρον ἔβαινε παραὶ Διομήδεα δῖον
ἐμμεμαυῖα θεά· μέγα δ' ἔβραχε φήγινος ἄξων
βριθοσύνῃ· δεινὴν γὰρ ἄγεν θεὸν, ἄνδρα τ' ἄριστον.

Il. V, v. 837.

Enée et la Sibylle arrivent enfin à l'autre bord, dans le centre de l'empire des ombres, partagé en trois vastes régions, le Champ des Larmes, le Tartare et l'Elysée, qui correspondent aux trois divisions du Dante, le Purgatoire, l'Enfer et le Paradis.

V.

Cerberus hæc ingens latratu regna trifauci
Personat, adverso recubans immanis in antro.
  Cui vates, horrere videns jàm colla colubris,
420 Melle soporatam et medicatis frugibus offam
  Objicit: ille fame rabidâ tria guttura pandens,
Corripit objectam, atque immania terga resolvit
Fusus humi, totoque ingens extenditur antro.
Occupat Æneas aditum, custode sepulto,
Evaditque celer ripam irremeabilis undæ.

Hésiode parle de Cerbère dans la Théogonie, et place son antre devant le palais de Pluton :

Ενθα θεοῦ χθονίου πρόσθεν δόμοι ἠχήεντες
ἰφθίμου τ' Ἀίδεω καὶ ἐπαινῆς Περσεφονείης
ἑστᾶσιν. δεινὸς δὲ κύων προπάροιθε φυλάσσει,
νηλειής, τέχνην δὲ κακὴν ἔχει· ἐς μὲν ἰόντας
σαίνει ὁμῶς οὐρῇ τε καὶ οὔασιν ἀμφοτέροισιν·
ἐξελθεῖν δ' οὐκ αὖτις ἐᾷ πάλιν, ἀλλὰ δοκεύων
ἐσθίει ὅν κε λάβῃσι πυλέων ἔκτοσθεν ἰόντα.
          Théog. v. 767.

Dans un autre endroit (v. 310) il peint ses cinquante têtes, dont es poëtes tragiques ont réduit le nombre à trois. L'artifice que la Sibylle emploie pour assoupir le monstre est celui dont Médée fait usage pour endormir le dragon de Mars, gardien de la toison d'or :

Ὑψοῦ σμερδαλέην κεφαλὴν μενέαινεν ἀείρας
ἀμφοτέρους ὀλοῇσι περιπτύξαι γενύεσσιν·
ἡ δέ μιν ἀρκεύθοιο νέον τετμηότι θαλλῷ
βάπτουσ' ἐκ κυκεῶνος ἀκήρατα φάρμακ' ἀοιδαῖς.
ῥαῖνε κατ' ὀφθαλμῶν· περί τ' ἀμφί τε νήριτος ὀδμὴ
φαρμάκου ὕπνον ἔβαλλε· γένυν δ' αὐτῇ ἐνὶ χώρῃ
θῆκεν ἐρεισάμενος· τὰ δ' ἀπείρονα πολλὸν ὀπίσσω
κύκλα πολυπρέμνοιο διὲξ ὕλης τετάνυστο.

Argon. IV, v. 154.

Énée s'éloigne promptement de la rive, et pénètre dans le Champ des Larmes. Il y trouve tous ceux qui ont péri d'une mort prématurée, partagés par le poëte en cinq classes principales.

★

Continuò auditæ voces, vagitus et ingens,
Infantumque animæ flentes in limine primo ;
Quos dulcis vitæ exsortes et ab ubere raptos
Abstulit atra dies, et funere mersit acerbo.
430 Hos juxtà falso damnati crimine mortis.
Nec verò hæ sine sorte datæ, sine judice, sedes :
Quæsitor Minos urnam movet ; ille silentum
Concilium vocat, vitasque et crimina discit.
Proxima deindè tenent moesti loca, qui sibi lethum
Insontes peperêre manu, lucemque perosi
Projecêre animas. Quàm vellent æthere in alto
Nunc et pauperiem et duros perferre labores !
Fata obstant, tristique palus inamabilis undâ
Alligat, et novies Styx interfusa coërcet.

La première classe est celle des enfants enlevés du sein de leurs mères avant d'avoir goûté les douceurs de la vie, et soumis à une purification avant de parvenir au sort des âmes parfaites.

La seconde est celle des accusés, flétris par une condamnation injuste, et absous après leur mort devant le tribunal de l'équitable Minos. Homère lui donne les mêmes attributions :

Ενθ' ήτοι Μίνωα ίδον, Διὸς ἀγλαὸν υἱὸν,
χρύσεον σκῆπτρον ἔχοντα, θεμιστεύοντα νεκύεσσιν,
ἥμενον, οἱ δέ μιν ἀμφὶ δίκας εἴροντο ἄνακτα,
ἥμενοι, ἑσταότες τέ, κατ' εὐρυπυλὲς Ἄϊδος δῶ.

Od. XI, v. 567.

La troisième est celle des suicides, qui regrettent trop tard leur funeste égarement, et échangeroient volontiers le sommeil des enfers contre tous les maux de la vie. C'est ainsi qu'Homère fait dire à l'ombre d'Achille :

Βουλοίμην κ' ἐπάρουρος ἐὼν θητευέμεν ἄλλῳ
ἀνδρὶ παρ' ἀκλήρῳ, ᾧ μὴ βίοτος πολὺς εἴη,
ἢ πᾶσιν νεκύεσσι καταφθιμένοισιν ἀνάσσειν.

Od. XI, v. 488.

★

440   Nec procul hinc partem fusi monstrantur in omnem
    Lugentes campi : sic illos nomine dicunt.
    Hic quos durus amor crudeli tabe peredit
    Secreti celant calles, et myrtea circùm
    Silva tegit ; curæ non ipsâ in morte relinquunt.
    His Phædram Procrinque locis, mœstamque Eriphylen
    Crudelis nati monstrantem vulnera cernit,

Evadnenque et Pasiphaën ; his Laodamia
It comes, et juvenis quondam, nunc fœmina, Cænis,
Rursùs et in veterem fato revoluta figuram.

La quatrième classe, celle des amants malheureux, est placée par le poëte dans des bosquets de myrte, où ils nourrissent sans cesse la flamme qui les consume. Là sont toutes ces beautés célèbres, toutes ces héroïnes de l'antiquité, dont Homère a fait une énumération pompeuse, à laquelle il a rattaché toutes les traditions historiques de son temps (*Od. XI*, *v.* 234 *à* 325). Voici le passage qui se rapporte au texte latin :

Φαίδρην τὲ, Πρόκριν τὲ ἴδον, καλήν τ' Ἀριάδνην,
κούρην Μίνωος ὀλοόφρονος, ἥν ποτε Θησεὺς,
ἐκ Κρήτης ἐς γουνὸν Ἀθηνάων ἱεράων,
ἦγε μὲν, οὐδ' ἀπόνητο· πάρος δέ μιν Ἄρτεμις ἔσχε
Δίῃ ἐν ἀμφιρύτῃ, Διονύσου μαρτυρίῃσι.
Μαῖράν τε, Κλυμένην τὲ ἴδον, στυγερήν τ' Ἐριφύλην,
ἣ χρυσὸν φίλου ἀνδρὸς ἐδέξατο τιμήεντα.

Od. XI, v. 320.

Virgile, par une fiction touchante, bien propre à relever le caractère de son héros, fait paroître au milieu de ces ombres celle de l'infortunée Didon, dont l'entrevue avec Énée est imitée de celle d'Ajax et d'Ulysse.

★

450   Inter quas Phœnissa recens à vulnere Dido
     Errabat silvâ in magnâ ; quam Troïus heros
     Ut primùm juxtà stetit, agnovitque per umbram
     Obscuram, qualem primo qui surgere mense
     Aut videt aut vidisse putat per nubila lunam,
     Demisit lacrymas, dulcique affatus amore est

« Infelix Dido, verus mihi nuntius ergò
Venerat exstinctam, ferroque extrema secutam!
Funeris heu! tibi causa fui. Per sidera juro,
Per superos, et si qua fides tellure sub imâ est,
460 Invitus, regina, tuo de littore cessi.
Sed me jussa deûm, quæ nunc has ire per umbras,
Per loca senta situ cogunt noctemque profundam,
Imperiis egêre suis; nec credere quivi
Hunc tantum tibi me discessu ferre dolorem.
Siste gradum, teque aspectû ne subtrahe nostro.
Quem fugis? extremum fato quod te alloquor, hoc est.»
Talibus Æneas ardentem et torva tuentem
Lenibat dictis animum, lacrymasque ciebat.
Illa solo fixos oculos aversa tenebat;
470 Nec magis incepto vultum sermone movetur,
Quàm si dura silex aut stet Marpesia cautes.
Tandem proripuit sese, atque inimica refugit
In nemus umbriferum, conjux ubi pristinus illi
Respondet curis, æquatque Sichæus amorem.
Nec minùs Æneas, casu percussus iniquo,
Prosequitur lacrymans longè, et miseratur euntem.

Cette comparaison de Didon avec la lune encore obscure est tirée des Argonautiques, où Lyncée découvre Hercule aux bornes de l'horizon :

Μοῦνον ἀπειρεσίης τηλοῦ χθονὸς εἴσατο Λυγκεὺς
τὼς ἰδέειν, ὥς τίς τε νέῳ ἐνὶ ἤματι μήνην
ἢ ἴδεν, ἢ ἐδόκησεν ἐπαχλύουσαν ἰδέσθαι.
Argon. IV, v. 1478.

Tout le reste de la scène est fidèlement imité de l'entrevue des héros grecs. Les circonstances sont les mêmes : le fils de Télamon, supplanté par Ulysse dans la dispute des armes d'Achille, lui a voué une haine implacable ; Ulysse cherche en vain à apaiser son ombre, comme Enée s'efforce ici de calmer le courroux de Didon, en rejetant toute la faute sur le sort ; les deux victimes gardent un morne silence, expression sublime de leur douleur :

Τὸν μὲν ἐγὼν ἐπέεσσι προσηύδων μειλιχίοισιν·
« Αἶαν, παῖ Τελαμῶνος ἀμύμονος, οὐκ ἄρ' ἔμελλες
οὐδὲ θανὼν λήσεσθαι ἐμοὶ χόλου, εἵνεκα τευχέων
οὐλομένων ; τὰ δὲ πῆμα θεοὶ θέσαν Ἀργείοισιν·
τοῖος γάρ σφιν πύργος ἀπώλεο· σεῖο δ' Ἀχαιοὶ
ἶσον Ἀχιλλῆος κεφαλῇ Πηληϊάδαο,
ἀχνύμεθα φθιμένοιο διαμπερές· οὐδέ τις ἄλλος
αἴτιος, ἀλλὰ Ζεὺς Δαναῶν στρατὸν αἰχμητάων
ἐκπάγλως ἤχθηρε· τεῒν δ' ἐπὶ μοῖραν ἔθηκεν.
ἀλλ' ἄγε δεῦρο, ἄναξ, ἵν' ἔπος καὶ μῦθον ἀκούσῃς
ἡμέτερον· δάμασον δὲ μένος καὶ ἀγήνορα θυμόν. »
Ὣς ἐφάμην· ὁ δέ μ' οὐδὲν ἀμείβετο, βῆ δὲ μετ' ἄλλας
ψυχὰς εἰς ἔρεβος νεκύων κατατεθνειώτων.

Od. XI, v. 551.

V I.

Inde datum molitur iter : jamque arva tenebant
Ultima, quæ bello clari secreta frequentant.
Hic illi occurrit Tydeus, hîc inclytus armis
480 Parthenopæus, et Adrasti pallentis imago.
Hic multùm fleti ad superos, belloque caduci
Dardanidæ ; quos ille omnes longo ordine cernens,
Ingemuit, Glaucumque, Medontaque, Thersilochum-
Tres Antenoridas, Cererique sacrum Polyphœten,[que.

LIVRE VI. 409

Idæumque, etiam currus, etiam arma tenentem.
Circumstant animæ dextrâ lævâque frequentes;
Nec vidisse semel satis est : juvat usque morari,
Et conferre gradum, et veniendi discere causas.
At Danaûm proceres, Agamemnoniæque phalanges,
490 Ut vidêre virum fulgentiaque arma per umbras,
Ingenti trepidare metu; pars vertere terga,
Ceu quondam petiêre rates; pars tollere vocem
Exiguam : inceptus clamor frustratur hiantes.

La cinquième classe est celle des guerriers moissonnés dans les combats. Enée y voit les héros du siége de Thèbes : Tydée, Penthénopée, Adraste. Il y reconnoît ses compagnons d'armes, immortalisés dans les chants d'Homère : Glaucus, Médon, Thersiloque (*Il. XVII*, v. 216), les trois fils d'Anténor (*Il. XI*, v. 59), Polyphète, et Idée (*Il. XXIV*, v. 470). Plus loin sont les phalanges d'Agamemnon, qui se dispersent à son approche, comme dans l'évocation de l'Odyssée, les ombres fuient à l'apparition d'Hercule :

Ἀμφὶ δέ μιν κλαγγὴ νεκύων ἦν, οἰωνῶν ὣς,
πάντοσ' ἀτυζομένων· ὁ δ', ἐρεμνῇ νυκτὶ ἐοικὼς
γυμνὸν τόξον ἔχων, καὶ ἐπὶ νευρῆφιν ὀϊστὸν,
δεινὸν παπταίνων, αἰεὶ βαλέοντι ἐοικώς.

Od. XI, v. 604.

C'est au milieu de ces victimes de la discorde qu'Enée retrouve l'ombre de Déiphobe, de ce fils infortuné de Priam, qui, trahi par Hélène, devenue son épouse depuis la mort de Pâris, fut cruellement mutilé par les Grecs dans la nuit de la prise de Troie. Son entrevue avec le fils de Vénus est imitée de celle d'Agamemnon et d'Ulysse :

★

Atque hic Priamiden laniatum corpore toto
Deïphobum vidit, lacerum crudeliter ora,
Ora, manusque ambas, populataque tempora raptis
Auribus, et truncas inhonesto vulnere nares.
Vix adeò agnovit pavitantem, et dira tegentem
Supplicia, et notis compellat vocibus ultrò :
500« Deïphobe armipotens, genus alto à sanguine Teucri,
Quis tàm crudeles optavit sumere pœnas ?
Cui tantùm de te licuit? Mihi fama supremâ
Nocte tulit, fessum vastâ te cæde Pelasgûm
Procubuisse super confusæ stragis acervum.
Tunc egomet tumulum Rhœteo in littore inanem
Constitui, et magnâ manes ter voce vocavi.
Nomen et arma locum servant; te, amice, nequivi
Conspicere, et patriâ decedens ponere terrâ. »

L'affreux supplice infligé à Deïphobe rappelle celui du traître Mélanthe, au 22me. chant de l'Odyssée (*v.* 474). Du reste, son apparition à Énée correspond à celle d'Agamemnon, qui périt comme lui par la perfidie d'une femme :

Ἦλθε δ' ἐπὶ ψυχὴ Ἀγαμέμνονος Ἀτρείδαο
ἀχνυμένη· περὶ δ' ἄλλαι ἀγηγέραθ', ὅσσαι ἅμ' αὐτῷ
οἴκῳ ἐν Αἰγίσθοιο θάνον καὶ πότμον ἐπέσπον.
ἔγνω δ' αἶψ' ἐμὲ κεῖνος, ἐπεὶ πίεν αἷμα κελαινόν·
κλαῖε δ' ὅγε λιγέως, θαλερὸν κατὰ δάκρυον εἴβων,
πιτνὰς εἰς ἐμὲ χεῖρας, ὀρέξασθαι μενεαίνων.
ἀλλ' οὐ γάρ οἱ ἔτ' ἦν ἲς ἔμπεδος, οὐδέ τι κίκυς,
οἵη περ πάρος ἔσκεν ἐνὶ γναμπτοῖσι μέλεσσι.
τὸν μὲν ἐγὼ δάκρυσά τ' ἰδὼν, ἐλέησά τε θυμῷ·
καί μιν φωνήσας ἔπεα πτερόεντα προσηύδων.
« Ἀτρείδη κύδιστε, ἄναξ ἀνδρῶν Ἀγάμεμνον,
τίς νύ σε κὴρ ἐδάμασσε τανηλεγέος θανάτοιο; »

OD. XI, v. 386.

Le cénotaphe érigé à Déïphobe, sur le promontoire de Rhétée, représente celui que Ménélas éleva sur les bords du Nil aux mânes d'Agamemnon :

Αὐτὰρ ἐπεὶ κατέπαυσα θεῶν χόλον αἰὲν ἐόντων,
χεῦ' Ἀγαμέμνονι τύμβον, ἵν' ἄσβεστον κλέος εἴη.
Od. IV, v. 583.

★

Ad quæ Priamides: «Nihil ô tibi, amice, relictum ;
510 Omnia Deïphobo solvisti et funeris umbris.
Sed me fata mea et scelus exitiale Lacænæ
His mersêre malis ; illa hæc monumenta reliquit.
Namque ut supremam falsa inter gaudia noctem
Egerimus, nosti, et nimiùm meminisse necesse est ;
Cùm fatalis equus saltu super ardua venit
Pergama, et armatum peditem gravis attulit alvo.
Illa, chorum simulans, evantes orgia circùm
Ducebat Phrygias ; flammam media ipsa tenebat
Ingentem, et summâ Danaos ex arce vocabat.
520 Tùm me, confectum curis somnoque gravatum,
Infelix habuit thalamus, pressitque jacentem
Dulcis et alta quies, placidæque simillima morti.
Egregia intereà conjux arma omnia tectis
Emovet, et fidum capiti subduxerat ensem.
Intrà tecta vocat Menelaum, et limina pandit :
Scilicet id magnum sperans fore munus amanti,
Et famam exstingui veterum sic posse malorum.
Quid moror ? irrumpunt thalamo ; comes additur unà
Hortator scelerum Æolides. Di, talia Graiis
530 Instaurate ! pio si pœnas ore reposco.

Sed te qui vivum casus, age, fare vicissim
,Attulerint: pelagine venis erroribus actus?
An monitu divûm? an quæ te fortuna fatigat,
Ut tristes sine sole domos, loca turbida, adires? »

Agamemnon rend également compte à Ulysse de sa fin déplorable, et peint sous les plus vives couleurs la cruauté de Clytemnestre:

Διογενὲς Λαερτιάδη, πολυμήχαν᾽ Ὀδυσσεῦ,
οὔτ᾽ ἐμέ γ᾽ ἐν νήεσσι Ποσειδάων ἐδάμασσεν,
ὄρσας ἀργαλέων ἀνέμων ἀμέγαρτον ἀϋτμὴν,
οὔτε κ᾽ ἀνάρσιοι ἄνδρες ἐδηλήσαντ᾽ ἐπὶ χέρσου·
ἀλλά μοι Αἴγισθος τεύξας θάνατόν τε, μόρον τε,
ἔκτα, σὺν οὐλομένῃ ἀλόχῳ, οἰκόνδε καλέσσας,
δειπνίσσας, ὥς τίς τε κατέκτανε βοῦν ἐπὶ φάτνῃ.
ὣς θάνον οἰκτίστῳ θανάτῳ· περὶ δ᾽ ἄλλοι ἑταῖροι
νωλεμέως κτείνοντο, σύες ὣς ἀργιόδοντες,
οἵ ῥά τ᾽ ἐν ἀφνειοῦ ἀνδρὸς μέγα δυναμένοιο
ἢ γάμῳ, ἢ ἐράνῳ, ἢ εἰλαπίνῃ τεθαλυίῃ.
ἤδη μὲν πολέων ἀνδρῶν φόνῳ ἀντεβόλησας
μουνὰξ κτεινομένων, καὶ ἐνὶ κρατερῇ ὑσμίνῃ·
ἀλλά κε κεῖνα μάλιστα ἰδὼν ὀλοφύραο θυμῷ,
ὡς ἀμφὶ κρητῆρα, τραπέζας τε πληθούσας,
κείμεθ᾽ ἐνὶ μεγάρῳ· δάπεδον δ᾽ ἅπαν αἵματι θῦεν.
οἰκτροτάτην δ᾽ ἤκουσα ὄπα Πριάμοιο θυγατρός,
Κασσάνδρης, τὴν κτεῖνε Κλυταιμνήστρη δολόμητις
ἀμφ᾽ ἐμοί· αὐτὰρ ἐγὼ ποτὶ γαίῃ χεῖρας ἀείρων,
βάλλον ἀποθνήσκων περὶ φασγάνῳ· ἡ δὲ κυνῶπις
νοσφίσατ᾽, οὐδέ μοι ἔτλη, ἰόντι πέρ εἰς ἀΐδαο,
χερσὶ κατ᾽ ὀφθαλμοὺς ἑλέειν, σύν τε στόμ᾽ ἐρεῖσαι.

Od. XI, v. 404.

La trahison d'Hélène racontée par Déiphobe, ne peut se concilier avec le récit d'Enée, au deuxième livre (v. 567). Cette contradiction auroit disparu si Virgile avait eu le temps de retoucher son poëme.

★

Hâc vice sermonum roseis Aurora quadrigis
Jam medium æthereo cursu trajecerat axem;
Et fors omne datum traherent per talia tempus;
Sed comes admonuit breviterque affata Sibylla est:
« Nox ruit, Ænea, nos flendo ducimus horas.
540 Hic locus est, partes ubi se via findit in ambas:
Dextera, quæ Ditis magni sub mœnia tendit;
Hâc iter Elysium nobis : at læva malorum
Exercet pœnas, et ad impia Tartara mittit. »
Deïphobus contrà : « Ne sævi, magna sacerdos;
Discedam, explebo numerum, reddarque tenebris.
I, decus, i, nostrum; melioribus utere fatis. »
Tantùm effatus, et in verbo vestigia torsit.

La sage prévoyance de la Sibylle rompt ici l'entretien des deux princes. D'un côté s'étend le Tartare, de l'autre les Champs Elysées : c'est là qu'Enée doit diriger ses pas. La disposition de ces deux nouvelles régions, qui s'étendent dans une direction opposée, est conforme au début de la Vision d'Hérus :

Ἔφη δέ, ἐπειδὴ οὗ ἐκϐῆναι τὴν ψυχὴν, πορεύεσθαι μετὰ πολλῶν καὶ ἀφικνεῖσθαι σφᾶς εἰς τόπον τινὰ δαιμόνιον, ἐν ᾧ τῆς γε
γῆς δύο εἶναι χάσματα ἐχομένω ἀλλήλοιν, καὶ τοῦ οὐρανοῦ αὖ
ἐν τῷ ἄνω ἄλλα καταντικρύ. δικαστὰς δὲ μεταξὺ τούτων καθῆ-
σθαι· οὓς ἐπειδὴ διαδικάσειαν, τοὺς μὲν δικαίους κελεύειν

πορεύεσθαι τὴν εἰς δεξιὰν τε καὶ ἄνω διὰ τοῦ οὐρανοῦ, σημεῖα περιάψαντας τῶν δεδικασμένων ἐν τῷ πρόσθεν· τοὺς δὲ ἀδίκους, τὴν εἰς ἀριστερὰν τε καὶ κάτω, ἔχοντας καὶ τούτους ἐν τῷ ὄπιθεν σημεῖα πάντων ὧν ἔπραξαν.

République, liv. X.

Virgile décrit d'abord le gouffre du Tartare, sans y laisser cependant pénétrer son héros. Il ne montre à ses regards que l'enceinte de ce triste séjour, dont il trace le plan d'après la Théogonie d'Hésiode, en animant le texte du poëte grec par une rauque et bruyante harmonie, qui semble réaliser ses fictions. Quant aux supplices des grands criminels, énumérés par la Sybille, ils se retrouvent pour la plupart dans les derniers tableaux de l'évocation d'Homère.

VII.

Respicit Æneas subitò, et sub rupe sinistrâ
Mœnia lata videt, triplici circumdata muro :
550 Quæ rapidus flammis ambit torrentibus amnis
Tartareus Phlegethon, torquetque sonantia saxa.
Porta adversa, ingens, solidoque adamante columnæ,
Vis ut nulla virûm, non ipsi exscindere ferro
Cœlicolæ valeant. Stat ferrea turris ad auras,
Tisiphoneque sedens, pallâ succincta cruentâ,
Vestibulum insomnis servat noctesque diesque,
Hinc exaudiri gemitus, et sæva sonare
Verbera : tùm stridor ferri, tractæque catenæ.
Constitit Æneas, strepitumque exterritus hausit :
560« Quæ scelerum facies, ô virgo, effare ; quibusve
Urgentur pœnis ? quis tantus plangor ad auras ? »

LIVRE VI.

Tum vates sic orsa loqui. « Dux inclyte Teucrûm
Nulli fas casto sceleratum insistere limen ;
Sed me, cùm lucis Hecate præfecit Avernis,
Ipsa deûm pœnas docuit, perque omnia duxit.
Gnossius hæc Rhadamanthus habet durissima regna :
Castigatque auditque dolos, subigitque fateri
Quæ quis apud superos, furto lætatus inani,
Distulit in seram commissa piacula mortem.
570 Continuò sontes ultrix accincta flagello
Tisiphone quatit insultans, torvosque sinistrâ
Intentans angues, vocat agmina sæva sororum. »
Tùm demùm horrisono stridentes cardine sacræ
Panduntur portæ. « Cernis custodia qualis
Vestibulo sedeat ? facies quæ limina servet ?
Quinquaginta atris immanis hiatibus Hydra
Sævior intùs habet sedem : tùm Tartarus ipse
Bis patet in præceps tantùm, tenditque sub umbras,
Quantus ad æthereum cœli suspectus Olympum.

Voici la description qu'Hésiode fait du Tartare, où Jupiter précipita les Titans, vaincus par Cottus, Briarée et Gygès :

Ἐννέα γὰρ νύκτας τε καὶ ἤματα χάλκεος ἄκμων
οὐρανόθεν κατιὼν, δεκάτῃ ἐς γαῖαν ἵκοιτο·
ἐννέα δ' αὖ νύκτας τε καὶ ἤματα χάλκεος ἄκμων
ἐκ γαίης κατιὼν, δεκάτῃ ἐς Τάρταρον ἵκοι.
τὸν πέρι χάλκεον ἕρκος ἐλήλαται· ἀμφὶ δέ μιν νὺξ
τριστοιχεὶ κέχυται περὶ δειρήν· αὐτὰρ ὕπερθεν
γῆς ῥίζαι πεφύασι καὶ ἀτρυγέτοιο θαλάσσης.
ἔνθα θεοὶ Τιτῆνες ὑπὸ ζόφῳ ἠερόεντι
κεκρύφαται, βουλῇσι Διὸς νεφεληγερέταο.
χώρῳ ἐν εὐρώεντι, πελώρης ἔσχατα γαίης.
τοῖς οὐκ ἐξιτόν ἐστι· πύλας δ' ἐπέθηκε Ποσειδῶν

χαλκείας· τεῖχος περίκειται δ' ἀμφοτέρωθεν.
ἔνθα Γύγης, Κόττος τε, καὶ ὁ Βριάρεως μεγάθυμος
ναίουσιν, φύλακες πιστοὶ Διὸς αἰγιόχοιο.
ἔνθα δὲ Γῆς δνοφερῆς, καὶ Ταρτάρου ἠερόεντος,
Πόντου τ' ἀτρυγέτοιο, καὶ Οὐρανοῦ ἀστερόεντος,
ἑξείης πάντων πηγαὶ καὶ πείρατ' ἔασιν,
ἀργαλέ', εὐρώεντα, τά τε στυγέουσι θεοί περ.
χάσμα μέγ'· οὐδέ κε πάντα τελεσφόρον εἰς ἐνιαυτὸν
οὖδας ἵκοιτ', εἰ πρῶτα πυλέων ἔντοσθε γένοιτο.
ἀλλά κεν ἔνθα καὶ ἔνθα φέροι πρὸ θύελλα θυέλλη
ἀργαλέη· δεινὸν δὲ καὶ ἀθανάτοισι θεοῖσι
τοῦτο τέρας· καὶ Νυκτὸς ἐρεμνῆς οἰκία δεινὰ
ἔστηκεν, νεφέλης κεκαλυμμένα κυανέῃσι.
τῶν πρόσθ' Ἰαπετοῖο πάϊς ἔχετ' οὐρανὸν εὐρὺν
ἑστηὼς, κεφαλῇ τε καὶ ἀκαμάτῃσι χέρεσσιν
ἀστεμφέως, ὅθι Νύξ τε καὶ Ἡμέρα ἆσσον ἰοῦσαι
ἀλλήλας προσέειπον, ἀμειβόμεναι μέγαν οὐδὸν.

Théog. v. 722.

Les premiers vers de ce morceau sont un développement du trait sublime d'Homère, reproduit, après Virgile, par le Tasse (ch. I, st. 7), Milton (ch. I, v. 75), et Klopstock (ch. II, v. 248).

Ἢ μιν ἑλὼν ῥίψω ἐς Τάρταρον ἠερόεντα,
τῆλε μάλ', ἧχι βάθιστον ὑπὸ χθονός ἐστι βέρεθρον·
ἔνθα σιδήρειαί τε πύλαι καὶ χάλκεος οὐδὸς,
τόσσον ἔνερθ' ἀΐδεω, ὅσον οὐρανός ἔστ' ἀπὸ γαίης.

Il. VIII, v. 13.

Le reste du tableau d'Hésiode est un exposé complet du système mythologique des païens. Après les vers que nous venons de citer, il représente par d'ingénieuses allégories, la succession du Jour et de la Nuit qui décrivent leur révolution autour d'Atlas, les attributs du Sommeil et de la Mort, le palais de Pluton, gardé par Cerbère, et enfin la retraite mystérieuse de la déesse Styx, et la punition des dieux parjures. Ces détails, joints à ceux de Virgile, n'ont pas été inutiles aux poëtes modernes. Le Dante en a profité le premier pour tracer la topographie de son Enfer. Il en fait un cône renversé, dont le sommet touche au noyau de la terre, et dont la base mesure, dans un de ses rayons, la distance de Cumes à Jérusalem. Il le divise en six bandes circulaires, où habitent les criminels selon la gravité de leurs délits. Dans la première sont tous les ministres de la mort, la seconde est réservée à la débauche, la troisième à la gourmandise, la quatrième à l'avarice et à la prodigalité, la cinquième à la haine et à l'impiété, la sixième à la cruauté, et c'est au fond de celle-là qu'est plongé Lucifer.

Milton se tenant plus près du texte sacré, a néanmoins emprunté à Hésiode et à Virgile une partie de leurs localités, notamment dans la chute de Satan et de ses légions (*Paradis*, ch. I, v. 44), dans la description de la Géhenne (*ch. I, v.* 61), dans celle des fleuves et des portes de l'Enfer (*ch. II, v.* 574 et 643).

Klopstock a rarement imité ses devanciers. Il reste quelquefois au-dessous d'eux, mais lorsqu'il s'élève il les surpasse tous. On ne peut lire entre autres, sans admiration, le 2me. chant de la *Messiade* (v. 254 à 742).

Quant à Fénélon et à Voltaire, ils ont considéré l'Enfer sous un rapport purement moral, et le peu de traits descriptifs qu'ils y ont placés sont également empruntés à Virgile.

★

580 « Hîc genus antiquum Terræ, Titania pubes,
Fulmine dejecti, fundo volvuntur in imo.
Hic et Aloïdas geminos, immania vidi
Corpora, qui manibus magnum rescindere cœlum

Aggressi, superisque Jovem detrudere regnis.
Vidi et crudeles dantem Salmonea pœnas,
Dùm flammas Jovis et sonitus imitatur Olympi.
Quatuor hic invectus equis, et lampada quassans,
Per Graiûm populos mediæque per Elidis urbem
Ibat ovans, divûmque sibi poscebat honorem :
590 Demens ! qui nimbos et non imitabile fulmen
Ære et cornipedum pulsu simulârat equorum.
At pater omnipotens densa inter nubila telum
Contorsit ; non ille faces, nec fumea tædis
Lumina, præcipitemque immani turbine adegit.

Les premiers coupables, dans Virgile comme dans Hésiode, sont les Titans, frères de Saturne, précipités au fond de l'abyme pour s'être révoltés contre Jupiter :

Ἐνθάδε μαρμάρεαί τε πύλαι, καὶ χάλκεος οὐδὸς
ἀστεμφής, ῥίζῃσι διηνεκέεσσιν ἀρηρώς,
αὐτοφυής· πρόσθεν δὲ θεῶν ἔκτοσθεν ἁπάντων
Τιτῆνες ναίουσι, πέρην χάεος ζοφεροῖο.

Théog. v. 811.

Homère fait allusion à leur supplice dans ces paroles de Jupiter à Junon :

Ὣς γὰρ θέσφατόν ἐστι· σέθεν δ' ἐγὼ οὐκ ἀλεγίζω
χωομένης, οὐδ' εἴ κε τὰ νείατα πείραθ' ἵκηαι
γαίης καὶ πόντοιο, ἵν' Ἰαπετός τε Κρόνος τε
ἥμενοι, οὔτ' αὐγῆς Ὑπερίονος ἠελίοιο
τέρποντ', οὔτ' ἀνέμοισι, βαθὺς δέ τε Τάρταρος ἀμφίς.

Il. VIII, v. 477.

Virgile place auprès d'eux les deux fils monstrueux de Neptune, Otus et Ephialte, dont Homère parle dans son évocation :

Ὠτόν τ' ἀντίθεον, τηλεκλειτόν τ' Ἐφιάλτην,
οὓς δὴ μηκίστους θρέψε ζείδωρος ἄρουρα,
καὶ πολὺ καλλίστους, μετά γε κλυτὸν Ὠρίωνα·
ἐννέωροι γάρ τοί γε, καὶ ἐννεαπήχεες ἦσαν
εὖρος, ἀτὰρ μῆκός γε γενέσθην ἐννεόργυιοι.
οἵ ῥα καὶ ἀθανάτοισιν ἀπειλήτην, ἐν Ὀλύμπῳ
φυλόπιδα στήσειν πολυάϊκος πολέμοιο.

OD. XI, v. 307.

Le poëte retrace ensuite le crime de Salmonée, frère de Sisyphe et roi d'Elide (*Od. XI*, v. 235). Son char flamboyant, reproduit par Milton (*Paradis*, ch. *VI*, v. 824), paroît imité ici du combat de Jupiter contre Typhée, dans la Théogonie d'Hésiode (v. 820) et dans le *Prométhée* d'Eschyle :

Τὸν γηγενῆ τε Κιλικίων οἰκήτορα
ἄντρων ἰδὼν ᾤκτειρα, δάϊον τέρας
ἑκατογκάρηνον πρὸς βίαν χειρούμενον
Τυφῶνα θοῦρον, πᾶσιν ὃς ἀντέστη θεοῖς,
σμερδναῖσι γαμφηλαῖσι συρίζων φόνον·
ἐξ ὀμμάτων δ' ἤστραπτε γοργωπὸν σέλας·
ὡς τὴν Διὸς τυραννίδ' ἐκπέρσων βίᾳ.
ἀλλ' ἦλθεν αὐτῷ Ζηνὸς ἄγρυπνον βέλος,
καταιβάτης κεραυνὸς ἐκπνέων φλόγα,
ὃς αὐτὸν ἐξέπληξε τῶν ὑψηγόρων
κομπασμάτων· φρένας γὰρ εἰς αὐτὰς τυπεὶς
ἐφεψαλώθη κἀξεβροντήθη σθένος.

Prométhée, v. 351.

★

« Nec non et Tityon, Terræ omniparentis alumnum,
Cernere erat : per tota novem cui jugera corpus
Porrigitur, rostroque immanis vultur obunco

*27

Immortale jecur tundens fœcundaque pœnis
Viscera, rimaturque epulis, habitatque sub alto
600 Pectore, nec fibris requies datur ulla renatis.
Quid memorem Lapithas, Ixiona Pirithoümque,
Quos super atra silex jamjam lapsura, cadentique
Imminet assimilis ? Lucent genialibus altis
Aurea fulcra toris, epulæque antè ora paratæ
Regifico luxu : Furiarum maxima juxtà
Accubat, et manibus prohibet contingere mensas,
Exsurgitque facem attollens, atque intonat ore.

Le tableau de Tityé, rongé par son vautour, est une imitation supérieure de ce passage d'Homère :

Καὶ Τιτυὸν εἶδον, γαίης ἐρικυδέος υἱὸν,
κείμενον ἐν δαπέδῳ· ὁ δ' ἐπ' ἐννέα κεῖτο πέλεθρα·
γῦπε δέ μιν ἑκάτερθε παρημένω ἦπαρ ἔκειρον
δέρτρον ἔσω δύνοντες· ὁ δ' οὐκ ἀπαμύνετο χερσί·
Λητῶ γὰρ ἥλκησε, Διὸς κυδρὴν παράκοιτιν,
Πυθώδ' ἐρχομένην, διὰ καλλιχόρου Πανοπῆος.

Od. XI, v. 575.

Hésiode et Eschyle ont attribué cette punition à Prométhée, enchaîné par Jupiter au sommet du Caucase :

Δῆσε δ' ἀλυκτοπέδῃσι Προμηθέα ποικιλόβουλον,
δεσμοῖς ἀργαλέοισι μέσον διὰ κίον' ἐλάσσας.
καί οἱ ἐπ' αἰετὸν ὦρσε τανύπτερον· αὐτὰρ ὅγ' ἦπαρ
ἤσθιεν ἀθάνατον, τὸ δ' ἀέξετο ἶσον ἁπάντη
νυκτὸς, ὅσον πρόπαν ἦμαρ ἔδοι τανυσίπτερος ὄρνις.

Théog. v. 521.

La description d'Eschyle se trouve dans la tragédie de *Prométhée* (*v.* 1020). Apollonius en présente également une, de l'effet le plus frappant, dans la navigation des Argonautes (*ch. II*, *v.* 1247). Lucrèce peint le même supplice (*ch. III*, *v.* 980). Mais tous ces morceaux, et même les vers de Virgile, sont foibles en comparaison de l'imitation du Dante, de l'épouvantable vengeance d'Ugolin (*Enfer*, *ch. XXXIII*).

Virgile indique ensuite la roue d'Ixion et le rocher de Pirithoüs, coupables nommés par Homère, mais sans désignation de leur peine (*Il. XIV*, *v.* 317, *Od. XI*, *v.* 63o). Il arrive enfin à la punition de Tantale, dans laquelle, malgré la richesse de son style, il n'a pas égalé l'harmonie des vers grecs :

Καὶ μὴν Τάνταλον εἰσεῖδον, χαλέπ' ἄλγε' ἔχοντα,
ἑσταότ' ἐν λίμνῃ· ἡ δὲ προσέπλαζε γενείῳ.
στεῦτο δὲ διψάων, πιέειν δ' οὐκ εἶχεν ἑλέσθαι·
ὁσσάκι γὰρ κύψει' ὁ γέρων, πιέειν μενεαίνων,
τοσσάχ' ὕδωρ ἀπολέσκετ' ἀναβροχέν· ἀμφὶ δὲ ποσσὶ
γαῖα μέλαινα φάνεσκε, καταζήνασκε δὲ δαίμων.
δένδρεα δ' ὑψιπέτηλα κατακρῆθεν χέε καρπὸν,
ὄγχναι καὶ ῥοιαὶ, καὶ μηλέαι ἀγλαόκαρποι,
συκαῖ τε γλυκεραὶ, καὶ ἐλαῖαι τηλεθόωσαι·
τῶν ὁπότ' ἰθύσει' ὁ γέρων ἐπὶ χερσὶ μάσασθαι,
τὰς δ' ἄνεμος ῥίπτασκε ποτὶ νέφεα σκιόεντα.

Od. XI, v. 581.

★

« Hîc, quibus invisi fratres, dùm vita manebat,
    Pulsatusve parens, aut fraus innexa clienti;
610 Aut qui divitiis soli incubuêre repertis,
    Nec partem posuêre suis, quæ maxima turba est;
    Quique ob adulterium cæsi; quique arma secuti

Impia, nec veriti dominorum fallere dextras :
Inclusi pœnam exspectant. Ne quære doceri
Quam pœnam, aut quæ forma viros fortunave mersit.
Saxum ingens volvunt alii, radiisque rotarum
Districti pendent; sedet, æternùmque sedebit
Infelix Theseus ; Phlegyasque miserrimus omnes
  Admonet, et magnâ testatur voce per umbras :
620« Discite justitiam moniti, et non temnere divos ! »
Vendidit hic auro patriam, dominumque potentem
Imposuit ; fixit leges pretio atque refixit.
Hic thalamum invasit natæ vetitosque hymenæos.
Ausi omnes immane nefas, ausoque potiti.
Non mihi si linguæ centum sint, oraque centum,
Ferrea vox, omnes scelerum comprendere formas,
Omnia pœnarum percurrere nomina possim. »

Parmi cette foule de criminels dévoués aux tourments du Tartare, Virgile n'indique que vaguement le supplice de Sisyphe, condamné à rouler un énorme rocher. Homère et Lucrèce ont excellé dans cette peinture. Peut-être le poëte n'a-t-il pas voulu s'exposer à cette double concurrence :

Καὶ μὴν Σίσυφον εἰσεῖδον, κρατέρ᾽ ἄλγε᾽ ἔχοντα,
λᾶαν βαστάζοντα πελώριον ἀμφοτέρῃσιν·
ἤτοι ὁ μὲν, σκηριπτόμενος χερσίν τε, ποσίν τε,
λᾶαν ἄνω ὤθεσκε ποτὶ λόφον· ἀλλ᾽ ὅτε μέλλοι
ἄκρον ὑπερβαλέειν, τότ᾽ ἀποστρέψασκε κραταιῒς
αὖτις, ἔπειτα πέδονδε κυλίνδετο λᾶας ἀναιδής·
αὐτὰρ ὅγ᾽ ἂψ ὤσασκε τιταινόμενος· κατὰ δ᾽ ἱδρὼς
ἔρρεεν ἐκ μελέων, κονίη δ᾽ ἐκ κρατὸς ὀρώρει.

Od. XI, v. 592.

Voici l'imitation de Lucrèce :

> Sisyphus in vitâ quoque nobis antè oculos est,
> Qui petere à populo fasces, sævasque secures
> Imbibit, et semper victus tristisque recedit.
> Nam petere imperium, quod inane est, nec datur unquam,
> Atque in eo semper durum sufferre laborem,
> Hoc est adverso nixantem trudere monte
> Saxum, quod tamen à summo jàm vertice rursùm
> Volvitur, et plani raptim petit æquora campi.
>
> *Livre III, v. 990.*

Le supplice de Thésée n'est point décrit par Homère, quoiqu'il nomme ce héros dans l'évocation des ombres (*Od. XI, v. 630*). Il ne parle nulle part de Phlégyas, père d'Ixion et de Coronis, et profanateur du temple d'Apollon. Les paroles que lui prête Virgile rappellent celles d'Ixion, dans Pindare :

> Θεῶν δ᾽ ἐφετμαῖς
> Ἰξίονα φαντὶ ταῦτα
> βροτοῖς λέγειν ἐν πτερόεντι τροχῷ
> παντᾷ κυλινδόμενον·
> τὸν εὐεργέταν ἀγαναῖς ἀμοιβαῖς
> ἐποιχομένους τίνεσθαι.
>
> *Pythique II, v. 39.*

Cette exclamation de Phlégyas, d'un effet si vrai et si sinistre, peut avoir inspiré au Dante sa sublime inscription de l'Enfer (*ch. III*). Quant à l'hyperbole poétique, par laquelle Virgile termine son énumération, et qui a été imitée par Ovide (*ch. VIII, v. 532*), par le Tasse (*ch. IX, st. 92*), et par Klopstock (*ch. V, v. 347*), elle est traduite du 2me. chant de l'Iliade :

Πληθὺν δ' οὐκ ἂν ἐγὼ μυθήσομαι, οὐδ' ὀνομήνω·
οὐδ' εἴ μοι δέκα μὲν γλῶσσαι, δέκα δὲ στόματ' εἶεν,
φωνὴ δ' ἄρρηκτος, χάλκεον δέ μοι ἦτορ ἐνείη.

IL. II, v. 488.

*

Hæc ubi dicta dedit Phœbi longæva sacerdos :
« Sed jàm age, carpe viam, et susceptum perfice mu-
630 Acceleremus, ait. Cyclopum educta caminis [nus :
Mœnia conspicio, atque adverso fornice portas,
Hæc ubi nos præcepta jubent deponere dona. »
Dixerat, et pariter gressi per opaca viarum,
Corripiunt spatium medium, foribusque propinquant.
Occupat Æneas aditum, corpusque recenti
Spargit aquâ, ramumque adverso in limine figit.

Après avoir franchi les limites du Tartare, Enée et la Sibylle parviennent au palais de Pluton, qu'Hésiode place également au centre des Enfers (*Théogonie, v. 767*). Le héros y dépose le rameau d'or, et après les purifications d'usage, il pénètre enfin dans l'Elysée.

Ici le poëte tempère ses accords; l'harmonie lugubre avec laquelle il a décrit le Tartare fait place aux sons les plus doux et les plus mélodieux. L'âme de Socrate respire dans tous ses vers. Les récompenses des justes, l'image riante de leur félicité, cette source intarissable d'existence et d'immortalité renouvelant sans cesse la nature, ce brillant avenir qui s'ouvre aux yeux du héros, tout ici repose l'imagination et la prépare à partager l'enthousiasme du poëte, dans le développement du tableau prophétique qui termine cette noble allégorie.

VIII.

His demùm exactis, perfecto munere divæ,
Devenêre locos lætos, et amœna vireta
Fortunatorum nemorum, sedesque beatas.
640 Largior hîc campos æther et lumine vestit
Purpureo; solemque suum, sua sidera norunt.
Pars in gramineis exercent membra palæstris,
Contendunt ludo, et fulvâ luctantur arenâ;
Pars pedibus plaudunt choreas, et carmina dicunt.
Nec non Threïcius longâ cum veste sacerdos
Obloquitur numeris septem discrimina vocum;
Jamque eadem digitis, jam pectine pulsat eburno.
  Hîc genus antiquum Teucri, pulcherrima proles,
Magnanimi heroes, nati melioribus annis,
650 Ilusque, Assaracusque, et Trojæ Dardanus auctor.
Arma procul currusque virûm miratur inanes.
Stant terrâ defixæ hastæ, passimque soluti
Per campos pascuntur equi : quæ gratia curruum
Armorumque fuit vivis, quæ cura nitentes
Pascere equos, eadem sequitur tellure repostos.
Conspicit ecce alios dextrâ lævâque per herbam
Vescentes, lætumque choro pæana canentes,
Inter odoratum lauri nemus, undè supernè
Plurimus Eridani per silvam volvitur amnis.
660 Hîc manus ob patriam pugnando vulnera passi,
Quique sacerdotes casti, dùm vita manebat,
Quique pii vates et Phœbo digna locuti,
Inventas aut qui vitam excoluêre per artes,
Quique sui memores alios fecêre merendo:
Omnibus his niveâ cinguntur tempora vittâ.

Ce tableau de l'Elysée se compose des nuances ravissantes que le beau ciel de la Grèce prodiguoit à ses poëtes, et dont ils ont orné à l'envi les champs fabuleux de l'Atlantide. Voici comment Homère peint l'heureux séjour qui, selon la prédiction de Protée, devoit recevoir l'âme de Ménélas :

Σοὶ δ' οὐ θέσφατόν ἐστι, διοτρεφὲς ὦ Μενέλαε,
Ἄργει ἐν ἱπποβότῳ θανέειν καὶ πότμον ἐπισπεῖν·
ἀλλά σ' ἐς Ἠλύσιον πεδίον καὶ πείρατα γαίης
ἀθάνατοι πέμψουσιν, ὅθι ξανθὸς Ῥαδάμανθυς,
τῇ περ ῥηΐστη βιοτὴ πέλει ἀνθρώποισιν·
οὐ νιφετός, οὔτ' ἄρ' χειμὼν πολύς, οὔτε πότ' ὄμβρος,
ἀλλ' αἰεὶ Ζεφύροιο λιγυπνείοντας ἀήτας
ὠκεανὸς ἀνίησιν, ἀναψύχειν ἀνθρώπους.

Od. IV, v. 561.

On retrouve les mêmes traits dans la peinture de l'Olympe, (*Od. VI, v.* 41). Hésiode représente aussi les héros qui périrent à Thèbes et à Troie, admis dans les îles fortunées :

Τοῖς δὲ δίχ' ἀνθρώπων βίοτον καὶ ἤθε' ὀπάσσας
Ζεὺς Κρονίδης κατένασσε πατὴρ ἐς πείρατα γαίης·
καὶ τοὶ μὲν ναίουσιν ἀκηδέα θυμὸν ἔχοντες
ἐν μακάρων νήσοισι, παρ' ὠκεανὸν βαθυδίνην,
ὄλβιοι ἥρωες· τοῖσιν μελιηδέα καρπὸν
τρὶς ἔτεος θάλλοντα φέρει ζείδωρος ἄρουρα.

OEuvres et Jours, v. 166.

Mais rien n'égale les beaux vers de Pindare sur les récompenses réservées à l'homme vertueux. Nous transcrirons ici une strophe de la 2me. Olympique, et un fragment de ses Elégies, conservé par Plutarque dans la *Consolation à Apollonius*, et traduit presque littéralement par Virgile :

Ὅσοι δ' ἐτόλμασαν ἐς τρὶς
ἑκατέρωθι μείναντες
ἀπὸ πάμπαν ἀδίκων ἔχειν
ψυχὰν, ἔτειλαν Διὸς
ὁδὸν παρὰ Κρόνου τύρ-
σιν· ἔνθα μακάρων
νᾶσον ὠκεανίδες
αὖραι περιπνέουσιν· ἄν-
θεμα δὲ χρυσοῦ φλέγει,
τὰ μὲν χερσόθεν, ἀπ' ἀ-
γλαῶν δενδρέων,
ὕδωρ δ' ἄλλα φέρβει·
ὅρμοισι τῶν χέρας ἀνα-
πλέκοντι καὶ στεφάνοις.

Olympique II, v. 123.

Τοῖσι λάμπει μὲν μένος ἀελίου
τὰν ἐνθάδε νύκτα κάτω,
φοινικοροδίαι τε λειμῶνές
εἰσι προάστειον αὐτῶν,
καὶ λιβάνῳ σκιαρὸν
καὶ χρυσοκάρποισι βέβριθε.
καὶ τοὶ μὲν ἱππείοις γυμνασίοις,
τοὶ δὲ πεσσοῖς, τοὶ δὲ φορμίγγεσι τέρπονται·
παρὰ δὲ σφίσιν εὐανθὴς
ἅπας τέθηλεν ὄλβος.
ὀδμὰ δ' ἐρατὸν
κατὰ χῶρον κίδναται ἀεί,
θύματα μιγνύντων πυρὶ τηλεφανεῖ
παντοῖα θεῶν ἐπὶ βωμοῖς.

Elégie (fragment).

Platon, non moins poëte qu'Homère et Pindare, a réuni toutes leurs images dans la Vision d'Hérus. Il les a enrichies d'allégories astronomiques, et surtout du symbole de l'harmonie des sept planètes, imité par Virgile dans les sept tons de la lyre d'Orphée, et avant lui, par Varron Atacinus :

> Vidit et æthereo mundum torquerier axe,
> Et septem æternis sonitum dare vocibus orbes,
> Nitentes aliis alios ; quæ maxima divis
> Lætitia ; stat tunc longè gratissima Phœbi
> Dextera, dùm similes meditatur reddere voces.

Horace et Lucrèce ont traité les mêmes idées, l'un dans sa 11me. Epode, l'autre dans ses vers sur l'Olympe, traduits de l'Odyssée :

> Apparet divûm numen, sedesque quietæ :
> Quas neque concutiunt venti, neque nubila nimbis
> Aspergunt, neque nix acri concreta pruinâ
> Cana cadens violat, semperque innubilus æther
> Integit, et largè diffuso lumine ridet.
>
> *Livre III, v. 18.*

Tous ces passages se distinguent par une sage concision, parce que la peinture de la félicité s'épuise plus tôt que celle de l'infortune. Le Dante n'a pas senti cette vérité, aussi son Paradis, rempli de longueurs et de répétitions, est-il infiniment au-dessous de son Enfer.

Milton n'a consacré que quelques vers à la représentation des cieux (*Paradis, ch. III, v.* 344, *ch. V, v.* 246). Il ne s'est étendu que dans la description de l'Eden, qui, rempli d'objets corporels, étoit plus accessible à l'intelligence humaine, et ressembloit en cela à l'Elysée des anciens. Son 4me. chant, ainsi que le 16me. chant du Tasse, peuvent être considérés comme de magnifiques amplifications de Virgile.

C'est aussi d'après le poëte latin que Fénélon et Voltaire ont dessiné leurs Champs Elysées (*Télémaque*, *ch. XIX*) (*Henriade*, *ch. VII*). Quant à Klopstock il s'est affranchi de toute imitation; et s'il a quelquefois échoué comme le Dante, il s'est généralement élevé bien au-dessus de lui par la sublimité de ses pensées. Toute la majesté de la religion chrétienne respire dans son tableau du ciel (*Messiade*, *ch. 1*, *v.* 231 à 471).

★

Quos circumfusos sic est affata Sibylla;
Musæum antè omnes, medium nam plurima turba
Hunc habet, atque humeris exstantem suspicit altis :
« Dicite, felices animæ, tuque optime vates,
670Quæ regio Anchisen, quis habet locus? illius ergò
Venimus, et magnos Erebi tranavimus amnes. »
Atque huic responsum paucis ita reddidit heros :
« Nulli certa domus : lucis habitamus opacis,
Riparumque toros et prata recentia rivis
Incolimus; sed vos, si fert ita corde voluntas,
Hoc superate jugum, et facili jam tramite sistam. »
Dixit, et antè tulit gressum, camposque nitentes
Desuper ostentat, dehinc summa cacumina linquunt.
At pater Anchises penitùs convalle virenti
680Inclusas animas, superumque ad lumen ituras,
Lustrabat studio recolens, omnemque suorum
Fortè recensebat numerum, carosque nepotes,
Fataque, fortunasque virûm, moresque, manusque.
Isque ubi tendentem adversum per gramina vidit
Ænean, alacris palmas utrasque tetendit,
Effusæque genis lacrymæ, et vox excidit ore:
« Venisti tandem, tuaque exspectata parenti
Vicit iter durum pietas! datur ora tueri,

Nate, tua, et notas audire et reddere voces !
690 Sic equidem ducebam animo rebarque futurum,
Tempora dinumerans, nec me mea cura fefellit.
Quas ego te terras, et quanta per æquora vectum
Accipio ! quantis jactatum, nate, periclis !
Quàm timui ne quid Libyæ tibi regna nocerent ! »
Ille autem : « Tua me, genitor, tua tristis imago,
Sæpiùs occurrens, hæc limina tendere adegit.
Stant sale Tyrrheno classes. Da jungere dextram,
Da, genitor, teque amplexu ne subtrahe nostro ! »
Sic memorans, largo fletu simul ora rigabat.
700 Ter conatus ibi collo dare brachia circùm,
Ter frustrà comprensa manus effugit imago,
Par levibus ventis, volucrique simillima somno.

La supériorité que Virgile accorde à Musée sur les autres ombres, rappelle celle d'Achille dans l'évocation de l'Odyssée (*v.* 483). Euripide rend aussi hommage à ce poëte législateur, dans sa tragédie de *Rhésus* (*v.* 948).

Quant à l'entrevue d'Enée et d'Anchise, quoiqu'elle réponde, pour son motif, à celle d'Ulysse et de Tirésias (*Od. XI, v.* 90), elle se rapproche plutôt, dans les détails, de celle d'Ulysse avec sa mère Anticlée, dont sa longue absence avoit causé la mort :

Ὡς φαμένη ψυχὴ μὲν ἔβη δόμον Ἄϊδος εἴσω
Τειρεσίαο ἄνακτος, ἐπεὶ κατὰ θέσφατ᾽ ἔλεξεν.
αὐτὰρ ἐγὼν αὐτοῦ μένον ἔμπεδον, ὄφρ᾽ ἐπὶ μήτηρ
ἤλυθε, καὶ πίεν αἷμα κελαινεφές· αὐτίκα δ᾽ ἔγνω,
καί μ᾽ ὀλοφυρομένη ἔπεα πτερόεντα προσηύδα·
« Τέκνον ἐμόν, πῶς ἦλθες ὑπὸ ζόφον ἠερόεντα,
ζωὸς ἐών ; χαλεπὸν δὲ τάδε ζωοῖσιν ὁρᾶσθαι·
μέσσῳ γὰρ μεγάλοι ποταμοὶ καὶ δεινὰ ῥέεθρα,
ὠκεανὸς μὲν πρῶτα, τὸν οὔπως ἐστὶ περῆσαι,

πεζὸν ἐόντ᾽, ἢν μή τις ἔχῃ εὐεργέα νῆα.
ἢ νῦν δὴ Τροίηθεν ἀλώμενος ἐνθάδ᾽ ἱκάνεις
νηΐ τε, καὶ ἑτάροισι, πολὺν χρόνον; οὐδέ πω ἦλθες
εἰς Ἰθάκην; οὐδ᾽ εἶδες ἐνὶ μεγάροισι γυναῖκα;»

Ὣς ἔφατ᾽· αὐτὰρ ἐγώ μιν ἀμειβόμενος προσέειπον·
« Μῆτερ ἐμή, χρειώ με κατήγαγεν εἰς Ἀΐδαο,
ψυχῇ χρησόμενον Θηβαίου Τειρεσίαο.
οὐ γάρ πω σχεδὸν ἦλθον Ἀχαιΐδος, οὐδέ πω ἁμῆς
γῆς ἐπέβην, ἀλλ᾽ αἰὲν ἔχων ἀλάλημαι ὀϊζύν,
ἐξ οὗ τὰ πρώτισθ᾽ ἑπόμην Ἀγαμέμνονι δίῳ
Ἴλιον εἰς εὔπωλον, ἵνα Τρώεσσι μαχοίμην.
ἀλλ᾽ ἄγε μοι τόδε εἰπὲ καὶ ἀτρεκέως κατάλεξον,
τίς νύ σε κὴρ ἐδάμασσε τανηλεγέος θανάτοιο;»
. . . .
Τρὶς μὲν ἐφωρμήθην, ἐλέειν τέ με θυμὸς ἄνωγε,
τρὶς δέ μοι ἐκ χειρῶν, σκιῇ εἴκελον, ἢ καὶ ὀνείρῳ,
ἔπτατ᾽· ἐμοὶ δ᾽ ἄχος ὀξὺ γενέσκετο κηρόθι μᾶλλον.

Od. XI, v. 149 et 205.

★

Intereà videt Æneas in valle reductâ
Seclusum nemus, et virgulta sonantia silvis,
Lethæumque, domos placidas qui prænatat, amnem.
Hunc circùm innumeræ gentes populique volabant:
Ac veluti in pratis, ubi apes æstate serenâ
Floribus insidunt variis, et candida circùm
Lilia funduntur; strepit omnis murmure campus.
710 Horrescit visu subitò, causasque requirit
Inscius Æneas, quæ sint ea flumina porrò,
Quive viri tanto complêrint agmine ripas.
Tùm pater Anchises: « Animæ, quibus altera fato

Corpora debentur, Lethæi ad fluminis undam
Securos latices et longa oblivia potant.
Has equidem memorare tibi, atque ostendere coràm,
Jàm pridem hanc prolem cupio enumerare meorum,
Quò magis Italiâ mecum lætere repertâ. »

« O pater, anne aliquas ad cœlum hinc ire putandum
720 Sublimes animas, iterùmque ad tarda reverti [est
Corpora ? quæ lucis miseris tàm dira cupido ? »

« Dicam equidem, nec te suspensum, nate, tenebo, »
Suscipit Anchises, atque ordine singula pandit :
« Principiò cœlum, ac terras, camposque liquentes,
Lucentemque globum lunæ, Titaniaque astra
Spiritus intùs alit, totamque infusa per artus
Mens agitat molem, et magno se corpore miscet.
Indè hominum pecudumque genus, vitæque volantum,
Et quæ marmoreo fert monstra sub æquore pontus.
730 Igneus est ollis vigor et cœlestis origo
Seminibus, quantùm non noxia corpora tardant,
Terrenique hebetant artus, moribundaque membra.
Hinc metuunt cupiuntque, dolent gaudentque ; neque
Despiciunt, clausæ tenebris et carcere cæco. [auras
Quin et supremo cùm lumine vita reliquit,
Non tamen omne malum miseris, nec funditùs omnes
Corporeæ excedunt pestes ; penitùsque necesse est
Multa diù concreta modis inolescere miris.
Ergò exercentur pœnis, veterumque malorum
740 Supplicia expendunt. Aliæ panduntur inanes
Suspensæ ad ventos; aliis sub gurgite vasto
Infectum eluitur scelus, aut exuritur igni.
Quisque suos patimur manes : exindè per amplum
Mittimur Elysium, et pauci læta arva tenemus.
Donec longa dies, perfecto temporis orbe,

Concretam exemit labem, purumque reliquit
Æthereum sensum, atque auraï simplicis ignem.
Has omnes, ubi mille rotam volvêre per annos,
Lethæum ad fluvium deus evocat agmine magno :
750 Scilicet immemores supera ut convexa revisant,
Rursùs et incipiant in corpora velle reverti. »

Cette fiction si pleine de grâce et de magnificence est une représentation poétique du système de Pythagore. Cette plaine du Léthé, mystérieux asyle des générations futures, cette succession continuelle d'âmes purifiées, que Virgile compare ingénieusement aux abeilles (*Il. II*, v. 87), enfin cette révolution de mille ans marquée entre chaque nouvelle vie, se retrouvent mot pour mot dans l'allégorie de Platon, fondée sur la doctrine de la Métempsycose :

Ὁρᾶν δὴ ταύτῃ μὲν καθ' ἑκάτερον τὸ χάσμα τοῦ οὐρανοῦ τε καὶ τῆς γῆς ἀπιούσας τὰς ψυχάς, ἐπειδὴ αὐτοῦ δικασθεῖεν· κατὰ δὲ τὸ ἕτερον, ἐκ μὲν τοῦ ἀνιέναι ἐκ τῆς γῆς μεστὰς αὐχμοῦ τε καὶ κόνεως· ἐκ δὲ τοῦ ἑτέρου, καταβαίνειν ἑτέρας ἐκ τοῦ οὐρανοῦ καθαράς· καὶ τὰς ἀεὶ ἀφικνουμένας, ὥσπερ ἐκ πολλῆς πορείας φαίνεσθαι ἥκειν, καὶ ἀσμένως εἰς τὸν λειμῶνα ἀπιούσας οἷον ἐν πανηγύρει κατασκηνᾶσθαι, καὶ ἀσπάζεσθαί τε ἀλλήλας, ὅσαι γνώριμαι, καὶ πυνθάνεσθαι τάς τε ἐκ τῆς γῆς ἡκούσας παρὰ τῶν ἑτέρων τὰ ἐκεῖ, καὶ τὰς ἐκ τοῦ οὐρανοῦ, τὰ παρ' ἐκείναις. διηγεῖσθαι δὲ ἀλλήλαις, τὰς μὲν ὀδυρομένας τε καὶ κλαιούσας, ἀναμιμνησκομένας ὅσα τε καὶ οἷα πάθοιεν καὶ ἴδοιεν ἐν τῇ ὑπὸ γῆς πορείᾳ· (εἶναι δὲ τὴν πορείαν χιλιετῆ)· τὰς δ' αὖ ἐκ τοῦ οὐρανοῦ εὐπαθείας διηγεῖσθαι καὶ θέας ἀμηχάνους τὸ κάλλος.

République, liv. X.

L'éloquent disciple de Socrate nous montre ensuite les ombres s'élevant vers le ciel, recevant des trois Parques le choix de leur vie future, se rendant ensemble au fleuve Léthé où elles boivent l'oubli de toutes choses, et se réveillant dans de nouveaux corps. La théorie de l'âme universelle est également répandue dans ses écrits; mais elle date d'une époque plus reculée. Elle est déjà développée avec éclat dans l'hymne d'Orphée conservé par Proclus, et qui, s'il ne remonte pas à cette haute antiquité, est du moins l'ouvrage d'Onomacrite, contemporain des Pisistratides:

Τοὔνεκα σὺν τῷ παντὶ Διὸς πάλιν ἐντὸς ἐτύχθη
αἰθέρος εὐρείης ἠδ' οὐρανοῦ ἀγλαὸν ὕψος,
πόντου δ' ἀτρυγέτου, γαίης δ' ἐρικυδέος εὔρη,
ὠκεανός τε μέγας, καὶ νείατα τάρταρα γαίης,
καὶ ποταμοὶ, καὶ πόντος ἀπείριτος, ἄλλα τε πάντα·
πάντες δ' ἀθάνατοι μάκαρες θεοὶ ἠδὲ θέαιναι,
ὅσσα δ' ἔην γεγαῶτα, καὶ ὕστερον ὁππόσ' ἔμελλεν,
ἐγγένετο. Ζηνὸς δ' ἐνὶ γαστέρι σύρρα πεφύκει.
Ζεὺς πρῶτος γένετο, Ζεὺς ὕστατος ἀρχικέραυνος,
Ζεὺς κεφαλὴ, Ζεὺς μέσσα, Διὸς δ' ἐκ πάντα τέτυκται.
Ζεὺς ἄρσην γένετο, Ζεὺς ἄμβροτος ἔπλετο νύμφη·
Ζεὺς πυθμὴν γαίης τε καὶ οὐρανοῦ ἀστερόεντος·
Ζεὺς πνοιὴ πάντων, Ζεὺς ἀκαμάτου πυρὸς ὁρμή·
Ζεὺς πόντου ῥίζα, Ζεὺς ἥλιος ἠδὲ σελήνη·
Ζεὺς βασιλεὺς, Ζεὺς αὐτὸς ἁπάντων ἀρχιγένεθλος.

Hymne à Musée.

Cicéron consacre les mêmes principes dans ces vers sur son *Consulat*:

Principiò æthereo flammatus Jupiter igne
Vertitur, et totum collustrat lumine mundum,
Menteque divinâ cœlum terrasque petessit,
Quæ penitùs sensus hominum vitasque retentant,
Ætheris æterni septa atque inclusa cavernis.

Ces grandes idées, ramenées à leur base véritable, ont fourni de beaux développements à Pope dans son *Essai sur l'Homme*, et à Klopstock dans la *Messiade* (ch. *I* et *VIII*).

Mais personne n'en a tiré un plus heureux parti que Voltaire dans son exposition du système du monde, et surtout dans l'allégorie du palais des destins, imitée de la prédiction d'Anchise (*Henriade*, *VII*, *v.* 49 et 268).

Cette prédiction de la grandeur romaine, par laquelle Virgile termine son sixième livre, est une conception sublime qu'il ne doit à aucun de ses devanciers, et qui, en étendant la sphère de l'épopée, a excité l'émulation de tous les poëtes modernes. C'est ainsi que le Tasse fait connoître à Renaud les destinées de la maison d'Est (*Jérusalem*, *ch. XVII*, *st.* 66); que le Camoëns renferme dans sa *Lusiade* presque toute l'histoire du Portugal; que Milton dévoile aux yeux d'Adam la longue succession des siècles et la rédemption finale du genre humain (*Paradis*, *ch. XI et XII*); que Klopstock trace le majestueux tableau de la résurrection (*Messiade*, *ch. XI*); que Voltaire enfin couronne son 7me. livre par la Vision de St.-Louis, et déroule aux yeux d'Henri IV les fastes glorieux de la France. Cependant, malgré le mérite partiel de ces compositions, la palme reste toujours assurée à Virgile, qui a su joindre au mérite de l'invention la richesse du sujet et la perfection des vers.

IX.

Dixerat Anchises, natumque, unàque Sibyllam,
Conventus trahit in medios, turbamque sonantem;
Et tumulum capit, undè omnes longo ordine possit
Adversos legere, et venientum discere vultus.
« Nunc age, Dardaniam prolem quæ deindè sequatur
Gloria, qui maneant Italâ de gente nepotes,
Illustres animas, nostrumque in nomen ituras,
Expediam dictis, et te tua fata docebo.

*28

60 Ille, vides, purâ juvenis qui nititur hastâ,
    Proxima sorte tenet lucis loca : primus ad auras
    Æthereas Italo commixtus sanguine surget,
    Silvius, Albanum nomen, tua posthuma proles ;
    Quem tibi longævo serum Lavinia conjux
    Educet silvis regem, regumque parentem,
    Undè genus longâ nostrum dominabitur Albâ.
    Proximus ille Procas, Trojanæ gloria gentis,
    Et Capys, et Numitor, et qui te nomine reddet,
    Silvius Æneas, pariter pietate vel armis
770 Egregius, si unquam regnandam acceperit Albam
    Qui juvenes quantas ostentant, aspice, vires !
    At qui umbrata gerunt civili tempora quercu,
    Hi tibi Nomentum, et Gabios, urbemque Fidenam,
    Hi Collatinas imponent montibus arces,
    Pometios, castrumque Inui, Bolamque, Coramque :
    Hæc tùm nomina erunt, nunc sunt sine nomine terræ.

    Quin et avo comitem sese Mavortius addet
    Romulus, Assaraci quem sanguinis Ilia mater
    Educet : viden' ut geminæ stant vertice cristæ,
780 Et pater ipse suo superûm jam signat honore ?
    En hujus, nato, auspiciis illa inclyta Roma
    Imperium terris, animos æquabit Olympo,
    Septemque una sibi muro circumdabit arces,
    Felix prole virûm : qualis Berecynthia mater
    Invehitur curru Phrygias turrita per urbes,
    Læta deûm partu, centum complexa nepotes,
    Omnes cœlicolas, omnes supera alta tenentes.

    Hùc geminas nunc flecte acies ; hanc aspice gentem,
    Romanosque tuos. Hic Cæsar, et omnis Iuli
790 Progenies, magnum cœli ventura sub axem.
    Hic vir, hic est, tibi quem promitti sæpiùs audis,

Augustus Cæsar, divi genus; aurea condet
Sæcula qui rursus Latio, regnata per arva
Saturno quondam; super et Garamantas et Indos
Proferet imperium : jacet extrà sidera tellus,
Extrà anni solisque vias, ubi cœlifer Atlas
Axem humero torquet stellis ardentibus aptum
Hujus in adventum jàm nunc et Caspia regna
Responsis horrent divûm, et Mæotica tellus,
800 Et septemgemini turbant trepida ostia Nili.
 Nec verò Alcides tantùm telluris obivit,
Fixerit æripedem cervam licet, aut Erymanthi
Pacârit nemora, et Lernam tremefecerit arcu ;
Nec, qui pampineis victor juga flectit habenis,
Liber, agens celso Nysæ de vertice tigres.
Et dubitamus adhùc virtutem extendere factis,
Aut metus Ausoniâ prohibet consistere terrâ ?
 Quis procùl ille autem ramis insignis olivæ,
Sacra ferens ? nosco crines incanaque menta
810 Regis Romani, primus qui legibus urbem
Fundabit, Curibus parvis et paupere terrâ
Missus in imperium magnum. Cui deindè subibit
Otia qui rumpet patriæ, residesque movebit
Tullus in arma viros, et jàm desueta triumphis
Agmina. Quem juxtà sequitur jactantior Ancus,
Nunc quoque jàm nimiùm gaudens popularibus auris.
Vis et Tarquinios reges, animamque superbam
Ultoris Bruti, fascesque videre receptos ?
Consulis imperium hic primus sævasque secures
820 Accipiet, natosque pater, nova bella moventes,
Ad pœnam pulchrâ pro libertate vocabit.
Infelix ! utcumque ferent ea facta minores,

Vincet amor patriæ, laudumque immensa cupido.
Quin Decios, Drusosque procul, sævumque securi
Aspice Torquatum, et referentem signa Camillum.

Illæ autem, paribus quas fulgere cernis in armis,
Concordes animæ nunc, et dùm nocte premuntur,
Heu! quantum inter se bellum, si lumina vitæ
Attigerint, quantas acies stragemque ciebunt.
830 Aggeribus socer Alpinis atque arce Monœci
Descendens, gener adversis instructus Eois.
Ne, pueri, ne tanta animis assuescite bella,
Neu patriæ validas in viscera vertite vires !
Tuque prior, tu parce, genus qui ducis Olympo :
Projice tela manu, sanguis meus !

Ille triumphatâ Capitolia ad alta Corintho
Victor aget currum, cæsis insignis Achivis.
Eruet ille Argos, Agamemnoniasque Mycenas,
Ipsumque Æaciden, genus armipotentis Achillei,
840 Ultus avos Trojæ, templa et temerata Minervæ.

Quis te, magne Cato, tacitum, aut te, Cosse, relinquat?
Quis Gracchi genus ? aut geminos, duo fulmina belli,
Scipiadas, cladem Libyæ ? parvoque potentem
Fabricium ? vel te sulco, Serrane, serentem ?
Quò fessum rapitis, Fabii? Tu Maximus ille es,
Unus qui nobis cunctando restituis rem.

Excudent alii spirantia molliùs æra,
Credo equidem, vivos ducent de marmore vultus;
Orabunt causas meliùs, cœlique meatus
850 Describent radio, et surgentia sidera dicent :
« Tu regere imperio populos, Romane, memento;
Hæ tibi erunt artes, pacisque imponere morem,
Parcere subjectis, et debellare superbos. »

A la tête de tous ces héros, Virgile place les rois d'Albe issus d'Enée et de Lavinie, et appelés à tenir le sceptre après Ascagne. Il désigne successivement Silvius, Procas, Capys, Numitor, Silvius Enée ; il montre ensuite les chefs des trente colonies albaines, et nomme enfin le vaillant Romulus, déjà entouré d'une auréole de gloire qui présage ses hautes destinées. Rien n'égale la pompe avec laquelle il peint la reine du monde s'élevant sur ses sept collines, et se peuplant d'une race d'immortels. Elle rappelle ce beau passage de la *Cassandre* de Lycophron :

Γένους δὲ πάππων τῶν ἐμῶν αὖθις κλέος
μέγιστον αὐξήσουσιν ἄμναμοί ποτε,
αἰχμαῖς τὸ πρωτόλειον ἄραντες στέφος,
γῆς καὶ θαλάσσης σκῆπτρα καὶ μοναρχίαν
λαβόντες· οὐδ' ἄμνηστον, ἀθλία πατρίς,
κῦδος μαρανθὲν ἐγκατακρύψεις ζόφῳ,
τοιούς δ' ἐμός τις σύγγονος λείψει διπλοῦς
σκύμνους λέοντας, ἔξοχον Ῥώμης γένος.

Cassandre, v. 1226.

A côté du premier roi de Rome, Virgile place le premier des empereurs. Il montre César Auguste faisant revivre en Italie les jours fortunés de l'âge d'or, et surpassant, par le nombre de ses conquêtes, les exploits d'Hercule et de Bacchus.

Bientôt il caractérise les successeurs de Romulus : Numa, Tullus Hostilius, Ancus Martius, et les deux Tarquins. Viennent ensuite les héros de la république : Junius Brutus, vengeur de la liberté ; les trois Décius, victimes volontaires des divinités infernales ; les Drusus, ancêtres de Livie ; Manlius Torquatus, juge inflexible de son fils ; et Camille, vainqueur des Gaulois.

Auprès d'eux il montre César et Pompée, destinés à déchirer un jour le sein de leur patrie, long-temps défendue par leurs armes victorieuses. La touchante exclamation du vieil

Anchise paroît imitée de ces vers de l'Iliade, par lesquels le héraut Idée met fin au combat d'Hector et d'Ajax :

Μηκέτι, παῖδε φίλω, πολεμίζετε, μηδὲ μάχεσθον!
ἀμφοτέρω γὰρ σφῶϊ φιλεῖ νεφεληγερέτα Ζεύς·
ἄμφω δ' αἰχμητά·

IL. VII, v. 279.

Ensuite s'avance le cortége des conquérants de la Grèce et de l'Afrique, des dignes soutiens de la puissance romaine. On y voit Mummius, destructeur de Corinthe ; Paul Emile, vainqueur de Persée ; Caton le Censeur ; Cornélius Cossus, chargé des secondes dépouilles opimes ; Tibérius et Caïus Gracchus ; les deux Scipions ; Fabricius ; Cincinnatus ; l'illustre famille des Fabiens, et surtout Fabius Maximus, dont la sage lenteur triompha d'Annibal.

La plupart des guerriers énumérés ici par le poëte ont été chantés par Horace, dans sa belle ode du 1er. livre : *Quem virum aut heroa lyrâ :*

>Romulum post hos priùs, an quietum
>Pompilî regnum memorem, an superbos
>Tarquinî fasces dubito, an Catonis
>>Nobile lethum.
>Regulum, et Scauros, animæque magnæ
>Prodigum Paulum, superante Pœno,
>Gratus insigni referam camœnâ
>>Fabriciumque :
>Hunc, et incomptis Curium capillis
>Utilem bello tulit, et Camillum
>Sæva paupertas, et avitus apto
>>Cum lare fundus.
>Crescit occulto velut arbor ævo
>Fama Marcelli : micat inter omnes
>Julium sidus, velut inter ignes
>>Luna minores.

Livre I, ode 11.

Enfin le poëte, résumant pour ainsi dire tout l'ensemble de la gloire romaine, l'oppose aux trophées littéraires et aux monuments scientifiques de la Grèce, et après avoir proclamé la supériorité de sa patrie dans des vers dont la vivante énergie ne sera jamais égalée, il couronne son chef-d'œuvre par l'Eloge funèbre de Marcellus.

★

Sic pater Anchises, atque hæc mirantibus addit :
« Aspice ut insignis spoliis Marcellus opimis
Ingreditur, victorque viros supereminet omnes.
Hic rem Romanam, magno turbante tumultu,
Sistet eques; sternet Pœnos, Gallumque rebellem,
Tertiaque arma patri suspendet capta Quirino. »
860 Atque hîc Æneas, unà namque ire videbat
Egregium formâ juvenem et fulgentibus armis,
Sed frons læta parùm et dejecto lumina vultu :
« Quis, pater, ille virum qui sic comitatur euntem ?
Filius ? anne aliquis magnâ de stirpe nepotum ?
Qui strepitus circà comitum ! quantum instar in ipso
Sed nox atra caput tristi circumvolat umbrâ. »   [est !
Tùm pater Anchises lacrymis ingressus obortis :
« O nate, ingentem luctum ne quære tuorum ;
Ostendent terris hunc tantùm fata, neque ultrà
870 Esse sinent ! Nimiùm vobis Romana propago
Visa potens, superi, propria hæc si dona fuissent.
Quantos ille virûm magnam Mavortis ad urbem
Campus aget gemitus ! vel quæ, Tiberine, videbis
Funera, cùm tumulum præterlabere recentem !
Nec puer Iliacâ quisquam de gente Latinos
In tantum spe tollet avos, nec Romula quondam
Ullo se tantùm tellus jactabit alumno.

Heu pietas, heu prisca fides, invictaque bello
Dextera! non illi se quisquam impunè tulisset
880 Obvius armato, seu cùm pedes iret in hostem,
Seu spumantis equi foderet calcaribus armos.
Heu! miserande puer, si quâ fata aspera rumpas,
Tu Marcellus eris. Manibus date lilia plenis :
Purpureos spargam flores, animamque nepotis
His saltem accumulem donis, et fungar inani
Munere! » Sic totâ passim regione vagantur
Aëris in campis latis, atque omnia lustrant.
Quæ postquam Anchises natum per singula duxit,
Incenditque animum famæ venientis amore;
890 Exin bella viro memorat quæ deindè gerenda,
Laurentesque docet populos, urbemque Latini;
Et quo quemque modo fugiatque feratque laborem.
  Sunt geminæ Somni portæ, quarum altera fertur
Cornea, quâ veris facilis datur exitus umbris;
Altera candenti perfecta nitens elephanto,
Sed falsa ad cœlum mittunt insomnia manes.
His ubi tùm natum Anchises unàque Sibyllam
Prosequitur dictis; portâque emittit eburnâ.
Ille viam secat ad naves, sociosque revisit;
900 Tùm se ad Caietæ recto fert littore portum :
Anchora de prorâ jacitur, stant littore puppes.

Ce brillant épisode, en terminant la prédiction d'Anchise, nous en donne à-la-fois le complément et l'explication. Suivant l'hypothèse adoptée ici par le poëte, Anchise doit renaître dans Jules César, Enée dans César Auguste, et Marcellus, le vainqueur des Gaulois et des Carthaginois, chargé des troisièmes dépouilles opimes, doit reparoître un instant sur la terre dans la personne de C. Marcellus, neveu d'Auguste, et héritier présomptif de l'empire. Les regrets qu'il donne à la mort prématurée de ce jeune prince, les dernières fleurs qu'il répand sur sa tombe, ont quelque chose de si tendre et de mélancolique, qu'ils font partager à tous les cœurs l'émotion d'Octavie. Voltaire, après avoir tracé de main de maître les portraits de Richelieu et de Mazarin, de Louis XIV et de sa cour, a fait une heureuse application de ces vers au jeune duc de Bourgogne, disciple de Fénélon, ravi trop tôt à l'amour des Français (*Henriade*, *VII*, v. 380).

Virgile présentant toute la Vision d'Enée sous la forme d'un songe allégorique, fait sortir le héros par la porte d'ivoire, consacrée aux illusions, d'après la peinture des portes du Sommeil qui termine le songe de Pénélope :

Δοιαὶ γάρ τε πύλαι ἀμενηνῶν εἰσιν ὀνείρων·
αἱ μὲν γὰρ κεράεσσι τετεύχαται, αἱ δ' ἐλέφαντι·
τῶν οἳ μέν κ' ἔλθωσι διὰ πριστοῦ ἐλέφαντος,
οἵ ῥ' ἐλεφαίρονται, ἔπε' ἀκράαντα φέροντες·
οἳ δὲ διὰ ξεστῶν κεράων ἔλθωσι θύραζε,
οἵ ῥ' ἔτυμα κραίνουσι, βροτῶν ὅτε κέν τις ἴδηται.

Od. XIX, v. 562.

INDEX.

DE LA POÉSIE EPIQUE.

I. *Origine de l'Epopée* . . . . pag. 1.
II. *Homère* . . . . 2.
       Iliade . . . . 5.
       Odyssée . . . . 12.
III. *Poëtes Cycliques* . . . . 20.
IV. *Apollonius. Argonautiques* . . . . . . 23.
V. *Virgile. Enéide* . . . . 25.
VI. *Poëtes Epiques latins* . . . . 36.
VII. *Poëtes Epiques modernes* . . . . . . 43.

ENEIDE. LIVRE I.

I. *Exposition* . . . . 51.
II. *Junon chez Eole* . . . . 53.
III. *Tempéte* . . . . 57.
IV. *Débarquement d'Enée* . . . . 63.
V. *Entretien de Jupiter et de Vénus* . . . 70.
VI. *Apparition de Vénus* . . . . 75.
VII. *Temple de Junon* . . . . 83.
VIII. *Réception d'Enée* . . . . 89.
IX. *Festin de Didon* . . . . 99.

Livre II.

I.	Construction du cheval. . . . . . pag.	111.
II.	Episode de Sinon.	115.
III.	Mort de Laocoon.	123.
IV.	Apparition d'Hector.	128.
V.	Combat nocturne.	132.
VI.	Ruine du palais.	143.
VII.	Mort de Priam.	150.
VIII.	Apparition de Vénus.	153.
IX.	Hésitation d'Anchise.	159.
X.	Départ d'Enée.	164.

Livre III.

I.	Episode de Polydore.	173.
II.	Oracle d'Apollon.	179.
III.	Apparition des Dieux Pénates.	183.
IV.	Episode des Harpies.	189.
V.	Rencontre d'Andromaque et d'Hélénus.	196.
VI.	Passage à Tarente.	212.
VII.	Episode d'Achéménide.	219.

Livre IV.

I. *Amour de Didon.* . . . . pag. 237.
II. *Description de la chasse.* . . . . 244.
III. *Message de Mercure.* . . . . 251.
IV. *Entrevue de Didon et d'Enée.* . . . . . 260.
V. *Présages sinistres.* . . . . 270.
VI. *Sacrifice magique.* . . . . 275.
VII. *Départ d'Enée.* . . . . 283.
VIII. *Mort de Didon.* . . . . 292.

Livre V.

I. *Apothéose d'Anchise.* . . . . 301.
II. *Joute navale.* . . . . 309.
III. *Course à pied.* . . . . 327.
IV. *Combat du ceste.* . . . . 333.
V. *Combat de l'arc.* . . . . 343.
VI. *Jeu de Troie.* . . . . 348.
VII. *Incendie des vaisseaux.* . . . . 352.
VIII. *Fondation de Ségeste.* . . . . 358.
IX. *Apparition de Neptune.* . . . . 363.

Livre VI.

I.	Oracle de la Sibylle.	373.
II.	Funérailles de Misène.	382.
III.	Entrée des Enfers.	389.
IV.	Ombre de Palinure.	397.
V.	Ombre de Didon.	403.
VI.	Ombre de Déiphobe.	408.
VII.	Description du Tartare.	414.
VIII.	Description de l'Elysée.	425.
IX.	Postérité d'Enée.	435.

FIN DU VOLUME.

www.ingramcontent.com/pod-product-compliance
Lightning Source LLC
Chambersburg PA
CBHW070334240426
43665CB00045B/1918